산업인력개발론

Vocational Education & Workforce Development

이용환 · 정철영 · 나승일 · 김진모 · 이 찬

교육과학사

머리말

Preface

지식과 정보가 개인 및 국가의 경쟁력을 결정하는 지식기반사회로 접어들면서, 전 세계적으로 유례없이 인적자원의 중요성이 강조되고 있다. 특히, 우리나라는 지난 수십 년 동안 다른 어떤 자원보다도 인적자원이 국가발전의 원동력이었다. 이는 다른 나라에 비해 상대적으로 천연자원이 부족한 탓에 일찍이 인적자원의 중요성을 깨달았기 때문이다.

이처럼 인적자원의 중요성이 커진 상황에서 국가들마다 경쟁력 확보를 위한 노력을 경주하게 되면서 산업인력개발의 중요성에 대한 관심도 점차 높아지고 있는 추세이다. 즉, 국가경쟁력 강화를 위해 다양한 산업분야에 종사할 인력들을 효과적으로 양성, 배치, 활용하는 것이 무엇보다 중요해진 것이다.

이와 같은 상황에도 불구하고 아직까지 우리나라에서는 산업인력개발이라는 보다 거시적인 관점에서의 통합적 논의보다는 학교교육, 직업교육, 기업교육 등으로 분리하여 접근하고 있기 때문에 많은 한계를 보이고 있다. 특히 산업인력개발은 어느 한 분야나 기관에서 독자적으로 수행하는 것이 아니라, 교육기관, 연구소, 기업체, 지방자치단체, 국가 등 모든 유관기관들이 긴밀하게 협력하여야 하므로 현재의 미시적인 접근은 재고할 필요가 있다.

이에 따라 필자들은 산업인력개발이라는 거시적이고 통합적인 관점에서 원론적인 내용을 제시함으로써, 위와 같은 문제들을 다소나마 해결하고자 시도하였다. 특히 필자들이 소속되어 있는 서울대학교 산업인력개발학전공/농산업교육과는 산업인력개발학 분야의 전문가, 연구자, 학자, 행정가, 현장 전문가 등을 양성하고 있는 산업인력개발 전문 교육기관으로, 산업인력개발과 관련한 다양한 전문가 및 유관기관들과 활발한 교류를 하고 있기 때문에 우리나라 산업인력개발의 이론뿐 아니라 실제적인 현황을 보다 잘 담아낼 수 있을 것으로 판단하였다.

이 책은 총 3부 14장으로 구성되어 있다. 제1부는 산업인력개발의 기초로써, 산업인력개발의 의의, 발달과정 및 학문적 기초를 다루고 있다. 제2부에서는 산업인력개발의 내용 영역에 따라 산업인력의 경력개발, 산업인력개발을 위한 교육과정, 교수학습, 교수매체, 산업인력개발의 평가, 전문가, 행정 및 관련법을 다루었다. 제3부에서는 대상별 산업인력개발에 대해 중점적으로 다루었는데, 구체적으로 초·중등단계의 산업인력개발, 고등교육단계의 산업인력개발, 성인 대상의 산업인력개발, 여성·노인·장애인 대상의 산업인력개발의 현황, 문제점 및 개선방안 등을 논하였다.

산업인력개발이 갖는 광범위한 특성 때문에, 한 권의 책으로 이와 관련한 모든 내용을 심도 있게 다루기에는 많은 어려움이 있었다. 그럼에도 불구하고 산업인력개발에 대한 기초적인 이해와 관련있는 내용의 대부분을 포함시키다 보니 축약된 형태로 내용을 전달할 수밖에 없어 아쉬운 감이 없지 않다. 그러나 산업인력개발에 관심을 갖는 많은 교육자, 학생, 기업내 인력개발 담당자 등에게 이 책이 산업인력개발에 대한 이해와 안목을 넓히는 데 조금이라도 도움이 되었으면 하는 마음을 갖는다. 아울러 평생교육사 등과 같이 산업인력개발 관련 각종 자격증을 취득하는데 필요한 지식을 갖추는 데도 활용되었으면 하는 바람이다.

이 책을 펴내도록 학문적으로 이끌어 주신 국내·외 은사님들과 선배님들께 감사를 드리며, 이 책이 만들어지는 데 여러 가지로 도움을 주신 교육과학사 김동규 사장님과 정경식 부장님께도 깊은 감사의 말씀을 드린다. 또한 이 책을 준비하는 과정에서 원고 정리와 교정 작업에 수고를 해 준 서울대학교의 최수정, 민상기, 주현미, 금지헌 대학원생에게 고마운 마음을 전한다. 끝으로 이 책의 출간과 더불어 정년퇴임을 하시는 우리나라 농업교육 및 산업인력개발의 학문적 토대 마련에 크게 공헌해 오신 이용환 교수님께 축하와 감사의 말씀을 드린다.

2009년 1월

저자 일동

차 례

Contents

제1부
산업인력개발의 기초

01

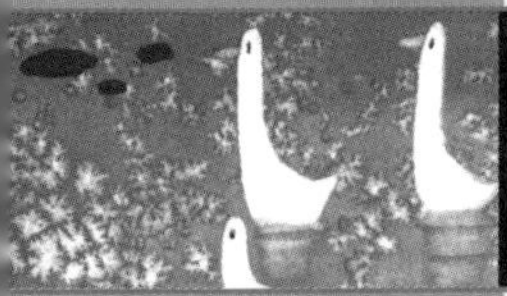

산업인력개발의 의의

학습개요

이 장에서는 산업인력개발의 의의에 대해서 살펴보고자 한다. 이를 위하여 산업인력개발의 정의와 유사개념과의 관계를 살펴보도록 한다. 또한 이를 기초로 산업인력개발의 특성과 산업인력개발의 중요성에 대해 살펴보도록 하겠다.

학습목표

1. 산업인력개발의 개념을 설명할 수 있다.
2. 산업인력개발의 특성을 설명할 수 있다.
3. 산업인력개발의 중요성을 설명할 수 있다.

1. 산업인력개발의 개념

1) 산업인력개발의 정의

(1) 산업인력(產業人力, workforce)의 정의

산업인력은 '산업(產業)', '인력(人力)'이 합해져서 구성된 용어이며, 영문으로는 'workforce'로 풀이된다. 따라서 각각의 용어에 대한 정의를 먼저 살펴보면 다음과 같다.

우선 산업(產業)이란 일반적으로 경제적인 생활에 관한 모든 일을 뜻하며, '자연물을 이용하여 생활에 가치 있는 물건을 만들거나 서비스를 제공하는 경제적 활동', '산업체가 계속적으로 수행하는 경제활동' 등 으로 정의된다(직업교육훈련대사전, 1999). 따라서 이를 종합해보면, '가치있는 재화 또는 서비스를 생산 판매 제공하는 경제활동에 관한 모든 일'로 정의할 수 있다.

한편, 인력(人力)이란 사람이 가진 능력, 힘을 말하며 영문으로는 'man power', 'human resource' 등으로 풀이된다. 따라서 인력은 '경제적 가치를 생산하는 생산요소인 지식 혹은 숙련(skill)의 축적(stock)으로서의 사람'으로 정의할 수 있다.

그러므로 이들 두 용어를 합성하면 산업인력(產業人力)이란 '가치있는 재화 또는 서비스를 생산 판매 제공하는 경제활동에 필요한 지식 · 기술 · 능력의 축적으로서의 사람'이라고 정의할 수 있다. 그러나 이러한 '산업인력'에 대한 정의는 개념의 범위에 따라 협의의 개념과 광의의 개념으로 구분되어질 수 있다.

우선 협의의 개념으로서의 산업인력은 '현재 산업 활동에 종사하고 있는 인력'에 국한하고 있기 때문에, 산업에 종사하고자 준비하고 있는 사람이나, 구직자, 실직자 등과 같이 경제활동을 하고 있지 않는 사람들은 포함하지 않는다. 이와 관련한 선행 연구에서의 정의를 살펴보면 나승일 외(1999)는 '농림어업, 광공업, 기타 서비스업 등의 생산 또는 판매활동에 종사하는 인력'으로, 김용구 외(2002)는 '인간의 생활에 필요한 여러 가지 재화를 생산하는 사업인 농업 · 공업 · 수산업 · 임업 · 광업 및 생산에 간접적으로 결부되는 사업인 운수업 · 금융업 · 서비스업 등에 필요한 인력' 으로 정의하고 있다.

한편 광의의 개념으로서의 산업인력은 '현재 산업 활동에 종사하고 있는 인력뿐만 아니라, 향후 산업 활동에 종사할 것을 전제로 하는 모든 인력' 을 포함하는 개념으로 정의되어 질 수 있다. 이와 관련하여 국외에서는 'workforce' 라는 용어를 활용하여 보다 포괄적으로 개념을 정의하고 있다. 이에 따르면 산업인력은 현재 산업 활동 종사자(who are employed) 뿐만 아니라 산업 활동에 종사가 가능한 자(who are available for work)까지 모두 포함하는 개념이라고 할 수 있다.

〈표 1-1〉 산업인력의 정의

구분		정의
광의	Jacobs & Hawley(2005)	산업 활동과 관련하여 현재 고용되어 있는 자 및 고용을 준비하는 자나 일시적으로 비고용상태인 자를 모두 포함하는 개념으로서, 생산적인 활동에의 참여를 의도하고 있는 모든 사람을 의미함
	HIPPA Glossary	기업, 산업 및 국가에서 일을 하고 있는 자 또는 일을 할 가능성이 있는 모든 사람
	Bates & Redmann(2002)	경제활동을 수행하는 고용된 사람 및 앞으로 고용될 가능성이 있는 사람
협의	나승일 외(1999)	농림어업, 광공업, 기타 서비스업 등의 생산 또는 판매활동에 종사하는 인력
	김용구 외(2002)	인간의 생활에 필요한 여러 가지 재화를 생산하는 사업인 농업 · 공업 · 수산업 · 임업 · 광업 및 생산에 간접적으로 결부되는 사업인 운수업 · 금융업 · 서비스업 등에 필요한 인력

따라서 이와 같은 선행연구들을 토대로 광의의 개념으로의 산업인력은 '가치 있는 재화 또는 서비스를 생산 · 판매 · 제공하는 농림어업, 광공업 및 기타 서비스업 등의 산업활동에 종사할 것을 전제로 하는 지식 · 기술 · 능력의 축적으로서의 사

람' 으로 정의되어질 수 있다. 이와 같은 정의에 따르면 산업인력은 ① 산업 유형(어떠한 종류의 산업에 종사(할)것인가?), ② 인력 유형(인력의 현재 경제활동상태가 어떠한가?)으로 구분될 수 있으며 다음의 〈표 1-2〉와 같다.

〈표 1-2〉 산업인력의 구분

산업 유형[1]		인력 유형[2]	
1차 산업	농업, 임업, 어업, 목축업, 수산업	구직 준비자	직업세계로 처음 진입하기 위하여 정규 · 비정규교육과정에 있거나 스스로 고용을 준비하고 있는 자
2차 산업	광업, 제조업, 건설업	근로자	현재 전일제 또는 시간제로 고용 상태에 있는 자
3차 산업	상업, 금융업, 운수 · 통신업, 기타 서비스업	일시적 실업자	고용과 관련하여 변화상태에 있는 자로서, 일시휴직 중인 근로자, 구직활동을 하고 있는 실업자 등

주: 1) Clark의 "산업 3분류법"을 기준으로 함
2) Jacobs & Hawley(2005)의 "산업인력 분류(workforce classification)" 을 기준으로 함

(2) 산업인력개발(産業人力開發, vocational education & workforce development)의 정의

산업인력개발은 '산업인력' 과 '개발' 의 합성어로서, 일반적으로 개발은 '지식, 기술, 태도 등을 발달하게 함' 으로 정의되어진다. 따라서 앞서 정의한 산업인력의 정의를 활용해보면 '가치있는 재화 또는 서비스를 생산 · 판매 · 제공하는 농림어업, 광공업 및 기타 서비스업 등의 산업활동에 종사할 것을 전제로 하는 사람의 지식, 기술, 태도 등을 발달하게 함' 으로 정의할 수 있다. 그러나 모든 학문적인 개념이 그러하듯 이와 같은 사전적인 정의의 합성만으로는 산업인력개발의 개념을 정확하게 보여주는데는 많은 한계를 가지고 있다. 따라서 이 장에서는 산업인력개발의 정의를 다면적인 인식의 범주에서 접근하여 구조화하도록 하겠다.

우선 산업인력개발은 영문으로 "vocational education & workforce development"로 풀이된다. 따라서 기존의 직업교육을 의미하는 vocational education과 국가적인 차원에서의 산업에 필요한 인력개발을 강조하는 workforce development가 합쳐진 개념이라고 볼 수 있다. 그러므로 각각의 개념에 대해 차례로 살펴본 후, 이를 종합하여 산업인력개발에 대한 종합적 정의를 논의하도록 하겠다.

우선 vocational education은 일반적으로 "개인이 일의 세계를 탐색하고, 자신의 적성, 흥미, 능력, 신체적 특성, 가치관 등에 알맞은 일을 선택하여, 그 일에 필요한 지식 기능 태도 이해 판단력 일에 대한 습관 등을 개발하거나 또 이미 현직에 종사하고 있는 근로자가 자신의 일을 개선 유지할 수 있도록 학교교육, 사회교육 그리고 일의 현장을 통해서 능력을 개발하는 전체교육의 일부"로 정의된다(이무근, 2003). 이와 같은 정의에 따르면 vocational education은 개인이 성공적인 직업생활을 할 수 있는데 도움을 주는 모든 종류의 교육 활동을 포괄하는 광의적인 의미를 가지게 된다.

이러한 맥락에서 vocational education은 산업인력개발의 일부를 대표하는 개념이라고 볼 수 있지만, 몇 가지 측면에서 산업인력개발 전체를 포괄하는 데 부족함을 가지고 있다고 볼 수 있다. 우선 산업인력개발은 교육뿐만 아니라 지역사회 및 국가의 거시적인 수준에서의 인력의 양성·배분·활용의 제반활동을 포함한다는 점에서 보다 광의의 개념이라고 볼 수 있다. 또한 vocational education의 목적이 개인의 직업적 성공에 주요 목적을 두고 있는데 반해, 산업인력개발은 조직, 지역사회 및 국가의 발전에도 주요 목적을 두고 있다는 점에서도 보다 광의의 개념이라고 할 수 있다. 따라서 산업인력개발의 개념을 정의하는데 있어 vocational education과 함께 이를 보완하는 workforce development의 개념이 추가되는 것이 적절하다.

초기에 workforce development는 국가 수준에서 일(work)을 위한 학습과 관련한 정책 및 프로그램을 설명하기 위한 용어로 활용되었다. 예를 들어 미국의 경우 중등단계 직업교육프로그램과 관련한 서비스를 설명하기 위하여 workforce development의 용어를 사용하였으며, 특히 workforce Investment act가 1998년에 제정되면서 본격적으로 이 용어가 활용되었다. 또한 이와 함께 성인교육과 인적자원개발 분야에서도 인력개발의 의미로서 workforce development를 활용하였으며, 이들 유사 개념과의 비교 구분에 관한 연구들이 수행되어 왔다(Bates & Redmann, 2002; Jacobs, 2000).

분명 workforce development가 직업교육, 인적자원개발, 성인교육 등과 같은 기존에 존재하던 유사개념과 마찬가지로 교육(education)과 훈련(training)이 핵심적인 특성임에도 불구하고, 다수의 국가와 관련 학문분야에서 workforce development라는 개념이 등장하게 된 계기는 매우 분명하다. 이는 workforce development가 다른 유사개념과 달리 보다 광범위하고, 포괄적이고, 체제와 밀접한 관련을 맺는(connectedness of system), 이른바 "거시적인 특성"을 가지기 때문이라고 할 수 있다(Jacobs & Hawley, 2005). 예를 들어 최근 들어 직업교육(vocational education) 분야의 경우 학교에 국한된 교육에서 벗어나 조직기반의 훈련 프로그램 제공에 초점을 맞추고 있고, 성인교육(adult education)의 경우도 지역사회 기반의 프로그램(community-based social services)과의 연계를 강조하고 있다. 또한 인적자원개발(human resource development) 분야의 경우도 NHRD(National Human Resource Development)라는 용어를 활용하면서 정부와 민간분야에서의 연계 협력을 강조하고 있다. 이처럼 청소년 및 성인 대상의 교육·훈련 관련 분야에서 최근 들어 국가적 시스템 수준과의 연계를 강조하고, 보다 거시적인 관점에서 접근하기 위해 workforce development라는 용어를 자주 활용하고 있다. 그렇다면 이러한 변화는 왜 일어난 것일까? Jacobs & Hawley(2005)는 이와 관련하여 ① 세계화(globalization), ② 기술(technology), ③ 새로운 경제(new economy), ④ 정치적 변화(political change), ⑤ 인구통계학적 변화(demographic shift)의 5가지 요인을 제시하면서, 이러한 요인들이 공공부문의 교육 훈련의 새로운 변혁(revitalizing)을 요구하게 되었으며, 일을 위한 학습(learning for work)에 대한 체계적인 국가적 조직적 반응을 요구하게 되었기 때문이라고 설명하고 있다.

〈표 1-3〉 workforce development의 정의

구분	정의
Gray & Herr(1989)	노동시장에서의 개인의 기회 향상이나 조직에서의 인간의 성과문제의 해결을 위하여 교육훈련기관, 민간사업·사업체, 정부기관, 지역사회 기반 조직에서 제공하는 중등교육 단계의 교육·훈련
Harrison & Weiss(1998)	직업세계로의 입문, 채용, 배치, 멘토링과 함께 추후지도 및 위기관리 등을 포함하는 활동들의 배열
Grubb(1999)	기본 지식, 특수화된 기술 및 학문적 역량 등과 같이 근로자에게 필수적으로 필요한 정보를 개인에게 제공하는 것
Giloth (2000)	기본적으로 근로자의 훈련을 의미하나, 고용주와 지역사회가 인적자원 서비스와 산업체 기반의 교육·훈련의 통합을 지원하는 네트워크에 깊숙이 관여하는 것을 포함함
National Governors' Association(2000)	근로자들이 숙련된 기술을 습득하도록 돕고, 나아가 직업적 성공을 거두도록 돕도록 계획되어진 교육, 훈련 등
Jacobs & Hawley(2005)	개인에게는 지속적인 생계 유지의 기회를 부여하고, 조직에게는 사회적 윤리와 부합하는 목표 달성을 돕는 공공의 정책·프로그램과 민간의 정책·프로그램의 협력

이러한 workforce development의 정의는 학자에 따라서 매우 상이하게 사용되고 있다(〈표 1-3〉 참고). 이를 시대별로 살펴보면, 우선 Gray & Herr(1989)는 '노동시장에서의 개인의 기회 향상이나 조직에서의 인간의 성과문제의 해결을 위하여 교육훈련기관, 민간사업 사업체, 정부기관, 지역사회 기반 조직에서 제공하는 중등교육 단계의 교육 훈련' 이라고 정의하였다. 이 정의에 따르면 workforce development의 목적이 개인과 조직 모두를 고려하고 있으며, 개발을 위한 교육 훈련 기회의 제공이 매우 다양한 민간 공공기관으로 확장하고 있으나, 중등교육 단계의 교육 훈련에만 국한하고 있다는 점에서 한계를 가진다.

한편, Harrison & Weiss(1998)은 '직업세계로의 입문, 채용, 배치, 멘토링과 함께 추후지도 및 위기관리 등을 포함하는 활동들의 배열' 이라고 정의하였으며, Grubb(1999)은 '기본 지식, 특수화된 기술 및 학문적 역량 등과 같이 근로자에게 필수적으로 필요한 정보를 개인에게 제공하는 것' 이라고 정의하였다. 또한 Giloth

(2000)는 '기본적으로 근로자의 훈련을 의미하나, 고용주와 지역사회가 인적자원서비스와 산업체 기반의 교육 훈련의 통합을 지원하는 네트워크에 깊숙이 관여하는 것을 포함함' 이라고 정의하였으며, National Governors' Association(2000)은 '근로자들이 숙련된 기술을 습득하도록 돕고, 나아가 직업적 성공을 거두도록 돕도록 계획되어진 교육, 훈련 등' 을 의미한다고 정의하였다. 그러나 이들 정의는 주로 현재 산업체에 종사하고 있는 근로자의 능력향상에만 국한하고 있다는 점에서 매우 좁은 개념의 정의라고 할 수 있다.

한편, Bates & Redmann(2002)은 인력투자법(Workforce Investment Act)의 도입에 따라 workforce development의 개념 및 특성에 대한 정의가 필요하다고 주지하면서, 다음의 [그림 1-1]과 같이 개념을 도식화하였다. 이에 따르면, workforce development의 목적은 모든 사람들이 완전고용의 기회를 가지고, 충실하고 생산적인 삶을 위해 필요한 개발 기회를 갖도록 하는 것이 고용의 기회를 갖고, 생산적이고 풍요로운 삶을 영위하는데 필요한 개발 기회를 갖도록 하는 것이고, 세부 목표는 ① 고용주의 요구를 충족시키는 숙련 근로자를 확보하는 것, ② 학생, 구직자, 실직자, 능력 이하의 일을 하고 있는 사람들을 포함한 모든 사람들이 시장성있는 직무 능력을 개발하여 일을 찾도록 돕는 것, ③ 경제 개발을 촉진하는 것, ④ 지역사회의 산업체가 세계 경제에서 경쟁할 수 있는 세계적 수준의 노동 인력을 개발하는 것이다. 또한, workforce development의 대상은 고용인 및 비고용인 모두이며, 특정 조직 및 직무와 직접 관련이 있는 특정 조직개발(organization specific development)과 기초 능력(basic skills), 일터 문해(workplace literacy), 경력개발(career development)과 같은 비특정 조직 개발(non-organization specific development)로 구분하였다.

최근에는 Jacobs & Hawley(2005)가 기존의 정의들을 비교 검토한 결과로서 workforce development를 '개인에게 지속가능한 생계 유지의 기회를 부여하고, 조직이 사회적 상황에 부합하는 탁월한 목표를 달성하도록 돕는 공공 및 민간 부분의 정책과 프로그램의 조정이라고 정의하였다. 특히 이러한 정의는 기존에 협의의 workforce development에 국한되었던 정의에서 벗어났다는 점에서

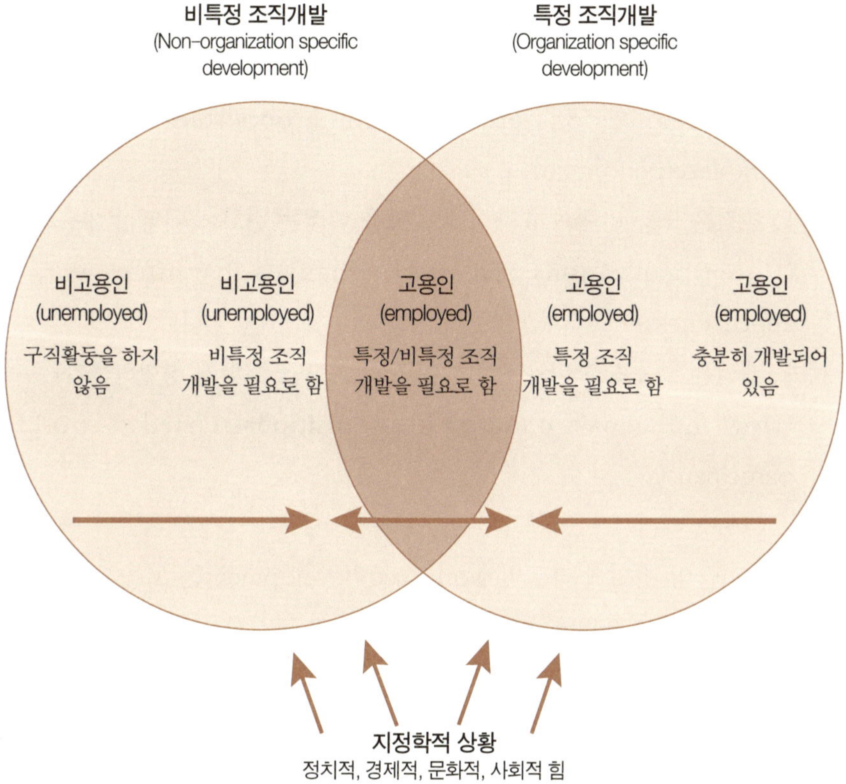

[그림 1-1] workforce development의 개념 및 특징

자료: Bates & Redmann(2002). Core principles and the planning process of a world-class workforce development system. Advanced Developing in Human Resource, 4(2), pp. 111-120.

큰 의의를 가진다.

또한, Jacobs & Hawley(2005)는 위의 정의를 보완하기 위하여 workforce development가 교육, 훈련 및 기업 활동의 3가지 영역을 모두 포함하며, 다음의 4가지에 초점을 두고 있다고 주장하였다.

첫째, 학교와 기관은 개인이 직업세계로 진입 · 재진입하도록 어떻게 도울 수 있는가?

(How schools and agencies prepare individuals to enter or re-enter the workforce)

둘째, 조직은 일터에서의 성과를 향상시키기 위해 학습기회를 어떻게 제공하는가? (How organizations provide learning opportunities to improve workplace performance)

셋째, 조직은 노동 인력의 효과성에 영향을 미치는 변화에 어떻게 대응하는가? (How organizations respond to changes that affect workforce effectiveness)

넷째, 개인은 노동력 참여와 관련하여 삶의 이행을 어떻게 경험하는가? (How individuals undergo life transitions related to workforce participation)

따라서 이들의 정의에 따르면 workforce development는 노동시장 진입이전 단계의 직업 관련 교육 훈련(중등 · 중등후기 단계의 직업교육 훈련), 근로자의 재직 중 일 관련 개발(기업내 교육 훈련), 개인의 전 생애 관점에서의 일-관련 적응 · 학습(경력개발 및 평생교육)을 모두 포함하는 개념이라고 할 수 있다.

이상과 같은 '산업인력개발' 의 사전적 의미와 vocational education의 정의, 그리고 workforce development에 관한 다양한 학자들의 정의를 바탕으로 '산업인력개발(産業人力開發, vocational education & workforce development)' 의 정의를 내리면 '가치있는 재화 또는 서비스를 생산 · 판매 · 제공하는 농림어업, 광공업, 서비스업 및 기타의 산업에 종사할 것을 전제로 하는 사람에게 해당 산업으로의 성공적인 진입, 유지, 적응 및 개선에 필요한 지식, 기술 및 태도들을 개발 가능하도록 기회를 부여하여, 이를 통해 개인, 조직 및 국가의 발전을 도모하는 교육기관 · 기업 · 연구기관 · 지방자치단체 · 국가 등의 협력적인 제반활동' 이라고 할 수 있다.

2) 유사개념과의 관계

(1) 직업교육 및 훈련

직업교육훈련촉진법 제2조에 의하면 직업교육 및 훈련이라 함은 '학생 및 근로자 등에게 취업 또는 직무 수행에 필요한 지식, 기술 및 태도를 습득 향상시키기 위한 직업교육 및 훈련' 을 말한다. 또한 이무근(2003)은 직업교육을 '개인이 일의 세계를 탐색하고, 자기의 적성, 흥미, 능력, 신체적 특성 가치관 등에 알맞은 일을 선택하여, 그 일에 필요한 지식 기능 태도 이해 판단력 일에 대한 습관 등을 개발하거나 또 이미 현직에 종사하고 있는 근로자가 자신의 일을 개선 유지할 수 있도록 학교교육, 사회교육, 그리고 일의 현장을 통해서 능력을 개발하는 전체교육의 일부' 라고 정의하고 있다.

이상과 같은 정의를 기초로 산업인력개발과 직업교육 및 훈련의 공통점을 제시하면 다음과 같다. 첫째, 산업인력개발과 직업교육 및 훈련 모두 개인의 일(work) 또는 직업(vocation)에 초점을 맞추고 있다. 따라서 개념과 관련된 모든 내용 요소들이 일 또는 직업과 밀접한 관련을 갖는다는 공통점을 가지고 있다. 둘째, 산업인력개발과 직업교육 및 훈련은 개인의 일과 관련된 능력을 향상킨다는 점에서 공통점을 가지고 있다. 특히, 두 개념 모두 교육 및 훈련을 통해 개인의 능력 개발을 도모하는데 주안점을 두고 있다. 셋째, 산업인력개발과 직업교육 및 훈련은 학생 및 성인을 아우르는 폭넓은 대상을 아우르고 있다. 즉, 학교교육 또는 기업 내 교육 및 훈련 등과 같이 특정 대상에 국한된 것이 아니라 직업을 준비 · 적응 · 유지 · 개선하려는 모든 개인에게 적용되는 개념이다.

반면, 산업인력개발과 직업교육 및 훈련은 다음의 〈표 1-4〉와 같은 차이점을 가지고 있다. 우선 개발의 주체 측면에서 직업교육 및 훈련은 교육 · 훈련 등을 제공하는 교육기관 · 기업 · 연구기관 · 지방자치단체 · 국가 등과 같은 공급자에 주안점을 둔데 반해, 산업인력개발은 개인 스스로도 개발의 능동적인 역할을 담당해야 한다는 점을 강조하고 있다. 또한 개발의 목적 측면에서도 직업교육 및 훈련은 개인의 직업적 성공에 초점을 맞추고 있는데 반해, 산업인력개발은 그와 함께 조직, 지역사

〈표 1-4〉 산업인력개발과 직업교육 및 훈련의 차이

구분	산업인력개발	직업교육 및 훈련
개발의 주체	교육 · 훈련 등을 제공하는 교육기관 기업 연구기관 지방자치단체 · 국가뿐만 아니라 개인 스스로도 개발의 능동적인 역할을 담당함	교육 · 훈련 등을 제공하는 교육기관 기업 · 연구기관 지방자치단체 · 국가에 주안점을 둠
개발의 목적	개인의 성공적인 직업의 준비 · 적응 · 유지 · 개선 뿐만 아니라 조직, 지역사회 및 국가의 발전에도 개발의 목적을 둠	개인의 성공적인 직업의 준비 적응 유지 · 개선에 주요 목적을 둠
제반 활동	교육 · 훈련의 제공과 관련된 활동 뿐만 아니라 거시적인 수준에서의 인력의 양성 · 배분 · 활용의 제반 활동이 포함됨	교육 · 훈련의 제공과 관련된 활동이 주를 이룸

회 및 국가의 발전에도 개발의 목적을 둔다. 마지막으로 제반 활동 측면에서도 직업교육 및 훈련은 교육 훈련의 제공과 관련된 활동이 주를 이루는데 반해, 산업인력개발은 그와 함께 거시적인 수준에서의 인력의 양성 · 배분 · 활용의 제반 활동이 포함된다는 차이점을 가지고 있다.

(2) 기술교육

기술교육은 교양교육으로서의 기술교육(technology education)과 직업교육으로서의 기술교육(technical education)으로 구분하여 정의할 수 있다. 교양교육으로서의 기술교육에 관한 정의는 너무 많은 이론이 논의되고 있어 단일화를 하기 어렵지만, '기술학이라는 지식체계에 근원한 보통교육으로서 실천적 학습활동을 통하여 기술 산업에 관한 이해, 기능, 태도를 기르는 교육' 으로 정의할 수 있다(이무근, 2003). 그러나 이러한 교양교육으로서의 기술교육은 직업에 대한 안내, 근로에 대한 태도를 육성한다는 측면에서 직업교육과 관련이 있으나 보통교육 또는 교양교육의 관점이 주를 이루기 때문에 개념상으로 거리가 멀다고 볼 수 있다.

한편, 직업교육으로서의 기술교육은 두 가지 관점에서 정의될 수 있다. 하나는 고등학교와 전문대학의 수준에서 중견전문직업인(middle level personnel; technician; middle management)을 양성하기 위한 교육을 의미하며, 다른 하나는 고급관리직(higher management position)에 종사할 공학자(engineer)와 기술자(technologist)를 양성하기 위하여 대학(university)에서 실시하는 교육을 의미한다. 그러나 유네스코(UNESCO) 등 대부분의 기관 및 학계에서는 위의 두 가지 정의를 모두 포함하는 뜻으로 기술교육을 정의하고 있다. 즉 기술교육이란 '기능인(skilled worker), 기술인(technician), 그리고 공학자(engineer) 등의 기술인력을 양성하는 것을 목적으로 하는 교육' 으로 정의된다.

이상과 같은 정의를 기초로 산업인력개발과 직업교육으로서의 기술교육을 비교해보면, 두 개념 모두 산업 활동에 필요한 인력의 양성이 목적이란 점에서 공통점을 가지고 있는 것을 확인할 수 있다. 그러나 여러 가지 측면에서 산업인력개발과 기술교육은 개념상의 차이점을 가지고 있다.

첫째, 기술교육을 통해 양성되는 기술인력보다 산업인력개발을 통해 양성되는 산업인력이 보다 포괄적이고 상위의 개념이라고 할 수 있다. 이와 관련하여, 김봉환(1991)과 박남건, 김현정(1991) 등도 산업인력에 기술인력 또는 기능인력이 포함된다고 제시하였다. 특히 김봉환(1991)은 기능인력을 '필요한 전문기술과 지식을 가지고 숙련된 반복동작으로 장비, 공구 및 재료를 사용하여 제품의 생산과 용역을 제공하는 일에 종사하는 사람' 으로 정의하면서 산업인력에 포함되는 개념으로 정의하였다.

둘째, 기술교육은 인력의 양성 측면에 초점이 맞추어져 있는 반면, 산업인력개발은 인력의 양성 · 배분 · 활용 전반에 걸쳐 범위가 확장되어 있다. 또한 기술교육의 측면에서 개인은 교육의 대상으로서 매우 수동적인 입장인데 반해, 산업인력개발의 측면에서 개인은 개발의 일정 부분의 역할을 갖는 능동적 입장이라는 차이점을 갖는다.

셋째, 교육 · 훈련의 단계 측면에서 기술교육은 중등후기단계에 국한되어 있는 반면, 산업인력개발은 중등단계 및 중등 후기단계는 물론 성인의 전 생애에 걸친 교육 · 훈련으로 범위가 보다 포괄적이라는 차이점을 갖는다. 이는 위에서 언급한 바와 같이 기술교육이 기술인력의 양성 측면에만 초점이 맞추어져 있기 때문이라고 할 수 있다. 따라서 기술교육에는 산업인력개발과 달리 양성된 기술인력의 유지·적응·개선이나 다른 산업 직업으로의 이직, 퇴직 후 재취업 등과 같은 영역은 포함되지 않는다.

(3) 산업교육

산업교육진흥법 제2조에 의하면 산업교육이라 함은 '고등기술학교, 실업고등학교, 실업계 학과 또는 과정을 설치한 일반계 고등학교, 전문대학, 산업대학 또는 대학이 학생에 대하여 농업, 수산업, 해운업, 공업, 상업 기타의 산업에 종사하는 데 필요한 지식 기술 및 태도를 습득시키기 위한 교육' 을 말한다.

이상과 같은 정의를 기초로 산업인력개발과 산업교육을 비교해보면, 두 개념 모두 산업 종사자에게 필요한 지식 기술 및 태도를 습득시키는데 초점을 맞추고 있다는 점에서 공통점을 가지고 있는 것을 확인할 수 있다. 그러나 여러 가지 측면에서 산업인력개발과 산업교육은 개념상의 차이점을 가지고 있다.

첫째, 산업인력개발과 산업교육은 '개발' 과 '교육' 의 차이에 따라 개념상의 다른 점이 존재한다. 일반적으로 개발과 교육은 인간의 지식·기술·태도 등을 의도적으로 발달시키는 것을 의미한다는 점에서 공통점을 가지고 있으나, 개발이 피교육자의 주체성 및 능동성을 더욱 강조한다는 점에서 차이점을 가지고 있다.

둘째, 교육 단계의 측면에서 산업교육은 고등학교 및 대학(전문대학)단계에 국한되어 있는데 반해, 산업인력개발은 중등단계 및 중등 후기단계는 물론 성인의 전 생애에 걸친 교육·훈련으로 범위가 보다 포괄적이라는 차이점을 갖는다. 따라서 산업교육은 산업에 종사를 위한 '준비' 에 초점을 맞추고 있는데 반해, 산업인력개발은 산업에 종사 이후의 개발에도 관심을 갖는다.

셋째, 교육 제공기관의 측면에서 산업교육은 학교기관에 초점이 맞추어져 있는 반면, 산업인력개발은 교육기관, 기업, 연구기관, 지방자치단체, 국가 등을 모두 포괄하고 있다. 또한 산업인력개발의 경우 이들 유관기관과의 협력적인 제반활동을 강조함으로서 보다 거시적인 관점에서 접근하고 있다.

(4) 평생교육

평생교육이란 '개인과 집단 모두의 생활의 질을 향상시키기 위하여 개인의 전 생애를 통한 인간적 사회적 직업적 발전을 성취시키는 과정' 으로 정의되어진다 (Dave, 1978). 이와 같은 정의를 기초로 산업인력개발과 평생교육을 비교해보면, 두 개념 모두 개인의 성공적이고 행복한 삶의 영위를 목적으로 전 생애에 걸쳐 이루어지는 교육이라는 점에서 공통점을 가지고 있다. 그러나 산업인력개발과 평생교육은 다음과 같은 측면에서 차이점을 가지고 있다.

첫째, 산업인력개발은 이론적 중핵이 일(work)에 있는데 반해, 평생교육은 삶(life) 전반에 걸쳐 범위가 확장되어 있다. 특히 평생교육의 경우 개인의 삶에 있어서 일 뿐만 아니라 여가, 가족, 지역사회 등과의 교류에도 중요성을 강조하고 있기 때문에 차이점을 갖고 있다.

둘째, 산업인력개발은 직업세계가 주요한 관심 영역이며, 개인 · 조직 · 국가의 발전이 궁극적인 목적이므로 매우 실용적이며 현실 기반적인 특성을 갖고 있다. 그에 반해 평생교육은 사회문화 전반에 걸친 광역의 삶의 세계가 관심영역이기 때문에 보다 이념적이고 현상주의적인 접근방식을 취한다는 차이점을 갖고 있다(Dave, 1978).

(5) 인적자원개발

인적자원개발이란 '어떤 조직이나 기관의 책임자가 개인, 집단, 조직의 효율향상을 목적으로 그 조직이나 기관의 구성원에게 제공하는 개인개발(individual development: ID), 조직개발(organizational development: OD), 경력개발(career development: CD)을 포함하는 의도적, 계획적, 조직적 학습활동이라고 정의된다(Gilley, Eggland, & Gilley, 1989; Swanson & Elwood, 2001). 특히 인적자원개발은 조직이나 기업체에서 종업원을 대상으로 이루어져온 훈련 및 개발(training and development)이 개념적 시초이기 때문에, 학교기관보다는 주로 기업체나 조직에서 널리 활용되는 개념이다. 인적자원개발과 산업인력개발은 여러 가지 측면에서 공통점을 갖고 있는데 특히, 인간능력의 향상을 위한 교육, 개발, 훈련 등의 다양한 방법 등이 포괄적으로 다루어진다는 점에서 비슷한 성격을 갖는다. 또한, 인간 능력의 개발을 통한 성과와의 직접적인 연계를 강조한다는 점에서도 공통점을 가진다. 즉, 가치있는 성과창출을 달성하는데 필요한 인간 역량의 향상이 목표라는 것이다. 마지막으로 두 개념 모두 인적자본개발이론(human capital development theory)에 기초를 두어서 인간을 지식 · 기술 등의 축적으로서 가치를 가지고 있는 존재로 인식한다는 점에서도 공통점을 가진다.

그러나 산업인력개발과 인적자원개발은 몇 가지 측면에서 개념적인 차이를 갖는다(Jacobs, 2000). 다음의 〈표 1-5〉는 일반적 목표, 장면, 운영의 초점 및 사회적 이슈의 측면에서 산업인력개발과 인적자원개발의 차이점을 제시하고 있다.

〈표 1-5〉 산업인력개발과 인적자원개발의 차이

구분	산업인력개발	인적자원개발
일반적 목표 (general goal)	조직효과성 뿐만 아니라, 임금(wages), 생산성(productivity) 등과 같이 국가적인 역량(prosperity)을 측정하는 개념도 포함됨	보통 조직효과성(organizational effectiveness)의 측면에서 성과가 해석되어짐
장면 (setting)	보다 광범위한 개념을 포함하며, 조직뿐만 아니라 학교, 지역사회 및 정부기관들을 포함함.	조직이 중심. 즉 조직 내에서의 개인에 초점을 맞추며, 조직 효과성 향상에 관심을 가짐
운영의 초점 (operational focus)	고용된 개인뿐만 아니라 고용을 준비하는 청소년, 구직자, 이직자, 은퇴자 등 직업활동과 관련한 모든 대상이 운영의 초점임	주로 조직에 고용된 개인 또는, 조직에서 향후 고용 측면에서 관심을 갖는 개인에 국한
사회적 이슈 (societal issue)	HRD보다는 개인 수준의 성과에 관심을 가짐. 즉, 개인이 노동시장에 진입 · 재진입, 일터에의 적응, 일터에서의 변화에의 대처 등과 관련한 사회적 이슈에 관심을 가짐.	주로 조직 수준의 성과에만 초점을 맞춤.

자료: Jacobs(2000). Human resource development and the emergence of workforce development. In W. Ruona & G. Roth (Eds.), Philosophy of human resource development (pp. 65-70). San Francisco: Berrett-Koehler.

2. 산업인력개발의 특성

산업인력개발은 일반교육과는 다른 여러 가지 특징이 있는데, 여기서 그 중요한 몇 가지를 제시하면 다음과 같다.

첫째, 산업인력개발은 어디까지나 산업체의 취업을 위한 준비나 취업한 가운데서의 발전을 전제로 한다는 특징을 갖는다. 따라서 산업인력개발이란 설령 개인이 현재는 취업하고 있지 않으나 장차는 산업계에 나아가 취업하고, 그 안에서 개인적인 발전을 추구하는 것이 모두 포함되는 개념이다. 따라서 향후의 취업을 생각하는 준비교육의 측면에서 본다면 모든 교육이 산업인력양성의 범주에 포함될 수 있으나 여기서는 직접적인 관계가 있는 부분의 교육, 즉 초등학교, 중학교에서의 기술 · 가정 교과를 통한 교육이나 고등학교에서 실업에 관련된 농업, 공업, 상업, 수해양, 가사 · 실업 등과 연관된 교육, 그리고 기업체에서 실시하는 기업교육, 나아가 일반 사회인을 대상으로 하는 사회교육 중에서도 직업이나 산업과 연관된 교육이 산업인력개발의 범주에 포함될 것이다.

둘째, 산업인력개발은 개인, 조직, 국가가 모두 관여하는 복합적인 개념이라는 특징을 갖는다. 산업인력개발은 개인이 자신의 취업과 취업 후의 발전을 위하여 취업에 필요한 지식과 기술을 익히는 개인적인 수준에서 접근할 수도 있지만, 개인을 받아들여 조직체를 운영하는 기업주의 입장에서는 각 개인들이 가지고 있는 역량을 최대한으로 발휘하도록 환경을 만들고 때로는 그 조직에서 필요로 하는 지식과 기술, 근면성, 협동심, 창의성 등 그 조직에서 필요로 하는 인력을 조직하고 개발하는 문제이며, 나아가 한 국가가 산업을 발전시키고 나라를 발전시키기 위하여 그 나라가 안고 있는 산업인력의 수준을 최대한으로 높여 국가 발전의 기틀을 만드는 국가적인 문제이기도 하다. 결국 한 국가의 산업인력을 최대한 효율적으로 개발하기 위해서는 개인, 조직, 국가가 협동하여 이룩해야 하는 사업이 되어야 한다.

셋째, 산업인력개발은 직업 수행에 필요한 지식, 기술에 국한되는 것이 아니고 성공적인 직업 수행에 필요한 인적 자원의 모든 면에 관련된다는 특징을 가진다. 일반적으로 직업에서 성공하기 위해서는 특정한 직무를 수행하는데 필요한 지식과 기술이 있어야 하며, 때로는 숙련된 기능이 필요할 것이다. 그러나 산업인력개발은 이러한 직무 특수적인 지식 및 기술에만 국한되는 것이 아니라 나아가 개인의 태도 및 인적 특성까지 모두 포괄한다. 예를 들어 직업적 성공을 위해서는 개인은 다른 사람들과 함께 일할 수 있는 협동심, 새로운 문제에 적응하고 문제를 해결해가는 문제해결력, 제품을 정직하게 만들고 판매하는 정직성 등 다양한 인적 특성이 필요하다는 점에서 이를 이해할 수 있다.

넷째, 산업인력개발은 비용-효과를 기반으로 한다는 특징을 갖는다. 일반적으로 학교기반의 교육이나 공공적인 성격을 갖는 훈련의 경우 비용-효과를 크게 염두에 두지 않으며 주어진 예산 범위 안에서 최선의 결과를 얻으려고 한다. 그러나 산업인력개발은 이것 자체가 산업 활동의 한 부분이기 때문에 인력개발에 소요되는 비용과 거기에서 얻을 수 있는 효과를 늘 염두에 두어야 하고 인력 개발에 소요되는 비용이 산업 활동에 큰 부담이 되어서는 지속적인 산업인력개발이 이루어지기 어렵다. 따라서 산업인력개발의 계획 · 운영 · 활용단계 전반에 있어서 비용 및 효과를 끊임없이 고려하여 이를 반영하는 것이 필요하다.

3. 산업인력개발의 중요성

1) 개인적인 측면에서의 중요성

사람은 누구나 직업을 가지고 생업에 종사함으로써 다른 사람들에게 상품이나 서비스를 제공하여 산업이 발달하게 하고, 나아가 자신의 생활에 필요한 수입을 얻어 생활을 영위하게 된다. 그래서 개인은 자신이 종사할 분야를 찾고 그에 대한 준비를 하여 입직하고 거기에서 발전하여 사회에 기여함과 동시에 자신의 자아실현을 하게 된다. 따라서 일반적으로 성공적인 직업생활은 단순히 개인에게 경제적인 이익을 가져다주는 것에 그치는 것이 아니라, 자아 실현과 삶의 행복에 큰 영향을 미친다고 할 수 있다.

그러므로 직업의 선택 · 유지 · 적응의 과정에서 문제가 발생할 경우 개인의 삶 전반에 부정적인 영향을 끼치게 된다. 예를 들어, 자신에게 알맞은 직업 분야를 찾지 못한다든가, 자신이 선택한 분야가 자신의 적성이나 이상에 맞지 않거나 그에 대한 준비를 제대로 하지 못하여 그 직업을 제대로 수행하지 못한다면, 더 이상 그 직업에 머물러 있을 수가 없다. 그 반대로 자신에게 가장 알맞은 직업 분야를 찾고 그에 대한 준비를 잘하여 그 직업에 들어가고 그 직업에서 열심히 종사하고 직무에 대하여 더 열심히 연구하고 배워 역량을 키워 나가면 자신도 만족하고 보람을 느낄 뿐 아니라 그 직장도 발전하게 된다.

따라서 산업인력개발이 개인의 성공적인 직업생활을 도모하는데 기여한다는 점에서 개인에게 중요한 의미를 갖는다고 할 수 있다. 즉, 산업인력개발은 개인의 흥미, 적성에 맞는 직업을 선택하고, 선택한 직업에서 성공적으로 유지 적응하여 직업적인 성공을 갖는데 필요한 역량의 개발을 돕기 때문에 개인의 행복한 삶과 직결된다고 할 수 있다.

2) 조직적인 측면에서의 중요성

산업인력은 산업이 영위되고 발달하는데 없어서는 안 되는 중요한 요소 중의 하나라고 할 수 있다. 일반적으로 산업이 발달하려면 기계, 시설, 설비, 원료 등과 같은 물적 자원이 있어야 하고 현금, 채권, 주식, 운영자본과 같은 재무 자원이 있어야 한다. 그와 아울러 물적 자원과 재무 자원을 효과적으로 운용하는 인적 자원이 필요하다. 즉, 산업에 종사하는 인력이 잘 훈련되고 조직화되어 있을 때 생산 효율이 크게 높아진다고 할 수 있다.

지식정보화 시대가 도래함에 따라 조직적인 측면에서의 산업인력개발은 그 중요성이 더 커지고 있다. 산업화 시대에는 일정한 숙련된 기술이 중요시 되었으나 지금은 숙련된 기능을 가진 인력이 하던 많은 일을 기계가 하거나 자동화되어 기계 스스로 하게 되어가고 있다. 그 대신에 사람은 새로운 것을 창안하거나, 물적 자원과 재무 자원을 효율적으로 결합하여 운용하는 종합적인 기술을 갖는 것이 중요하게 되어가고 있다. 이와 같은 역할은 물적 자원이나 재무 자원으로 대체가 불가능하기 때문에 조직의 목표와 부합하는 산업인력의 개발은 매우 중요하다고 할 수 있다.

3) 국가적인 측면에서의 중요성

한 나라의 산업이 발전하는 것은 그 나라가 가지고 있는 자연자원만이 아니라 그 나라의 인적자원의 수준에 따라 크게 차이가 난다. 국가가 가지고 있는 자원을 어떻게 효율적으로 이용할 것이며, 모자라는 자원은 어떻게 조달하고, 조달된 자원을 얼마나 효율적으로 품질 좋은 상품으로 만들어내는가는 그 자원을 다루는 인적자원의 수준에 따라 크게 달라진다. 특히 우리나라와 같이 자연자원과 자본이 제한된 국가에서는 산업인력개발이 대단히 중요하다. 왜냐하면 국가 발전의 세 가지 기본 요소인 자연자원, 자본, 그리고 인적자원 중에서 우리나라는 인적자원에 의존하는 비율이 상대적으로 높기 때문이다.

세계적으로 살펴보면, 자연자원을 충분히 가지고 있으면서도 후진국에 머무르고 있는 경우도 있고, 자연자원이 부족함에도 불구하고 선진국의 반열에 오른 경우도 있다. 이것은 자연자원이 문제가 아니라 자연자원을 다루는 인적자원이 중요하다는 것을 말해주고 있다. 좋은 상품을 만들어내려면 좋은 기계 장치가 있어야 한다. 좋은 기계 장치는 이를 운용할 수 있는 인력이 있을 때 효과가 있다. 좋은 기계 장치는 있으나 그것을 움직일 수 있는 인력이 없다든가 인력의 기술 수준이 낮아 좋은 품질의 상품을 생산하지 못하는 경우도 많다. 하물며 좋은 기계 장치를 설계하고 만들어낼 수 있는 능력을 가진 인력은 더욱 중요하다.

만들어놓은 상품을 소비자에게 유통하는 데에도 역시 잘 훈련된 인적자원이 필요하다. 상품 생산 기술이 고도로 발달한 이 시점에서는 상품 생산 이상으로 상품을 유통하고 판매하는 기능을 가진 인력이 중요하다. 소비자들의 욕구를 파악하여 그에 맞는 상품을 구하여 조달함으로써 생산자도 이익을 보게 되고 이에 종사하는 사람들도 이익을 보게 된다. 유통 시장이 발달하기 전의 상인들이 가진 판매 능력과 지금과 같이 발달한 시장의 상인들 사이에는 분명히 다른 점이 있다. 이러한 인력도 모두 산업인력에 속한다. 나아가 거대한 시장 시스템 자체를 설계하고 운용하는 인력은 고도로 훈련되고 창의력이 겸비된 인력이 없으면 운용 자체가 어려워진다. 산업 시스템이 발달하면 할수록 이를 운용할 수 있는 산업인력의 중요성이 증가하게 된다.

요약

이 장에서는 산업인력개발의 의의에 대해서 살펴보았으며, 이를 위하여 산업인력개발의 개념, 특성 및 중요성에 대해 살펴보았다.

산업인력이란 가치있는 재화 또는 서비스를 생산 · 판매 · 제공하는 농림어업, 광공업 및 기타 서비스업 등의 산업활동에 종사할 것을 전제로 하는 지식 · 기술 · 능력의 축적으로서의 사람을 일컫는다. 따라서 산업인력개발이란 '가치있는 재화 또는 서비스를 생산 · 판매 · 제공하는 농림어업, 광공업, 서비스업 및 기타의 산업에 종사할 것을 전제로 하는 사람에게 해당 산업으로의 성공적인 진입, 유지, 적응 및 개선에 필요한 지식, 기술 및 태도 등을 개발 가능하도록 기회를 부여하여, 이를 통해 개인, 조직 및 국가의 발전을 도모하는 교육기관 · 기업 · 연구기관 · 지방자치단체 · 국가 등의 협력적인 제반활동'으로 정의할 수 있다. 또한 산업인력개발과 유사한 개념으로는 직업교육 및 훈련, 기술교육, 산업교육, 평생교육, 인적자원개발 등이 존재한다.

산업인력개발은 다른 개념들과 구별되어지는 특성을 갖고 있는데, 이를 크게 네 가지 측면에서 살펴보았다. 첫째, 산업인력개발은 취업을 위한 준비나 취업한 가운데서의 발전을 전제로 한다는 점, 둘째, 산업인력개발은 개인 · 조직 · 국가가 모두 관여하는 복합적인 개념이라는 점, 셋째, 산업인력개발은 직업 수행에 필요한 지식, 기술 등에 국한되지 않고 성공적인 직업 수행에 필요한 인적자원의 모든 측면에 관련이 있다는 점, 넷째, 산업인력개발은 비용-효과를 기반으로 한다는 점 등으로 요약할 수 있다.

마지막으로 산업인력개발의 중요성은 산업 현장에 종사하는 개인적 측면, 산업이 이루어지는 조직적 측면, 그리고 국가적 측면에서 그 의미를 가지고 있다. 이때 개인적 측면의 중요성은 사람이 직업을 선택하고, 생활을 영위하며, 자아실현을 하는 과정의 측면에서 설명될 수 있으며, 조직적 측면의 중요성은 산업이 영위되고 발달하는 데 반드시 필요한 인적자원의 측면에서 설명되어질 수 있다. 또한 국가적 측면에서는 국가가 가지고 있는 인적자원을 효율적으로 양성 · 배치 · 활용하는 측면에서 설명되어 질 수 있다.

참고문헌

교육인적자원부(2002). 인적자원개발기본법 설명자료. 교육인적자원부.

김봉환(1991). 고학력사회에서의 기능인력 확보방안. 서울: 산업인력연구소.

김수곤(1993). 산업인력과 고용형태 변화에 관한 연구. 서울: 상공회의소.

김용구 외(2002). 한국산업인력공단 비전과 실천전략 방안. 한국산업인력관리공단.

나승일 외(1999). 산업인력구조고도화 지원 촉진법 제정 방안 연구. 교육부.

박남건, 김현정(1991). 산업인력의 수급구조 분석과 향후 대책. 산업연구원.

이무근(1983). 실업 기술교육론. 서울: 배영사.

이무근(2000). 인적자원개발: 다학문적 접근. 제5차 KRIVET HRD 정책포럼. 한국직업능력개발원.

이무근(2003). 직업교육학원론(제3판). 서울: 교육과학사.

임천순, 정태화, 이광호(1993). 산업인력 수급체제 분석 연구. 한국교육개발원.

한국직업능력개발원(1999). 직업교육훈련대사전. 한국직업능력개발원.

Askov, E. N., & Gordon, E. (1999). The brave new world of workforce education. In L. G. Martin & J. C. Fisher (Eds.), *The welfare to work challenge for adult literacy educators*(Vol. 83). San Francisco: Jossey-Bass Publishers.

Bates, R. A., & Redmann, D. H. (2002). Core principles and the planning process of a worldclass workforce development system. *Advances in Developing Human Resources, 4*(2), 111-120.

Council on Technology Teacher Education. (1995). *Foundations of technology education.* Mcgraw-Hill.

Dave, R. H. (eds) (1978). *Foundation of life-long education: UNESCO institute for education.* Pergramon Press.

Giloth, R. P. (2004). *Workforce development politics: Civic capacity and performance.* Philadelphia: Temple University Press.

Gilley, J. W., Eggland, S. A., & Gilley, A. M. (2002). *Principles of human resource development.* Perseus Publishing.

Gray, K. C., & Herr, E. L. (1998). *Workforce education: The basics*. Boston: Pearson Allyn & Bacon.

Grubb, W. N. (1999). *From isolation to integration: Occupational educational and the emerging systems of workforce development*. Centerpoint(3).

Harrison, B., & Weiss, M. (1998). *Workforce development networks: Community based organizations and regional alliances*. Thousand Oak, CA: Sage Publications.

Hawley, J. D., & Sommers, D. (2003). *The labor market outcomes of Ohio adult workforce education students*. Columbus, OH: Center on Education and Training for Employment, The Ohio State University.

Hawley, J. D., Sommers, D., & Melendez, E. (2003). *The impact of institutional collaborations on the achievement of workforce development performance measures in Ohio*. Paper presented at the Networking and Best Practices in Workforce Development, The Ford Foundation.

Hawley, J. D., & Taylor, J. C. (2002). *Strengthening workforce development services through business associations: Implications for human resource development research and practice*. Manuscript submitted for review.

Jacobs, R. L. (1990). Human resource development as an interdisciplinary body of knowledge. *Human Resource Development Quarterly, 1*(1), 65-71.

Jacobs, R. L. (2000). Human resource development and the emergence of workforce development. In W. Ruona & G. Roth (Eds.), *Philosophy of human resource development* (pp. 65-70). San Francisco: Berrett-Koehler.

Jacobs, R. & Hawley, J. D. (2005). Emergence of workforce development: definition, conceptual boundaries, and implications. In R. MacLean & D. Wilson (eds.), *International Handbook of Technical and Vocational Education and Training*, Amsterdam: Kluwer.

Lee, Y. h. (2000). *Technical and vocational education and training in Korea*. Seoul: Korea. Research Institute for Vocational Education and Training.

Swanson, R. A. & Elwood, H. F. (2001). *Foundation of human resource development*. Berrett-Koehler Publishers.

Tompson, J. F. (1973). *Foundations of vocational education: social and philosophical concepts*. Prentice-Hall.

02

산업인력개발의 발달

학습개요

이 장에서는 산업인력개발의 발달에 대해서 살펴보고자 한다. 이를 위하여 산업인력개발의 발달과정을 근대 이전의 산업인력개발, 근대적 산업인력개발의 도입, 일제 강점기의 산업인력개발, 광복 이후의 산업인력개발로 구분하여 살펴보도록 한다.

학습목표

1. 근대 이전의 산업인력개발의 발달 과정을 설명할 수 있다.
2. 근대적 산업인력개발의 도입 과정을 설명할 수 있다.
3. 일제 강점기의 산업인력개발의 발달 과정을 설명할 수 있다.
4. 광복 이후의 산업인력개발의 발달 과정을 설명할 수 있다.

1. 근대 이전의 산업인력개발

산업인력개발의 역사는 인류의 발달 및 산업화 과정과 병존해 오고 있다. 인간에게 있어 직업이란 생계유지의 수단으로서, 인간의 욕구를 충족시키기 위한 필수적인 요소이기 때문이다. 특히 근대 이전에는 일부 상위 계층을 제외하고는 대부분의 교육이 직업을 갖기 위한 것에 초점이 맞추어져 있었다. 따라서 근대 이전의 산업인력개발은 그 범위가 매우 광범위하다고 볼 수 있다. 즉, 근대 이전에 이루어진 모든 교육 및 훈련 활동이 산업인력개발의 범주에 포함될 수 있다. 이 장에서는 그 가운데 산업인력개발로서의 직업교육 훈련의 시초라고 볼 수 있는 유럽의 도제제도, 길드제도 등에 대해 간략하게 살펴보고, 우리나라의 근대 이전의 산업인력개발에 대해 살펴보도록 하겠다.

1) 유럽의 근대 이전의 산업인력개발

(1) 도제제도

역사적으로 볼 때 일을 하는 데 필요한 능력을 계획적으로 학습할 수 있도록 고안된 최초의 산업인력개발의 형태는 도제제도(apprenticeship)이다(이무근, 2003). 도제제도란 경험과 지식이 풍부한 장인이 그의 기술을 배우고자 하는 미숙한 도제를 자신의 집에 기거하게 하면서 장기간에 걸쳐 교육 · 훈련하는 제도를 말한다. 근대 이전에는 일상적으로 모든 직업에서 한 사람이 다른 사람에게 직접적으로 지식을 전달하였기 때문에 이러한 도제제도는 자연스럽게 실시되었다.

이 제도가 처음으로 실시된 것은 기록에 의하면 기원전 2100년에 바빌로니아의 함무라비(Hamurabi)왕에 의해 제정된 바빌로니안 법전(Babylonian Code)에 의해서이다. 이에 따르면 장인들이 젊은이들에게 기술을 전수해야 한다고 규정한 대목이 나온다. 그 후 이 제도는 바빌로니아뿐만 아니라 이집트, 헤브루, 그리스, 로마에서도 실시되었다(Robert, 1971). 특히 고대 이집트와 바빌론에서는 일정한 수의 장인들을 확보하기 위해 수공업 기술 훈련을 조직적으로 실시했다. 로마를 비롯한 몇몇 고대사회에서 장인은 대개 노예로 이루어졌다. 로마 제국 말기 이들은 콜레기아를 조직하여 기술수준을 유지하려는 움직임을 보이기 시작했다.

유럽에서 도제제도가 시작된 것은 12세기까지 거슬러 올라가지만, 당시는 도장인 자격으로서 일정 연한의 도제수업을 필요로 하는 일은 없었다. 이것이 의무로서 제도화된 것은 14세기 후반부터이다. 수업기간은 대륙의 경우 2~8년, 영국에서는 약 7년이었는데, 이 기간은 도장인 집에서 침식을 함께 하면서 기술을 연수하였다. 도제가 되는 연령은 10~16세이며, 도제 기간을 마치면 다시 3년 정도의 장인 과정을 거쳐야 했다. 장인 기간을 마치면 도장인 시작품(試作品)을 동업조합에 제출하여 기능심사에 합격해야 했고, 그 이후에 한 사람의 도장인으로서 독립할 수 있었다.

이 도제제도는 숙련된 기능인이 자신의 지식과 기능을 수련생에게 가르쳐주는 제도로서 나라에 따라 차이가 있기는 하지만, 수련생은 일정기간의 기능학습과 수습기간을 거친 후에야 비로서 직업인이나 자작 영농인이 될 수 있었다. 이러한 제도는 의학, 법률, 교육분야에서도 실시되어 수 세기 동안 지속되어 왔다. 그 후 이 제도는 종교계로 널리 파급되었으며, 예술계와 병사교육에 있어서까지도 법적인 제도화가 이루어짐으로써, 책임있는 지도 방법으로 발전하게 되었고, 이는 중세기까지 성행되었다. 이러한 도제제도의 교육적 특징은 교육자(도장인)와 도제와의 관계가 인격적 관계였다는 점, 기술교육과 인간교육이 병행하여 이루어졌다는 점, 장래의 지위를 보장하는 교육이었다는 점 등이다.

그러나 중세 말기 이후에는 독립된 도장인이 되는 일은 매우 어려워 후계자 양성이라는 본래의 뜻도 쇠퇴하였다. 또한 도제제도는 오랫동안의 헌신과 많은 의무를 필요로 하였고, 이로 인하여 고용인과 피고용인 모두에게 부담을 주었다. 도제제도가 쇠퇴한 중요한 이유 중 하나는 농업과 제조업의 발달로 말미암아 도제제도에 적합한 성인 남성은 벌이가 더욱 좋은 농장이나 선박일에 종사하기를 선호하여 실제로 도제에 해당하는 사람을 구하기 어려워졌기 때문이다. 또한 공장제수공업(工場制手工業)의 발전에 따라 도제제도는 점차 쇠퇴하였다.

(2) 길드제도

도제제도가 중세기까지 계속 발전되지 못하고 암흑시대에는 다소 감퇴현상을 보이다가 다시 부흥하게 된 것은 길드제도(guilds system) 때문이다.

길드란 상인이나 장인(craftman)들로 구성된 조직으로서 서로간의 기본적 목적을 침해하지 않고 상호협조하며 이익을 도모하고자 하는 단체이다. 길드는 시민간에 이권을 높여주고 동시에 제품의 질을 향상시키는 제도였다. 길드는 노동조합, 협동조합 또는 매뉴팩츄어의 성격을 지닌 조직체들이었다. 길드에 가입된 회원들은 원료와 도구를 소유하고 작업을 감독하는 기능장(master worker), 겨우 생활비 정도의 보수를 받거나 때로는 무급으로 항상 기능사와 같이 침식을 같이 하면서 훈련을 받는 도제공(apprentice), 도제 공정을 마치고 아직 정식 기능사가 되지 못한 초기의 직공(journeyman) 등으로 분류되었다.

길드는 장인을 중심으로 운영되었으며, 보통 7년 정도 걸리는 훈련과정을 거친 도제들로 새로이 충원되었다. 이것은 가내수공업에 적합한 제도였다. 장인은 자기 집에서 도제들과 함께 지내면서 일했으므로 도제 계약조건 속에서 친족을 대신하는 인위적인 가족관계가 생겨나게 되었다. 그러나 시간이 지남에 따라 회원 가운데 가장 부유한 몇 사람이 길드 조직의 특권을 남용하는 일이 일어나고, 한 도시의 상거래를 독점하는 등 배타성을 띠게 되자 길드는 정부와 마찰을 빚기 시작했다. 외부인들은 비싼 수업료 때문에 길드에 들어갈 수 없었으며, 길드 회원이나 부유한 이웃의 아들만이 도제가 될 수 있었다. 이에 따라 영국 정부의 경우는 1563년 장인에 관한 법을 공포하고 도제제도 조건을 명시하여 길드의 부당한 관행들을 없애고 산업과 농업생산에 필요한 적당한 노동력을 확보하려 했다. 이 법은 도제훈련을 받지 않고는 아무도 장인이 될 수 없으며, 아들은 장인인 아버지가 하던 일을 이어받아야 한다고 규정했다. 또, 장인과 도제의 비율에서도 도제 3명을 거느리는 장인은 적어도 직인(職人) 1명을 두어야 한다는 기준까지 설정했다. 이 법은 치안판사 소관으로서 임금을 사정(査定)할 수 있는 권한 역시 이들에게 있었다.

그러나 점차 시장이 확장되고 새로운 기계와 도구의 사용이 급증하자 사람이 하던 일들을 기계가 대신 해줌으로써 도제제도나 길드제도에서 양성된 직공이나 장인의 사회진출 기회가 좁아지게 되었다. 또한 유통경제가 발달됨에 따라 길드 내부에 빈부의 차가 심하게 되고, 돈을 많이 번 기능사는 경영규모를 늘리고 길드의 규약을 엄하게 만들어 도제기간의 연장, 장인의 제한, 길드 가입금의 인상 등으로 독점 배타적 경향을 나타냄으로써 종래의 가족적 온정관계, 스승과 제자관계는 점차 퇴색하였다. 이리하여 길드는 14세기와 15세기의 전성기를 지나 붕괴하기 시작하였다.

2) 우리나라의 근대 이전의 산업인력개발

우리나라의 근대 이전의 산업인력개발은 전문적인 기술이나 기능을 전수하여 해당 산업 또는 직업에 필요한 인력을 양성하는데 중점을 두었다. 이러한 인력의 양성은 형식적인 교육기관을 통해 이루어지기 보다는 도제형식의 기술교육이 주를 이루었다.

(1) 삼국시대의 산업인력개발

우선 삼국시대에는 왕권 중심적인 사회로 변모하면서, 특히 중국과의 잦은 교류로 산업 · 기술 · 문화면에서 변화가 가속화되었다. 왕권국가의 강화는 문화의 진보를 촉진시켰고, 이에 따라 고도의 기술을 요구하는 특정한 산업분야의 인력양성과 관련한 보다 조직적이고 체계적인 제도와 기법이 필요하게 되었다. 백제의 관서를 보면 내관(內官) 쪽의 마부(馬部), 도부(刀部), 약부(藥部), 외관(外官)에 토목공작을 관할하던 사공부(司空部), 직조를 담당하던 주부(綢部), 천문역학을 관장하던 일관부(日官部) 등의 부서가 있었다. 또한 전문적인 기술직 관료라고 볼 수 있는 의박사(醫博士), 역학사(曆學士), 채약사(採藥師) 등이 편제되어 있었다. 신라에는 천문박사, 의학박사, 율령박사 등이 있었고, 철과 유기를 다루는 철유전(鐵鍮典), 칠을 다루는 칠전(漆典), 기와를 다루는 와기전(瓦器典) 등과 같은 관청이 있어서 나라에 필요한 철, 유기, 기와 등을 생산하면서 필요한 인력을 훈련하였다.

통일 이후의 신라관제에도 토목 영선을 관장하던 예작부(例作府), 궁중음악을 담당하던 음성서(音聲署), 미술을 관장하던 채전(彩典), 천문관측을 관장하던 누각전(漏刻典) 등이 있었고, 각 분야에서는 나름대로 체계적이고 의도적인 기술 기능의 전수제도가 실시되었던 것으로 보인다.

(2) 고려시대의 산업인력개발

고려시대에는 관학인 국자감을 중심으로 유학(儒學), 무학(武學)과 함께 의학(醫學), 율학(律學), 서학(書學), 산학(算學), 음양학 등의 기술학도 교육되었다. 더욱이 광종 때부터 실시된 과거제도에서는 이미 초기부터 유학의 여러 정규 과목 이외에 의과(醫科), 복과(卜科), 천문, 지리, 음양학을 시험에 포함하였고, 후일에는 기술관의 등용문인 잡과(雜科)로 그 범위와 위치가 확립되었다. 또한 무기를 총괄하는 군기시(軍器寺), 철기·금속류를 다루는 장야서(掌冶署)를 비롯한 각종 관청이 있어서 실제의 제품 생산과 아울러 장인을 선발하여 교육하는 기능을 가지고 있었다. 그러나 이러한 관학에서의 기술전수를 목적으로 하는 교육은 곧 쇠퇴하였고, 그 대신 각 해당 관청에서 실무교육으로 대체되었다.

(3) 조선시대의 산업인력개발

조선왕조에 이르러 문무관 중심의 양반관료체제가 형성되자, 기술직 전담 계층은 중인 신분으로 대체되었다. 기술관의 신분은 중인층 이외에 양반계층에서 도태된 서얼 및 양인(良人) 신분에서 충당되었다. 이러한 양반관료 중심의 정치구조 속에서 기술직은 중인층 이하의 하급관리로 충당되어 사회신분적 차별을 감수해야만 했다.

따라서 실제적인 기술 담당층인 장인들은 대부분 노비 신분으로 구성되었다. 이들 장인 계층의 기술 전수는 대부분 구전비법과 경험적인 방법을 전하는 범주에 한정될 수밖에 없었다. 또한 이들 장인 계층은 관장제(官匠制) 아래 예속되어 사장(私匠)의 활동이 정책적으로 제약되었으므로, 독자적인 기법 개발과 창의성 발현이 근본적으로 제약되었다.

한편, 조선 시대에는 역학, 의학, 음양학, 산학, 율학, 도학 등을 담당하는 부서가 있었고, 여기에서 나라가 필요로 하는 업무를 담당하는데 소요되는 인력을 양성하였다. 조선 시대에 기술 관료가 되기 위해서는 각각의 기술학에 입속하여 기술 생도가 되고 전문 지식을 습득하여 잡과나 기술과 취재에 합격해야 했다. 그러나 이러한 잡과도 소과, 대과에 비하여 한 단계 아래의 취급을 받았다.

한편, 조선 후기에 실학사상이 도입되면서 기능인력에 대한 중요성이 강조되었으며, 선진 기술을 도입하여 이를 많은 사람들에게 전파하는 것이 중요하게 여겨졌다. 특히 최한기는 기술교육의 형식화 전문화 분화를 강조하였다. 이에 따라 전래적인 농경방식의 인습을 극복해서 천하의 농업을 가르치고 지도할 농업교사(田師)를 둘 것을 제안하였다. 또한 상업의 실무를 지도할 전문적 상업교사(賈師)와 공장들을 지도할 기술교사(工師), 과학적 원리를 가르칠 사사(士師)를 각각 두어야 한다고 주장하기도 하였다.

2. 근대적 산업인력개발의 도입

우리나라의 근대적 산업인력개발의 도입은 19세기말부터 본격적으로 실시된 직업교육에서 그 시초를 찾을 수 있다. 기록에 의하면 1882년에 기공학생(技工學生)을 중국에 보내어 공장실습을 시켰으며, 1883년 중국인 4명의 기술자를 초청하여 공업기능을 가르친 것이 우리나라의 근대적인 직업교육의 도입이라고 할 수 있다(김종철, 1969).

또한 1885년에 설립된 배재학당은 인문 과목 이외에 수학, 기하, 물리, 화학, 위생, 생리 등 기술 과목도 함께 교수하였다. 최초의 관립학교인 육영공원(育英公院)의 경우에도 역서(譯書), 습자(習字) 등의 인문과학과 함께 산학, 의학, 기기(機器), 농리(農理) 등 자연과목 및 기술과학이 필수 교과목으로 편성되어 있었다. 특히, 육영공원의 경우 교과목의 하나로 서구식 농업과목을 처음으로 도입하여 실과교육을 실시한 바 있다.

한편, 1895년 2월 고종이 교육조서를 공포함으로써 우리나라의 교육은 대전환기를 맞이하게 되었다. 이에 따라 과거의 유교 중심 교육에서 서양의 발달된 근대적인 교육 제도로 탈바꿈하게 되었다. 교육조서공포에 이어 소학교령(1895), 중학교관제(1899.4), 상공학교관제(1899.6), 의학교관제(1899.7), 농상공학교관제(1904.6) 등이 차례로 공포되었다. 이러한 관제가 공포됨으로써 해당하는 분야의 교육을 하기 위한 학교가 설립되고, 학년제가 도입되어 해당학교를 졸업하기 위해서는 몇 년의 수학 기간이 필요함을 명시하게 되었다. 또한 배워야 할 교과목과 그 내용이 결정되고 이러한 내용을 담은 교과서를 발행하게 되었다. 따라서 유교 중심의 교육에서 지식 중심의 교과 교육으로 변화하게 되었다.

융희(隆熙) 3년(1909)에는 실업학교령과 실업학교 시행규칙이 공포되었으며, 같은 해 7월 10일에는 학부훈련으로 실업교육방침이 제시되었다. 실업학교령에 의하면 실업학교(實業學校)는 농업, 상업 및 공업학교로 나누고, 수업년한은 3년으로 하되, 지방의 실정에 따라 1년 이내로 단축할 수 있도록 하였으며, 학부훈령에서는 1년을 연장하여 4년으로 할 수 있다고 하였다.

위의 학부훈련에서 실업학교의 목적은 '각종 실업에 종사하려는 자에 대하여 적절한 교육을 베푸는 데 있으므로 보통 교육을 위하여 베푸는 것과는 그 취지가 다르다. 그러므로 실업교육을 실시함에 있어서는 그 본질에 따라 지방산업의 현상과 장래의 추향에 비추어 적당히 경영하여야 할 것을 요한다' 라고 언급하고 있다(이무근, 2003).

이와 같은 조선 말기의 직업교육은 기존에 산업인력의 양성이 개인수준에서 비형식적으로 이루어졌던데 반해, 정규 교육기관 등의 설립을 바탕으로 형식적인 교육 훈련이 제공되기 시작했다는 점에서 근대적 산업인력개발의 토대가 되었다고 할 수 있다.

3. 일제 강점기의 산업인력개발

1910년 일본이 조선을 합병한 후부터 광복 전까지인 일제 강점기의 산업인력개발은 조선교육령의 공포 및 개정에 따라 다음과 같이 살펴볼 수 있다.

1) 제1차 조선교육령 시대의 산업인력개발

1911년 1차 조선교육령이 공포되면서 우리나라의 교육제도는 보통학교(4년), 고등보통학교(4년), 여자고등보통학교(3년), 전문학교(3-4년)로 확립되었다. 이 가운데 산업인력의 양성과 관련이 되는 실업교육 기관으로 2-3년제의 농업학교, 상업학교, 공업학교 및 간이실업학교가 설치되었다. 이들 실업학교는 농업 · 공업 · 상업 등의 실업에 종사할 사람들에게 간단 용이하고 적절한 지식 기능을 학습시키는 것이 목적이었다.

이때 농업학교, 상업학교 및 공업학교는 보통학교 4년을 졸업한 사람이 입학할 수 있는 실업학교로서 수업년한이 2~3년이었다. 각 학교의 교과목으로는 수신 · 실업에 관한 과목과 실습 · 일본어 · 국어 · 한문 · 수학 · 이과 등 6개 과목을 필수로 하고 기타는 지역 사정, 실제상의 필요에 의하여 적절히 선정할 수 있는 융통성을 두었다. 한편, 간이실업학교는 구실업보습학교를 변경한 것이었는데, 보통학교 · 실업학교에 부설하도록 권장하였으며, 입학자격, 수업년한, 교육과정 등의 제한은 없었고, 누구든지 실업을 배우기를 원하는 사람이면 입학하여 적절한 직업교육을 받을 수 있었다. 이때 이들 실업학교는 어디까지나 실습을 위주로 한 교육에 중점을 두고 이론에 치우치지 않는 실제적인 교육을 하여 산업발달에 이바지할 수 있도록 하는데 중점을 두었다.

한편 전문교육은 법률, 경제, 의학, 농상공업에 관한 전문학교(3-4년)를 두어 해당 분야의 전문 기술인을 양성하려고 하였다. 1차 조선교육령에 의한 교육은 전체적인 교육 기간도 짧을 뿐 아니라 교육의 목적도 졸업 후 실무에 맞는 인물 양성에 중점이 두어졌다. 보통학교 졸업자들도 상급학교 진학보다는 보통학교를 졸업하고 현업에 나가 취업할 수 있도록 초보적인 농업교육, 상업교육을 제공하였다.

2) 제2차 조선교육령 시대의 산업인력개발

1922년에는 조선교육령이 크게 개정되면서 각급학교의 입학자격과 수업년한이 1~2년씩 높아졌다. 이에 따라 우리나라의 교육제도는 보통학교 6년, 고등보통학교 5년, 여자고등보통학교 4년, 실업학교 3~5년으로 변화되었다.

실업교육을 담당하는 실업학교는 보통학교의 6년을 졸업한 자가 입학하도록 변경되었으며, 수업년한도 종래의 2~3년에서 3~5년으로 연장되었다. 또한, 실업학교의 종류도 이전보다 늘어났다. 이에 따라 실업학교에는 농업학교, 공업학교, 상업학교, 상선학교(商船學校), 수산학교, 직업학교 및 실업보습학교 등이 설치되었으며, 직업학교와 실업보습학교의 경우 보통학교 4학년을 수료한 자가 입학할 수 있도록 하였고, 수업연한 역시 2년으로 상대적으로 짧았다.

이들 실업학교는 종전과 같이 기술을 체득하게 하는 실습을 위주로 학습하도록 하였으나 인격의 도야, 상식의 함양 등에도 특별히 유의하도록 하여 보통교육을 소홀히 다루지 않도록 하였다. 한편, 고학년에 있어서는 일정기간을 정하여 실습만을 이수할 수 있도록 하고 공장, 기타 설비를 학교교육에 대용하고 실업계와의 연관을 긴밀하게 하여 학교 교육과 현장의 실제를 일치시키는 조처를 취하도록 하였던 것은 오늘날의 산학협동의 시초라고 할 수 있다(이무근, 2003).

3) 제3~4차 조선교육령 시대의 산업인력개발

제3~4차 조선교육령시대의 산업인력개발은 일본이 중일(中日)전쟁 및 태평양전쟁에 돌입한 때였기 때문에 모든 형태의 산업인력개발이 전쟁 수행을 돕는 형태에서 실시되었다. 따라서 기존에 실시되던 직업교육은 전쟁 수행을 위한 인력양성과 군수물자와 관련된 산업분야의 생산증강을 목표로 하게 되었다.

실업학교 수에 있어서도 지금까지 증가시키지 않던 공업학교를 많이 증가시켰다. 상업학교 수도 늘어났으나, 추후에는 농고 · 공고로 개편되어 축소되었다. 이와 함께 농업학교의 수도 많이 증가되었는데, 이는 제3차 미곡증산계획(米穀增産計劃)을 성공적으로 이끌기 위하여 농업교육을 강화한 결과라고 할 수 있다. 이에 따라 일제 초기에는 농업학교가 주로 많이 설립되었던 것에 반해, 1936년 이후에 농업학교 54개교, 공업학교 10개교, 상업학교 22개교 등으로 다른 계열의 학교도 증가하였다.

이 시기의 실업학교는 보통교육 과목을 대폭 줄이고 실과과목에 치중하였다. 또한 실기를 익힌다는 명목 아래 실습이 생산보국(生産報國)하는 교육활동으로 전락되어서, 학생들의 정상적인 교실수업은 줄어들고 실습장 생산장에서 생산활동을 수행하는 경우가 많아졌다.

4. 광복 이후의 산업인력개발

광복 이후 우리나라의 산업인력개발의 발달은 크게 네 가지 관점에서 고찰할 수 있다. 따라서 첫째, 중등직업교육 측면에서의 산업인력개발의 발달, 둘째, 고등직업교육 측면에서의 산업인력개발의 발달, 셋째, 직업훈련 측면에서의 산업인력개발의 발달, 넷째, 기업교육 측면에서의 산업인력개발의 발달의 네 가지 관점으로 구분하여 우리나라의 광복 이후 시기의 산업인력개발의 발달과정을 살펴보도록 하겠다.

1) 중등직업교육 측면에서의 산업인력개발의 발달

중등직업교육 측면에서의 산업인력개발은 전문계 고등학교에서의 교육을 중심으로 논의할 수 있다. 전문계 고등학교에서의 직업교육은 우리나라의 산업 발전 양상에 밀접하게 영향을 받아왔다. 따라서 우리나라 산업구조의 변화에 따라 노동집약시대(1961~1970년대 초), 기술집약시대(1970년대 중반~1980년대), 정보화시대(1990년대), 지식기반경제시대(2000년대)로 구분하여 전문계 고등학교에서의 직업교육의 발전양상을 살펴보면 다음과 같다.

(1) 노동집약시대의 중등직업교육 (광복 이후 ~1970년대 초)

우리나라의 직업교육은 1960년대부터 획기적인 변화가 있었다. 특히 1950년대 까지는 '1인 1기' 교육을 강조하여 오랜 유교적 전통에 의한 기술인을 경시하는 그릇된 인식을 바로잡는데 주안점을 둔데 반해, 1960년대 부터는 전문계 고등학교 관련 정책들의 기반위에 직업교육의 진흥이 이루어진 시기라고 볼 수 있다.

이 시기의 중등직업교육은 다음과 같은 국가 수준의 전문계 고등학교 관련 정책들로 대표될 수 있다. 우선 과학기술진흥교육 5개년계획으로 직업기술교육이 강화되고, 이와 함께 전문계 고등학교 교육과정의 제정 및 개정이 이루어졌다. 또한 실업교사 양성을 위해 4년제 대학에 농업교육과, 공업교육과, 수산교육과, 상업교육과가 설치되었으며, 실업교육 예산의 경제개발 특별회계 편입 운영, 산업교육진흥법의 제정, 실험 · 실습 경비의 국가보조의무화, 산학협동과 현장실습의 강화, 교육과정 정상 운영과 학생들의 실기능력 신장을 위한 실기경진대회 등이 개최되었다. 이와 함께 공고와 다양한 공고부설 기능인 단기양성과정 운영, 과학교육국 신설, 실업계 장학진 강화, 과학기술교육진흥 5개년 계획 수립, 산학간 자매결연의 확대, 실과교사 특별수당 신설, 그리고 교육 내실화를 위한 교육차관협정 체결 등의 정책이 수립되었다.

그러나 우수 학생과 실과교사의 유인제도의 미흡, 교육재정 확보의 미흡, 실업고등학교 계열간 불균형 정책, 실과교사 양성 정책의 일관성 부족, 그리고 교육정책 결정시에 교육적 요인 경시 등의 측면에서 미흡하였던 것으로 평가되었다.

(2) 기술집약시대의 중등직업교육 (1970년대 중반~1980년대)

이 시기의 직업교육은 주로 정치, 경제, 사회 등 교육 외적인 요인에 의해서 직업교육 정책의 방향이 정해졌는데 특히 정치적 요인의 영향이 컸다. 따라서 정권의 교체에 따른 직업교육 정책의 변화 양상을 살펴보면 다음과 같다.

우선 1970년대에는 10월 유신이 단행되어 제4공화국이 탄생하였다. 이 시기의 중등직업교육은 제2차 경제개발 5개년 계획의 성공을 기반으로 제3~4차 경제개발 5개년 계획을 강력히 추진하여 공업화를 근간으로 하는 조국근대화 추구에 발맞추어 우수한 기능인력의 양성을 목표로 하였다. 이때 문교부에서 '과학기술교육의 진흥'을 실업교육정책으로 일관성 있게 추진한 것은 학생의 교육적 필요보다는 대통령의 강력한 통치이념에 맞추려고 노력한 것으로 평가된다(이무근, 2003).

이 시기의 전문계 고등학교 관련 정책을 좀 더 구체적으로 살펴보면 다음과 같다. 우선 공업고등학교의 유형화 육성 정책과 시범농고의 지정·육성 정책을 실시하고, 우수학생을 확보하기 위해 현장 실습의 제도화와 자매결연을 추진하였다. 또한 대기업체의 공고설립 권장, 학비감면과 장학금 지급범위확대, 2급 기능사 자격증 취득자 수당 지급, 취업보장, 동일계 대학진학 특혜, 병역 특혜 등의 다양한 유인정책을 시행하였다. 이 외에도 충남대학교의 공업교육대학을 신설하여 공고 교원양성 제도를 일원화하였고, 실과교사의 재교육을 강화하였으며, 교육차관을 들여와 공고에 집중적으로 투자하여 실습시설을 확충하는 등 적극적인 공고 육성정책을 시행하였다. 그에 반해 상업계 고등학교는 정보처리과를 신설하고 컴퓨터 전문교육을 시작하는 데 그쳤다.

한편, 1980년대에는 제5공화국(1981)과 제6공화국(1988) 등 두 번의 큰 정치적 변동이 있었다. 이러한 정권의 교체에 따라 중등직업교육 정책의 기본 방향이 정권의 필요에 따라 바뀌었다. 우선 제5공화국은 1979년부터 나타나기 시작한 해외진출 기능인의 수요 격감, 1980년의 정치, 경제, 사회의 불안, 그리고 1970년대의 능률위주의 기능인 양성 정책에서 나타났던 문제점 등을 감안하여 교육개혁의 일환으로 '교육의 정상화 방침'을 추진하였다. 또한 실업교육 정책은 실업고등학교(공고) 중심의 기능인 양성에서 실업계 전문대학과 이공계 대학 중심의 산업고도화에 대비하기 위한 고급기술자 양성으로 전환되었다. 이에 따라 실업계 고등학교의 교육정책 목표는 장기수요에 대처하여 과학 기술의 변화에 탄력적으로 적응할 수 있는 자질을 가진 인력을 양성하는 방향으로 급변하였고, 정책은 형평정책을 지향하였으나 사실상 방임하여 크게 위축되었다.

한편 1980년대 중반 이후에는 산업현장의 기능인력 부족현상이 심화되어 사회문제로 부각되었다. 이에 따라 제6공화국(1988~1993)에서는 다시 전문계 고등학교 육성에 관심을 갖게 되었다. 이에 따라 자영농과와 자립체제농고 육성, 공고교육의 정상화, 그리고 상업계 고등학교 컴퓨터 교육 강화 등의 정책이 추진되었다.

(3) 정보화시대의 중등직업교육 (1990년대)

1990년대 이후에는 기존의 제조업 기반의 산업구조에서 벗어나서, 각종 서비스업이나 지식기반산업으로 경제활동의 축이 이동하였다. 이에 따라 대학교육에 대한 사회적 수요를 충족하기 위하여 대학입학 정원이 급격하게 확대되고, 고등교육단계의 인력에 대한 수요도 급증하게 되었다. 이러한 우리나라의 산업구조의 변화로 인하여 중등단계의 직업교육에도 많은 변화가 이루어졌다. 이 시기에 이루어진 중등직업교육 관련 정책을 살펴보면, 직업기술체제 개혁, 고등학교 직업기술 교육체제 개편사업, 공고 2 · 1체제의 시범운영 등이 대표적이다.

특히 1996년도에 수립된 「세계화 정보화 시대를 주도하는 신교육체제 수립을 위한 교육개혁방안(II)」에 따라 직업교육의 전면적인 개혁이 이루어졌다. 이에 따라 지금까지 추진되어 온 전문계 고등학교와 일반계 고등학교의 학생수 비율 50:50 정책과 같은 양적인 직업기술교육 기회 확대에서 질적인 내실화를 기하는 방향으로 전환하고, 전문계 고등학교의 교육과정 운영을 지역과 학교 실정에 맞게 다양화하여 직업교육기관의 자율성과 창의성을 최대한 보장하도록 하였다. 또한 학생 자신의 적성과 능력을 고려하여 조기에 진로를 결정하여 전문가로 양성될 수 있도록 길을 열어주기 위한 다양한 전문분야의 특성화 고등학교를 확대하고, 희망하는 고등학교는 일반계와 실업계의 교육과정을 통합 · 운영하도록 자율성을 확대하였다. 이와함께 전문계 고등학교 졸업생들에게 고등직업교육 기회를 제도적으로 보장하였는데, 전문대학(2+2), 산업대학(2+4) 등의 교육과정과 연계하여 운영하고, 해당 과정을 이수한 졸업자는 해당 대학에서 우선 선발도록 하였다.

(4) 지식기반경제시대의 중등직업교육 (2000년 이후)

2000년 이후의 전문계 고등학교 관련 정책은 급속한 산업사회의 변화와 21세기 지식기반사회 및 평생학습사회에 부응하는 직업교육 체제의 구축에 초점을 둠으로써, 현행 직업교육 체제의 구조적인 전환을 도모하는 방향으로 정책목표를 설정하고, 세부 사업계획들을 집중적이고 지속적으로 추진하여 왔다. 먼저 2000년 초에 전문계 고등학교 발전에 큰 영향을 끼친 정책으로는 ①교육인적자원부가 발표한 '실업계 고등학교 육성 대책' (2000.1), ②실업교육발전위원회의 '실업교육 발전을 위한 실천방안' (2001.4), ③교육인적자원부의 '실업교육 육성방안' (2001.11), ④대통령 자문 교육혁신위원회의 '21세기 지식기반사회를 위한 직업교육체제 혁신방안' (2005.5) 등이 있는데, 그 내용을 살펴보면 다음과 같다.

교육인적자원부의「실업계 고등학교 육성 대책」(2000.1)은 실업계 고등학교를 '고졸 수준의 기능인력 양성과 중견 및 전문기술자 양성을 위한 직업기초교육을 동시에 추구하는 중등단계의 직업교육기관' 으로 규정하고, ① 실업계 고등학교의 구조조정과 유형의 다양화를 통한 운영체제의 근본적 개편, ② 직업기초교육 강화, 단위학교 및 교육과정 운영의 자율성과 교원조직의 변화에 대처하는 유연성 제고, 내실화 및 전문화, ③ 직업교육에 대한 사회적 인식 제고와 국가의 책무성 강화, 취업 및 진학 지원체제 구축 등 행 · 재정적인 지원 강화, ④ 고졸수준의 기능인력 양성과 중견 및 전문기술자 양성을 위한 직업기초교육을 동시에 추구하는 중등단계 직업교육기관으로 육성의 기본방향으로 설정하였다.

실업교육발전위원회의「실업교육 발전을 위한 실천방안」(2001.4)에서는 ① 직업교육의 발전을 위한 복선형 학제를 실시하고, ② 대학수학능력시험에 직업탐구 영역 및 실업계열을 신설하며, ③ 대입 수시모집에서 실업계열을 포함시키며, 동일계 대학 진학의 일정비율을 반영하고, ④ 실업계 고등학교 학생들을 위한 장학금 수혜 혜택 및 병역상의 특혜를 부여하며, ⑤ 실험실습기자재 확충 및 지방교육재정교부금을 확대하고, ⑥ 취업 확대 및 산학 인턴쉽 제도를 시행하고, ⑦ 교원수급의 탄력화를 위한 방안을 마련 실시하며, ⑧ 교육과정과 연계한 국가기술자격의 부여를 위한 방안을 마련하여 시행하는 등을 제안하였다.

교육인적자원부의 「실업교육 육성방안」(2001.11)에서는 실업계 고등학교 학생에 대해 대입 정원외 3% 선발 허용과 무시험 국가기술자격 부여, 실업계 고등학교에 대한 대폭적인 재정 지원 방안 등이 포함되었다. 실업교육 육성 방안의 기본 방향으로 첫째, 계속교육과 완성교육을 동시에 운영하는 제7차 실업계 고등학교 교육과정에 맞추어 실업계 고등학교 학생에게도 대학에 진학할 수 있는 문호를 확대하고, 둘째, 실습교육에 필요한 기자재, 우수 학생 유치를 위한 실업계 고등학교 학생의 학비 지원, 제7차 실업계 고등학교 교육과정의 실효성 확보를 위한 학급당 학생 수 감축에 투자를 대폭 확대함으로써 획기적인 직업교육 여건을 조성할 것이며, 셋째, 학교와 산업체간의 유기적인 협력 체제를 강화하고 실업계 고등학교 학생 현장실습 참여업체에 행·재정적인 인센티브를 주어 산업현장에서 요구되는 우수한 기능 인력을 양성하는 것으로 설정하고 있다.

2001년 이후 우리나라 전문계고 관련 정책에 큰 변화가 나타난 계기는 대통령 자문 교육혁신위원회의 「21세기 지식기반사회를 위한 직업교육체제 혁신방안」(2005.5)이다. 직업교육체제 혁신방안은 이전까지 제시된 국가 수준의 전문계고 관련 교육정책을 폭넓게 아우르는 것으로 모두를 위한 직업교육, 직능 지향의 열린 직업교육체제, 학교에서 일터로, 일터에서 학교로 원활한 이행을 기본으로 하여 일-학습-삶이 하나 되는 교육을 비전으로 설정하고 있다.

직업교육체제 혁신방안(2005)에서는 전문계 고등학교의 고질적인 문제점을 해소하고 직업교육 현장의 혁신을 주도하기 위해 첫째, 단순기능 위주의 직업교육을 지양하고 '생애에 걸친 고용가능성'을 높이는 문제해결능력, 의사소통능력 등 기초적인 직업능력(basic competencies)의 함양에 중점을 두며, 둘째, 학교에서 제공하기 어려운 기술/기능의 습득은 직업훈련기관 등에 위탁(outsourcing)하여 학교수업으로 인정하게 하고, 셋째, 인문과 직업과정이 칸막이 식으로 경직되게 운영되고 있는 현행 종합고를 재학기간 중 교차선택이 가능한 통합형고 체제로 전환한다는 기본 방침을 세웠다. 이에 교육인적자원부에서 혁신방안의 후속 조치계획을 수립하고, 각 시도교육청에서도 자체적으로 지역내 직업교육 활성화를 위한 다양한 노력을 경주하도록 하였다.

직업교육체제 혁신방안에 이어 발표된 교육인적자원부의 「희망실현 전문계고 육성전략(2007.2)」에서는 전문계고 육성을 위한 추진 방향으로 2020년까지 산업분야별로 500개의 전문계고를 육성함으로써, 전문계고의 내실화를 통해 계속교육을 통한 능력발전을 지원하여 실무를 겸비한 핵심기술 인력양성을 제시하였다.

2008년 들어 새로 들어선 정부에서는 학교제도와 운영을 다양화하여 학교교육의 내실화를 선도하고 보다 다양한 학교를 만들어 학생들이 적성에 따라 학교를 선택할 수 있는 기회를 제공하기 위하여 「고교다양화 300 프로젝트」라는 이름으로 고교 다양화 정책을 발표하였다. 「고교다양화 300 프로젝트」의 가장 핵심적인 도입 취지는 학교에 대한 획일적인 규제는 창의적인 교육을 저해하는 것이므로, 현행 고교평준화 제도의 기본 틀을 유지하면서 그 문제점으로 지적되고 있는 획일성을 보완하기 위해 고교 교육의 다양화 · 특성화 · 자율화를 추진하기 위한 것이라 볼 수 있다(장명희, 강경종, 이병욱, 2008).

2) 고등직업교육 측면에서의 산업인력개발의 발달

산업이 발전된 국가일수록 직업교육은 고등학교 졸업생을 대상으로 1~3년간 실시하는 단기 고등교육(postsecondary education) 기관에서 중추적인 기능을 수행한다. 우리나라의 경우는 이러한 역할을 하는 기관은 전문대학이 대표적이라고 할 수 있다. 물론 광의의 의미에서 접근한다면, 대학, 교육대학 등의 모든 고등교육기관이 산업인력을 개발하는 역할을 담당한다고 볼 수 있으나, 전문대학은 중등단계의 직업교육과 밀접하게 연관을 가지며, 고등직업교육의 중추적인 역할을 담당하는 기관이라는 점에서 이 장에서는 전문대학을 중심으로 고등직업교육 측면에서의 산업인력개발의 발달과정을 살펴보도록 하겠다.

(1) 실업고등전문학교의 신설

1961년 기술공업계 고등학교의 설치로 역사상 처음으로 체계적인 직업교육을 시작하였으며, 1964년 직업교육과정의 연장으로 5년제 실업고등전문학교가 탄생

함으로써 직업교육으로서 단기고등직업교육의 기초 토대가 구축되었다.

전문대학 교육제도의 효시라고 할 수 있는 실업고등전문학교는 1964년 9개 학교, 23개 학과, 학생 정원 953명으로 시작되었다. 당시 우리 정부가 정책적으로 추진하던 제1차 경제개발 5개년 계획의 시행으로 숙련된 기능 인력의 수요가 크게 증가될 것이라는 전망에 따라 중학교 졸업자를 입학자격으로 하는 실업고등전문학교들이 설립된 것이다. 숙련된 기능 인력을 필요로 하는 노동집약적 산업이 발달되면서 실업고등전문학교도 증가되었다.

그러나 이러한 성격과 기능을 가진 실업고등전문학교는 설립 당시 5년제로 운영해야 한다는 이론적인 타당성이 미흡하였으며, 교육적인 측면에서 학생들의 진로를 조기에 결정하도록 하여 중간에 진로 궤도 수정을 어렵게 하였던 점이 문제점으로 지적되었다. 이로 인하여 수학기간의 장기화에 따른 중도 탈락자가 속출하였으며, 인문계나 실업고등학교를 졸업한 후 직업교육을 원하는 학생들을 단기 직업교육기관으로 유인할 수 있는 체제가 없다는 비판이 일게 되었다(이무근, 2003).

(2) 전문학교로의 개편

1970년대 초 실업고등전문학교는 대부분 2년제 전문학교로 개편되고, 1976년에는 완전히 2년제 전문학교로의 개편이 이루어졌다. 전문학교의 교육 목적은 사회 각 분야에 관한 전문적인 지식과 이론을 교수 · 연구하고, 재능을 연마하여 국가와 사회 발전에 필요한 중견직업인의 양성을 목적으로 하고 있다. 수업연한은 2~3년이고, 입학자격은 고등학교 졸업자 또는 동등 이상의 학력소지자로 하였으며, 졸업 후에는 역시 동일계 대학의 해당 학과에 편입학이 가능하였다(이무근, 1985).

이러한 전문학교의 교육 목적과 성격은 오래전부터 존속해 오고 있던 초급대학의 교육 목적 및 성격과 큰 차별 없이 운영됨으로써 상호간 독자성이 없는 교육이 실시되어 왔다. 교육과정 역시 초급대학이나 전문학교 모두 산업사회에 부응할 수 있는 직업교육인으로서의 독자성이 결여되었고, 오히려 4년제 대학에의 편입을 위한 중간교육적인 기능이 더욱 크게 부각됨으로써 중견기술인을 양성하는 교육목적에 미치지 못하였다. 더구나 전문학교는 대학입학 예비고사 불합격자에게도 입학자격을 부여함으로써 전문학교를 천시하는 사회적인 풍토가 짙어지게 되었다.

(3) 전문대학으로의 일원화

전문학교의 출범으로 실업고등전문학교, 초급대학, 간호학교 등의 단기고등교육 기관들이 난립되는 양상이 나타나자 단기 고등교육 기관들을 일원화해야 한다는 비판이 제기되었다. 이에 따라 1979년 기존의 다양한 단기 고등교육기관들을 현재의 고등학교 졸업자를 입학자격으로 하는 2-3년제 전문대학으로 개편 · 승격되었다. 처음에는 127개 대학에 78,455명의 입학정원으로 출발하였으며, 우리 국민의 높은 교육열 때문에 발생하는 재수생 문제의 해결과 급속히 발전되는 산업사회가 요구하는 중견 전문 인력을 양성하는데 크게 기여하였다(강성원 외, 2000).

그러나 1980년 7.30 교육개혁 조치에 의하여 도입된 대학졸업정원제는 전문대학을 위기로 몰고 가는 결과를 초래했다. 원래 대학졸업정원제는 선진국의 경우처럼 학생들로 하여금 졸업을 어렵게 하여 대학졸업생의 질적 수준을 고양시킨다는 바람직한 취지로 추진되었다. 그러나 이 정책은 4년제 대학의 문호를 크게 개방하는 양적 팽창만을 초래하게 되었으며, 이로서 전문대학은 4년제 대학의 양적 팽창에 엇물려 입학자원만을 빼앗기는 결과를 떠안게 되었다. 대학정원제의 실시로 애초에 고등교육기관으로서의 정체성이나 위상 확립도 없이 출발한 전문대학은 학생자원 난을 겪으면서 시행 10여년 만에 커다란 위기를 맞게 되었으나 졸업정원제가 입학정원제로 다시 복귀되면서 입학자원 모집 위기에서 벗어날 수 있었다. 그러나 1995년 5.31 교육개혁과 신교육체제 구상에 의하여 대학설립 준칙주의와 정원 자율화가 추진되면서 전문대학은 또 다시 변화를 맞이하게 되었다. 즉, 전문대학의 설립이 자유로워지면서 대학들은 알게 모르게 자유경쟁의 시대로 들어서게 된 셈이다. 설립준칙주의에 의하여 1996년 학교법인들은 대학을 설립하고자 할 경우 일정한 설립기준만 충족하면 자유롭게 설립할 수 있게 되었으며, 수도권 이외의 기존 대학도 일정한 교육여건을 충족할 경우 정원 자율화 대학으로 지정되는 등 점진적으로 학사운영이 대학 자율에 맡겨졌다(강성원 외, 2000; 홍선이, 2006).

특히 1996년부터 2년 동안 전문대학을 활성화한다는 목적으로 전문대학의 정원 자율화 정책이 강력하게 추진되었다. 단, 수도권 소재 사립 전문대학들은 수도권 정비계획법의 적용을 받기 때문에 정원책정 기준을 충족시킨다 하더라도 전년도 총 증원 규모의 20% 내에서 정원을 늘릴 수 있도록 하고, 전문대별 교육여건 평가를 통해 증원규모를 결정하였다. 정원 자율화 정책과 함께 정부는 1970년대와 1980년대에 수립된 교육에 관한 입시특례법, 사립학교법, 대학생 정원령 등을 폐지함으로써 대학을 감독하고 정원을 통제하던 정책을 과감하게 포기하기 시작했다(안승철 외, 2000).

또한 1997년부터는 전문대학에서 '전문학사' 학위를 부여할 수 있게 됨으로써 대·내외적으로 정식 학위를 수여하는 정규 고등교육기관으로 인정받게 되었다. 1998년부터 정부는 전문대학의 이미지 제고라는 취지에서 대학의 학교명 앞에 붙어 있는 '전문' 이라는 용어를 삭제해도 무방하며, 대신 '정보' 나 '과학' 또는 '산업' 등 다른 용어를 첨가하여 사용해도 된다는 시책을 내놓았다. 이는 4년제 대학보다 오히려 현장실무교육과 산학협력 교육으로 직업교육의 전당으로 발돋움하고 있는 전문대학을 지원하기 위한 정부의 노력이라고 할 수 있다.

3) 직업훈련 측면에서의 산업인력개발의 발달

(1) 직업훈련의 태동기 (1960년대)

1960년대 이전까지 우리 경제는 남북분단에서 초래된 자원의 불균형, 6·25 동란 등의 어려움을 겪으면서 외국원조에 힘입어 경제를 유지해왔다. 미국원조에 크게 의존하고 있었던 우리나라는 미국원조 정책이 축소되어 운영되자 경제에 큰 충격을 받았다. 이러한 시대적 상황을 배경으로 정부는 1961년 경제기획원을 설립하고 장기 경제개발계획의 수립에 들어가 1962년 경제개발 5개년 계획을 확정, 발표하였다.

1차 계획은 정부주도로 적극적인 공업화를 추진하며 수출증대로써 지속적으로 산업생산의 수요원을 확보하고 부족한 투자재원은 외자로써 충당한다는 것이었다.

이러한 개발계획으로 수출과 투자가 증대되어 기대보다 높은 성장실적을 달성하였다. 또한 고용면에서도 총 75만 명의 신규 일자리를 창출되어 괄목할만하게 개선되었다. 1차 계획의 성공에 힘입어 제2차 개발계획을 수립하여 본격적인 외향적 발전전략을 채택하고 수출증대정책을 강화하였다. 제2차 계획은 급속한 수출증가를 기동력으로 하여 공업부문에 높은 투자가 이루어짐으로써 고도의 성장을 이루게 하였다. 이와 같이 1 · 2차 계획을 통해 우리나라 산업구조는 농업의 발전은 거의 정체되다시피 하였으며 광공업, 특히 제조업의 비중은 증대하는 양상을 보였다.

이와 같은 경제적 사회적 배경에 따라 1960년대에는 우리나라의 직업훈련제도가 본격적으로 도입되었다. 이는 정부가 1962년도부터 실시한 제1차 경제개발 5개년계획사업을 추진하는 과정에서 산업현장에 필요한 인력을 현존 기술인력양성체제만으로는 충당하기 어렵다는 판단을 하게 되었기 때문이다. 따라서 1967년 제2차 경제개발 5개년계획이 시작되면서 직업훈련법 또한 제정되었다. 또한 직업훈련을 시작하는 데에는 능력 있는 교사가 관건이 된다는 점을 인식하여, 노동청에서는 1968년부터 중앙직업훈련원을 개설을 준비하기 시작하였다.

1966년에는 '한독 기술협력협정' 을 체결하고 부산에 직업훈련소를 설치하기로 합의하였다. 한독공공직업훈련소는 다른 훈련소와 달리 독일의 도제훈련기준과 방식을 완전히 도입 활용하고 기술공 향상훈련을 최초로 시도했다는 점에서 가장 큰 의의가 있다.

(2) 직업훈련의 성장기 (1970년대)

1970년대는 외국 차관을 이용하여 전국에 공공직업훈련기관을 계속적으로 설치하고 기업체에 양질의 기능 인력을 공급하여 직업훈련이 크게 성과를 올렸던 발전기라고 할 수 있다.

직업훈련시설 확충사업은 주로 외국원조사업, 차관 사업으로 추진되었는데 26개 훈련원 중에서 6개는 국제협력사업으로 20개는 차관사업으로 지어졌다. 중앙직업훈련은 UNDP자금으로, 한독부산직업훈련원은 독일의 협력으로, 서울 보광동에 1793년 개원한 정수직업훈련원은 미국정부의 협조로, 1976년 개원한 대전직업훈련련원은 일본정부의 협조로, 1976년에 창원에 개원한 한·백 창원직업훈련원은 벨지움의 협력으로 설립되었다. 이렇게 협력 사업이 이뤄지게 된 배경에는 각국이 우리나라의 경제개발과정에 자국의 경제적인 진출과 영향력을 높이기 위한 목적이 있었을 것이다.

1970년대에도 60년대 설립되기 시작했던 중앙직업훈련원과 한독부산직업훈련원이 직업훈련을 성공적으로 이끈 견인차 역할을 하였다. 중앙직업훈련원은 1972년부터 2년 과정으로 교사들을 양성하는 것과 별도로 1개월여의 단기간으로 면허과정을 운영하여 이미 기업체에서 사업내 직업훈련교사로 일하고 있는 교사들에게 직업훈련 교사면허를 취득할 수 있는 길을 열어주었다. 한독직업훈련원은 1972년 제1기생의 입학식을 실시하였다. 이곳은 중학교 졸업자 중에서 우수한 훈련생들을 선발하여 직업훈련 중에서는 가장 긴 3년 동안 집중적으로 훈련을 시켰다. 1년차에는 직업군에 속한 기초적이고 기본적인 기능을 전반적으로 익히고 2년차에는 전공별로 숙련을 시키는 훈련을 한 후에 3년차에는 종합적인 실습을 통하여 현장에 곧 바로 적응할 수 있으며, 생산과 문제해결능력까지 갖춘 다능공을 양성하였다. 이러한 훈련방식은 독일의 직업학교의 훈련체계를 그대로 적용한 것이었다. 1972년에 훈련원설립에 따른 준비작업에 들어간 정수직업훈련원은 1973년 9월에 1기 정규과정을 훈련시키기 시작하였으며 막대한 행·재정적 지원이 힘입어 우수한 교사진용을 갖추었다.

1976년 말에는 직업훈련기본법을 제정하여 직업훈련기관을 직업훈련법인체로 전환하였다. 그러한 조처는 직업훈련이라는 전문적인 사업을 노동청 관리들이 맡아서 경직되게 운영하는 것보다는 전문가들에게 맡겨 효율적으로 운영하게 하는 것이 바람직하다는 판단에서 이루어졌다. 이러한 공법인 직업훈련원들의 시설은 당시 경제 수준과 비교하여 매우 훌륭하여 후발개발도상국들의 모델이 되었고 많은 나라의 직업훈련 및 인력개발 관계자들이 방문하여 배워갔다. 또 실기를 위주로 구성된 교육과정 때문에 산업사회에서 호평을 받았으며, 훈련 직종은 대부분 중화학공업에 필요한 직종들로서 훈련비용도 많이 들고 시설투자도 많이 요구되는 직종들이었다.

(3) 직업훈련의 정착기 (1980년대)

1980년대는 제5차 경제개발 5개년계획이 실시된 시기이며, 고도경제성장과 산업구조의 고도화에 걸맞게 직업훈련도 질적으로 수준이 높아졌고 범위도 넓게 확대되었다. 이를 지원하기 위한 법적·제도적 뒷받침은 1981년의 직업훈련기본법 제3차 개정과 1986년 사업내직업훈련 실시의 합리화를 꾀한 제4차 개정으로 확립되었다.

제3차 개정안은 직업훈련의 원칙에 여성, 중고령자 및 신체장애자에 대한 직업훈련의 중요성과 직업훈련과정을 기능사와 훈련교사 외에 사무·서비스직 종사자, 감독자, 관리자 등에 까지 확대하는 것을 골자로 하고 있다. 또한 공공직업훈련을 실시할 수 있는 공공단체를 한국직업훈련관리공단으로 선정하였다. 같은 시기에 국가기술자격법의 개정을 통해 주관부처가 과학기술처에서 노동부로, 시행기관은 한국기술검정공단에서 한국직업훈련관리공단으로 바뀜에 따라 직업훈련과 자격검정의 일원화를 가져왔고, 자격제도가 기능인력양성과 상호 밀접한 연관을 맺고 운영하게 되었다. 이전까지 자격시험은 10개의 서로 다른 부처에서 19개의 서로 다른 법령에 따라 부처별로 26개의 각기 다른 기술자격제도를 두고 시행하여 온 결과, 서로 간에 자격기준이 불균형하기도 하였고, 유사한 종목들이 중복되기도 하였으며, 자격을 취득한 자들에게 사회에서 별도로 대우해 주는 것도 없었다. 이에 정부에서는 1973년 국가기술자격법을 제정하여 모든 자격제도를 하나로 통합하고, 1976년에 설립된 한국기술검정공단에서 주관하도록 하였었다.

제4차 개정은 80년대 들어와 침체되고 있는 사업내직업훈련 실시의 합리화를 꾀하고자 의도된 것이었다. 사업내직업훈련 의무부과기준을 인원기준에서 훈련비용기준으로 변경하였으며, 사업내직업훈련 실시범위에 향상 및 재훈련도 포함하였고 분담금 자진납부 제도 및 훈련시설 및 장비구입의 융자제도 신설, 그리고 사업내훈련을 하는 모든 훈련생에게 훈련수당과 재해위로금을 지급할 수 있는 제도적 근거를 마련하였다.

한국직업훈련관리공단의 직업훈련은 정규과정인 기능사양성, 야간에 유휴시설을 활용하여 재직근로자들을 대상으로 실시되는 향상훈련, 산업체와 교육훈련기관이 연계하여 운영되는 산학협동훈련과정이 운영되었다. 기능사 양성과정은 기능사 2급을 양성하는 1년 과정, 기능사 1급을 양성하는 3년제와 2년제 과정을 운영하고, 향상훈련과정에서는 기능사 1급과 2급을 목표로 훈련시켰다. 산학협동훈련과정은 현장에서 감독자나 관리자의 지도로 응용과 생산실습을 하고 공단훈련원에서는 일정한 시간에 모여 전공이론과 기초기능을 체계적으로 훈련하였다. 전 과정은 3년이 소요되며 수료시 기능사 1급을 목표로 하였다.

(4) 직업훈련의 정립 및 확산기 (1990년대 이후)

1990년대는 첨단산업을 중심으로 각종 산업이 급속도로 확장됨에 따라 산업인력에 대한 수요가 양적으로 증대됨은 물론, 종래의 노동집약적인 산업에서 기술집약적인 산업으로 산업구조가 변화됨에 따라 질적으로도 고도화된 산업 인력의 수요가 크게 늘어났다. 이에 따라 유능한 기능 인력을 양성 · 공급하기 위한 조직적으로 체계적인 직업훈련제도가 필요하게 되었다.

그럼에도 불구하고 이 시기의 직업교육 및 직업훈련은 여전히 이전 시대의 제조, 생산직 중심의 단순 기능인력양성에 머물렀다. 이와 같이 직업훈련이 노동수요에 부합하지 못하자 1995년 고용보험제도에서 훈련의무화의 대상기업을 근로자 300명에서 1000명 이상으로 보다 큰 기업체를 대상으로 변경하고, 70인 이상 1000명 미만의 사업체에서는 직업능력개발사업을 실시하도록 하였다. 직업능력개발사업은 훈련을 실시한 기업에 훈련비용을 지원해주는 동시에 훈련과목, 교재, 기간 등에 대해 일률적으로 적용하던 규제를 완화하여 기업의 훈련참여를 유도하는 동시에 기업에 맞는 훈련을 시킬 수 있도록 하였다(이주환, 1999). 그러나 표준화된 직무기준에 기초한 직업훈련의 기준을 마련하지 않고, 단순히 규제를 완화함으로써 직업훈련 질이 오히려 낮아지는 문제를 초래할 수도 있게 되었다. 이와 같이 기업 훈련의무화와 직업능력개발사업으로 분리 · 운영되던 기업의 직업훈련제도를 재정비하고자 1997년에 들어 기업의 훈련의무제를 완전히 폐지하고 직업능력개발사업에 대한 세부적인 내용을 규정한 근로자직업훈련촉진법을 제정하였다. 근로자직업훈련촉진법은 제조업 · 생산직뿐만 아니라 사무서비스 분야까지 다양한 훈련과정을 개설하는 등 근로자의 능력개발을 위한 지원 대상을 확대하고 기업 및 민간훈련기관의 참여와 경쟁을 촉진함과 동시에 훈련 기관에 대한 평가 시스템을 구축하여 훈련의 내실화를 도모하였다. 고용보험 상의 직업능력개발사업의 도입으로 기존의 산업인력 공급을 위한 청소년 위주의 양성훈련에서 변화하는 기술요구에 근로자들이 적응시키는데 초점을 둔 근로자 위주 직업훈련으로 변화하였다(한국노동연구원, 2000). 이로 인해 청소년들을 주 대상으로 하는 '양성훈련' 은 대폭 감소한 반면, 근로자들을 위한 향상훈련 및 실업대책훈련은 1993년 10%미만에서 2000년 70%가량으로 증가하는 결과를 가져왔다(노동부, 2000). 또한 1998년 이후 대량 실업사태에 직면하면서 실직자의 재취업을 촉진하기 위한 직업훈련이 크게 확대되었으며, 직업훈련의 중점이 기능인력양성에서 근로자의 평생능력개발로 전환되었다.

한편, 한국직업훈련관리공단은 1991년 한국산업인력관리공단으로 명칭을 변경한 후 직업훈련교사 양성을 위해 한국기술교육대학교를 설립하고 직업훈련원을 19개 기능대학과 22개 직업전문학교로 개편했다. 또한 1998년 지금의 한국산업인력공단으로 명칭을 변경했다.

4) 기업교육 측면에서의 산업인력개발

(1) 기업교육의 태동기 (1946~1960년대)

우리나라 기업교육의 태동은 6 · 25 이후 주한 미군을 통해 도입된 각종 교육단체들을 중심으로 시작되었다. 물론, 해방 직후 1946년초 일부 경제학자들에 의해 한국능률공회 설립준비위원회가 잠시 결성된 적이 있지만, 이러한 기틀이 잡히기도 전에 6 · 25라는 대변혁기를 거치면서 기업교육의 발전이 미루어지게 되었다.

따라서 주한 미군을 통해 도입된 각종 교육단체들을 중심으로 활발히 실시된 CCS(Civul Communication Section), MTP(Management Training Program), TWI(Training Within Industry), OJT(On the Job Training) 등의 기초적인 경영관리 교육프로그램 등에서 우리나라의 기업교육이 발아한 것으로 볼 수 있다(한국능률협회, 1992). 이들 프로그램은 경영관리에 있어서 가장 기초적 구조와 사고방식을 교육하는 체계적이고 과학적인 프로그램으로서, 당시 우리나라 기업경영에 있어서 매우 신선한 자극으로 받아들여졌다. 그러나 엄밀히 말해서 이들 프로그램은 산업인력개발로서의 기업교육이라기보다는 기업경영관리의 측면에서 도입되었다고 할 수 있다.

그러므로 엄밀한 의미에서 우리나라의 산업인력개발로서의 기업교육의 실질적인 역사는 1950년대 후반 설립되기 시작한 전문교육훈련기관 또는 기업교육 전문기관의 설립과 더불어 태동했다고 보는 것이 적절하다고 볼 수 있다. 당시 설립되기 시작한 전문기관들을 간단히 살펴보면 다음과 같다.

우선 한국생산성본부는 1950년대 중반 전후 외국원조 붐에 따른 무질서한 경제상황을 바로잡고 나라의 경제번영을 이룩하기 위해서는 생산성 향상이 필수적이라는 결론하에 1957년 '한국생산성연구원' 의 재단법인으로 설립되었다. 그리고 1958년에는 연구만을 위한 학술단체가 아니라 생산성 향상을 위한 교육지도를 목적으로 '한국생산성본부' 로 명칭을 변경하였다. 또한 1962년 3월에는 공업표준화 및 품질관리 기술의 보급 및 촉진을 목적으로 '한국표준규격협회' 가 설립되었고, 1977년 12월 '한국공업표준협회' 로 명칭을 잠시 변경하여 당시 공업진흥청의 소속의 법인으로 전환하였다가, 다시 1993년 6월에 '한국표준협회' 로 명칭을 변경하게 되었다. 마지막으로 한국능률협회는 민간주도의 경영능률 향상운동을 목적으로 제계와 학계의 인사들이 모인 협회로서 1962년 발족하였다.

이처럼 1960년대의 우리나라의 기업교육은 생산성 향상을 통한 국민경제의 발전이라는 시대적 요청에 따라 설립된 3개의 기업교육 전문기관에 의해 잉태되었다고 할 수 있다.

(2) 기업교육의 모색기 (1970년대)

1970년대는 1972년부터 시작한 제3차 경제개발 5개년 계획의 수행으로 경제발전의 틀이 갖추어짐에 따라 각 기업들에서 새로운 인재를 지속적으로 채용하고 이에 따라 늘어가는 신입사원들에 대해 능력향상을 위한 체계적인 교육훈련이 필요하게 된 시기였다. 또한 중동전쟁으로 인한 오일쇼크의 여파로 인하여 경영자들은 경영합리화를 통한 기업체질 개선방안에 관심을 갖게 되었다. 특히 당시의 급작스련 불황은 기업교육의 위축을 가져올 가능성이 있었으나, 기업들 스스로가 갑작스런 경기불황을 극복하기 위해서는 오히려 평소에 체계적인 교육훈련을 하는 것이 보다 중요하다는 점을 깨닫게 되었다.

따라서 이 시기에는 많은 기업들에서 기업교육의 중요성을 깨닫고, 다양한 기업교육 관련 프로그램들을 탐색하고 도입 운영하는 시기라고 할 수 있다. 특히 1970년대의 우리나라의 기업교육은 대부분 미국이나 일본의 기업교육을 탐색하고, 받아들이는 특징을 가지고 있었는데, 이에 따라 창의력 개발훈련, 감수성훈련, 성취동기 제고 프로그램 등의 다양한 프로그램들이 시도되었다. 그러나 이와 같은 국외 프로그램의 무분별한 도입은 우리나라 기업교육의 정체성이 없었다는 점에서 한계로 지적되었다.

(3) 기업교육의 성장기 (1980년대)

1980년대의 우리나라의 기업교육은 1970년대의 외국 교육프로그램에 대한 무조건적인 도입에서 탈피하여, 장기적인 안목과 비전에 근거한 기업교육으로의 전환을 지향하고자 하는 분위기로 시작되었다. 이러한 각성은 1980년 6월 26일 우리나라 최초로 기업교육체의 교육연수 담당자들이 한자리에 모여 기업교육의 방향을 논의한 한국능률협회 주최 '제1회 산업교육 전국대회' 를 통해 공고하게 되었다. 이 대회는 이후로도 우리나라 기업체 교육연수 담당자들의 가장 큰 규모의 연차대회로서 오늘까지 지속되고 있었다.

'산업교육 전국대회' 의 가장 큰 효과는 우리나라 기업체들에게 교육연수의 중요성을 확실하게 각인시켰다는 점이었다. 즉, 1970년대 말부터 시작된 세계적 저성장구조에 편입된 우리나라의 경제가 1985년부터 안정기조를 회복함에 따라 기업의 규모가 커졌으며, 이에 따라 기업의 교육연수도 전략적인 변화를 도모하지 않으면 안 되었을 시점이었다. 다시 말해, 첨단기술의 발전, 국제화의 진전 등 급속한 경영환경의 변화에 따라 기업교육도 장기전망을 근거로 한 체계적인 교육연수가 요청되었던 것이다.

한편 1980년대 기업교육과 관련된 사항으로 또 하나 중요한 것은 대대적인 조사연구 사업이 수행되었다는 점이다. 이를 통해 기업체의 교육훈련 부서의 규모가 보다 확대되는 기회를 가져오게 되었다. 이에 따라 우리나라 기업들의 자체연수원이 설립되었으며, 이를 토대로 타사와 구별되는 독특한 인재육성시스템을 확립하고, 인재육성관리의 특화를 도모하게 되었다.

또한 기업교육에 관한 정보교류가 기업들 간에 활발해지고, 어느 정도 경제의 안정적 기반이 확보된 것을 토대로 각 기업들이 자체 연수기관을 갖추고 이를 통해 체계적인 교육연수를 추진할 수 있는 시스템을 갖춘 시기였다고 할 수 있다.

(4) 기업교육의 발전기 (1990년대 이후)

1990년대의 기업교육은 무엇보다도 세계화라는 관점에서 전개되었다. 즉, 품질개선이나 부가가치가 높은 상품은 사원들의 역량에 달려있다는 관점에서 HRD(Human Resource Development)의 개념이 확대되었다. 따라서 우리나라의 기업교육 역시 HRD의 개념과 동일한 맥락에서 발전되게 되었으며, 이에 따라 기업교육의 영역은 개인개발, 경력개발 및 조직개발의 세 가지 영역으로 체계화되는 계기가 되었다. 따라서 이 시기에 이루어진 기업교육은 기존의 정형화된 연수내용이나 활동이 아니라, 이를 최소한의 기본으로 하고 기업의 경영전략과 기업교육의 궤를 같이 하는 소위 '전략적 교육'으로 탈바꿈하려고 노력했다.

또한 이 시기의 기업교육에 있어서 또 하나의 흐름으로서 주목해야 할 것은 기업교육에 대한 성과제고 및 책무성 운동이었다. 우선 교육훈련 프로그램의 경제적 이익과 비용을 비교함으로써 프로그램의 효과를 체계적으로 분석해 보는 ROI가 기업교육의 성과제고를 위한 구체적인 방법으로 제시되었다. 또한 거시적인 관점에서 전체 조직의 차원의 성과를 제고하는 관점에서 수행공학도 강조되기 시작했다.

요약

이 장에서는 산업인력개발의 발달에 대해서 살펴보았으며, 이를 위하여 산업인력개발의 발달과정을 크게 근대 이전, 근대적 도입, 일제 강점기, 광복 이후 시기로 구분하여 살펴보았다.

우선 근대 이전의 산업인력개발의 발달과정은 유럽과 우리나라로 구분하여 살펴보았다. 유럽의 근대 이전의 산업인력개발은 산업인력개발로서 직업교육 훈련의 시초라고 볼 수 있는 도제제도, 길드제도 등에 대해 살펴보았으며, 우리나라의 근대 이전의 산업인력개발은 삼국시대, 고려시대 및 조선시대의 기술인력 양성 측면으로 구분하여 살펴보았다.

근대적 산업인력개발 도입 과정은 조선 말기에 도입된 직업교육의 측면에서 살펴보았다. 이에 따라 농 · 공 · 상의 실업학교 등의 설립을 바탕으로 형식적인 교육 훈련이 실시되어온 과정에 대해 살펴보았다.

한편 일제 강점기의 산업인력개발은 조선 교육령의 공포 및 개정에 따라 구분하여 살펴보았다. 이에 따라 제1차 조선교육령 시대의 산업인력개발, 제2차 조선교육령 시대의 산업인력개발, 제3~4차 조선교육령 시대의 산업인력개발에 대해 각각 살펴보았다.

마지막으로 광복 이후의 산업인력개발은 크게 네 가지 관점으로 구분하여 살펴보았다. 첫째, 중등직업교육 측면에서의 산업인력개발로서, 우리나라 산업구조의 변화에 따라 노동집약시대, 기술집약시대, 정보화시대, 지식기반경제시대로 구분하여 전문계 고등학교에서의 직업교육의 발전양상을 살펴보았다. 둘째, 고등직업교육 측면에서의 산업인력개발로서, 고등직업교육의 중추적인 역할을 담당하는 전문대학의 발전과정에 대해 살펴보았다. 셋째, 직업훈련 측면에서의 산업인력개발로서 직업훈련의 태동기, 직업훈련의 성장기, 직업훈련의 정착기, 직업훈련의 정립 및 확산기로 구분하여 살펴보았다. 넷째, 기업교육 측면에서의 산업인력개발로서 기업교육의 태동기, 기업교육의 모색기, 기업교육의 성장기, 기업교육의 발전기로 구분하여 살펴보았다.

참고문헌

교육개혁위원회(1996). 세계화 · 정보화시대를 주도하는 신교육체제 수립을 위한 교육개혁방안(II). 제3차 대통령보고서.

김시종(1975). 직업훈련-이론과 실제. 서울: 삼영사.

이무근(1983). 실업기술교육론. 서울: 배영사.

이무근(1985). 전문대학교육론. 서울: 배영사.

이무근(2003). 직업교육학원론(제3판). 서울: 교육과학사.

장기원(2001). 직업교육정책의 평가연구. 서울대학교 미출판 박사학위논문.

한국직업능력개발원(1998). 직업교육훈련 100년사. 한국직업능력개발원.

Council on Technology Teacher Education. (1995). *Foundations of technology education*. Mcgraw-Hill.

Dave, R. H. (eds) (1978). *Foundation of life-long education: UNESCO institute for education*. Pergramon Press.

Gilley, J. W., Eggland, S. A., & Maycynuch, A. (2002). *Principles of human resource development*. Perseus Publishing.

Lee, Y. h. (2000). *Technical and vocational education and training in Korea*. Seoul: Korea. Research Institute for Vocational Education and Training.

Swanson, R. A. & Elwood, H. F. (2001). *Foundation of human resource development*. Berrett-Koehler Publishers.

Tompson, J. F. (1973). *Foundations of vocational education: social and philosophical concepts*. Prentice-Hall.

Robert, R. W. (1971). *Vocational and practical arts education*. Harper and Publisher.

03

산업인력개발의 학문적 기초

학습개요

이 장에서는 산업인력개발의 학문적 기초에 대해서 살펴보고자 한다. 이를 위하여 산업인력개발의 주요한 학문적 기초 분야인 교육학, 심리학, 경영학, 경제학, 문화인류학, 사회학 등에서 바라본 산업인력개발에 대해 살펴보도록 하겠다.

학습목표

1. 교육학적 관점에서의 산업인력개발을 설명할 수 있다.
2. 심리학적 관점에서의 산업인력개발을 설명할 수 있다.
3. 경영학적 관점에서의 산업인력개발을 설명할 수 있다.
4. 경제학적 관점에서의 산업인력개발을 이해할 수 있다.
5. 문화인류학적 관점에서의 산업인력개발을 설명할 수 있다.
6. 사회학적 관점에서의 산업인력개발을 설명할 수 있다.

1. 교육학적 관점의 산업인력개발

산업인력개발이라는 분야는 그 역사가 비교적 최근이라는 점과 그 분야의 성격이 매우 학제적이라는 점에서 알 수 있는 것처럼, 관련되는 용어도 매우 다양하게 정의되고 있다. 이러한 정의들을 살펴보면, 최근에 이를수록 산업인력개발에 대한 관점이 조금씩 변화되고 있음을 알 수 있다. 초기에는 학습의 대상을 개인에 국한시키고 있으며, 특정 직무분야에 필요한 전문지식과 기술의 교육이나 훈련에 초점을 두고 있다. 반면 최근에 이르면서, 조직의 필요에 의한 직무관련 특정 지식이나 기술의 습득을 위한 훈련이나 교육이라는 좁은 범위에서 벗어나, 개인의 필요성과 개인의 개발이라는 측면으로까지 확대되고 있으며, 또한 학습대상을 개인에 국한시키지 않고 개인들간의 네트워크라는 관계의 개념도 도입하고 있다.

산업인력개발의 가장 기본적인 전제가 '인간'과 '교육'이라고 할 때, 교육학적 입장에서 보는 인간관과 산업인력개발에 적용되는 교육학의 대표적인 세 분야, 즉 기업교육, 성인교육, 학교교육의 인식론적 입장을 살펴봄으로써 산업인력개발의 실천적인 방향성을 제시하고자 한다.

1) 교육학 관점에서의 인간관 : 학습하는 인간

르네상스적 인간관에 의하면, 인간은 태어나는 것이 아니라 도야(陶冶) 또는 성취되는 존재이기 때문에, 학문을 탐구해야 하며, 그를 위해 언어, 고전의 중요성이 부각되어졌고, 무비판적이나 생각없이 사물이나 현상을 이해하고 받아들이지 않고, 끊임없이 질문하고 의문을 던질 수 있는 비판적 사유가 필요하며, 나아가 다른 사람에게 의존하기보다는 스스로 사유하고 권위에 의존하지 않는 인간이 되어야 한다. 이러한 르네상스적 인간관은 '휴머니즘'의 바탕이 되었는데, 여기에서 강조하는 것은 교육의 필요성이며, 이는 단순한 지식이나 기술의 습득이 아니라 실천성까지도 포함하고 있다.

휴머니즘에서 파생된 인간관은 '학습하는 자' 라고 할 수 있으며, 학습하는 인간을 의미하는 호모 에루디티오(Homo Eruditio)는 로마 철학자들에 의해 사용되던 용어로서 '개인 스스로 끊임없이 배우고 익히기를 게을리하지 않는 사람들의 학습 행위를 지적하거나 칭송' (한준상, 1999)의 의미를 지니고 있다.

이러한 호모 에루디티오라는 의미들로부터 유추해낼 수 있는 현대적 개념들은 자기주도적 학습, 일상생활 속의 경험에 의한 지혜, 다른 사람들과의 의사소통, 대화, 토론, 참여 등이라고 할 수 있다. 즉 인간은 스스로 학습하고자 하는 의지가 있으며, 학습을 통해서 자신의 행복을 추구하고 자아를 실현하고자 하는 본성을 지니고 있다고 볼 수 있다.

결국 교육학에서 보는 인간관은 학습하는 인간으로서, 인간의 자유의지와 판단에 근거한 개인의 자주성, 자율성으로 인해 인간의 개성 및 감성과 욕망이 존중되어야 하며, 나아가 다른 인간들과의 관계, 대화, 의사소통을 통한 실천적, 윤리적 삶을 이루어 가야 함을 제시하고 있다. 이러한 인간관에 입각하여 볼 때, 인간의 창조성과 지식창출의 능력이 어느 때보다 강조되고 있는 현대에 있어 산업인력개발이 어떠한 모습으로 전개되어야 하는지에 대한 일말의 방향성을 유추할 수 있을 것이다.

2) 산업인력개발의 교육학적 인식론

(1) 기업교육

기업교육은 산업체에서 인적자원개발을 지칭하는 HRD의 하위개념으로, 주로 방법론, 전략, 기법 등을 강조하면서, 훈련중심적인 패러다임에 의거한 방식이 주를 이루는 경향을 보이고 있었다. 하지만, HRD의 흐름이 훈련에서 학습으로 변화하는 경향에 따라 '학습조직' 이라는 개념이 등장함으로써 기업교육의 한 전환점이 되고 있다.

학습조직에서 강조하는 것은 '조직' 이라는 개념에 앞서서 '학습' 이라는 개념이며, 구체적 학습전략과 기법에 앞서서 학습이론적 원리의 탐색이 부각된다. 즉, 개개인 마다의 지속적이고 체질화된 학습습관을 통해 환경대처 능력 및 지식창출과 전이능력을 기르며, 나아가 다른 개인들과의 팀워크, 관계 형성과 참여를 하며, 상호 정보와 지식을 공유할 수 있는 통로를 구축한다는 점을 특징이라고 할 수 있다. 결국, 학습조직에서 강조하는 것은 끊임없는 학습과정을 통한 지속적인 변화로, 인간의 정체성, 시각, 세계관, 가치관 등이 고정적이고 결정된 것이 아니라 다양한 경험을 통해, 그리고 경험에 대한 성찰과 비판적 사고를 통해 지속적으로 변화되어가는 존재라고 보는 관점이며, 이는 이전의 객관주의적, 논리적 실증론적 입장에서 강조하던 '존재론적 인간관' 과는 대조되는 '인식론적 인간관' 이 포함되어 있음을 알 수 있다.

이러한 학습조직의 이론적 토대에서 찾을 수 있는 구체적인 실천방안으로서 체험학습(action learning), 또는 체험성찰학습(action reflective learning)이 있는데, 이들 방식에서 강조하고 있는 것은 ① 실질적 과제(현업과 직접적인 관련이 있는 과제나 문제의 해결을 통해 학습을 바로 적용 · 실천과 연결짓도록 함), ② 자기주도적 학습자 (성찰적 사고, 비판적 사고)의 역할과 학습촉진자로서의 교강사 · 관리자의 역할, ③ 다른 학습자들과의 관계형성 및 대화 참여 (네트워크 형성 및 참여를 통한 지식 공유, 관계 형성), ④ 제도적으로 학습조직의 문화를 형성할 수 있는 협조체계의 구축으로 요약할 수 있다. 결론적으로 기업교육에서 추구하는 학습조직은 그 가장 중심을 '학습' 에 두고, 조직전체의 문화와 현실인식의 패러다임 전환을 통해 기업경쟁력을 제고하고자 하는 것이라고 할 수 있다.

(2) 성인교육

성인교육은 보통 안드라고지(andragogy)라는 용어를 써서 아동교육, 혹은 학교에서 이루어지는 교육을 의미하는 페다고지(pedagogy)와 구분되어 사용되고 있는데, 이는 산업인력개발 분야의 이론적 토대를 성립하는데 있어 매우 중요한 역할을 담당하고 있다.

성인교육의 정의는 매우 다양하게 제시되고 있는데, 초기에는 OECD가 보고한 성인학습보고서와 유네스코의 정의에 따라 '사회가 요구하는 공식적인 학교교육 활동을 끝냈거나 지나쳐 버린 사람들, 그래서 그들의 일상생활이 교육활동과는 거리가 멀어진 사람들이 그들의 삶 속에서 요청되거나 현실적인 필요로 인해 생겨지는 학습욕구나 훈련의 욕구를 충족시키기 위해 교육기관이 의도적으로 제공하거나 그런 욕구를 갖고 있는 성인들이 전개하는 교육활동'을 의미하였다. 하지만, 최근에 와서는 '학교 외 활동'으로 제한하는 것이 아니라 형식적, 무형식적, 비형식적 성인교육 등으로 좀 더 확대된 개념으로 보고 있다.

성인교육에서 공통적으로 고려해야 하는 성인학습의 몇 가지 속성을 Knowles는 다음과 같이 제시하고 있다. 첫째, 성인학습은 자기주도적, 자율적인 학습으로 이루어져야 한다. 둘째, 성인학습은 성인학습자가 지니고 있는 경험을 교육현장에 충분히 활용하여야 한다. 셋째, 성인학습은 구체적으로 자신의 삶, 현업, 직장 등에 바로 적용할 수 있는 실천적 학습을 강조해야 한다. 넷째, 성인학습은 개별학습 뿐만 아니라 다른 학습자들과의 협동학습, 참여학습을 통해 상호간의 경험, 학습자원을 공유하고 네트워크를 형성할 수 있도록 해야 한다.

이러한 성인교육의 특성은 기존의 학교교육에서뿐만 아니라 기업교육이나 대부분의 교육기관에서 보이던 전형적인 수업환경과는 분명히 구분되는 성인교육의 특성이라고 할 수 있다. 이는 탈중심성, 다양성, 복잡성, 개별성, 성과성, 다원성 등을 키워드로 하는 포스트모더니즘이라는 시대적 특성과 연결지을 수 있다.

결과적으로 오늘날 성인교육의 이론적 · 실천적 역할과 위치, 변화의 방향으로 일컬어지는 대화중심적 성인교육, 수요자 중심 성인학습, 자기주도적 성인학습, 참여와 해방의 성인학습 등과 함께 포스트모던 사회의 요구와 특성을 동시에 고려하는 것이 필요하다.

(3) 학교교육

학교교육은 다른 어느 교육분야보다 인본주의적 사상에 입각한 교육, 즉 자기주도적 · 자기자율적인 인간, 끊임없이 자기 연마와 도야를 위해 학습할 수 있는 인간, 다른 사람들과의 인간관계, 대화, 의사소통에 참여하여 실천적, 윤리적, 도덕적 삶을 이루어갈 수 있는 인간을 만들어가는 것을 가장 기본적인 목적으로 해야 한다. 그러나, 17세기 이후 서구세계의 지배적인 인식론이 되어왔던 객관주의의 영향과 과학적 접근, 효과와 효과성 논리로 대표되는 산업시대를 거쳐오면서 인간의 본성에 입각한 교육형태는 상당 부분 왜곡되어져 왔다. 이러한 문제점에 대한 인식은 1980년대에 들어오면서 기존의 행동주의적 학습원칙과 객관주의적 인식론에 대한 대안적 접근으로 구성주의라는 상대주의적 인식론을 낳게 되었다.

구성주의적 인식론에서 볼 때, 학교교육에서 강조하게 되는 것은 학습자의 학습 주체자로서의 역할, 학습과정에 대한 주인의식, 그들의 개별적 경험, 지식, 사고에 대한 가치부여 등으로 학습자 중심적 교육이라고 할 수 있다. 또한, 학습 자체가 삶과 분리될 수 없기 때문에, 학교교육에서 다루어지는 내용은 학습자들의 삶, 관심, 배경과 밀접하게 관련성을 맺는 실제적 성격의 참 과제 중심으로 이루어져야 한다. 나아가 구성주의적 인식론에서는 개개인의 인지주체자가 자신의 경험과 생각을 통한 현실, 경험, 현상의 개별적 이해와 의미를 구성하는데 그치지 않고, 그것을 그가 속해 있는 사회구성원들로부터 검증을 받기 위해 대화, 관계, 의사소통이라는 사회적 관계를 맺는 활동도 강조된다. 이러한 사회구성원으로서의 관계활동의 중요성으로 인해 구성주의적인 학습환경에서는 개별적 학습뿐만 아니라 협동학습, 협력학습이 강조되게 된다.

3) 교육학적 관점에서 보는 산업인력개발의 방향

현대적인 관점에서 산업인력개발의 흐름을 살펴보면, 한마디로 휴머니즘의 회복, 인간성의 재생이라고 할 수 있다. 단편적이고 제한적인 기술과 지식의 습득과 활용을 강조하는 '훈련 패러다임' 에서 좀 더 포괄적이고 지속적이고 깊이있는 학습자 중심적, 학습자 주도적인 '학습 패러다임' 으로의 전환이 강조되고 있기 때문이다. 또한 학습 패러다임 안에서 강조하는 것은 자기주도적 학습인이자 협동적 학습인이며, 학습과 삶과의 직접적인 관련성, 연결성을 통한 실천적 학습임을 볼 수 있다.

이러한 산업인력개발의 흐름은 기업교육, 성인교육, 학교교육이라는 분야에서의 인식론적 변화 및 강조점과 긴밀한 관련성을 지니고 있으며, 그 기저에는 공통적인 추세와 경향을 보이고 있으므로, 세 분야의 인식론에서 일관성있게 제시하고 있는 개념을 함께 고찰함으로써 산업인력개발의 실천적인 방향을 고려하는 것이 필요할 것이다.

결론적으로, 산업인력개발은 학습중심적 패러다임이라는 큰 전제하에 개개인의 개별성과 자주성이 인정되고, 학습자 개개인에게로 학습의 중심이 옮겨지며, 그들의 관심, 배경, 삶과 연결되는 학습을 진행하고, 그 과정에서 다른 학습자들과의 지속적인 대화, 의사소통, 상호작용 등의 네트워킹에 참여하여 서로 지식을 공유하고, 나아가 새로운 지식을 창출 · 활용할 수 있는 능동적이고 적극적인 학습자, 그들의 학습을 도와줄 수 있는 학습촉진자로서의 관리자, 개방적 · 참여적 · 해방적 학습환경을 제공할 수 있는 조직문화를 형성하는 것이라고 할 수 있다.

2. 심리학적 관점의 산업인력개발

심리학자들은 다양한 자극 상황에 대한 반응으로 나타나는 여러 행동의 원인들을 밝히기 위해 미세한 수준에서는 신경과학을 연구하거나, 이보다 거시적인 수준에서는 사회학자들의 연구 대상인 사회현상들 배후의 메커니즘을 다루거나 인공지능 연구자들과 함께 지능적 행동을 가능하게 하는 심적 과정을 찾는다. 이처럼 포괄적인 심리학을 20세기 후반에는 한때 행동과학이라고 부르기도 했다. 현대 심리학자들은 살아 있는 유기체뿐만 아니라 무생물, 예를 들어 컴퓨터의 지능적 행동도 연구하며, 실험심리학 · 인지심리학 · 생리심리학 · 발달심리학 등의 기초 분야들과 임상심리학 · 산업심리학 · 조직심리학 · 인간요인심리학 등의 응용 분야 등을 포함한다.

심리학은 산업인력개발에 있어 매우 중요한 학문적인 기초가 될 수 있는데, 사람들이 자신의 직업을 적절하게 선택하고 관련된 지식과 능력을 개발하는데 필요한 개인의 적성, 흥미, 지능, 가치관 등에 대한 기초적인 자료를 제공해 줄 수 있기 때문이다. 또한, 사람들이 좀 더 자신의 직업생활에 만족할 수 있도록 직무만족과 관련된 다양한 요인들을 구명하고, 자신의 맡은 직무를 잘 수행하기 위하여 필요한 능력을 밝히며, 이를 어떻게 평가할 것인가는 심리학적인 기초를 갖는다고 할 수 있다. 따라서, 여기에서는 산업인력개발에 영향을 미치는 심리학적 주요 이론을 살펴보고, 심리학적 관점에서의 산업인력개발 방향을 논의하도록 하겠다.

1) 심리학의 주요 흐름

(1) 구성주의 심리학

지식에 관한 연구는 인식론이라는 분야를 갖고 있는 철학뿐만 아니라 심리학에서도 연구과제로 삼는다. 인식론이 사실적 앎에 있어서의 논리적 제약(制約)과 보편타당성을 비판하는 앎의 논리학이라고 한다면, 심리학에서는 주로 심리적 사실로서의 활동에 주로 관심을 둔다. 심리학 분야에서 지식의 구성 과정과 발달에 크게 영향을 끼친 학자는 Piaget과 Vygotsky를 들 수 있다. Piaget의 연구는 주로 개인내의 인지적 과정에 초점을 맞추었기 때문에 인지적 구성주의(cognitive constructivism; 또는 개인적 구성주의)라고도 하며, Vygotsky의 이론은 사회 환경과의 교류에 초점을 맞추어 지식 발달을 연구했기 때문에 사회적 구성주의(social constructivism)라고도 부른다.

(2) 기능주의 심리학

1900년대 초의 미국 심리학은 기능주의라고 불리는 독일과는 다른 독자적인 성격을 보이고 있었다. 심리학이 의식의 구성요소보다는 의식의 기능을 연구해야 한다고 보았다. 이런 미국 심리학의 특색은 다윈의 진화론과 미국의 실용주의적인 문화의 영향을 반영하는 것이다. 진화론에서는 유전적으로 더 우수한 기능을 갖고 태어나는 개체는 환경에 더 잘 적응하여 생존하게 된다고 본다. 그래서 생물학자들은 유기체의 모든 생물학적 구조는 각각이 개체의 생존에 중요한 기능을 담당하는 기관이라고 생각하기에 인간의 심리도 인간이 환경에 적응하는 데 있어서 중요한 기능을 담당하는 기관으로서 진화해 온 것으로 보고 심리과정의 일부인 의식을 연구하는데 있어서 그것의 구성요소보다는 기능을 연구하는 것이 더 유용하다고 생각하였다. 의식의 중요한 기능 중의 하나인 학습과정이 심리학의 주요 연구 주제로 채택된 것은 기능주의 심리학의 발달의 소산이다.

(3) 행동주의 심리학

행동주의 심리학은 Watson으로부터 출발하였다고 할 수 있는데, Watson은 행동이 어떻게 나타나는가로 분석하는 행동주의를 제창하게 되었다. Watson의 행동주의가 주장하는 바는 심리학이 과학이 되기 위해서는 철저하게 객관적인 학문이 되어야 한다는 것이 요지였다. 그래서 먼저 심리학에서는 심상, 마음, 의식, 느낌, 의지 등과 같은 심리철학에서 넘어온 유산들인 심리주의적 개념과 용어들은 모두 버려야 하고, 의식과정의 존재를 가정할 뿐만 아니라 객관적인 관찰이 될 수도 없는 내성법 역시 버려야 한다고 주장하였다. 그래서 심리학은 자극과 반응이라는 용어로써 기술이 가능한 그런 행동적인 활동만을 연구의 대상으로 하는 '행동의 과학'이 되어야 한다고 하였다. 하지만, 1930년대에는 엄격한 행동주의에 탈피하여, '마음' 이라는 것도 객관적인 연구가 가능한 것이면 연구의 대상으로 삼을 수 있다는 신행동주의 학자들이 나타났다.

(4) 형태주의 심리학

미국에서 행동주의가 활발할 때 독일에서 형태주의(Gestalt)가 등장했다. 형태주의의 출발은 Kant라고 할 수 있는데, Kant는 인간의 지각활동에서 마음은 통일체적 경험을 형성, 또는 창조한다고 보았다. 지각이란 감각 요소들의 수동적 결합이 아니며, 능동적인 조직화의 결과이다. 그래서 지각의 원자료는 마음에 의해 의미 있는 형태로 조직화된다고 보았다. 형태주의 심리학의 공식적인 운동은 독일 심리학자인 Wertheimer가 1910년에 행한 '가현운동(apparent movement, 假現運動)의 지각' 실험에서 출발하였는데, 이는 객관적으로는 움직이지 않는데도 움직이는 것처럼 느껴지는 심리적 현상에 대한 체계적인 실험이었으며, 형태주의 심리학 실험의 시초가 되었다.

(5) 정신분석학

정신분석학은 Freud를 중심으로 전개된 매우 개인적인 학파로서 출발하였다. 오스트리아의 의학자인 Freud는 나타나지 않는 무의식이 그 사람의 심리에 크게 작용하며, 무의식의 존재를 발견하고 과학의 연구대상으로 삼고 임상의 대상으로 연구하였으며, 억압존재를 발견하는 것과 성적욕구를 중요시하였다. 프로이드는 정신과의사로서 오랜 기간 환자를 치료하며 얻은 결과에 기초하여 이론을 정립하였는데, 그의 이론에 의하면 성적인 욕구의 자유로운 표현을 억압하는 사회 · 문화적 압력이 심리적인 갈등을 야기하고, 이 갈등이 무의식 속으로 밀려들어가서 여러 가지 심신의 장애를 일으키게 된다는 것이다. 인간의 보다 근본적인 이해를 위해서는 의식의 내용이 아닌 무의식의 내용을 연구할 것을 강조하였다. 또한 인간의 본능적인 요소인 성욕이 처리되는 방식에 따라 성격의 형성이 달라진다는 주장을 제기함으로 성에 관한 문제를 공개적이고 과학적으로 탐구할 수 있게 되었다. 한편, 정신분석학의 또 다른 흐름으로 Jung은 성적욕구보다 개인적 경험을 중요시하였다.

2) 산업인력개발의 주요 심리적 특성

(1) 지능

지능이란 "목적을 향해 행동하고 합리적으로 사고하며, 환경을 효과적으로 다루는 개인의 총체적 능력(서울대학교 교육연구소, 1994)" 이라고 정의된다. 지능은 최소한의 직업적 성공을 알려줄 수 있는 유용한 척도가 되고, 능력을 향상시킬 수 있는 여지의 폭을 제공해 주며, 언어적 기술이 필요한 직업에서의 성공을 어느 정도 결정해 준다. 하지만, 지능과 관련하여 유념하여야 할 것은 하나의 직업에서의 성공을 위한 최소한의 지능이 평균 지능지수와 동일하다고 생각하는 것은 잘못된 것이라는 것이다. Guilford는 지능의 구성요소를 120가지로 구분하여 제시하였는데, 이 경우 지능이 높은 사람이든 낮은 사람이든 누구나 120개로 구성된 지능 요소 중 하나 이상의 요소는 다른 요소에 비해 특출하고 우수할 수가 있다. 산업인력의 개발은 각자에게 나타난 특출한 지능 요소와 관련된 일과 직업을 연결시킴으로써 능력을 최대한 발휘하게 하는 것이 바람직하다. 또한, 지능이 유전과 환경의 상호작용에 의해 발달한다는 점에서, 직업에서의 성공을 위해서는 적절한 학습 환경의 조성이 수반되어야 한다는 점을 유념하여야 할 필요가 있다.

(2) 흥미

흥미란 일반적으로 어떤 일이나 활동에 대하여 호의적이고 수용적인 관심 및 태도를 갖는 것을 말한다. 흥미는 직업에서의 적응이나 성공, 학업성취 등을 직접적으로 좌우하는 요인은 아니지만, 인성적 요인, 환경적인 여건 등과 함께 간접적으로 큰 영향을 미친다. 일반적 흥미와는 별도로 특정 직업에 대한 흥미 정도를 말하는 직업적 흥미도 함께 고려되는데, 보통 직업적 흥미가 있는 직업에서 사람들은 자신의 직업수행에 만족한다고 할 수 있다. 그러나 인력의 수급차원에서 볼 때, 수요와 공급이 일치할 경우에는 흥미 중심으로 직업을 선택할 수 있지만, 직업에 대한 공급이 많고 인력의 수요가 부족할 경우에는 흥미에 따른 직업 선택이 어렵기 때문에, 직업에서의 적응 문제가 발생하게 되는 경우도 있다.

(3) 적성

적성이란 특수분야에 대한 능력의 정도나 그 능력의 발현 가능성을 말하는 것으로 어떤 직업내에서 성공가능성을 예언해 주는 요인을 의미한다. 적성의 요인은 연구자나 기관마다 다양하게 제시되고 있지만, 한국직업능력개발원(2001)에 따르면, 신체 · 운동능력, 손재능, 공간 · 시각능력, 음악능력, 창의력, 언어능력, 수리 · 논리력, 자기성찰능력, 대인관계능력, 자연친화력의 10가지 요인으로 구분될 수 있으며, 이러한 적성요인에 따라 성공가능성이 비교적 높은 직업분야를 제시하고 있다. 직성요인과 종사하는 직업분야의 일치 여부는 직무의 효율성, 직업적응, 직업만족, 일에 대한 동기 등을 결정하는 주요한 요인의 하나로 직업교육 전반에 걸쳐 매우 중요시되고 있으며, 산업인력개발에 있어서도 많은 시사점을 준다고 할 수 있다.

(4) 성격

성격은 일반적으로 사람의 지속적인 동기의 경향이나 비교적 오랫동안 계속되는 행동성향의 조직 또는 집합으로 감정적이거나 의지적 특징과 같은 정의적 측면을 주로 가리키며, 특히 어떤 사람의 독특하거나 두드러진 행위와 생각을 결정한다고 간주되는 심리적 복합이나 무의식적이거나 내현된 행동성향을 의미한다(서울대학교 사범대학 교육학연구소, 1994). 성격에 대해서는 다양한 이론적 접근법들이 있지만, 아직까지는 상황을 초월하는 성격의 안전성가설이 가장 설득력이 얻고 있다. 이에 따라 대다수의 검사도구 또한 특질이론을 근거로 한 검사로 이상 증후군을 진단하거나 심리치료에서 개인의 치료처방을 위한 임상적인 용도로 많이 활용되고 있다. 산업인력개발에서는 개인의 가치관, 욕구, 자아개념, 열망수준, 대인관계 등의 제반 특성을 포함하는 것으로, 직업선택과 직업과정에 있어 큰 영향을 미치는 요인으로 다루어지고 있다.

(5) 가치관

가치관은 일반적으로 생활의 여러 국면과 과정에서 가치판단이나 가치선택을 행사할 때 일관되게 작용하는 가치기준과 그것을 정당화하는 근거, 혹은 신념의 체계적 형태를 말한다(서울대학교 사범대학 교육학연구소, 1994). 즉, 가치관은 삶 속에서의 선택과 관련된 문제로 흥미, 태도, 선호도와 함께 연결되어 있는 심리적 특성으로 볼 수 있다. 직업 및 산업인력개발과 관련된 가치관은 일반적인 가치관보다는 직업가치관(work value)인데, 직업가치관이란 직업과 관련하여 자신이 바람직하게 여기는 행동기준으로 개인이 어떤 선택이나 결정을 내려야 할 때 어떤 방향으로 행동하게 하는 원리나 믿음을 말한다(김병석, 1997). 직업가치관에서 주요하게 다루어지는 문제는 가치갈등으로서, 개인의 가치관과 조직의 가치관이 서로 상충될 때 일반적으로 개인은 조직에 적응하지 못하게 된다. 따라서 개인은 직무의 성격뿐만 아니라 조직의 성격 또한 고려하여야 한다.

3) 심리학적 관점에서 보는 산업인력개발의 방향

지금까지의 논의에 따르면, 산업인력개발의 방향을 구상함에 있어 사회구성원들의 지적 · 기술적 능력에 대한 고려 못지 않게 심리적인 차원의 고려가 매우 중요함을 알 수 있다. 특히, 지능과 적성은 지적 · 기술적 능력의 내면적인 특성이라는 점에서 매우 연관되어 있다고 할 수 있지만, 흥미, 성격, 가치관은 기존의 산업인력개발에서 별로 고려되지 못했던 요인이라는 측면에서 앞으로 더 관심이 두어질 필요가 있다.

첫째, 앞서 제시되었던 산업인력개발의 주요한 심리적인 요인인 지능, 적성, 흥미, 성격, 가치관 등에 대한 직접적인 고려가 필요하다. 산업인력의 개발 측면에서 정규교육기관뿐만 아니라 기업 현장의 교육 및 배치에 있어 사람의 외적인 효율성 및 적합성만을 고려하는 것은 심리적인 문제가 발생될 여지가 많고, 이는 조직의 효율성 및 직무의 효과성을 저해하는 중요한 요인으로 작용할 수 있다는 점에서 심리적인 면에 대한 종합적인 이해와 반영이 필요하다.

둘째, 심리적 요인을 통해 나타나는 2차 요인들, 즉 직무만족, 직업적응, 일에 대한 동기 등을 산업인력개발에 적극적으로 반영하는 것이 필요하다. 이들 요인은 1차적인 심리적 요인인 지능, 적성, 흥미, 성격, 가치관 등에 의해 영향을 받기도 하지만, 좀 더 종합적인 요인들에 의해 형성되며, 또한 직업 및 직무에 직접적인 영향을 미친다는 점에서 매우 주요하게 다루어져야 한다.

3. 경영학적 관점의 산업인력개발

현대 사회에서 기업의 성패를 좌우하는 것은 인적인 자원이다. 인적인 자원에 대한 중요성은 각 기업에서 그 어느 때보다도 깊이 인식되고 있는데, 이는 과거에 기업의 비교 우위를 제공하였던 원천들, 예를 들어 기술개발, 시장규제, 규모의 경제 등이 더 이상 효력을 발휘하기 힘들게 되었기 때문이다. 세계화와 정보화로 인하여 물류, 자본, 기술, 정보의 국가간 혹은 기업간 이전이 매우 활발해지게 됨으로써 자본, 기술 및 시장에 의한 경쟁우위의 획득은 상대적으로 수월해진 반면, 종업원의 기술과 능력, 창의력 등은 단시간 안에 개발되기 힘들고 경쟁기업이 모방하기 힘들기 때문에 기업의 장기적이고 지속적인 경쟁우위의 원천이 되고 있다(Pfeffer, 1994).

기업 경영의 실무 및 이론에 대한 연구분야인 경영학에서 산업인력을 보는 시각은 경영 철학 및 외부 환경의 변화와 밀접한 관계를 맺고 있다고 볼 수 있다. 따라서, 역사적으로 경영학이 발달하여 온 과정에 따라 생성된 주요 경영학의 흐름을 우선 간략하게 살펴보고, 이와 관련된 인간관, 산업인력에 대한 접근방법을 고찰하고자 한다. 더불어 경영학적 시각에서 바라보았을 때, 사회의 변화에 따른 미래 사회의 인간상 및 산업인력개발 방향을 살펴보았다.

1) 경영학의 주요 흐름

경영학에서 인간에 대하여 관심을 갖고 연구한 분야는 인사관리 혹은 인적자원관리의 분야라고 할 수 있다. 경영학의 역사를 살펴보면, 이에 대해 많은 접근방법과 논의가 있었지만, Donnely, Gibson, & Ivancevich(1987)의 견해를 따르면 크게 고전주의적 접근방법(the classical approach), 행동주의적 접근방법(the behavioral approach), 경영과학적 접근방법(the management science approach)으로 구분할 수 있다.

(1) 고전주의적 접근방법

고전주의적 접근방법은 조직의 성공을 가져오기 위하여 조직의 효율을 강조한 경영 기법이라고 할 수 있으며 3가지 영역, 즉 과학적 경영(scientific management), 관리적 경영(administrative management) 및 관료적 경영(bureaucratic management)으로 다시 나누어 질 수 있다. 과학적 경영은 노동자로부터 최고의 생산량을 끌어내기 위하여 어떻게 직무를 설계하는가에 관심을 갖고 있다고 할 수 있다. 과학적 경영의 아버지라 불리우는 프레데릭 테일러(Frederick W. Taylor)는 직무를 과학적으로 설계하여 노동자의 효율을 증가시키는 것을 연구목표로 하였는데, 그 전제조건은 일을 할 수 있는 최상의 방법이 있으며 그것을 발견하여 실무에 적용하여야 한다는 것이다.

이에 비해 직무설계라는 미시적인 수준보다는 경영성과라는 보다 포괄적인 수준에 관심을 가진 관리적 경영의 대표자는 프랑스의 Henry Fayol을 들 수 있다. Fayol이 제시한 경영학 이론의 일반적인 원칙들인 분업, 권위, 명령 및 지시의 통일성, 종업원 대우의 공평성, 단체의 정신 등은 관리자 및 기본적인 관리 기능에 초점을 맞추어 관리적 경영이라고 불리우고 있으며, 현재의 경영실무에서도 유용한 이론으로 간주되고 있다.

관료적 경영은 규율, 위계질서, 노동의 분업, 상세한 규칙과 과정에 기초한 시스템으로, 전체 조직이 어떻게 운영되어야 하는가에 대한 청사진을 제공하며, 공식적인 규율체제, 종업원 처우에 대한 규정 및 객관성, 조직의 효율적 운영을 위한 정교한 위계질서, 비개인적인(impersonal) 감독, 노동의 분화, 권위구조, 평생직장으로서의 고용형태, 합리성이 중시되는 경영 등을 주요한 특징으로 한다.

(2) 행동주의적 접근방법

행동주의적 접근방법은 인간에 대한 이해를 통하여 생산성 증가를 강조하는 접근이며, 만약 관리자들이 조직원을 이해하고 그 조직을 조직원에 맞게 운영한다면 조직의 성공은 당연히 따라오게 될 것이라고 주장한다. 행동주의적 접근방법의 효시는 시카고 웨스턴 전기회사의 호쏜 작업장(Hawthorne Works) 노동자의 행동과 태도를 연구하기 위하여 1924년부터 1932년에 걸쳐 행해진 일련의 연구이다. 이 연구는 인간관계운동(human relations movement)에 자극을 주었는데, 조직내 구성원의 상호작용이 조직의 성공에 영향을 미치는 것으로 판단하는 사람 중심적인 접근방법이라고 할 수 있다. 이 접근방법의 궁극적인 목적은 적절한 인간관계를 형성함으로써 조직의 성공을 향상시키는 것이며, 사람을 관리하는데 있어서 인도주의적 방법을 사용할 필요성을 강조하였다

(3) 경영과학적 접근방법

경영과학적 접근방법은 관리자들이 과학적 접근방법과 계량적인 테크닉을 사용하여 운영상의 문제를 해결하여 조직을 향상시킬 수 있다고 제시한다. 경영과학적 접근방법의 시초는 세계 제2차 대전시 과학적 방법을 숙지한 과학자와 물리학자들에게 군대에서의 복잡한 문제해결을 도와주도록 요구한 일로 볼 수 있다. 추후 Operational Research groups라고 알려진 이들은 과학적 방법을 사용하여 세계 제2차 대전이 끝난 후 산업현장에서 경영과학 테크닉을 활용하여 복잡한 문제들을 해결하였다. 오늘날의 관리자들은 재고 통제 모형, 네트워크 모형, 확률 모형 등의 경영과학 도구를 사용하여 의사결정에 참고하고 있다.

2) 경영학의 인간관

경영학의 역사를 살펴보면, 경영학이 인간을 어떻게 보고 있는가에 대하여 개괄적으로 이해할 수 있다. 경영학의 인간관은 이러한 접근방법의 흐름과 상당부분 일맥상통한다고 할 수 있는데, 고전학파의 고전주의적 접근방법은 전통적 인간관, 인간관계학파의 행동주의적 접근방법은 인간관계론적 인간관, 인적자원 학파의 경영과학적 접근방법은 인적자원적 인간관으로 이어진다고 볼 수 있다.

(1) 전통적 인간관

고전학파(classical school of thought)는 19세기 후반에서 1930년대 초반에 활동하였으며, 사람들은 감정이 있고 동료들의 영향을 받는다고 인정하고 있었지만, 주된 강조점은 효율적이고 효과적인 직무 실행에 있다고 보았다. 이는 과학적 경영, 관리적 경영 및 관료적 경영을 포함하여, 작업을 보다 효율적으로 설계하고 관리자의 역할을 보다 정확하게 정의함으로써 생산성의 향상을 강조하였고, 노동자에 대해서는 관리의 대상으로 보았다.

고전학파에서 상정하는 관리의 대상으로서의 인간관은 한마디로 나사못을 박는 등의 매우 단순하고 반복적인 일을 시키는대로 따라하는 매우 수동적이며, 사고

활동이나 대화, 창의력, 상상력 등이 개입할 여지가 전혀 없는 인간형이다. 이에 반하여 관리자로서의 인간형은 일을 효율적으로 수행하기 위하여 규칙을 제정하고 권위나 돈, 위계제도 등과 같은 조직의 메커니즘을 활용하여 종업원을 통제하고 군림하는 역할로서의 인간형이라고 할 수 있다.

(2) 인간관계론적 인간관

경영학의 행동주의적 접근방법에 영향을 받은 인간관계학파(human relations school of thought)는 1920 30년대의 호쏜(Hawthorne) 실험, 즉 환경조건 변화에 따른 생산성 변화에 대한 연구를 통해 대두되었다. 이러한 접근에서는 인간을 직장에서 노동을 제공하는 생산 수단 이상의 사회인으로 봄으로써 인간 중시현상을 최초로 제시하였다. 즉, 능률은 물리적 조건의 변화에 의하여 향상되는 것이 아니고, 정신적 · 감정적인 요인들, 즉 우호적인 동료관계, 횡적인 인간관계, 직무 및 조직의 목표에 대한 이해, 책임감, 협력의욕, 감독자와의 종적 관계 등이 중요하다는 연구결과를 제기하였다.

인간관계학파에서는 인간은 고립된 존재가 아닌 사회인이라는 협동적 개인으로 보고 있으며, 종업원은 사회적인 필요에 의하여 동기부여를 받고 상호 연관을 통하여 동질성(a sense of identity)을 가지며, 종업원은 경영진이 제공하는 인센티브나 규정보다 동료들이 행사하는 사회적인 힘에 더 잘 반응하므로, 관리자들이 조직의 효율을 증가시키기 위해서는 종업원들의 참여를 유도하는 것이 중요하다고 보았다.

(3) 인적자원적 인간관

인적자원학파(human resources school of thought)는 1940년부터 미국을 중심으로 등장하기 시작하였는데, Ginzberg는 생산 과정에 있어서 토지, 노동, 자본에 대한 새로운 차원의 토론 과정에서 인간의 노력과 창의성의 중요성을 강조함으로써 인적자원 이론의 틀을 세웠다. Shein에 의하면, 고전적 접근법이 돈 또는 물질적 보수에 자극되는 존재로서의 경제인관을 가지며, 인간관계 접근법이 인간관계를 필요로 하는 사회적 동물로서의 인간이라는 이론에 기초를 둔데 비하여, 인적자원적인 접근법은 자아성취를 위하여 자율과 자치를 희망하고 책임을 지며, 조직의 목표달성에 협력하는 이타의 인간, 즉 자아실현관에 입각하여 이론이 전개되었다고 주장하였다. 결과적으로 인적자원학파는 인간을 인적자원으로 승화시켜 삶의 질 향상 및 인적자원 가치의 증대에 초점을 맞추었다고 할 수 있다.

3) 경영학적 관점에서 보는 산업인력개발의 방향

그동안 조직에서의 인간관은 조직의 성과를 위한 수단적 존재로 산업인력을 바라보았으나, 미래에는 조직의 성과와 가치를 창출하는 리더로서의 인간형이 보다 중요한 비중을 차지할 것으로 여겨진다.

미래 조직 변화의 특징으로써 두터운 조직에서 민첩한 조직으로(from fat to lean), 수직적 조직에서 수평적 조직으로(from vertical to horizontal), 동질성에서 다양성으로(from homogeneity to diversity), 지위와 명령에서 전문성과 관계로(from status and command fights to expertise and relationships), 회사에서 프로젝트로(from company to project), 조직적 자본에서 평판적 자본(from organizational capital to reputational capital)로의 이행이 지적되고 있다. 21세기에 다가올 미래 환경의 변화 및 조직의 변화를 고려할 때, 21세기에 요구되는 새로운 인간상의 특징은 창의적인 자기관리 및 개발능력과 의사결정능력의 개발, 자기학습과 다양한 가치 표현, 다양한 경력개발에 대한 관심, 외부와의 네트워크 관계에 대한 많은 관심과 투자, 기업내 재구조화와 다운사이징의 영향으로 인한 앞선 기술, 지식 및 노하우 등에 대한 교육훈련 투자 등이라고 할 수 있다. 이에 따라 미래 기업에서 요구하는 다양한 인력개발 전략이 필요할 것으로 여겨지고 있다.

4. 경제학적 관점의 산업인력개발

산업사회의 대표적인 경제성장의 모습을 보여준 미국의 경우, 경제성장의 원동력은 크게 두 가지 요인으로 설명이 가능하였다. 첫째는 노동자 일인당 자본축적 양을 나타내는 자본 노동 비율이고, 둘째는 교육 및 훈련의 질적 개선 정도를 나타내는 평균 교육 연한 증가율이다. 특히 효율적 기계 사용을 통한 생산성 증가가 산업사회의 가장 중요한 성장 요인이라는 점에서 평균 근로자들이 기계를 원활하게 사용할 수 있을 정도의 숙련도 향상은 경제성장에 매우 중요한 역할을 하였다고 평가된다.

그러나, 정보화사회로 진입하게 되면서 그 양상은 매우 달라진다. 정보화사회는 기본적으로 기계를 이용한 부문의 생산성 향상보다는 지식 및 정보 그 자체의 부가가치가 매우 높고, 이어서 정보통신 관련 기계 및 기술(ICT) 생산 부문의 부가가치가 높은 반면 기계를 사용하여 최종 재화 및 서비스를 창출하는 부문의 부가가치가 상대적으로 낮다는 점은 산업사회와 그 모습을 달리한다. 그러므로 경제성장을 위한 산업인력의 개발 문제에 있어서도 그 주안점이 달라져야 한다. 즉, 기계를 사용하는 평균 숙련도의 향상보다는 지식과 정보 그 자체의 높은 부가가치 창출을 위한 인력 개발 및 ICT 관련 기술 및 기계 생산에 필요한 인력 개발에 주력해야 한다.

1) 경제학의 주요 흐름

(1) 전통 경제이론

전통적인 경제이론에서 경제성장은 기본적으로 자본축적 능력에 달려 있다고 본다. 자본축적 능력은 사회의 저축 능력과 일치하는 것으로, 이는 산업사회의 원동력이 각 경제 주체의 근면과 성실로 인한 저축, 그리고 과학기술의 진보로 인한 투자기회의 확대를 의미하고 있다. 그러나, 경제가 발전해 나감에 따라 상대적으로 투자할 기회가 축소되어지고 사회 전반의 잉여가 축소됨에 따라 저축은 감소하여 경제성장은 점차 줄어들게 된다. 즉, 경제성장에 따라 자본 및 노동이 점차로 축적되어지면서 자본 및 노동 생산성은 자연스럽게 감소되어진다는 것이 경제학의 기본 원리라고 할 수 있다. 이러한 이유에서 많은 경제학자들은 자본축적 정도를 나타내는 자본과 노동의 비율(노동자 1인당 자본량)을 주된 변수로 하여 각국들의 경제성장률의 차이를 규명하고자 하였다. 그러나, 계량경제학이 발전하면서 실제 세계 여러 국가의 경제성장 과정을 분석한 결과, 자본축적 정도만으로는 경제적 성과의 내용을 알기 어렵다는 사실이 밝혀졌다. 따라서 이를 보완하기 위해 1980년대 이후부터 경제성장에 영향을 미치는 다양한 요인들에 대한 분석이 대두되기 시작하였다.

(2) 인적 자본이론(human capital theory)

Becker는 인적 자본을 토대로 하는 새로운 경제학의 영역을 구축하였는데, 이는 사람들의 지적 능력과 인적 자본의 변화가 경제 성장의 중요한 요인인 동시에 생산과정의 핵심요소라는 주장을 근거로 하고 있다. Becker에 따르면, 학교교육, 직업훈련, 치료활동, 이민, 가격이나 소득에 대한 정보 탐색 등 미래의 소득에 영향을 미치는 활동을 포괄적으로 인적 자본이라고 부른다. 그리고 인적 자본에 투자된 액수를 결정하는 주된 요인은 인적 자본 투자로부터 기대하는 이윤 또는 수익률이라고 한다.

개인의 합리적 선택을 근간으로 하는 인적 자본이론에서는 개인이 인적 자본 투자의 주체라는 점을 강조하며, 결과적으로 인적 자본을 미래의 소득과 연관시켜서 일종의 투자 대상으로 간주한다. 그리고 시장의 경쟁조건이 제대로 작동하기만 한다면 개인의 소득은 인적 자본에 비례하여 결정되어진다고 본다. 이때, 인적 자본의 관점에서 경제 성장은 결과적으로 개인의 취향의 결과라는 해석이 가능하다. 즉, 현재 소비에 대한 선호가 지배적인 사회라면 개인들이 인적 자본에 투자하기보다는 오늘의 소비에 주력할 것이므로 경제 성장은 낮을 수밖에 없다. 그러나, 만일 개인의 선호가 미래 소비 지향적이라면 개인들은 미래 소득을 늘리기 위해 인적 자본에 대한 투자를 많이 할 것이고, 그 결과 경제는 빠른 속도로 성장하게 될 것이다. 이러한 이유에서 정부는 개인들로 하여금 미래 소득을 높이기 위한 인센티브를 도입함으로써 경제성장을 강화할 수 있게 된다.

(3) 내생적 성장이론(endogeneous growth theory)

경제성장에 있어 지식과 정보의 역할이 중요하다는 데는 이론의 여지가 없는데, 이런 통념을 체계적으로 이론화하기 위해 시도한 것이 내생적 성장이론 또는 신성장이론이다. 경제성장에 있어서 지식과 기술의 역할을 강조하는 내생적 성장이론은 기술과 인적 자본의 투자에 기초한 지식 축적의 수확체증 및 경제 내 축적된 지식의 생산적 활용을 가능케 하는 경제적 메커니즘 및 제도를 강조한다.

내생적 성장이론에 의하면, 생산요소로서의 지식에 대한 투자와 지식축적은 다른 생산요소와 마찬가지로 이윤극대화를 추구하는 기업과 개인에 의해 이루어지지만 노동과 자본 등 전통적 생산요소와는 다른 특성을 지닌 것으로 간주된다. 즉, 개인과 기업에 의해 새로이 만들어지는 지식이라고 할지라도 새로운 지식은 기존의 지식에 의존할 뿐만 아니라 새로운 지식 역시 보다 새로운 지식 창출 과정에 투입된다는 점에서 지식은 매우 강한 경제적 외부성을 지닌다고 본다. 즉, 더 많은 지식과 정보를 축적하고 활용하면 할수록 더 많은 지식과 정보의 획득, 그리고 새로운 지식과 정보의 창출이 용이해지며, 이는 창출할 수 있는 지식의 양에는 제한이 없다는 것을 의미한다. 또한, 지식기반 재화 및 서비스는 생산에 있어 초기 생산비용은 높지만 추가적 생산비용은 매우 낮다는 점에서 기존의 한계비용에 의한 가격책정의 적용이 어렵다는 특징을 지닌다. 따라서 이러한 재화 및 서비스는 소비자의 지불의향에 따라 가격이 책정되어진다.

이러한 이유에서 내생적 성장이론가들에 따르면, 정부는 연구개발, 교육 및 훈련 분야에 대한 지속적인 투자를 통해 지식의 축적을 이룰 수 있는 사회적 여건 조성을 위해 그 어느 때보다도 노력을 강화해야 한다고 지적하고 있다.

(4) 복잡계 경제학

이전까지의 경제학에서는 대상을 요소마다 분석하고 철저히 단순화함으로써 문제의 해결점을 찾아내고자 하였지만, 현실적인 경제에서는 각 요소를 세분화 · 단순화하는 방법으로는 경제 전체의 모습을 올바르게 형상화하는 것이 불가능하다는 인식이 확산됨에 따라, 이러한 한계를 극복하고자 자연과학의 복잡성(complexity) 이론을 경제학에 수용하여 복잡계 경제학이 탄생하였다.

복잡계 경제학에서는 경제현상을 복잡계의 관점에서 보고 있는데, 이는 경제현상에 다음과 같은 세 가지 양상의 복잡함이 존재하고 있고, 이것이 상호작용을 통해 복잡계를 형성하고 있기 때문인 것으로 보고 있다. 첫째, 대상의 복잡함으로, 연구의 대상 그 자체가 복잡하고 시스템 자체가 대규모여서 어떻게 되어 있는지를 분석하는 것이 곤란하다는 의미이며, 둘째, 주체에 있어서의 복잡함으로, 시스템의 구성단위가 외계의 상황을 판단하여 행동할 때 문제가 되는 복잡함으로 말하며, 셋째, 인식에 있어서의 복잡함으로, 학문적 행위를 하는 사람에게 있어서 논리적 사고의 한계 또는 학문의 한계라는 점에서 대상분석의 곤란함을 의미하고 있다. 이 세 가지의 복잡함이 거의 동등한 무게를 가지고 서로 관계를 맺고 있기 때문에, 그것들을 종합하지 않으면 이론 형성의 방향을 잡기 어렵다는 문제가 있음을 지적하고 있다.

복잡계 경제학에서 제시하는 새로운 경제현상의 하나는 네트워크 상에서 발생하는 수확체증 현상인데, 이는 시장에서 어떤 이유에서든지 일단 앞서고 나면 계속해서 앞서 나가는 반면, 한번 뒤처지면 계속해서 뒤처진다는 것을 의미한다. 복잡계 경제학의 선구자인 Arthur에 따르면, 수확체증 현상이 나타나는 이유는 다음과 같은 세 가지 요인이 작용하기 때문이라고 한다. 첫째, 소프트웨어 개발, 항공기, 의약품, 통신장비 등 지식기반 재화의 생산을 위해서는 초기에 막대한 투자비용이 필요하다. 둘째, 네트워크 효과로 이는 네트워크의 사용자가 늘어날수록 그 제품의 성공 가능성이 높아지고 결과적으로 가치가 증가하게 된다. 셋째, 소비자의 타성으로, 소비자는 한 가지 제품에 익숙하게 되면 다른 제품의 이용을 기피하는 성향을 지니게 된다. 이들 이유로 일단 시장 우위를 점하는 제품은 지속적으로 시장에서의 우위를 점하게 된다.

이런 수확체증을 근간으로 하는 복잡계 경제학의 관점에서 볼 때, 인적자본 개발의 중요성은 더욱 부각되어진다. 초기의 선점 효과가 매우 중요하므로 어떤 조건하에서라도 우수한 인력을 양성하여 시장에서 선점을 하고 지속적으로 부가가치를 높이는 방법을 개발해 나가야 한다. 또한, 정보화 사회에서 전통적인 산업재화의 부가가치는 낮아지는 반면, 첨단제품의 부가가치는 높아지므로 하이테크 재화를 만들어낼 수 있는 능력의 중요성이 더욱 부각된다고 하겠다.

2) 경제학적 관점에서 보는 산업인력개발의 방향

정보화 사회에서는 산업의 부문별로 부가가치 창출 능력이 다르기 때문에 사회 전반의 효율성 제고를 위해서는 가장 부가가치가 높은 부문부터 집중 투자를 해야 한다. 즉, 과학기술 분야 등 고도의 지식이 요구되는 분야에 필요한 소수의 정예인력을 위해 가장 우선적으로 투자를 강화하고, 이어서 과학기술을 응용해서 효율성을 증진시키는 기계를 만드는 분야에도 지원을 아끼지 말아야 한다. 그런데, 이럴 때 문제가 나타나는데, 집중 투자를 통해 육성해야 할 인력이 전 국민의 10%에도 미치지 못한다는 점이다. 여기에서 형평성의 문제가 제기되는데, 대다수의 인력을 대상으로 하는 교육은 경제적 효율성 측면에서 볼 때 그 기여도가 매우 낮아지게 되므로 두 집단의 소득 보상이 달라질 수 밖에 없으며, 이때 국가적 지원에 의해 이룩된 소수 정예 집단에게 고소득을 보장하는 시장메커니즘이 사회적으로 쉽게 수용되기 어렵다는 것이다.

정보화 사회에서 산업인력의 개발과 관련된 효율성과 형평성의 조화는 현실적으로 매우 어려운 과제인데, 경제학적 관점에서 보았을 때 원칙적으로는 효율성 위주의 프로그램을 운영해야 할 것이다. 사회적으로 축적한 부의 재분배 문제는 사회적인 합의를 통해 해결할 수 있지만, 수확체증의 원리가 중요시되는 경제세계에서는 한 번 뒤쳐진 것을 만회하는데 걸리는 시간이 매우 오래 걸리거나 때로는 결코 따라잡을 수 없는 상황에 도달할 수 있기 때문이다.

5. 문화인류학적 관점의 산업인력개발

인류학은 인간을 물질적인 실체로서 그 자체를 연구하고 또한 인간이 가지고 있는 행위적인 특성을 연구하는 분야이다. 이러한 인류학의 분야 중 문화인류학은 인간의 가장 두드러진 특징의 하나인 문화를 통해 오늘날의 인간을 이해하고 미래사회의 새로운 인간성을 정립하고자 하는 분야라고 할 수 있다.

산업인력개발이라는 용어는 인간의 효용성을 염두에 두고 사용되는 것이며, 인간사회에서는 그 사회에 특정한 성격을 가진 사람들이 많은 경우가 좋을 수가 있기 때문에 문화인류학은 산업인력개발에 하나의 시사점을 제공할 수 있을 것이다. 물론 사회에 바람직한 인간의 특성은 시대적인 환경에 따라 상대적인 것이라고 할 수 있다. 고대 봉건사회에서 필요한 사람과 오늘날 정보화 사회에서 필요한 사람은 개인적인 도덕율에 있어서나 사회에서 개인들이 가지는 기능에 있어서 요구되는 바가 다를 수 있는 것이다.

따라서, 여기에서는 인간과 문화에 대한 문화인류학의 기본적인 전제와 사회발전과의 관련성을 살펴봄으로써 미래 산업인력 개발의 방향을 제시하고자 한다.

1) 인간과 문화

인간을 정의한다면 보통 문화적인 행위를 가지고 정의하게 되는데, 이는 인간만이 가지고 있는 특질이기 때문이다. 도구를 만드는 인간, 놀이를 하는 인간, 생각하는 인간, 추억을 가질 수 있는 인간, 장사를 하는 인간, 예술을 하는 인간 등등 많은 정의가 가능하다. 고인류학적으로 정의하는 인간은 '도구를 만들었던 인간(homo habilis)', '곧추 서서 걷는 인간(homo erectus)', '지혜를 가진 인간(homo sapiens)', '지혜가 발달한 인간(homo sapiens sapiens)' 등으로 나누고 있는데, 직립원인인 경우 인류의 조상으로 생각되었기 때문에 지은 이름이지만, 다른 고인류의 정의는 모두 문화적인 것이다. 따라서 오늘날 인간을 문화를 제외하고는 정의하지 못하고 '인간 = 문화를 가진 젖먹이 동물'이라는 정의가 가능하며, 문화를 제외하고는 인간을 파악하지 못하게 되었다.

문화는 엄청나게 다양한 모습을 가지고 있는 것이어서 실제로 간단하게 정의하기 어려운 면이 있다. 간단하게 '생활방식'이라고 정의하기도 하지만, 최근에는 인간이 여러 가지 의식적 · 무의식적 행위를 하게 하는 인간내면 세계에 있는 하나의 틀이라고 정의되고 있다. 문화가 다르면 서로 다른 행위를 하게 되며, 이러한 내면의 틀이 행위를 통해 물질적인 변형이 이루어져 남은 경우를 물질문화라고 일컫는다. 그래서 문화는 인간과 인간집단을 파악하는 중요한 도구가 될 수 있는 것이다.

문화는 원래 인간이 자연에 적응하기 위한 수단으로서 개발된 것이었다. 초기의 석기시대만 해도 날카로운 이빨과 손톱이 없는 고인류들이 환경적인 스트레스가 가해졌을 때 부득이하게 고기를 먹기 위하여 선택한 유일한 환경극복의 수단이었다. 인류의 역사가 지속되면서 문화 중에서는 인간의 생존과 관련된 부분이 점차로 적어지게 되었지만, 인간집단문화의 가장 기본이 되는 것은 결국 환경과 직접적으로 관련을 가지고 있는 기술과 경제체제이며, 이러한 영역의 문화가 이보다 상위의 문화개념인 사회체제나 이념 등과 같은 모든 문화의 모습을 결정하는데 가장 중요한 역할을 하게 된다. 물론 이념이 생산기술이나 체계를 제한하는 경우도 있기는 하지만, 장기적인 관점에서 보면 이러한 체제도 환경에 적응할 수 없다면 변화할 수밖에 없는 것이다. 문화도 하나의 유기체처럼 끊임없는 변화를 하고 있으며, 변하지 않는 문화는 절멸의 길을 밟게 되는 것이다.

2) 문화와 사회발전

문화는 시간적인 범위에 관계없이 끊임없이 새로운 모습으로 바뀌어져 간다. 이것은 한편으로는 창조와 발견에 의해서 문화에 새로운 면이 첨가되기도 하지만, 이러한 창조와 발견은 항상 일어나는 것이 아니며, 어느 곳에서나 일어나는 것도 아니다. 문화의 변용은 인간이 새로운 것을 추구하는 탐험의 정신이나 호기심이 있는 한 지속적으로 일어나기 마련인데, 발명과 발견보다는 많은 경우에 다른 집단의 문화를 받아들임으로서 새로운 것을 형성하게 되는 경우가 많다. 새로운 문화의 확산을 인류학에서는 전파라고 부르는데, 인간의 직접적인 접촉에 의해서 일어나는 경우가 있고, 정보의 교환만이 일어나는 경우가 있다.

한 사회가 발전하기 위해서는 가능한 많은 양의 문화를 가지고 있어야 한다. 문화의 양과 종류가 많다고 하는 것은 결국 상황변화에 따른 적응의 수단이 많다는 것을 의미한다. 이러한 관점에서 사회는 외래의 문화를 적극적으로 수용하는 것이 바람직하다. 물론 해악을 끼칠 수 있는 문화를 받아들인다면 문제가 될 수 있는데, 문화의 수용에는 각 사회가 가지고 있는 기존의 문화체계가 매우 중요한 역할을 함으로써 정서적으로 수용에 거부감이 있는 경우에는 문화의 수용이 어렵게 된다.

결국, 사회가 풍요롭고 발전하기 위해서는 많은 발명이 있어야 하고, 많은 종류의 문화가 수용되어야 하며, 새로운 문화요소들이 사회적으로 안정적으로 이용될 수 있는 체제가 구축되어 있어야 하는 것이 명제라고 할 수 있다.

3) 문화인류학적 관점에서 보는 산업인력개발의 방향

앞서 살펴 보았던 것처럼, 문화인류학은 산업인력개발에 대한 직접적인 연구에 참여하는 것이 아니라, 단지 인류와 문화에 대한 많은 정보와 그 분석적인 연구를 통해 미래 사회에 대한 예견을 가능하게 하고, 그러한 사회환경에 적절한 인간의 행위규범으로서의 문화가 어떠한 모습일 수 있으며, 나타날 수 있는 문제점을 예방하고 해결하기 위해 문화체제가 어떻게 되어야 하는가를 설명할 수 있다. 특히, 산업인력이란 사회발전의 원동력이며, 사회안정의 축을 형성하는 인간집단과 그 집단이 가지고 있는 품성적 자질을 말하는 것이고, 개발이라는 것은 품성적인 자질의 새로운 모델을 창조하고, 이러한 자질들이 개인의 행위규범으로서 가능한 많이 수용할 수 있도록 함으로써, 사회에서 보편성을 가지도록 유도하는 것으로 생각할 수 있을 것이다.

문화의 수용력을 확대하기 위해서는 타문화에 대한 이해력을 제고하지 않으면 안된다. 즉, 개방성을 가진 인간 품성의 개발이 매우 중요하다. 또한, 이해력의 제고와 함께 문화수용의 장애물들을 제거하는 노력이 수반되어야 한다. 자문화가 가지고 있는 타문화와 타인종에 대한 편견적인 요소들을 과감히 버리는 것이 필요하다. 문화의 교류와 수용에 있어 이러한 문제 이외에 매우 중요한 것은 자문화에 대한 인식을 높이는 것이다. 문화는 유기체와 같은 것이어서 스스로가 강하지 않으면 다른 문화를 수용하는데 한계를 보이기 마련이다. 그리고 문화의 교류에는 상호호혜성이 지속되어야 하는 것도 장기적인 문화수용의 중요한 요소가 될 수 있다.

문명화는 개인적인 역량을 극대화하기 위한 체제화일 뿐만 아니라 개인적인 편의성의 극대화로 가는 길이기도 하다. 이러한 점에서 전통적인 공동체의 개념이 급격하게 바뀌고 인간의 존엄성과 사회적인 불평등에 대한 인식은 점차로 퇴보할 가능성이 많은 것이 현대문명의 본성이라고 할 수 있다. 그리고 물질의 과소비가 점차 증가하면서 환경파괴가 가속화될 것이라고 예견된다. 따라서, 이제는 미래에는 혈연적인 공동체의 개념을 떠나 코스모폴리탄적인 공동체, 즉 인간의 보편성, 평등성 그리고 안전성에 입각한 공동체로 이전해야 하며, 이러한 미래지향적인 문화를 가진 인간성의 개발이 차세대의 관건일 것이다.

결론적으로, 인간의 각 사회들은 끊임없이 경쟁하지 않으면 각 집단이 존재할 수 없다는 점에서 창의성과 수용성의 제고를 위한 노력이 매우 필요하며, 이러한 과정에서 나타날 수 있는 문화의 편의성과 효율성으로 인한 자연과 인간의 유리 등을 보완하기 위한 도덕성에 대한 강조가 필요할 것이다.

6. 사회학적 관점의 산업인력개발

우리 사회에서 그동안 산업인력개발과 관련되어 이루어져 왔던 논의는 지식기반사회로의 성공적인 이행을 위한 지식인력의 공급과 지적 능력의 개발이라는 국가차원 및 사회구성원의 경제적인 필요에 주된 초점을 맞추고 있는 반면, 사회의 여타 문제들에 대해서는 소홀하다는 점이 지적되어 왔다(이병훈, 2000). 21세기의 국가발전을 도모하기 위한 산업인력개발 전략을 수립함에 있어서 과거의 개발 시대에서와 같이 속도효율성(speed efficiency)의 경제논리만이 단선적으로 적용될 경우에는 그 결과로 인해 심화되는 사회규범의 왜곡을 통해 야기되어질 사회문제 비용(costs of social problems) 증가, 그리고 사회의 위험성 확대와 삶의 질 악화가 문제될 수 있다. 또한 정보화와 세계화로 대변되는 세계사적인 흐름속에서 공동체적인 도덕률을 견실하게 확립하지 못할 경우, 사회 해체의 위기가 전면화될 수 있는 점도 유의할 필요가 있다.

이러한 인식에 따라 여기에서는 '사회화' 의 개념에 의거하여 우리 사회의 병리현상 진단을 위한 논리를 제시하고 산업인력개발에 대한 사회적 차원의 방향을 살펴보고자 한다.

1) 사회화의 이론적 관점

산업인력개발에 대해 사회학의 관점에서 접근하고자 할 때, 사람을 어떻게 육성·개발할 것인가의 문제로 귀착되므로, 사회화(socialization)의 개념을 중심으로 논의할 필요가 있다. 원론적으로 사회화란 "사회구성원들이 개인적 성장과정을 통해 복합적인 사회적 관계 속에서 다양한 상호작용에 의해 자아(ego)와 인성(personality)을 형성하는 것" 이라고 정의할 수 있다.

사회화의 개념은 독일 사회학자인 Simmel에 의해 "집단의 형성과정 또는 구성원들이 관계하는 방식이 형성되는 과정" 으로 정의된 이후, 그동안 사회학에 있어 핵심적인 연구주제의 하나로 자리매김되어 왔는데, 여기에는 다양한 이론적 관점들이 제기되어 왔다.

(1) 구조기능주의적 관점

대표적인 구조기능주의 이론가인 Parsons는 규범적 사회통합을 위한 사회화의 기능적 역할을 강조하였다. 그의 사회체계이론(social systems theory)에서는 세 구성요소, 즉 사회체계(사회적 역할 구조), 문화체계(공유된 가치와 규범), 인성체계(개인적 동기와 욕구)로 구분하여 이들 요소들간의 상호의존성을 밝히고 있다(송준

수 외, 1998). 이때, Parsons는 문화와 인성체계가 사회구조로 통합되기 위해서는 규범적 정합성이 요구되며, 이러한 규범적 통합을 실현하기 위한 주된 기제의 하나로서 '사회화 기제'를 제시하고 있다. Parsons에 따르면, 사회화 기제는 문화체계의 내용물을 인성체계에 내면화하여 인성체계의 욕구구조를 억제하는 수단으로 기능하는 것이다(한국산업사회학회, 1998).

Parsons의 이러한 이론을 이어받은 구조기능주의적 관점에서는 사회화를 개인이 사회의 공통적인 가치기준과 규범을 내면화함으로써 사회체계의 요구에 맞게 행동하도록 만드는 과정으로서 이해하고 있으며, 각 사회가 축적한 사회문화의 유산을 다음 세대로 전승함으로써 그 사회가 유지 · 존속되도록 하는 것에 기능적 측면도 함께 논의하고 있다.

(2) 갈등론적 관점

마르크스를 필두로 하는 갈등이론의 비판사회학적 입장에서는 사회체제에 내재하고 있는 불평등한 소유구조와 권력관계에 주목하면서 사회규범이나 문화적 가치의 계급성을 강조하고 있다. 갈등론적인 관점에 따르면, 자본주의라는 경제적 불평등구조 위에서 사회규범은 초계급적인 도덕률로서 존재하기보다는 지배계급이 자신의 이익을 옹호 · 대변하기 위해 의식적으로 형성해 온 지배이데올로기에 불과한 것으로 이해되고 있다.

이러한 시각에서는 사회화 역시 지배계급이 현존하는 불평등구조를 유지하기 위해 자신들의 이데올로기를 정당화하려는 도구적인 요소로서 인식되고 있다. 즉, 불평등한 사회구조 하에서 사회화는 지배계급이 자신들의 가치와 규범을 보편화하기 위해 학교와 언론 등의 대중매체를 통해 피지배 계급으로 하여금 기성의 사회질서에 순응하도록 만드는 기능을 수행하고 있다는 것이다.

다른 한편으로, 갈등론적 관점은 계급, 성, 지역, 세계 등의 다양한 사회적 관계속에서 개인들이 놓여진 위치에 따라 상이한 사회화 내용이 생성될 수 있다는 점과 사회체제의 역동적인 변동에 따라 사회화 규범이 재편될 수 있다는 점을 주장하고 있다.

(3) 상징적 상호작용론

사회화에 관한 대표적인 상징적 상호작용론의 연구자로 영상자아이론(looking glass self theory)의 Cooley와 Mead를 꼽을 수 있다. 특히, Mead는 사회를 개인들 간의 적응적 상호작용을 통해 형성되는 현상, 즉 주어진 사회적 상황속에서 몸짓이나 언어를 통한 의사소통적 의미 교환에 의해 공유되는 경험의 세계로서 이해하며, 사회화를 사회관계 내의 다양한 간주체적인(inter subjective) 상호작용을 통해 이루어지는 자아 또는 자기성찰성의 형성과정으로 보고 있다.

사회화의 거시적인 기능성에 초점을 두는 구조기능주의및 갈등이론과는 달리, 상징적 상호작용론은 사회화 과정의 미시적인 형성조건에 대해 여러 시사점을 제공하고 있다. 우선, 사회화의 과정에 밀접한 영향을 미치는 사회적 상호작용의 주체 또는 기관으로서 가족, 또래집단, 학교, 직장, 대중매체 등의 역할을 규명하고 있으며, 또한 사회화의 학습메커니즘에는 사회적 관계속에서 이루어지는 언어적 상호작용, 처벌과 보상, 그리고 모방과 동일시 등이 주되게 활용되고 있다는 점을 밝히고 있다.

2) 사회규범의 왜곡 및 도전

우리나라는 해방과 남북분단, 그리고 자본주의적 근대국가체제의 성립 이후 짧은 시간에 근대화를 이루는 '압축적 근대화' 를 통해 경제규모의 양적 팽창과 물질적 생활수준의 향상이라는 눈부신 성과를 보였지만, 다른 한편으로는 문화, 안전, 환경, 복지 등과 같은 비경제적인 분야에 있어 사회구성원들의 사회적 삶의 질을 크게 위협하는 다양한 문제들을 야기하여 왔다. 즉, 국가 주도하에 전개되어온 경제성장 과정을 통해 사회화의 준거가 되는 사회규범이 물신주의(物神主義), 경쟁주의, 권위주의에 의해 크게 왜곡되어 왔으며, 그 결과 각종 안전사고의 문제와 환경문제, 부패와 비리, 지역감정, 청소년 비행 등의 사회적 문제를 드러내고 있는 것이다.

한편, 21세기에 진입하여 전 세계는 근대적인 상호경제·패러다임의 재편을 의미하는 탈근대적 사회변동이 진행되고 있다. 이러한 탈근대적 사회변동의 시대를 맞이하여 우리 사회가 직면하게 되는 도전들은 다음과 같이 간단히 정리할 수 있을 것이다.

첫째, 근대화의 한계로서 나타나는 위험사회화이다. 합리적인 성찰성에 바탕하는 과학기술의 발전은 경제적인 풍요의 현실적인 토대를 제공하였지만, 인간의 물질적 욕망을 한없이 충족시키기 위해 자연을 착취해온 과학기술과 성장논리에 의해 예측되지 못한 사회의 위험이 증가하고 있는 것이다. 이러한 위험은 환경적 · 자연적인 오염(지구온난화, 오존층 파괴, 산성비 등)과 과학기술 자체에 내재하고 있던 위험(방사능 누출 및 폭발, 공장의 화재 및 폭발 등)이 모두 포함된다. 이러한 위험은 시 · 공간의 제한이 없다는 점과 사람들이 쉽게 파악할 수 없다는 점, 신속하게 모두에게 파급될 수 있다는 점 등에서 사회의 경고가 되고 있다.

둘째, 탈근대화적 사회변동의 핵심이라고 할 수 있는 세계화와 정보사회의 등장이다. 세계화는 이미 많은 분야에서 진행되고 있는데, 그 핵심적인 작동원리가 되고 있는 것은 시장화이라고 할 수 있다. 세계화를 통해 관철되어지고 있는 시장화는 무한경쟁이라는 경제적 요구에 따라 자유경쟁 논리로 사회구성원들의 일상생활을 철저하게 구속하고 있다. 이러한 논리는 사회적 인간관계의 해체를 더욱 심화시킬 수 있다. 한편, 정보화는 경제적 효율성과 사회적 민주화를 더욱 증진시킬 수 있는 발전적 토양을 제공하는 반면, 다른 한편으로는 정보소화능력의 빈부격차에 따른 정보격차(digital divide)의 구조화와 인간관계의 가상성과 일회성에 의한 새로운 유형의 소외와 문제를 초래하기도 한다.

이와 같이 우리 사회는 지금까지 축적되어 온 사회규범의 왜곡 현상 및 사회의 변화에 따른 도전들에 직면하고 있으며, 이를 극복하여 새로운 사회의 가치체계를 세워야 하는 중대한 과제를 안겨주고 있다.

3) 사회학적 관점에서 보는 산업인력개발의 방향

지금까지의 논의에 따르면, 산업인력개발의 방향을 구상함에 있어 경제적인 필요에 따른 사회구성원들의 지적 · 기술적 능력 향상에 못지 않게 사회적 차원의 인성개발(사회화)이 중요함을 알 수 있다. 특히, 압축적인 근대화 과정을 통해 왜곡된 사회의 가치규범과 현재 진행중인 탈근대적 사회변동으로 인한 도전들에 대응하기 위해서는 산업인력의 개발에 있어 사회적 차원에 대한 고려가 반드시 포함되어야 한다. 특히, 우리 사회의 가치규범 재정립을 위해서는 사회구성원들의 자기성찰성(self reflexivity)의 회복과 강화가 필수적으로 요구된다는 점에서 사회적인 구성원으로서 갖추어야 할 자기성찰성의 세부적인 구성요소들을 제시하면 다음과 같다.

첫째, 과도한 물신주의에 따른 인명천시풍조와 경쟁주의에 편승된 개인과 집단의 이기주의, 그리고 편법적인 부정과 비리를 불식시키기 위해서는 인간의 존엄과 사회적 책무 그리고 사회보편적 도덕률을 우선시하는 도덕적 성찰성을 재정립할 필요가 있다.

둘째, 압축적 근대화와 탈근대적 사회변동에 의해서 사회적 인간관계가 심각한 해체 위기에 직면하고 있으므로, 개인적으로는 다양한 인격체에 대한 포용과 이웃사랑, 인간존중, 신뢰문화의 가치관이 정립되어야 하며, 사회적으로는 사회공동체 의식의 확립, 세계시민으로서의 개방적인 태도와 가치관 등 공동체적 성찰성을 회복해야 한다.

셋째, 왜곡되어진 사회규범으로 인한 사회문제들과 사회변동으로 인한 도전에 대해서 사회 구성원 스스로가 그 발생원인을 비판적으로 진단하고 해결대안을 제시할 수 있는 비판적 성찰성이 강화되어야 한다.

넷째, 사회구성원들은 공공영역을 통해 발생된 또는 발생되어질 사회문제에 대한 사회적인 공론화를 조직하고, 그 문제의 해결 및 예방을 위해 집단화된 대응을 실천할 수 있는 민주적 성찰성을 제고하여야 한다.

다섯째, 치열해지는 경쟁사회와 물질적인 풍요속에서 쾌락적인 소비문화가 확산되는 것을 방지하고 건강한 삶의 능력을 제고하기 위해서는 문화예술적인 감수성과 인문학적인 지혜를 추구하는 생활태도와 생태친화적인 가치관을 포함하는 미학적 성찰성을 증진시켜 나가야 할 것이다.

요약

이 장에서는 산업인력개발의 학문적 기초에 대해서 살펴보았으며, 이를 위하여 주요한 학문적 기초 분야인 교육학, 심리학, 경영학, 경제학, 문화인류학, 사회학 등에서 바라본 산업인력개발에 대해 알아보았다.

교육학적 관점에서, 산업인력개발의 가장 기본적인 전제가 '인간'과 '교육'이라고 볼 때, 산업인력개발에 적용되는 교육학의 대표적인 세 분야는 기업교육, 성인교육, 학교교육으로써, 이들이 공통적으로 언급하고 있는 것은 휴머니즘의 회복과 인간성의 재상이라고 할 수 있다. 즉, 단편적인 기술과 지식의 습득과 활용을 강조하는 훈련 패러다임에서 학습자가 중심이 되는 학습 패러다임으로의 전환이 강조됨을 알 수 있다.

심리학적 관점에서, 사람들이 자신의 직업을 적절하게 선택하고 관련된 지식과 능력을 개발하는데 개인의 적성, 흥미, 지능, 가치관 등이 기초적인 자료를 제공해 줄 수 있음을 고려할 때, 산업인력개발의 방향 및 구체적인 전략을 구상함에 있어 이러한 심리적인 요인들과 이로 인해 나타나는 직무만족, 직업적응, 일에 대한 동기 등에 대한 더 많은 관심과 반영이 필요하다.

경영학적 관점에서, 경영학의 인간관은 전통적 인간관, 인간관계론적 인간관, 인적자원적 인간관으로 구분될 수 있는데, 어떠한 인간관을 따르는가에 따라 산업인력개발에서의 강조점이 달라질 수 있다. 그동안 조직에서의 인간관은 조직의 성과를 위한 수단적 존재로 바라보았으나, 미래에는 성과와 가치를 창출하는 리더로서의 인간형이 보다 중요할 것으로 여겨진다.

경제학적 관점에서, 산업인력의 개발 문제는 과거와는 그 주안점이 매우 달라지고 있는데, 즉, 기계를 사용하는 평균 숙련도의 향상보다는 지식과 정보 그 자체의 높은 부가가치 창출을 위한 인력 개발 및 ICT 관련 기술 및 기계 생산에 필요한 인력 개발에 주력해야 한다.

문화인류학적 관점에서, 인간사회에서는 그 사회에 특정한 성격을 가진 사람들이 많은 경우가 좋을 수가 있기 때문에 문화인류학은 산업인력개발에 하나의 시사점을 제공할 수 있을 것이다. 이에 따르면 문화의 수용력을 확대하기 위한 타문화에 대한 이해력 제고, 문화수용의 장애물에 대한 제거 노력, 자문화에 대한 인식 수준 제고, 문화의 상호호혜성 등을 고려하여야 한다.

사회학적 관점에서, 산업인력개발은 속도효율성의 경제논리만이 아니라 그 결과로 인해 심화되는 사회문제 비용을 고려하여야 한다 사회화의 개념에 의거할 때 정보화와 세계화의 흐름 속에서 공동체적인 도덕률을 견실하게 확립하며, 사회구성원으로서의 자기성찰성을 강조하여야 할 필요가 있다.

참고문헌

김병석(1997). 진로상담 모형개발 연구. 서울: 청소년대화의광장.

김봉환, 정철영, 김병석(2006). 학교진로상담(2판). 서울: 학지사.

김신일, 박부권 편(2005). 학습사회의 교육학. 서울: 학지사.

박동석(2000). 문화인류학의 이해 : 인류의 생활. 전주: 전주대학교출판부 .

박우희(2005). 경제학의 기본원리 : 과학, 철학, 예술과 경제원리의 발견. 서울: 서울대학교출판부.

배용호(2001). 복잡계 경제학의 기술혁신 논의와 정책적 시사점. 과학기술정책연구원. 서울대학교 사범대학 교육연구소(1994). 교육학 용어사전. 서울: 하우.

송준수, 강재태, 신재영(1998). 교육사회학. 서울: 교육과학사.

서성무, 이지우(2005). 경영학의 이해. 서울: 형설출판사.

유세준, 김의식, 이내풍(2003). (디지털시대의) 경영학원론. 서울: 법문사.

유태용 역(2001). 산업 및 조직심리학. 서울: 시그마프레스.

윤석철(2002). 경영학의 진리체계. 서울: 경문사.

이무근(2003). 직업교육학 원론(제3판). 서울: 교육과학사.

이용남 편(2002). 교육학과 교육 : 교육학의 현황과 미래. 서울: 교육과학사.

이준, 이창용(2005). 경제학원론. 서울: 법문사.

임언, 정윤경(2001). 중 · 고등학생을 위한 직업적성검사 개발(II). 한국직업능력개발원.

장기수, 송관재(2004). 심리학의 이해. 서울: 홍익대학교 출판부.

정기옥(2005). 경제학의 조류 : 경제 이론과 현실. 세계경제문제연구소.

조은상 편(2001). 인적자원개발: 다학문적 접근. 한국직업능력개발원.

최수형, 김분태(2004). 지식경영시대의 경영학. 서울: 대명.

한상준(2003). 산업인력자원개발: 외국기업은 이렇게 교육한다. 서울: 한국학술정보(주).

한준상(1999). 호모 에루디티오. 서울: 학지사.

한국산업사회학회 편(1998). 사회학. 서울: 한울아카데미.

Pfeffer, J. (1994). *Competitive advantage through people*. Boston: Harvard Business School Press.

제2부 영역별 산업인력개발

04

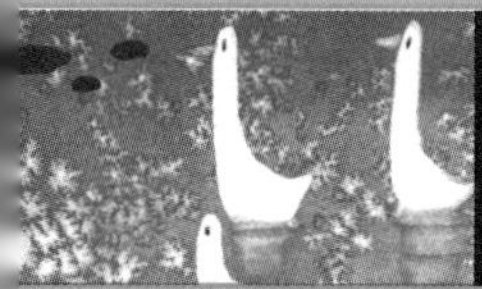

산업인력의 경력개발

학습개요

이 장에서는 산업인력의 경력개발에 대해서 살펴보고자 한다. 이를 위하여 산업인력 경력개발의 개념, 관점 및 의의를 살펴보도록 한다. 또한 이를 기초로 산업인력 경력개발의 주요이론과 우리나라 산업인력 경력개발의 지원체제에 대해 살펴보도록 하겠다.

학습목표

1. 산업인력 경력개발의 개념, 관점 및 의의를 설명할 수 있다.
2. 산업인력 경력개발의 주요 이론을 설명할 수 있다.
3. 우리나라 산업인력 경력개발의 지원체제를 설명할 수 있다.

1. 산업인력 경력개발의 개념적 기초

1) 산업인력 경력개발의 개념

경력개발은 '경력(career)[1]'과 '개발(development)'이 합해서 구성된 용어로 교육학, 경영학, 심리학 등의 여러 학문분야에서 다루고 있다. 우선 '경력'에 관한 개념을 살펴보면, 경력의 어원은 라틴어에서 마차라는 뜻의 'carr(us)'와 길이라는 뜻의 'carraria'에서 나온 것으로 학자에 따라 다양하게 정의하고 있다(〈표 4-1〉 참고).

〈표 4-1〉 경력의 개념

구분		개념
광의의 의미	Hoyt(1974)	한 개인이 자신의 일생을 통해 수행하게 되는 일의 총체임
	Hall(1976)	한 개인이 일생을 두고 일과 관련하여 얻게 되는 경험 및 활동에서 지각된 일련의 태도와 행위를 일컫음
	정철영(1999)	개인이 일생동안 수행하는 일의 총체를 의미하는데, 진로라는 용어로도 사용됨
	김충기(2000)	직업을 포함하여 개인이 일생동안 하는 일 전체를 포괄하는 개념임
협의의 의미	Gutteridge & Otte(1983)	개인에게 일어나는 개인의 직업관련 활동, 행동, 태도, 가치 및 포부 등 일련의 속성을 의미함
	Werther & Davis (1989)	개인이 직장생활동안 갖게 되는 모든 직무를 일컫음
	유기현(1990)	개인이 조직생활을 수행하는 과정에서 상위직으로 나아가는 상향적 이동성(upward mobility)과 직무수행에 있어 경륜과 숙련을 쌓아가는 전문성 및 개인의 이력을 총체적으로 나타내는 직무경험의 집합성을 일컫음
	이종상(1996)	상이하면서도 연관성이 있는 부분적인 직무활동의 연속이라고 할 수 있으며, 이것은 지속성과 질서, 개인의 생애에 의미를 부여할 수 있는 것과 관련된 근로활동임

1) 학령기 학생들에 대해서는 'career'를 주로 '진로'라는 용어로 풀이함.

좁은 의미에서 경력은 개인이 직업을 갖은 이후, 조직생활을 수행하는 과정에서 변화하는 직무상의 경험과 활동에 관련된 일련의 행위와 태도로 볼 수 있으며, 여기에는 수직적 · 수평적 이동의 개념이 모두 포함된다고 할 수 있다.

그러나 보통은 광의의 개념으로 경력은 한 개인이 일생에 걸쳐 일과 관련하여 얻게 되는 모든 경험의 총체를 일컫는다. 그러므로 경력의 개념에는 직업생활뿐만 아니라 학교에서 배우고 경험한 것들도 포함되고 더 넓게는 사회와 가정에서 일과 관련하여 경험한 모든 것들이 포함된다. 왜냐하면 이러한 것들은 모두 서로 연관되어 성인이 되어서의 직업생활로 이어지기 때문이다.

'개발' 의 사전적 의미는 '지식이나 재능 따위를 발달하게 함' 이다. Hall(1984)은 인력개발과 관련하여 개발의 개념을 개인차원과 직무차원으로 구분하여 정의하였다(〈표 4-2〉 참고). 그에 의하면 인력을 개발한다는 것은 개인차원에서는 단기적으로는 직무에 대한 태도(attitude), 즉 일에 대한 만족감이나 긍정적 태도를 갖게 하는 것을 말하며 장기적으로는 개인의 정체감(identity)을 높이는 것을 말한다. 또한, 직무차원에서 보면 단기적으로는 성과(performance)를 높이는 것을 의미하고 장기적으로는 직무환경에 변화에 대한 적응력(adaptability)을 높이는 것을 의미한다.

〈표 4-2〉 개발의 개념

시간	관심의 대상	
	직무	개인
단기적	성과	태도
장기적	적응력	정체감

'경력개발(career development)' 에 대한 정의는 학자마다 다양하지만(〈표 4-3〉 참고), 위에서 기술한 경력의 광의의 개념과 개발이라는 개념을 종합해 보면, 경력개발이란 한 개인이 평생 동안 가정, 사회, 학교, 직업생활을 영위하면서 일과 관련하여 얻게 되는 모든 경험과 활동을 통해서 자신의 태도, 능력, 성과를 향상시키며 자신의 직업적 목표와 개인적 목표를 성취하여 나가는 과정을 말한다.

〈표 4-3〉 경력개발의 개념

구분		개념
광의의 의미	Sears(1982)	개인의 진로에 영향을 주면서 서로 상호작용하는 심리적, 사회적, 교육적, 경제적, 신체적 요소들과 기회요소들이 관련되어 있는 평생의 과정임.
	한국진로교육학회(1999)	일의 가치를 발전시키고 직업정체성(vocational identity)을 구체화하며, 직업기회를 배우고, 시간제, 전일제 환경 또는 여가 선용을 계획하며 발전시키는 평생의 과정으로 개인이 자기의 진로목표에 접근해 가고 목표를 달성해 가는 과정임.
	정철영(1999)	개인이 직업적 발달을 촉진시켜 자신에게 적합한 진로를 올바르게 선택하고, 선택한 진로를 위한 계획 수립과 준비를 통하여 그 진로에 진출하고, 진출한 분야에서 잘 적응하고 계속 발전해 가는 과정임.
	김홍국(2000)	한 개인이 일생에 걸쳐 일과 관련하여 얻게 되는 경험을 통해 자신의 직무관련 태도, 능력 및 성과를 향상시켜 나가는 과정임.
협의의 의미	Alpin & Darlene(1978)	조직이 구성원 개개인의 경력을 조직 내에서 개발하도록 격려하며 그 과정에서 조직의 목표달성에 필요한 능력을 개발하기 위한 제도임.
	Gilley(1986)	종업원으로 하여금 자신의 능력과 관심사가 무엇인지 알도록 하고 미래의 경력경로를 조사케하여 개인의 성장을 위한 조직의 욕구를 조화시켜 가도록 하는 과정임.
	김홍국(2000)	한 개인이 입사로부터 퇴직에 이르기까지의 경력경로(career path)를 개인과 조직이 함께 계획하고 관리하여 개인욕구와 조직목표를 달성해 가는 총체적 과정임.
	권대봉(2003)	한 개인이 인생의 단계를 거치면서 일과 관련되어 겪게 되는 경험으로 개인차원에서는 자아실현, 조직차원에서는 성과향상이라는 두 가지 목표를 달성하기 위한 방법임.

2) 산업인력 경력개발의 관점

산업인력 경력개발은 경력개발의 주체가 누구인가에 따라 개인적 관점(individual perspective)과 조직적 관점(organizational perspective)으로 구분하여 설명할 수 있다. 다음의 [그림 4-1]은 개인적 관점과 조직적 관점에서의 경력개발

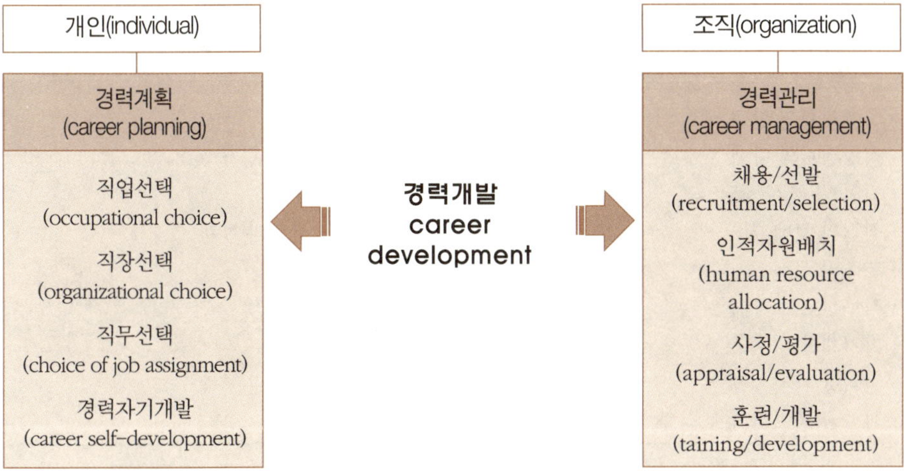

[그림 4-1] 산업인력 경력개발의 관점

자료: Gutteridge & Office. (1983). Organization career development: What' s going on out there?. *Training and Development Journal, 37*(2), 22-23.

의 핵심요소를 대조하여 나타내고 있다. 이에 관하여, Gutteridge & Office(1983)는 개인적 관점의 경력개발을 경력계획(career planning)이라 하고, 조직적 관점의 경력개발을 경력관리(career management)라 명명하면서, 경력개발이란 개인이나 조직 어느 하나만의 노력에 의하여 이루어지는 것이 아니고 개인과 조직의 상호협력에 의해서만 성공적으로 진행될 수 있다고 강조하였다.

다음의 〈표 4-4〉는 경력개발의 관점별 핵심요소를 나타내고 있다. 개인적 관점의 경력개발은 정직한 자기진단을 바탕으로 경력정보를 탐색하고, 이 과정에서 자신이 선호하는 방향으로 현실적 생애계획을 설정하여 직업을 선택하고 조직을 선택하는 문제 등이 핵심요소에 포함된다. 따라서 개인적 관점의 경력개발은 경력을 관리하는 측면보다 계획하는데 초점이 맞추어져 있다. 이는 개인은 조직의 구조적 경력여건을 직접 통제할 수 없기 때문이다. 반면 조직적 관점의 경력개발에서는 인적자원의 효율적 관리를 목표로 하며, 인사관리의 거의 모든 기능이 직·간접적으로 관계되어 있다. 따라서 경력경로의 설계, 이동기준의 설정, 인사고과 및 승진관리 등과 같은 조직 차원에서의 경력의 관리에 초점이 맞추어져 있다.

〈표 4-4〉 경력개발의 관점별 핵심요소

개인적 관점	조직적 관점
• 생애계획의 설정 • 직업정보의 탐색 • 직업 및 구직 상담 • 직업의 선택 • 조직의 선택 • 직무선호도 차이 • 자기계발의 추구 • 정직한 자기진단 • 회사 경력기회 정보의 탐색	• 전략적 인력계획 • 관리자 잠재력의 평가 및 개발 • 경영자 승계계획 • 합리적 경력경로의 설계 • 이동기준의 설정 • 공정한 인사고과 및 승진관리 • 효율적 교육훈련 • 인사정보 시스템의 구축 • 경력상담 서비스

자료: Gutteridge & Office. (1983). Organization career development: What' s going on out there?. *Training and Development Journal, 37*(2), 22-23.

3) 산업인력 경력개발의 의의

산업인력 경력개발의 의의를 개인적 관점에서 살펴보면 다음과 같다.

첫째, 경력개발은 개인의 전문성 확보 및 계속적인 자기발전을 가능하게 한다. 지속적인 경력개발을 통해 자신의 역량, 경험, 경력 등의 부족한 점을 확인하고, 이를 보완할 수 있는 자기개발의 전략을 수립하도록 돕는다.

둘째, 경력개발은 개인의 자아성취를 통한 자기만족을 돕는다. 개인은 자기주도적인 경력개발을 통해 자신의 성장욕구를 충족하고, 이를 통해 성취감을 획득하여 만족감을 느낄 수 있다.

셋째, 경력개발은 개인의 행복한 삶과 궁극적인 인생 목표를 달성하도록 돕는다. 경력개발은 개인의 인생목표와 통합시켜나가는 계속적인 일련의 과정(process)이므로, 이를 통해 자신의 행복을 최대화할 수 있다.

한편, 산업인력 경력개발의 의의를 조직적 관점에서 살펴보면 다음과 같다.

첫째, 경력개발은 조직 내 인적자원을 효율적으로 확보하도록 돕는다. 조직차원에서의 지속적인 경력개발은 조직내 구성원의 역량을 최대한으로 활용하도록 도우며, 이들을 효율적으로 확보 · 유지 · 양성하도록 돕는다.

둘째, 경력개발은 조직 구성원의 조직에 대한 헌신(loyalty)을 높인다. 조직 주도의 합리적 경력개발은 이직을 방지하고, 조직 전반에 걸친 믿음과 몰입의 풍토를 조성한다.

셋째, 경력개발은 조직의 장기적이고 안정적인 성과창출을 유도한다. 경력개발을 통해 조직 구성원의 자발적인 성장을 도모하고, 개인의 경력목표와 조직의 전략목표를 일치시켜서 장기적인 관점에서 성과향상을 가져온다.

2. 산업인력 경력개발의 주요 이론

산업인력 경력개발과 관계된 이론들은 매우 다양한데, 이들은 크게 세 가지 측면을 기준으로 분류할 수 있다. 첫째, 경력개발 관련 이론의 학문적 배경을 기준으로 분류할 수 있다. 교육 및 발달심리학 기반의 경력개발 이론의 경우 개인이 진로를 계획, 선택 및 개발하는가에 대한 개인측면의 직업 심리(vocational psychology)에 초점을 맞추고 있는데 반해, 산업 및 조직심리학 기반의 경력개발 이론의 경우 개인의 경력욕구와 더불어 조직차원의 효율적 인적자원 관리욕구의 연계에 초점을 맞추고 있다고 할 수 있다. 따라서 경력개발 이론을 '교육 및 발달심리학 기반 이론' 과 '산업 및 조직심리학 기반 이론' 으로 분류할 수 있다. 둘째, 경력개발 이론에서 설명하고 있는 것이 한 시점에서의 경력개발의 내용(content)에 대한 것이냐, 아니면 장기간에 걸친 경력개발의 과정(process)에 대한 것인가에 따라 각각 '내용이론' 과 '과정이론' 으로 분류할 수 있다. 셋째, '산업 및 조직심리학 기반 이론' 의 경우, 개인적 관점에서 경력개발을 다루는가, 아니면 조직적 관점에서 경력개발을 다루는 가에 따라 '개인적 관점의 이론' 과 '조직적 관점의 이론' 으로 분류할 수 있다(〈표 4-5〉 참고). 따라서 이 장에서는 산업인력 경력개발의 이론을 교육 및 발달심리학 기반의 내용이론과 발달이론, 산업 및 조직심리학기반의 내용이론과 발달이론으로 나누어 그 가운데 주요한 이론들을 중심으로 살펴보았다.

〈표 4-5〉 산업인력 경력개발의 주요이론 및 분류

<table>
<tr><th colspan="3">구분</th><th>이론</th></tr>
<tr><td rowspan="2">교육 및 발달심리학 기반 이론</td><td colspan="2">내용이론</td><td>• 특성-요인이론
• Roe의 욕구이론
• Holland의 인성이론
• Krumboltz의 경력선택 사회학습이론
• Lofquist의 직업적응이론
• Blau의 사회학습이론</td></tr>
<tr><td colspan="2">과정이론</td><td>• Super의 발달이론
• Gottfredson의 경력포부 발달이론
• Ginzberg의 발달이론
• Tiedman & O'Hara의 진로의사결정 단계이론</td></tr>
<tr><td rowspan="4">산업 및 조직심리학 기반 이론</td><td rowspan="2">내용이론</td><td>개인적 관점</td><td>• Schein의 경력닻 유형 이론
• Driver의 경력유형 이론</td></tr>
<tr><td>조직적 관점</td><td>• Sonnenfeld의 경력시스템 유형 이론
• Rosenbaoum의 토너먼트 경력시스템 이론
• Kram의 관계적 접근모형 이론
• Feldman의 경력정체 유형 이론</td></tr>
<tr><td rowspan="2">과정이론</td><td>개인적 관점</td><td>• Feldman의 경력단계 모형 이론
• Hall의 경력단계 모형 이론
• Schein의 조직 경력단계 모형 이론
• Dalton의 전문가 경력단계 모형 이론</td></tr>
<tr><td>조직적 관점</td><td>• Schein의 개인-조직욕구 연계모형 이론
• Feldman의 조직사회화 단계 모형 이론
• Hall의 경력성공 순환모형 이론</td></tr>
</table>

주: 이 장에서는 밑줄 친 주요 이론만을 중점적으로 다룸

1) 교육 및 발달심리학 기반의 경력개발 이론

(1) 내용 이론

가. 특성요인 이론

특성요인 이론(trait-factor theory)은 개인차 심리학과 응용심리학에 근거를 두고 있으며, 대표적인 이론가로는 Parsons(1909) 등이 있다. 이 이론은 고도로 개별적이고 과학적인 방법으로 개인과 직업을 연결시켜 주는 것으로 과학적인 측정방법을 통해 개인의 인성특성을 식별하여 직업특성에 연결시키는 것을 핵심으로 하고 있다.

직업지도 운동의 아버지로 불리는 Parsons(1909)는 그의 저서 '직업의 선택' 에서 현명한 직업 선택에 관련되는 세 가지 주요 요인을 다음과 같이 제시하고 있다.

① 자신에 대한 명확한 이해 : 자신의 적성, 능력, 흥미, 포부, 환경 등의 이해
② 여러 직업에 대한 지식 : 자격요건, 장 · 단점, 보수, 취업기회, 장래전망 등에 관한 지식
③ 위의 두 요인간의 합리적인 연결 : 내담자(학생)의 개인적 요인에 관한 자료와 직업에 관한 자료를 중심으로 진로상담을 통해 내담자가 현명한 선택을 하도록 도와주는 조력활동

이러한 Parsons의 모델은 특성요인 이론의 기초를 제공해 주었으며, 많은 상담자, 교육자, 심리학자들은 Parsons가 세상을 떠난 후에도 그의 개념을 옹호하고 확장시켰다. 특히, 개인차 심리학의 성장은 과학적 측정을 통한 특성 확인을 가능케 하여 Parsons의 모델에 추진력을 더하였다. Paterson은 진로상담자들이 사용할 수 있는 여러 가지 심리검사도구를 개발하였고, Paterson과 함께 미네소타 고용안정연구소(Minnesota Employment Stability Research Institute)에서 연구했던 Darley는 특성요인 이론과 유사한 개념인 '미네소타 관점(Minnesotal Point of View)' 을 제시하였으며, 미네소타 그룹의 Williamson은 특성요인 이론의 대변자로 떠올랐다.

미네소타 대학의 직업심리학자들은 특수적성검사(Special Aptitude Tests), 성

격검사 등 여러 가지 측정도구를 개발함으로써 특성요인 이론의 기초를 마련하였다. 또한, 이들은 상담기법, 진단전략, 인력배치에 관한 정보를 담은 책들도 펴냈으며, 이들의 연구의 결실로 1977년 미국직업사전이 출판되었다.

특성요인 이론에서는 개인의 특성에 대한 객관적 자료와 직업의 특성에 관한 자료를 중시하고 있다. 즉, 개인의 적성, 지능, 흥미, 가치관, 성격 등에 관한 과학적인 자료를 개인에게 제시해 주고 직업의 특성에 관한 자료를 제시해 주어 가장 합리적이고 현명한 선택과 결정을 하도록 조력하는 것을 중시하고 있다. 이 이론의 가정과 명제들을 요약하면 다음과 같다.

① 각 개인은 신뢰롭고 타당하게 측정될 수 있는 고유한 특성의 집합체이다.
② 직업은 성공을 위해서 특정한 특성을 소유하고 있는 근로자를 필요로 한다.
③ 직업의 선택은 직선적인 과정이며 매칭이 가능하다.
④ 개인의 특성과 직업의 요구 간에 매칭이 잘 될수록 성공(생산성과 만족)의 가능성은 커진다.

특성요인 이론의 가장 큰 공헌은 직업을 선택할 때, 개인의 여러 가지 특성을 고려하도록 한 것이라 할 수 있다. 또한, 특성요인 이론가들에 의해서 개발된 표준화 검사도구와 직업세계의 분석과정은 매우 유용하게 활용되고 있다. 그러나 특성요인 이론은 다음 몇 가지 단점을 내포하고 있다. 첫째, 특성요인 이론에서는 객관적인 절차, 특히 심리검사를 통해서 개인의 특성을 타당하고 신뢰롭게 측정할 수 있다고 가정하는데, 이러한 검사도구들이 실제로는 예언타당도가 떨어진다는 비판을 받고 있다. 둘째, 직업선택을 1회적인 행위로 간주하여 장기간에 걸친 직업적 발달을 도외시하고 있으며, 개인 내의 여러 특성 간의 역동성 및 개인이 이들 중 어떠한 특성을 강조하느냐에 따라 직업선택이 달라질 수 있다는 것을 고려하지 못하고 있다. 셋째, 개인의 특성과 직업 간의 관계를 중요시하지만 개인의 특성이 어떻게 발달하였는가는 설명하지 못하고 있다.

나. Roe의 욕구이론

Roe(1956)는 개인의 욕구가 직업선택에 큰 영향을 미친다고 보았다. 즉, 아동기에 형성된 욕구에 대한 반응으로 직업선택이 이루어진다는 것이다. Roe는 Maslow가 제시한 욕구의 단계를 기초로 하여 초기의 인생 경험으로 형성된 욕구의 패턴과 직업선택과의 관계에 대한 이론을 발전시켰다. Roe는 초기의 가정환경이 그 후의 직업선택에 중요한 영향을 미친다고 보고 이러한 가정 하에 Roe는 여러 가지 다른 직업에는 종사하는 사람들은 각기 다른 욕구를 갖고 있고 이러한 욕구의 차이는 어린 시절의 부모-자녀관계에 기인한다고 보았다.

Roe는 이러한 관점에 기초해서 부모의 육아방식과 자녀의 직업지향성간의 관계를 제시하였다. 즉, 가정의 정서적 분위기를 나타내는 부모와 자녀간의 상호작용(육아법)은 세 가지 유형으로 나눌 수 있으며, 그것들 각각에 따라 자녀의 욕구충족 패턴이 달라지고 이것은 직업지향성으로 나타난다는 것이다. 부모-자녀의 관계유형은 정서집중형(emotional concentration on the child), 회피형(avoidance of the child), 수용형(acceptance of the child)으로 나누어지게 된다(〈표 4-6〉 참고).

또한, Roe는 이러한 맥락에서 심리학적 기반을 가지고 직업분류에 관한 연구를 수행하였다. 그는 흥미에 기초해서 직업을 여덟 개의 군집으로 나누고 각각의 군집에 알맞은 직업들의 목록을 작성하였다. 즉, 직업들은 직업 활동과 관련된 인간관계의 특성과 강도에 따라 연속선상에 나열할 수 있고 연속선상에서 가까이 있을수록 인간관계의 특성과 강도 면에서 더 유사하다는 것이다. 이 후, 각 직업의 곤란도와 책무성을 고려하여 여덟 개의 단계(level)를 설정하여 8×8의 분류체계를 구성하였는데, 두 단계를 탈락시키고 결국 8×6의 직업분류 구조를 완성하였다(〈표 4-7〉 참고).

이와 같은 부모-자녀 관계유형과 직업분류에 대한 연구를 토대로 Roe는 다음의 [그림 4-2]와 같이 부모-자녀 관계유형이 직업선택에 미치는 영향에 대한 가설을 제시하였다. 우선 과보호형, 무관심형, 애정형과 같이 따뜻한 부모-자녀의 관계에서 성장한 사람은 어렸을 때부터 어떠한 필요나 욕구가 있을 때, 사람들과의 접촉을 통해서 그것을 만족시키는 독특한 욕구충족 방식을 배우게 되는데 이것이 인간지향

〈표 4-6〉 부모-자녀 관계유형 및 특징

구분		특징
정서집중형	과보호형	• 부모가 자녀를 특별히 소중하게 여기고 지나친 보호를 하려하며, 자식도 부모에게 의존하고 기대함. • 부모들은 자녀의 낮은 수준의 요구는 즉시 들어주나 상위의 요구는 아이의 행동이 부모나 사회의 기대에 일치할 때에만 들어줌. • 이러한 분위기에서 자란 아이들은 일반적으로 훗날 타인에게 의존적이며 동조적인 행동을 많이 함.
	요구과잉형	• 자녀가 부모의 요구에 부합되고 성취를 한 경우에 부모는 자녀를 사랑하고 귀히 여김. • 부모는 자녀가 무슨 일을 하던 남보다 뛰어나길 바라기 때문에 자식에게 엄격한 훈련을 시키게 되고 취학 후에는 우수한 성적을 받아오도록 무리한 요구를 함.
회피형	무시형	• 자녀와의 접촉 및 자녀에 대한 부모로서의 책임을 회피하려는 경향이 있음. • 자녀의 욕구 충족을 위해서 별로 노력하지 않고 자녀에 대한 관심이 적으나 감정적으로 거부하지는 않음.
	거부형	• 자녀의 행복을 전적으로 무시하고 자녀들의 신체적, 심리적 필요를 충족시켜 주려는 노력을 거의 하지 않음.
수용형	무관심형	• 부모가 자녀를 수용하기는 하나 부모와 자녀의 관계가 별로 밀착되어 있지 않음. • 자녀들의 필요나 욕구에 대해서는 비교적 민감함.
	애정형	• 무관심한 분위기와 유사하나 부모와 자녀의 관계가 더 튼튼하며 부모는 자녀가 어떠한 것을 요구하든 들어주려고 노력함. • 무관심형에 비해서 부모는 자녀에게 더욱 사려 깊은 격려를 함.

적인 성격을 형성하게 하고 나아가서는 직업선택에 반영되어 인간지향적인 직업(major-oriented toward person)을 선택하게 된다는 것이다. 이때 인간지향적인 직업에는 군집 1(서비스직), 군집 2(비지니스직), 군집 3(단체직), 군집 7(일반문화직), 군집 8(예능직)이 해당된다. 반면, 차가운 부모-자녀 관계에서 성장한 사람들은 어렸을 때부터 부모의 자상한 배려나 관심을 받지 못하고 자랐기 때문에 자신에

〈표 4-7〉 Roe의 직업분류

단계 직업군	1 고급 전문관리	2 중급 전문관리	3 준 전문관리	4 숙련직	5 반숙련직	6 비숙련직
I 서비스직	조사연구 과학자	행정가 매니저 보호관찰자 사회가업가	고용상담자 간호원 MCA디렉터	군인상사 이용사 웨이터 순경	요리사 엘리베이터 관리원 소방서원 해군	소부 경비원 파출부
II 비지니스직	판매원 소장 회사사장	인사과 직원 매매기사	중개인 화물취급자 자동차보험 판매원	경매인 조사원 부동산중개인	표판매원 판매점원 행상인	신문배달원
III 단체직	회사사장 각료	은행원 중재인 호텔매니저	계리사 우체국소장 개인비서	속기사 통계원 편집자	서기 우체부 교환원 타이피스트 현금출납원	배달업
IV 기술직	발명가 과학자 (공학)	항공엔지니어 비행분석가 공장감독	비행사 계약자 (공사) 기관사	목수 봉재원 대장장이 미장이	크레인조작인 트럭운전사 기차신호인	목수보조원 노동자
V 옥외활동직	공학연구자 (광산)	지리학자 어류전문가	양봉자 산림애호가	광부 조경사	어부 정원사 여관주인 사냥꾼	동물사육사 농장노동자 노동자
VI 과학직	치과의사 의사 연구과학자 (물리화학)	화학자 약학자	물리요법사 시체보건사	의료기술자 간호원	보조간호원	
VII 일반문화직	법관 교수	목사 편집장 뉴스해설자 교원	사법서사 사서원 기자	편집인	도서관종사자	서류복사종 사자
VIII 예능직	관현악지휘자 TV 디렉터	건축가 야구선수 조각가	광고전문가 운동코치 내부장식가 사진사	삽화가 만화가 장식가	의류업 모델	무대장치인

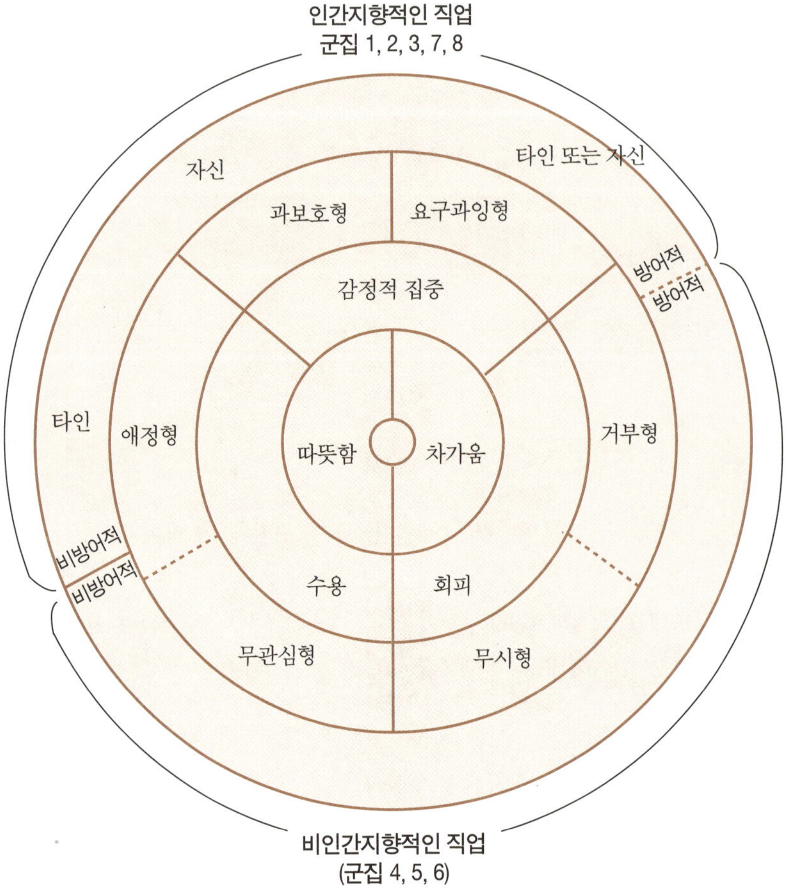

[그림 4-2] 부모-자녀관계와 직업선택과의 관계

게 어떤 문제가 있을 때 부모나 주위 사람의 도움을 청하지 않고 다른 수단을 통해서 해결하는 방법을 터득하게 된다. 그 결과, 비인간지향적인 직업(major-oriented not toward person)을 선택하게 되며, 여기에는 군집 4(기술직), 군집 5(옥외활동직), 군집 6(과학직)이 포함된다.

다. Holland의 인성이론

Holland(1966)는 개인의 행동양식이나 성격유형이 직업적 발달과 선택에 중요한 영향을 미친다고 보았다. 그리고 이러한 행동양식이나 성격유형은 개인의 타고난 유전적 소질과 문화적 요인간의 상호작용의 소산이라고 보고 있다. 그는 성격(personality)에 관한 유형론에 초점을 두고 각 개인은 여섯 가지 성격유형 중의 하나와 유사하다고 주장하였고, 여섯 가지 성격유형이 있듯이 여섯 가지 환경유형이 있다고 주장하였다. Holland의 인성이론은 다음과 같은 네 가지 가설에 기초하고 있다.

① 사람들의 직업적 성격은 대부분 실재적(Realistic), 탐구적(Investigative), 예술적(Artistic), 사회적(Social), 설득적(Enterprising), 관습적(Conventional)의 6가지 유형으로 분류된다.
② 일의 환경도 6가지 유형으로 분류되고 각 환경에는 그 성격유형에 일치하는 사람들이 머물고 있다.
③ 사람들은 자신의 기술과 능력을 발휘하고, 태도와 가치를 나타내고, 적합한 역할과 문제를 담당할 수 있는 환경을 찾는다.
④ 한 개인의 행동양식은 그의 성격과 그가 속한 환경 특성간의 상호작용에 의해 결정된다. 그러므로 사람의 성격과 직업환경에 대한 지식은 진로선택, 직업변경, 직업성취 등에 관한 중요한 결과를 예측할 수 있게 해준다.

여섯 가지 유형에 대한 설명은 다음 〈표 4-8〉과 같다.

〈표 4-8〉 Holland의 6가지 성격유형의 특징

구분	성격 특징	직업 활동 선호	적성 유능감	대표 직업
현실형 (R)	남성적이고, 솔직하고, 성실하며, 검소하고, 지구력이 있고, 신체적으로 건강하며, 소박하고, 말이 적으며, 고집이 있고, 단순하다.	분명하고, 질서정연하고, 체계적인 대상·연장·기계· 동물들의 조작을 주로 하는 활동 내지 신체적 기술들을 좋아하고, 교육적·치료적 활동은 좋아하지 않는다.	기계적·운동적인 능력은 있으나 대인관계 능력은 부족하다. 수공, 농업, 전기, 기술적 능력은 높으나 교육적 능력은 부족하다.	기술자, 자동기계 및 항공기 조종사, 정비사, 농부. 엔지니어, 전기·기계기사, 운동선수
탐구형 (I)	탐구심이 많고, 논리적, 분석적, 합리적이며, 정확하고, 지적 호기심이 많으며, 비판적, 내성적이고, 수줍음을 잘 타며, 신중하다.	관찰적, 상징적, 체계적이며, 물리적·생물학적·문화적 현상의 창조적인 탐구를 수반하는 활동들에 흥미를 보이지만, 사회적이고 반복적인 활동에는 관심이 부족한 면이 있다.	학구적·지적 자부심을 가지고 있으며, 수학적·과학적 능력은 높으나 지도력이나 설득력은 부족하다. 연구능력이 높다.	과학자, 생물학자, 화학자, 물리학자, 인류학자, 지질학자, 의료기술자, 의사
예술형 (A)	상상력이 풍부하고, 감수성이 강하며, 자유분방하며, 개방적이다. 감정이 풍부하고, 독창적이고, 개성이 강하고, 협동적이지 않다.	예술적 창조와 표현, 변화와 다양성을 좋아하고, 틀에 박힌 것을 싫어한다. 모호하고 자유롭고, 상징적인 활동들을 좋아하지만 명쾌하고, 체계적이고 구조화된 활동에는 흥미가 없다	미술적·음악적 능력은 있으나 사무적 기술은 부족하다. 상징적·자유적·비체계적 능력은 있으나 체계적·순서적 능력은 부족하다.	예술가, 작곡가, 음악가, 무대감독, 작가, 배우, 소설가, 미술가, 무용가, 디자이너
사회형 (S)	사람들을 좋아하며, 어울리기 좋아하고, 친절하고, 이해심이 많으며, 남을 잘 도와 주고, 봉사적이며, 감정적이고, 이상주의적이다.	타인의 문제를 듣고 이해하고 도와주고 치료해 주고, 봉사하는 활동들에 흥미를 보이지만 기계, 도구, 물질과 함께 하는 명쾌하고, 질서정연하고, 체계적인 활동에는 흥미가 없다.	사회적·교육적 지도력과 대인관계 능력은 있으나 기계적·과학적 능력은 부족하다. 기계적·체계적 능력이 부족하다.	사회복지가, 교육자, 간호사, 유치원 교사, 종교지도자, 상담가, 임상치료가, 언어치료사
설득형 (E)	지배적이고, 통솔력, 지도력이 있으며, 말을 잘하고, 설득적이며, 경쟁적, 야심적이며, 외향적이고, 낙관적이고, 열성적이다.	조직의 목적과 경제적 이익을 얻기 위해 타인을 선도, 계획, 통제, 관리하는 일과 그 결과로 얻어지는 위신, 인정, 권위를 얻는 활동들을 좋아하지만 관찰적, 상징적, 체계적 활동에는 흥미가 없다.	적극적이고, 사회적이고, 지도력과 언어의 능력은 있으나 과학적인 능력은 부족하다. 대인간, 설득적인 능력은 있으나 체계적 능력은 부족하다.	기업경영인, 정치가, 판사, 영업사원, 상품구매인, 보험회사원, 판매원, 관리자, 연출가
관습형 (C)	정확하고, 빈틈없고, 조심성이 있으며, 세밀하고, 계획성이 있으며, 변화를 좋아하지 않으며, 완고하고, 책임감이 강하다.	정해진 원칙과 계획에 따라 자료를 기록, 정리, 조직하는 일을 좋아하고 사무적, 계산적 능력을 발휘하는 활동을 좋아한다. 창의적, 자율적, 모험적, 비체계적 활동에는 흥미가 없다.	사무적이며, 계산적인 능력은 있지만 예술적, 상상적 능력은 부족하다. 체계적, 정확성은 있으나 탐구적·독창적 능력은 부족하다.	공인회계사, 경제분석가, 은행원, 세무사, 경리사원, 감사원, 안전관리사, 사서, 법무사

[그림 4-3]은 Holland 이론에서 제시한 6가지 유형 사이의 관계를 도표로 나타낸 것이다. 이 육각모형은 각 유형들 간의 심리적인 유사성을 살펴보는데 중요한 기여를 할 수 있다.

Holland의 이론을 요약하면 개인의 행동은 성격과 환경간의 상호작용의 함수이며 개인의 직업선택행동은 그의 성격의 표출이라는 것이다. 그래서 사람들은 자기의 성격유형을 표출할 수 있는 직업환경을 선택한다는 것이다. Holland의 이론에는 다양한 직업의 영역 및 각 직업의 범주에 따르는 개인의 흥미, 가치관, 대인관계 기술, 성격특성 등 개인에 대한 충분한 자료들이 제시되어 있다. 따라서, 상담자는 Holland의 이론에 기초해서 수집한 여러 가지 정보들을 바탕으로 하여 개인에게 적합한 직업환경을 찾을 수 있도록 도와줄 수 있을 것이다.

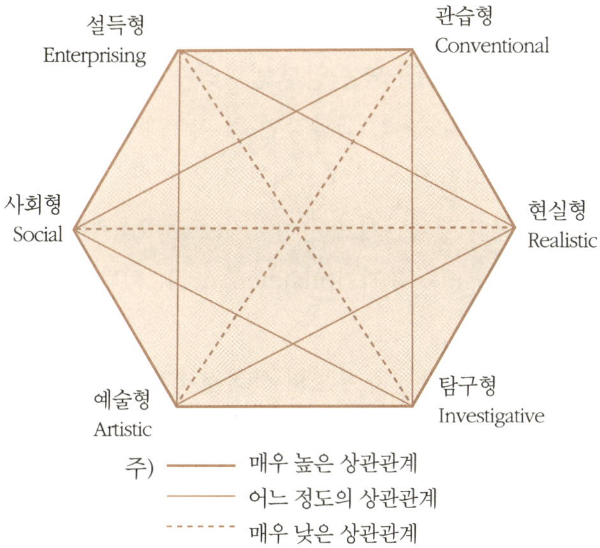

[그림 4-3] 직업적 성격의 관계모형

(2) 과정 이론

가. Super의 발달이론

Super(1953)는 직업선택 및 진로발달에 대한 지식을 분석, 종합하여 포괄적이고 발전된 이론을 정립하였다. Super의 이론은 직업생애 단계, 직업성숙도, 자아개념의 직업적 자아개념으로의 전환, 진로유형 등의 네 가지 요소에 초점을 두고 있으며 개인적 요인과 환경 요인과의 상호작용을 강조하는 통합적인 접근법을 취하고 있다. 이때 Super의 발달이론에서는 다음과 같은 10개의 명제를 내세우고 있는데, 이는 곧 그의 이론의 중심개념이기도 하다.

① 인간은 능력, 흥미, 성격 등에 있어서 차이가 있다.
② 인간은 이러한 특성의 차이로 인해 특정한 직업들에 대해서 적합성을 지니게 된다.
③ 각 직업군에는 각기 요구되는 일정 범위의 능력, 흥미, 인성특성이 있다.
④ 개인의 직업 선호와 능력, 생활장면 및 자아개념은 시간의 경과와 경험에 따라 변화한다. 따라서 직업의 선택과 적응은 계속적인 과정이다.
⑤ 이 과정은 일련의 생애단계로서 성장기(growth), 탐색기(exploration), 확립기(establishment), 유지기(maintenance), 쇠퇴기(decline)의 과정으로 특징지을 수 있다.
⑥ 개인의 진로유형의 본질은 부모의 사회경제적 수준과 개인의 지적능력, 인성특성, 주어진 기회에 의해서 결정된다.
⑦ 개인의 진로발달은 능력과 흥미의 성숙과정을 촉진시키거나 자아개념의 발달을 도와줌으로써 지도될 수 있다.
⑧ 진로발달 과정은 본질적으로 자아개념으로 발달시키고 실천해 나가는 과정이다. 즉, 진로발달은 유전적으로 타고난 지성과 생리적 체질 그리고 다양한 역할을 수행할 수 있는 기회와 역할 수행의 결과로 선배나 동료로부터 받은 인정에 대한 개인의 평가 등이 상호작용한 결과로써 형성되는 자아개

념 속에서 일어나는 타협과정이다.

⑨ 개인의 사회적 요인, 이른바 자아개념과 현실성 간의 타협이란 역할 수행의 하나이며, 이러한 역할은 환상이나 상담, 면접 또는 학급, 클럽, 여가활동, 취업활동 등을 통해 이루어진다.

⑩ 직업과 인생에 대한 만족의 정도는 개인이 그의 능력, 흥미, 성격특성, 가치관에 맞는 진로를 찾았느냐에 달려 있다.

Super가 제시한 진로발달 단계를 구체적으로 살펴보면 다음 〈표 4-9〉와 같다. 이 이론은 직업적 성숙의 과정을 가장 체계적으로 기술하고 있고 실증적인 자료를 많이 확보하고 있으나 너무 광범위하고 자아개념을 지나치게 강조하고 있다는 비판을 받기도 한다.

〈표 4-9〉 Super의 진로발달 단계

단계	특징
성장기 (growth stage, 0-14세)	• 이 시기에 개인은 가정과 학교에서 중요한 타인에 대해 동일시를 함으로써 자아개념을 발달시킴. • 이 단계의 초기에는 욕구와 환상이 지배적이지만 사회참여와 현실검증이 증가함에 따라 점차 흥미와 능력을 중시하게 됨. ① 환상기(fantasy substage, 4~10세): 욕구가 지배적이며 환상적인 역할수행이 중요시 됨. ② 흥미기(interest substage, 11~12세): 개인의 취향이 활동의 목표 및 내용을 결정함 ③ 능력기(capacity substage, 13~14세): 능력을 보다 중요시하며 직업의 요구조건을 고려함
탐색기 (exploration stage, 15-24세)	• 이 시기에 개인은 학교활동, 여가활동, 시간제 일과 같은 활동을 통해서 자아검증, 역할시행, 직업적 탐색을 행함. ① 잠정기(tentative substage, 15~17세): 욕구, 흥미, 능력, 가치, 직업적 기회 등을 고려하기 시작하며, 잠정적으로 진로를 선택하고 그것을 환상, 토의, 일, 기타 경험을 통해서 시행해 봄.

탐색기 (exploration stage, 15-24세)	② 전환기(transition substage, 18~21세): 취업을 하거나 취업에 필요한 훈련이나 교육을 받으며, 자신의 자아개념을 실천하려고 함에 따라 현실적 요인을 중요시하게 됨. ③ 시행기(trial substage, 22~24세): 자신에게 적합하다고 판단되는 직업을 선택해서 최초로 직업을 가지게 됨.
확립기 (establishment stage, 25-44세)	• 이 시기에 개인은 자신에게 적합한 분야를 발견하고 거기에서 영구적인 위치를 확보하기 위한 노력을 함. ① 시행기(trial substage, 25~ 30세): 자신이 선택한 일의 분야가 적합하지 않을 경우에 적합한 일을 발견할 때까지 몇 차례의 변동이 있게 됨. ② 안정기(stabilization substage, 31~44세): 진로유형이 분명해짐에 따라 그것을 안정시키고 직업세계에서 안정된 위치를 굳이기 위한 노력을 함.
유지기 (maintenance stage 45-65세)	• 이 시기에는 이미 정해진 직업에 정착, 그것을 유지하기 위한 노력을 함.
쇠퇴기 (decline stage 65세 이후)	• 이 시기에는 정신적, 육체적 힘이 약해짐에 따라 직업전선에서 은퇴하게 되므로 다른 새로운 역할과 활동을 찾게 됨.

나. Gottfredson의 경력포부 발달이론

Gottfredson(1981)은 사람들은 자신의 자아이미지에 알맞은 직업을 원하기 때문에 진로발달에서 자아개념은 진로선택의 중요한 요인이 된다고 하였다. 특히, Gottfredson은 진로와 관련된 자아개념의 주요한 구성요소로 성역할, 사회적 계층, 지능수준 등과 같은 사회적 요소들을 들었는데 이러한 요소들은 인지발달이 진행되면서 생의 각 단계에서 자아개념에 포함되어 간다고 하였다(〈표 4-10〉 참고).

또한, 성역할, 사회적 계층, 지능수준을 자아개념에 포함시키며 발달하면서 직업에 대한 인식에도 이러한 요소들을 포함시켜 나가게 된다. 직업에 대한 인식은 두 가지 차원으로 발달하는데 하나는 직업에 대한 공유된 일반적인 인식을 발달시키는 것으로 그 결과, 직업에 대한 인지지도(cognitive map)를 머릿속에 가지게 된다. 또 다른 하나는 이러한 공통된 인식 위에 자아개념의 구성요소들, 즉 성역할, 사회적 계층, 지능수준에 따라서 순차적으로 자신에 적합하지 않다고 생각되는 직업들을 제외(circumscription)시키며 진로대안영역(zone of acceptable alternatives)을 형성하는 것이다. 이렇게 청소년기가 되어서야 진로대안영역을 설정하게 되고 그 안에서 자신의 내적인 특성인 흥미, 가치, 능력에 따라 직업을 선택하게 된다. 이때에 또다시 자신이 선호하는 직업과 접근 가능성을 고려하여 양자 사이에 균형을 맞추며 직업을 선택하게 되는데 Gottfredson은 이를 타협(compromise)이라고 하였다.

〈표 4-10〉 자아개념과 직업선호의 발달단계

특징	1. 크기와 힘에 지향 (Orientation to size and power)	2. 성역할에 지향 (Orientation to sex roles)	3. 사회적 가치 지향 (Orientation to social valuation)	4. 내면과 독특한 자아 지향 (Orientation to internal, unique self)
나이	3-5세	6-8세	9-13세	14세 이상
사고과정(단계)	직관적인 (intuitive)	구체적인 (concrete)	덜 구체적인 (less concrete)	추상적인 (abstract)
사물, 사람, 직업을 분류하는 능력	대상연속성을 획득하지 못함	단순한 분류	이 요인 분류	복잡한 분류
자기와 다른 것들을 지각하는 데 새로운 요소	작은 것 대 큰 것	성별 (gender)	사회적 계층과 지적 능력	개인의 흥미, 가치, 능력
직업적인 지각과 선호에 새로운 요소	성인의 역할로 직업을 인식	성역할 유형 (sextype)	지위 수준	일의 분야

자료: Gottfredson, L.(1981). Circumscription and compromise: A development theory of occupational aspirations. *Journal of Counseling Psychology, 28*, 545-579.

2) 산업 및 조직심리학 기반의 경력개발 이론

(1) 내용 이론

가. Schein의 경력닻 유형 이론

Schein(1978, 1990)의 경력닻 유형론은 한 인간의 생애를 일을 따라 항해하는 여정이라는 전제하에, 배가 풍랑에 흔들리지 않도록 배를 고정시키는 닻이 있듯이 인간의 직업을 통한 인생여정에도 경력과 관계된 선택에서 개인이 포기하지 않는 무게중심을 가지는 개인의 특성인 '경력닻(career anchor)'이 존재한다고 하였다. 이때 경력닻은 ① 개인이 지닌 재능, 기술 또는 역량, ② 개인의 동기나 욕구 내지 삶의 목표, 그리고 ③ 가치관을 포괄하는 자아개념이다.

Schein에 의하면 사람들은 업무경험을 쌓아가면서 자신의 지배적 성향을 빌전시킨다. 또한 사람들은 자아개념에 일관성을 기하려는 욕구(need for congruence)가 있다. 그리하여 자신의 재능, 욕구, 그리고 가치관이 서로 조화된 자아개념, 즉 경력닻을 가지게 된다. 경력닻은 사람에 따라 다르며, 대단히 안정적이다. 그러므로 직업과 관련하여 어려운 선택에 직면했을 때에도 그것을 포기하지 않는 행동으로 나타나게 된다.

Schein은 경력닻 유형을 기술적 · 기능적 역량(technical/functional competence), 일반관리자 역량(general managerial competence), 자율 · 독립(autonomy/independence), 안전 · 안정(security/stability), 기업가적 창의성(entrepreneurial creativity), 서비스 봉사(service/dedication to a cause), 순수한 도전(pure challenge), 라이프 스타일(life style)의 8가지로 분류하였다(〈표 4-11〉 참고).

〈표 4-11〉 경력닻 유형

경력닻 유형	특성	일 · 직업의 유형	보상시스템
기술적 · 기능적 역량 (technical/ functional competence)	• 특정한 분야의 일에 재능과 흥미 • 경영자나 일반관리자가 되려는 관심이 없음 • 일의 내용에 대한 정체감	• 일 자체의 내재적 내용 • 도전적 일 • 엔지니어, 기능분야 부서장	• 기술수준별 임금 • 카페테리아식 복리후생 • 전문직 경력경로 승진시스템 • 동료로부터의 인정
일반관리자 역량 (general managerial competence)	• 핵심가치: 조직의 상위계층으로 승진 • 분석적, 관계적, 정서적 역량이 요구됨	• 리더쉽 발휘가 요구되는 업무 • 도전적, 통합적 성격의 업무 • 조직성공 가능성이 높은 일 • 고위경영자, 공장장	• 높은 보수 및 퇴직금 • 대내적 형평 • 성과기준 승진 시스템 • 상사의 인정 및 고속승진

자율 · 독립 (autonomy/independence)	• 기본욕구: 일을 자기 독자적으로 하려함 • 독립적 경력 추구	• 명확한 경계, 시한이 있는 전문영역의 일 • 컨설팅, 연구개발직, 교수 • 많은 자유가 있는 직무	• 성과급 • 카페테리아식 복리후생 • 과거업적 인정 승진 • 상장, 메달 등을 통한 인정
안전 · 안정 (security/stability)	• 안정되고 예측 가능한 경력 추구 • 정년보장제도 선호	• 안정적, 예측 가능한 일 • 관공서, 시민 공공서비스 관계직무	• 연공급 • 높은 퇴직금 • 연공기준 승진시스템 • 충성심과 지속적 성과에 기초한 인정
기업가적 창의성 (entrepreneurial creativity)	• 자신의 사업운영 욕구 강함 • 새로운 조직, 제품, 서비스의 창출 • 성공척도:돈을 많이 버는 것	• 새로운 창조에의 도전 • 자기 사업체의 소유 • 벤처기업가	• 재산 축적과 소유 • 사업의 구축 및 신장 • 개인의 과시와 공적 인정
서비스 · 봉사 (service/dedication to a cause)	• 세상을 변화시키려는 강한 욕구 • 기본가치: 인류에 대한 봉사, 조국에 대한 기여	• 자신의 가치실현을 위해 조직 및 사회정책 입안에 관계된 직무 • 노동문제 전문가, 신약개발 연구자, 간호사, 사회사업가, 교사, 의사, 성직자	• 자신의 기여에 대한 적정 보수 • 영향력있는 지위로의 승진 • 경영진과의 가치 공유 • 동료 및 상사의 인정과 지원
순수한 도전 (pure challenge)	• 사물, 사람에 대한 강한 정복욕구 • 성공지표: 장애극복, 문제해결, 라이벌에 대한 승리 • 강한 도전감과 승부욕구	• 도전과 시험기회가 많은 일 • 조종사, 탐험가, 육상선수, 영업직 종사자, 일부 경영자	• 도전기회의 지속적 제공
라이프 스타일 (life style)	• 경력닻을 가지고 있지 않음 • 전체 삶의 스타일과 걸맞는 경력추구 • 맞벌이 부부 증가추세와 관련됨	• 출장, 근무지 이동, 업무시간, 연구휴가 등의 작업조건에 융통성이 많은 직무	• 출산휴가, 탁아소 운영 • 변동 근무시간제, 재택근무 • 관리자의 이해가 중요 • 종업원 중시적 조직문화

나. Driver의 경력유형 이론

Driver(1979)는 사람들이 경험하는 경력이동의 패턴은 이동의 방향과 주기라는 두 가지 측면에서 기본적으로 다르다는 점에 주목하여 경력개념 모형(career concept model)을 제시하였다. 그는 다양한 경력이동의 패턴을 직선형, 전문가형, 나선형, 전이형의 네 가지로 분류하여 제시하였다(〈표 4-12〉 참고).

직선형은 조직을 따라 수직 이동하는 가장 일반적인 경력이동 패턴으로, 권력과 성취감을 추구하는 가치를 추구하여 직장에서의 승진과 보직에 대한 관심이 크며, 사회적인 위치나 직업적 지위에 민감하다. 이들에게는 권력과 지위가 중요한 가치이므로 단순히 업무에 대한 시상이나 금전적 보상보다 자신의 위치보다 높은 사

〈표 4-12〉 Driver의 경력유형

구분	직선형 (linear)	전문가형 (expert)	나선형 (spiral)	전이형 (transitory)
이동방향	상향	거의 이동없음	경사방향	경사방향
한 분야 체류기간	가변적	평생	7~10년	3~5년
핵심가치	권력, 성취	전문지식, 안정성	개인적 성장, 창의성	다양성, 독립성
행동역량 및 주요 성과요인	경쟁력, 이익지향 리더십, 비용효율 로지스틱스 관리	헌신, 품질 신뢰성, 기술적 역량 안전성	기술다양성 경사적 조정력 창의성, 팀워크 인재개발	네트워크 구축 학습신속성 프로젝트 중심 속도, 적응력, 혁신
보상	승진 경영진 특혜 임원 상여금	복리후생 부가급부 시상을 통한 인정 지속적 기술교육	경사적 직무배치 다방면 교육 창의적 자유허용	즉시 현금 보너스 독립 및 자율 특별 프로젝트 배치 직무순환
조직구조	다계층 피라미드 조직 고도의 통제범위	수평조직 강력한 부문	매트릭스 조직 자율적, 학제적 팀	느슨한 무정형 조직 한시적 팀
전략적 방향	성장 시장점유율 제고	현상유지	다각화	새로운 시장 개척 기업가적 기회탐색

자료: Brousseau, Driver, Eneroth., & Larson. (1996). Career pandemonium: realigning organizations and individuals. *Academy of Management Executive, 10* (4). 52-66.

람으로부터의 인정과 상여금 지급이 더 큰 보상이 된다.

전문가형은 한 직업과 직무에서 일생을 종사하는 유형으로 자신의 직무에 대한 전문 지식과 기술을 쌓고 안정적 생활을 추구한다. 이들은 일 자체를 자신의 분신으로 여기는 경향이 있어, 자신이 종사하는 분야에서 기술을 향상시키고, 보다 나은 품질의 상품을 만들어 내기 위해 실질적인 연구와 기술연마에 관심을 둔다. 이들은 직장에서의 높은 위치보다는 자신의 업적에 대한 시상 및 인정에 더 가치를 두기 때문에, 기술연마를 위한 복지후생과 부가급부가 더 중요하다.

나선형은 7~10년을 주기로 한 분야에 숙달된 후 다른 분야로 이동하는 유형으로, 개인적 성장과 창의성을 추구한다. 이들은 개인의 경력개발에 관심이 많으므로, 자신의 분야에서의 다양한 기술과 다방면의 교육이 중요하다. 전문가형과 같이 자신의 분야에 대한 전문성을 추구하지만, 한 곳에 정착하기보다는 다양한 근무경험을 추구하며 팀워크로 행동하는 경향이 있다. 이들은 수직 · 수평적인 조직보다는 업무의 효율성을 높일 수 있는 합리적인 상하관계를 지향한다.

전이형은 전통적인 경력개념과 대조되며, 경력을 추구하기보다 업무경험을 즐기며 다양성과 독립을 추구한다. 이들은 업무의 완성을 위해 전통적인 조직의 필요성을 크게 느끼지 못하며, 오히려 자유로운 업무환경을 추구하고 자신의 맡은 부분에 대한 책임의식을 갖고 프로젝트 중심으로 업무를 처리하는 것을 선호한다. 또한, 동일한 업무의 반복에 대해 싫증을 내며 새로운 것에 대한 호기심과 도전의식이 강하다. 또한, 새로운 직무에 대한 적응력이 뛰어나고, 일처리 속도도 빠른 편이다. 주위의 평가보다는 자신의 가치와 만족에 중점을 두기 때문에 즉각적인 보상을 선호하고, 잘 짜여진 조직체계보다는 자율성을 강조한 환경을 중요시 한다.

다. Sonnenfeld의 경력시스템 유형 이론

Sonnenfeld(1989)는 조직에서 구성원들이 직무를 따라 움직이는 집합체로서의 경력시스템(career system)은 그 조직의 충원전략과 불가분의 관계에 있다고 제시하였다. 그는 ① 충원의 공급과정(supply flow)에서 조직의 외부영입과 내부승진 중 어느 쪽에 중점을 두느냐는 내부 노동시장의 개방성과 ② 배치와 승진과정

(assignment flow)에서 동료간의 경쟁이라는 두 가지 차원에서 경력시스템의 유형화를 시도하였다. 이 두 차원에 따라 조직의 경력시스템을 아카데미형, 클럽형, 팀형, 그리고 요새형으로 분류하였다([그림 4-4] 참고).

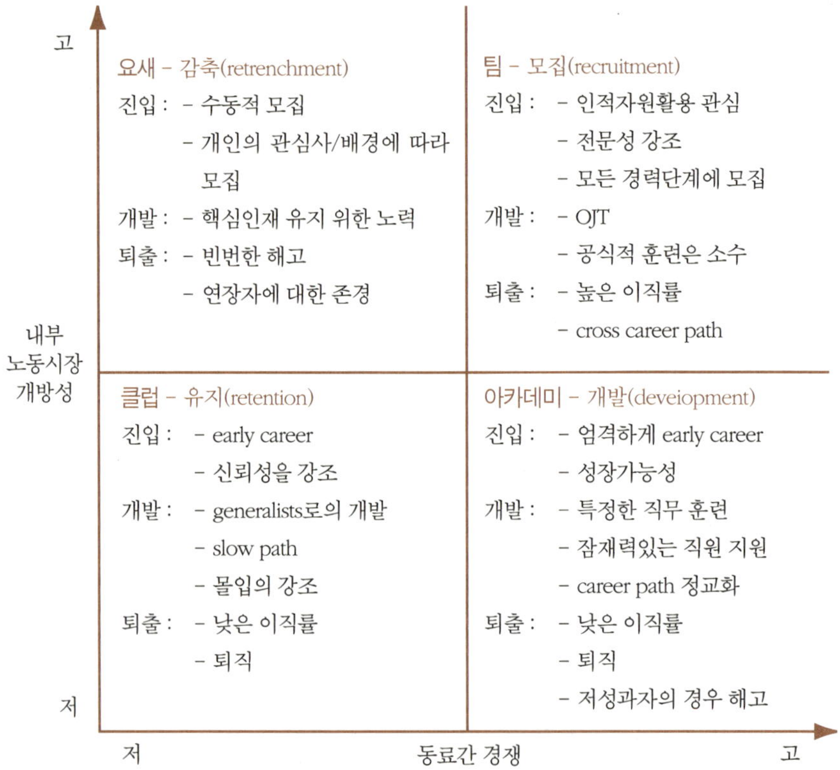

[그림 4-4] 경력시스템 모형

첫째, 아카데미형(academy)은 충원에 있어 내부승진에 초점을 두나 배치와 승진과정에서 후보자 경쟁이 상대적으로 치열한 조직이 이에 해당한다. 따라서 경력시스템의 우선순위를 고용안정을 통한 인재개발에 둔다. 이러한 아카데미형에는 전자, 자동차, 사무기기, 소비재, 제약산업 등의 업종이 대표적이다. 둘째, 클럽형(club)은 배치와 승진 과정에서 내부공급을 중심으로 하며 후보자 경쟁이 상대적으로 약한 유형이다. 선후배간의 위계를 강조하여 연공을 기준으로 승진을 결정한다.

그러므로 구성원의 유지(retention)을 시스템의 기본방향으로 한다. 이러한 클럽형에는 군대, 항공사, 은행 등이 대표적이다. 셋째, 팀형(team)은 스포츠 팀이나 방송업종 등에서 보듯 외부영입을 기본으로 후보자간의 경합이 치열하다. 외부영입은 조직 어느 계층에서도 가능하다. 요구되는 능력의 소유자를 외부에서 사면된다는 생각이므로 모집(recruitment)이 시스템의 기초가 된다. 이러한 팀형에는 방송, 연예, 광고, 컨설팅, 회계법인 등이 대표적으로 속해 있다. 넷째, 요새형(fortress)은 경쟁자에게 포위된 상태에 있는 조직으로서 조직의 생존여부를 목표로 한다. 따라서 조직구성원에 대한 배려가 약하며, 인력의 감축(retrenchment)에 우선순위를 둔다. 따라서 종업원 교육에 대한 투자는 거의 없다. 이러한 요새형에는 호텔, 소매업, 섬유, 출판, 자연자원 등의 업종이 대표적으로 속해있다(〈표 4-13〉 참고).

〈표 4-13〉 경력시스템의 특성

구분	아카데미형	클럽형	팀형	요새형
조직전략	분석형 (analyzer)	방어형 (defender)	공격형 (prospector)	수동형 (reactor)
시스템 우선순위	개발	유지	모집	감축
충원의 개방성	입사직급의 배타적 고정	입사직급의 고정을 지향	전직급이 입사 가능	조직회생 필요시 일부 충원
배치 · 승진방식	토너먼트식 경쟁지향	연공	토너먼트식 경쟁	연공지향
조직규모	대규모	대, 중, 소 규모	중, 소 규모	중규모 이상
성장정도	적정	안정 또는 감소	적정 이상	감소
교육	전 직무 대상 주기적 경력 재교육	경력초기에 집중 후 간헐적 일반교육	현장 직무교육 중심	거의 없음
퇴사	정년퇴직	정년퇴직	해고통지 사직	일시해고 통지

자료: Sonnenfeld & Peiperl. (1988). Staffing policy as a strategic response: a typology of career systems. *Academy of Management Review, 13* (4).

(2) 과정 이론

가. Feldman의 경력단계 모형 이론

Feldman(1988)의 경력단계 모형은 앞서 제시한 Schein의 경력단계 모형을 종합한 경력단계 모형을 제시하였다(〈표 4-14〉 참고). 그에 따르면 개인의 경력 단계

〈표 4-14〉 Feldman의 경력단계 모형

경력단계		연령	경력과제	심리적 이슈
경력이전	탐색기	15~22	• 올바른 경력의 발견 • 적절한 교육을 받음	• 자기자신의 욕구와 흥미의 발견 • 자신의 능력에 대한 현실적 자기평가
경력초기	시도기	22~30	• 첫 번째의 적합한 직장에 취업 • 매일의 일상업무와 상사에 대한 적응	• 경험부족에 따른 불안정의 극복 및 자신감의 개발 • 직장에서 다른 사람들과 잘 지내는 방법 학습
	확립기	30~38	• 특정한 역량분야의 선택 • 조직에 독립적 기여자가 됨	• 직업과 조직에 대한 몰입수준의 결정 • 최초의 독립적 프로젝트 또는 도전에서의 실패로 인한 감정의 처리
경력중기	전환기	38~45	• 자신의 진정한 경력관련 능력, 재능 및 흥미의 재평가 • 자신의 멘터로부터의 독립 및 타인에 대한 멘터가 될 준비	• 자신의 야망과 비교한 실제 진행의 재평가 • 직장생활과 개인생활 사이의 갈등해결
	발전기	45~55	• 멘터가 됨 • 일반관리자로서의 더 많은 책임을 맡음	• 고속 승진경로에 있는 젊은 사람들의 경쟁과 공격성향의 처리 • 당면한 기술적 스킬을 지혜에 기초한 경험으로 대체하는 방법을 학습
경력후기	유지기	55~62	• 기업의 미래에 대한 전략적 의사결정 • 조직의 정치적 장에서의 역할 확대에 관심	• 자기자신의 경력보다 조직의 발전에 일차적 관심을 둠 • 정치적 또는 중요한 결정문제를 감정적 격앙없이 처리
	쇠퇴기	62~70	• 핵심부하들 중에서 미래 지도자 후보를 선발하여 개발 • 권력 및 책임 수준의 감소를 수용	• 직무 이외에서 삶의 만족을 주는 새로운 원천을 발견 • 일자리 없이 자기 가치의 느낌 유지

자료: Feldman. (1988). Careers in organiztions. Glenview, IL: Scott, Foresman, pp. 14~15.

는 탐색기, 시도기, 확립기, 전환기, 발전기, 유지기, 쇠퇴기를 거친다고 하였다. Feldman 모형의 특징은 각 개인의 경력단계를 경력 이전, 경력 초기, 경력 중기 및 경력 후기로 구분하여 단계별 과제와 이슈를 재정리한 점에 있다. 예를 들어 경력 초기(early career)는 22세에서 37세에 걸치는 시기로서 시도기와 확립기를 포함하는 시기이다. 시도기(trial)는 자신에게 맞는 직장에 취업하여 그 직장에 잘 적응하는 것이 개인의 경력과제가 된다. 따라서 이 시기에는 새로운 환경에서의 불안감의 극복을 통해 자신감을 개발하고, 직장의 다른 동료들과 잘 지내는 방법을 터득하는 것이 심리적으로 해결해야 할 주요한 이슈이다. 또한 확립기(establishment)에는 자신의 능력을 발휘할 수 있는 특정한 분야를 찾아 그곳에서 독립적 기여자가 되어 홀로 서는 것이 경력과제가 된다. 이 때 조직에 어느 정도로 에너지를 쏟을 것인지를 결정하고 자신에게 부과된 도전적 프로젝트나 일에서 실패할 경우 이에 대한 감정의 극복이 주요 심리적 관심사가 된다.

나. Hall의 경력단계 모형

Hall(1976)은 기존의 선행연구들을 토대로 [그림 4-5]와 같은 경력단계 모형을

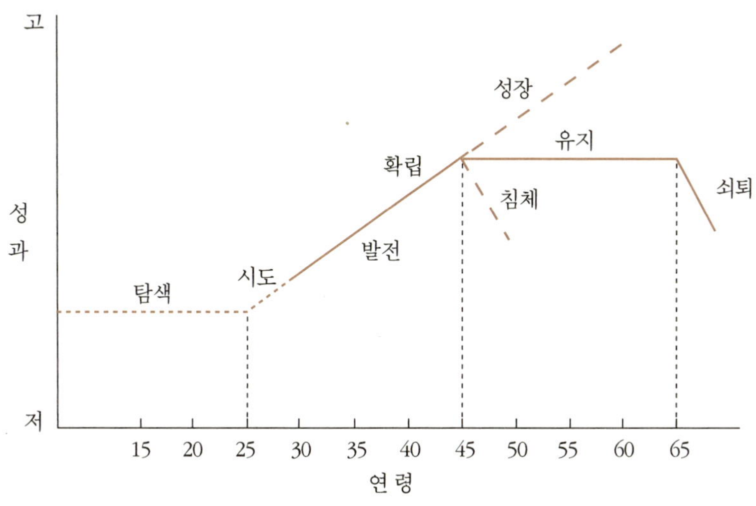

[그림 4-5] Hall의 경력단계 모형

자료 : Hall. (1976). Career in organizations. Glenview, IL: Scott, Foresman.

제시하였다. 이러한 경력단계 모형은 미국의 전화회사 AT&T의 관리자를 대상으로 경험적 연구를 실시한 결과, 해당 모형의 경력단계가 실제로 존재한다는 사실이 입증되었다. Hall의 경력단계 모형은 기존의 개념적 수준의 경력단계가 실제 현실에서 존재함을 실증적으로 입증하였다는데서 그 기여점을 찾을 수 있다. 또한 이제까지 사회심리적 발달과 역할의 변화에 초점을 맞춘 기존의 이론들과 달리, 경력단계별 업무성과의 변화를 다루었다는데서 특징적이다.

한편, Hall(1993)은 최근 기술의 가속화 추세와 함께 기술혁신의 주기가 짧아지는 점을 주목하여 새로운 경력단계 모형을 제시하였다. 즉 평생직장의 개념이 사라지고, 개인들의 조직간 이동이 증가되는 추세가 나타남에 따라 한곳에 머물다 그곳에서 능력을 발휘하고 나면 또 다시 새로운 스킬을 익혀 다시 다른 일자리를 찾아 3~5년마다 일자리를 바꾸는 전이형(transitory) 경력이동을 모형에 반영하였다. 이에 따라 Hall은 개인의 경력단계는 자연연령이 아니라, 한 개인이 머무르는 분야별로 탐색, 시도, 확립, 숙달을 거쳐 다시 탐색으로 이어지는 경력단계가 존재함을 [그림 4-6]과 같이 제시하였다.

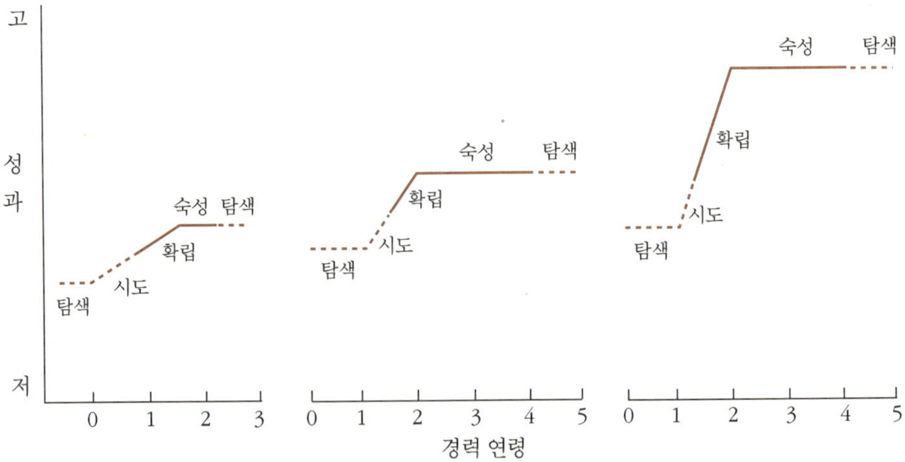

[그림 4-6] Hall의 경력단계의 새로운 모형

자료 : Hall.(1993). The new "career contact": wrong on both counts, Technical report, Executive Development Roundtable, School of Management, Boston University.

이에 따르면 개인의 경력성공은 분야별 학습단계가 끊임없이 연속적으로 진행되는 것이 필요조건으로 부각되어 진다. Hall의 새로운 모형은 21세기 지식사회의 전문가들이 추구할 경력을 보여주고 있다. 다시 말해 미래의 전문가에겐 자신의 전문지식을 중심으로 핵심역량을 가지면서 다양한 분야로 학습을 확대하여 직업환경 변화에도 경력탄력성을 계속 유지하는 것이 중요하다는 것을 의미한다.

다. Schein의 개인-조직욕구 연계모형 이론

Schein(1978)은 인적자원의 계획과 개발(human resource planning and development)을 개인욕구와 조직욕구의 연계과정(matching process)으로 보았다. 또한 개인욕구가 입사로부터 퇴직까지의 경력단계(career stage)에 따라 변화하므로 인적자원 계획과 개발의 초점이 이에 맞추어져야 한다고 보고 경력개발적 관점(career development perspective)에서 이 문제를 접근하였다.

Schein(1978)은 인적자원 계획 및 개발 시스템이 수많은 부문활동들이 연결된 매우 복잡한 시스템이므로 이를 전체 시스템(total system)의 입장에서 보아야 한다고 주장하였다. [그림 4-7]은 조직의 인적자원계획 과정과 개인의 경력단계별 중심 이슈, 그리고 이를 연계시키는 제반 관리활동들을 나타내고 있다.

또한 Schein은 이러한 조직의 인적자원 계획 및 개발이 효율적으로 이루어지기 위해서는 정보와 최고경영자의 역할이 중요하다고 강조하였다. 우선 정보는 인적자원목록, 직무 및 역할 분석, 그리고 인사고과 등에 감독자와 관리자의 견해와 평가가 중요한 부분을 차지하는데, 이때 정보의 타당성이 기초가 되기 때문이다. 또한 경력계획의 기초가 되는 직무구조, 경력경로와 이동패턴 등의 정보가 개인에게는 물론 관리자들에게 제공되고 공유되어야 한다. 두 번째로 최고경영자는 ① 인재개발 계획의 중요성을 명확히 인식하여, ② 모든 계층의 관리자에 대해 인력개발을 위한 교육이 효율적으로 실시되고 있는지 체크하고, ③ 인적자원 계획과 관계된 관리활동들과 관련하여 모든 조직 부서들 간의 유기적 협조가 이루어지는지를 체크하여야 한다. Schein은 개인욕구와 조직욕구를 연결하는 가교로 경력단계별 개인의 욕구변화를 고려한 인적자원 계획과 개발을 제시하고 있다. 그의 경력개발 관점은

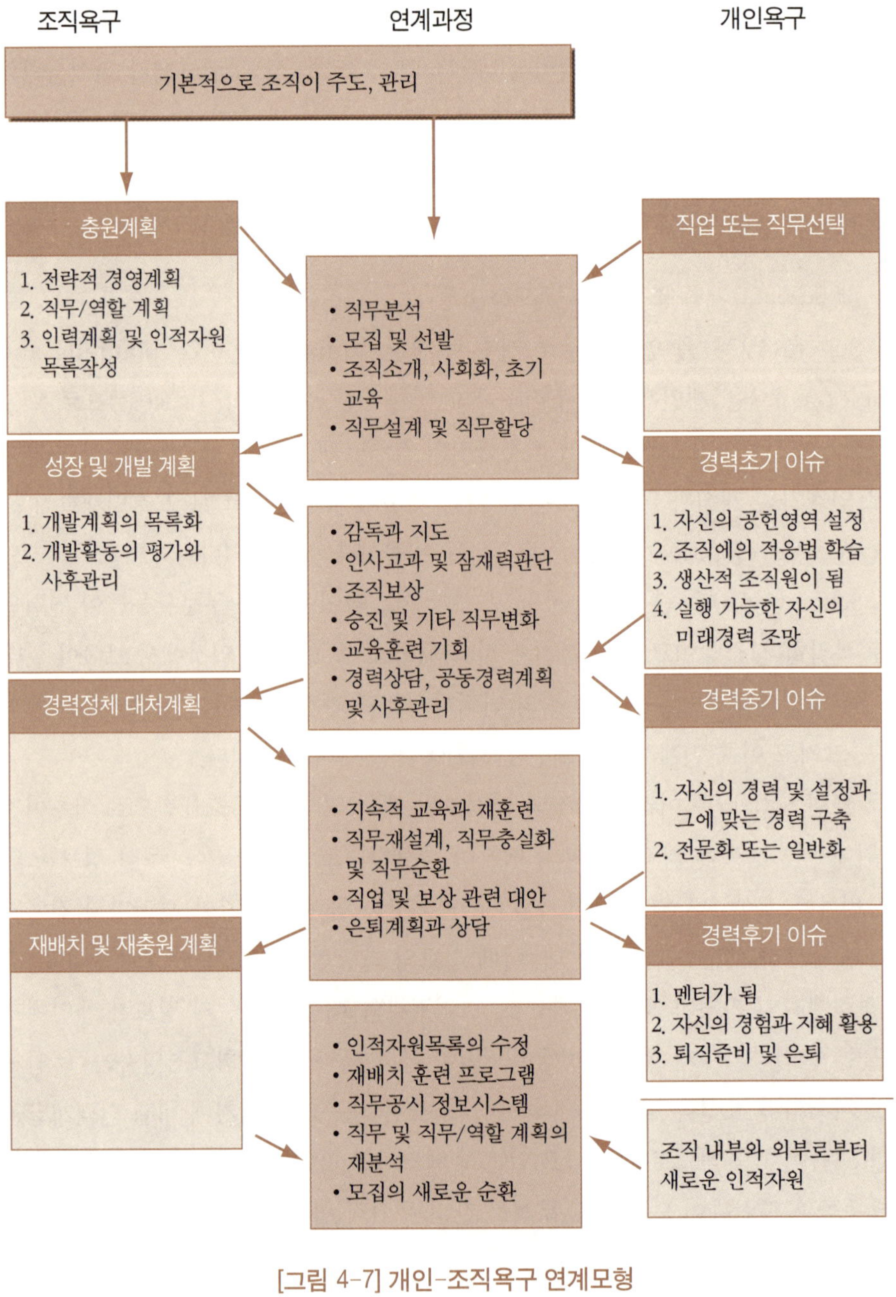

[그림 4-7] 개인-조직욕구 연계모형

자료: Schein. (1978). Career dynamics: matching individual and organizational needs. MA: Addison-Wesley.

규범적이긴 하나, 장기적 관점에서 개인과 조직의 욕구를 함께 충족시킬 수 있는 방법을 제시하고 있다는 점에서 이론적 기여를 하고 있다.

3. 산업인력 경력개발의 지원체제

1) 국가 수준의 경력개발 지원체제

우리나라에서 국가 수준의 경력개발 지원은 매우 다양한 부처를 중심으로 이루어져 왔다. 이러한 다부처적인 접근이 업무 중복에 따른 효율성 · 효과성 저하 문제, 연계체제 미구축 문제 등이 지적되면서, 효과적인 진로교육 인프라 구축을 위해 교육과학기술부 등의 정부부처들이 공동으로 '국가진로교육전문위원회' 를 구성하고, 범부처적 성격의 14개 정책과제를 담은 「평생진로개발 활성화 5개년 계획('07~' 11)」이 발표되었다. 그러나 새정부 출범에 따라 '국가진로교육전문위원회' 가 폐지되어서, 예전과 같이 각 부처별로 개별적인 경력개발 지원 업무를 수행하고 있는 실정이다.

다음의 〈표 4-15〉는 2008년 10월 기준으로 정부부처별 경력개발 관련 업무 분장 내역을 종합하여 나타내고 있다. 이를 자세히 살펴보면 교육과학기술부, 노동부, 보건복지가족부, 지식경제부, 여성부, 국방부 등의 6개 부처가 관련 업무를 수행하고 있으며, 각 부처별 업무성격 및 대상에 따라 상이한 경력개발 지원업무를 수행하고 있는 것으로 나타났다.

우선 교육과학기술부의 경우 주로 초 · 중 · 고등학교의 학령기 학생 및 대학 · 전문대학생들의 경력개발을 담당하고 있으며, 노동부의 경우 주로 성인들의 고용 및 실업과 관련된 경력개발을 담당하고 있다. 한편 보건복지가족부의 경우 특히 아동청소년, 고령자, 장애인 등과 같은 취약계층의 경력개발을 담당하고 있으며, 지식경제부의 경우 지식기반 사업과 관련된 인력양성 중심의 경력개발을 담당하고 있다. 마지막으로 여성부와 국방부의 경우 각각 여성, 군인 및 제대군인 대상의 경력

〈표 4-15〉 정부 부처별 경력개발 관련 업무 분장 내역

<table>
<tr><th>부처</th><th colspan="2">담당부서</th><th>관련 담당업무</th></tr>
<tr><td rowspan="6">교육과학
기술부</td><td rowspan="3">인재정책실</td><td>진로취업지원과</td><td>• 진로교육, 우수인력 양성 대학 지원</td></tr>
<tr><td>산업인력양성과</td><td>• 지역혁신인력양성사업/계약학과 운영
• 혁신인력 양성</td></tr>
<tr><td>과학기술인력과</td><td>• 과학기술인력 양성 및 활용
• 국내/외 과학기술인력 교류</td></tr>
<tr><td rowspan="3">평생직업
교육국</td><td>잠재인력정책과</td><td>• 지역인적자원개발
• 여성인적자원개발 및 양성 평등교육
• 취약계층 인적자원개발</td></tr>
<tr><td>전문대학지원과</td><td>• 전문대학 특성화
• 전문대생 해외인턴십, 장학생</td></tr>
<tr><td>평생학습정책과</td><td>• 평생교육진흥
• 지자체 평생교육진흥원, 평생교육시설, 평생교육축제</td></tr>
<tr><td rowspan="9">노동부</td><td>고용정책관</td><td>고용정책과</td><td>• 고용정책기본계획 수립 및 조정
• 인력수급대칙의 수립, 총괄 및 조정</td></tr>
<tr><td rowspan="2">직업능력
정책관</td><td>직업능력정책관</td><td>• 공공직업능력개발훈련 관련 업무</td></tr>
<tr><td>직업능력개발
지원과</td><td>• 각종 직업능력개발훈련 사업, 기관의 운영 및 감독</td></tr>
<tr><td rowspan="3">고용평등정책관</td><td>여성고용과</td><td>• 여성고용촉진을 위한 사업 수립 및 운영</td></tr>
<tr><td>고령자고용과</td><td>• 고령자고용촉진을 위한 사업 수립 및 운영</td></tr>
<tr><td>장애인고용과</td><td>• 장애인고용촉진을 위한 사업 수립 및 운영</td></tr>
<tr><td rowspan="3">고용서비스기획관</td><td>고용서비스
기획과</td><td>• 직업안정기관의 설치 및 운영
• 직업지도정책의 수립 및 운영</td></tr>
<tr><td>고용서비스
지원과</td><td>• 취약계층 취업지원서비스, 취업지원 민간위탁
• 한국고용정보원관리, 고용지원센터 홍보</td></tr>
<tr><td>청년고용대책과</td><td>• 청년고용정책, 청년실업종합대책 수립, 보완 및 추진
• 청년층 개인별 취업지원서비스(YES) 계획 수립
• 대학취업지원기능 확충 지원사업 계획 수립 및 시행
• 청소년 직장체험프로그램 관련 사업 등 청년취업 지원</td></tr>
</table>

<table>
<tr><td rowspan="5">보건복지 가족부</td><td rowspan="2">아동청소년활동정책실</td><td>아동청소년 권리과</td><td>• 청소년 취업, 창업지원(사이버 멘토링, 진로상담)
• 진로지도와 실업해소에 관한 프로그램 개발, 운영</td></tr>
<tr><td>아동청소년 상담자활과</td><td>• 위기청소년 사회진출을 위한 연결서비스 프로그램 개발 · 운영</td></tr>
<tr><td>저출산고령사회정책국</td><td>노인지원과</td><td>• 민간분야 노인일자리 개발 및 보급
• 한국노인인력개발원 운영지원 및 관리
• 대한노인회 취업지원센터 운영지원</td></tr>
<tr><td>장애인 정책국</td><td>장애인소득 보장과</td><td>• 장애인 일자리 창출 관련 사항
• 장애인 직업재활 프로그램의 실시 및 평가</td></tr>
<tr></tr>
<tr><td rowspan="8">지식 경제부</td><td>산업경제실</td><td>산업기술기반팀</td><td>• 전략기술인양성사업, 산학협력중심대학사업
• 엔지니어링 인력양성 등</td></tr>
<tr><td rowspan="5">성장동력실</td><td>소프트웨어 산업과</td><td>• 소프트웨어 인력양성 및 통계관리</td></tr>
<tr><td>정보통신산업과</td><td>• IT 인력육성</td></tr>
<tr><td>부품소재총괄과</td><td>• 부품소재 기반구축(인력양성, 신뢰성평가기반 등)</td></tr>
<tr><td>디자인브랜드과</td><td>• 디자인 인력양성</td></tr>
<tr></tr>
<tr><td rowspan="2">에너지 자원실</td><td>에너지기술팀</td><td>• 에너지 인력양성사업</td></tr>
<tr><td>자원개발총괄과</td><td>• 자원개발 인력양성, 자원개발 R&D 사업 관리</td></tr>
<tr><td>여성부</td><td>여성정책국</td><td>인력개발지원과</td><td>• 여성경력개발 · 취업촉진 프로그램 개발 · 운영 지원</td></tr>
<tr><td>국방부</td><td>인사복지실</td><td>전직지원정책과</td><td>• 군 직업보도 업무</td></tr>
</table>

주: 각 부처의 홈페이지 및 직제규정을 토대로 재구성

개발을 담당하고 있다.

이처럼 국가수준의 경력개발 지원체제는 정부부처별로 독자적으로 추진되고 있지만, 이 가운데 경력개발 지원업무를 가장 중점적으로 수행하고 있는 곳은 교육과학기술부와 노동부의 2개 부처라고 할 수 있으므로, 이들 부처 및 부처 산하기관들의 경력개발 지원체제를 중점적으로 살펴보도록 하겠다.

(1) 교육과학기술부 중심 체제

교육과학기술부 중심의 경력개발 지원체제는 크게 중앙정부 수준, 시 · 도교육청 수준, 지역교육청 그리고 단위학교로 나누어 볼 수 있다([그림 4-8] 참고).

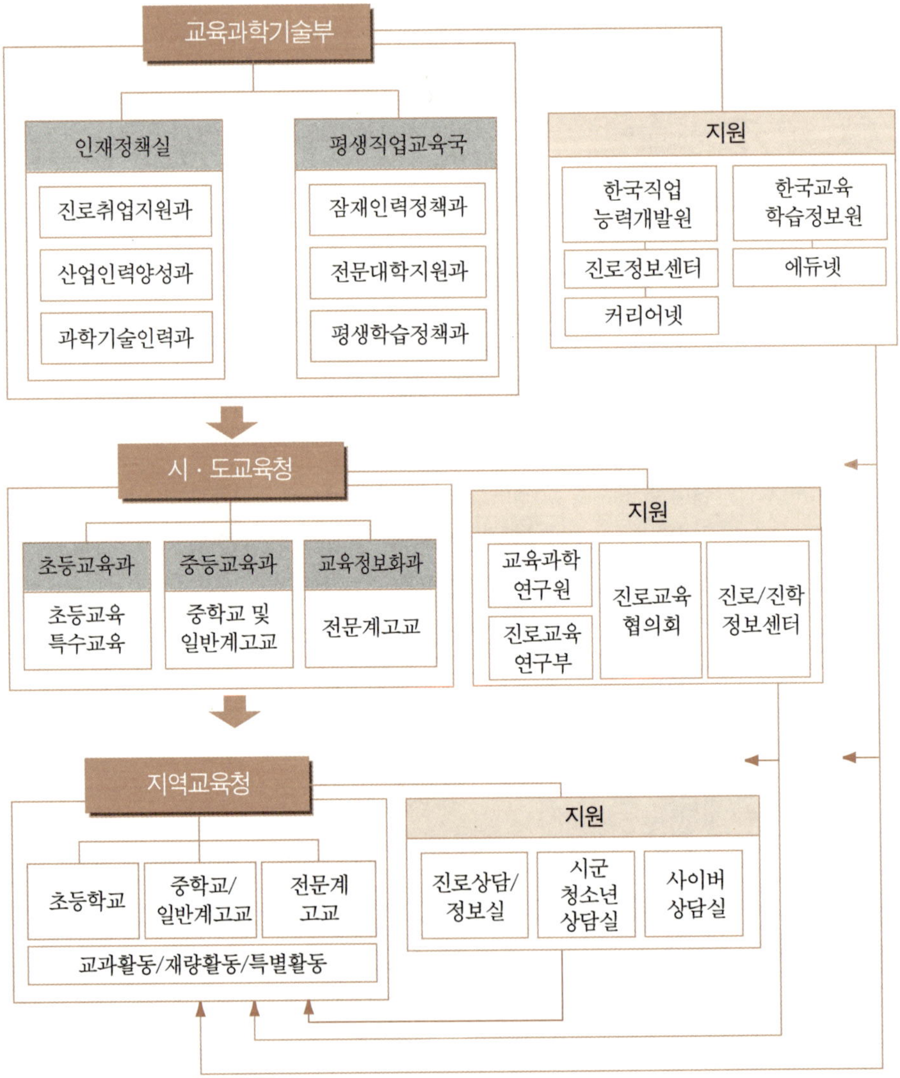

[그림 4-8] 교육과학기술부 중심의 경력개발 지원체제

가. 중앙정부

교육과학기술부는 주로 초 · 중 · 고 및 대학 · 전문대학에서의 경력개발 전반의 정책 수립 및 관련 사업을 운영하고 있으며, 주로 인재정책실(진로취업지원과, 산업인력양성과, 과학기술인력과), 평생직업교육국(잠재인력정책과, 전문대학지원과, 평생학습정책과)에서 해당 업무를 담당하고 있다. 〈표 4-14〉에서 나타나듯이, 다양한 부서에서 경력개발과 관련한 업무를 수행하고 있으나, 각 부서간의 명확한 역할분담은 이루어지고 있지 않은 실정이다. 다만 새정부 출범에 따라 기존에 대상별(초 · 중등학생/대학생/전문계고교 및 전문대학생)로 경력개발 지원업무가 분리되어 있었던 것에 반해, 인재정책실 산하의 진로취업지원과에서 경력개발과 관련된 기능을 종합적으로 수행하는 일종의 구심체 역할을 수행하게 되었다.

나. 시 · 도교육청

1991년 지방교육자치제 실시 이후, 시 · 도교육청마다 경력개발을 위한 다양한 조직 구조를 갖추고 있으나, 조직 구조 역시 빈번하게 개편되고 있어서, 경력개발 지원과 관련된 행정 체계 역시 다양한 양태를 보이고 있다. 〈표 4-16〉에 나타나듯이 16개 시 · 도교육청에서는 주로 초등교육과, 중등교육과 및 전문계고교 담당부서 내의 1~2명의 인력이 진로교육 담당업무를 수행하고 있으며, 이 가운데 서울특별시와 경상남도의 경우 진로교육을 전담하는 독립적인 부서가 운영되고 있다. 한편, 진로교육과 관련된 정보 · 자료의 개발 및 제공은 주로 시 · 도 교육과학연구원에서 이루어지고 있으며, 제주도를 제외한 15개 시 · 도교육청에서 개별적으로 온라인 진로정보센터를 운영하고 있다.

〈표 4-16〉 시 · 도교육청의 진로교육 업무 분장(2008년 10월 현재)

구분	진로교육 전담부서	정보 · 자료제공	온라인 진로정보센터
서울	직업진로교육과(2)	교육연구정보원(2)	진학진로정보센터(www.jinhak.or.kr)
부산	학교정책과(1)	교육연구정보원(2)	나래로방(narero. busanedu. net)
대구	초등교육과(1), 중등교육과(1), 과학산업정보과(2)	-	진로정보센터 (career.dge.go.kr)
인천	중등교육과(1)	교육과학연구원(2)	인천진로정보센터(jobinfo.ienet.re.kr)
광주	과학기술정보화과(1), 장학진흥과(1)	교육정보원(1)	광주진로정보센터(jinhak.gen.go.kr)
대전	초등교육과(1), 중등교육과(4), 과학직업정보과(6)	교육과학연구원(2)	대전교육포탈(www.edurang.net/)
울산	과학정보기술과(1)	교육과학연구원(1)	울산교수학습지원센터(www.ulsanedu.go.kr)
경기	초등교육과(1), 중등교육과(2), 과학산업교육과(1)	교육정보연구원(1)	경기진로정보센터(jinro.kerinet.re.kr)
강원	초등교육과(1), 중등교육과(3), 과학산업정보화과(1)	교육과학연구원(2)	강원교육과학연구원(www.keric.or.kr)
충북	초등교육과(2), 중등교육과(3), 과학산업교육과(2)	교육과학연구원(3)	충북교육과학연구원(www.cbesr.or.kr)
충남	초등교육과(1), 중등교육과(1), 과학직업정보과(1)	과학직업교육원(2)	에듀스충남(www.edus.or.kr)
전북	초등교육과(1), 중등교육과(1)	교육정보과학원(1)	전북진로교육센터(www.jinro.jbedunet.net)
전남	중등교육과(1), 과학산업과(1)	교육과학연구원(1)	전남교육정보원(www.jnei.or.kr)
경북	초등교육과(1), 중등교육과(2), 과학산업교육과(1)	교육연구원(2)	경북대입상담교수단(kbejinhak.net)
경남	평생직업교육과(3)	-	경남교육연구정보원(jinro. gnedu .net)
제주	중등교육과(1)	-	-

주: 괄호는 전담인력 인원을 나타냄
자료: 교육과학기술부.(2008). 2008년 제1차 전국진로교육협의회 자료집.

(2) 노동부 중심 체제

노동부 중심의 경력개발 지원 및 직업안정 체제는 국립직업안정체제, 지방자치단체에서 정부와 협력 하에 운영되는 공립직업안정체제, 민간직업안정체제로 구성되어 있다([그림 4-9] 참고).

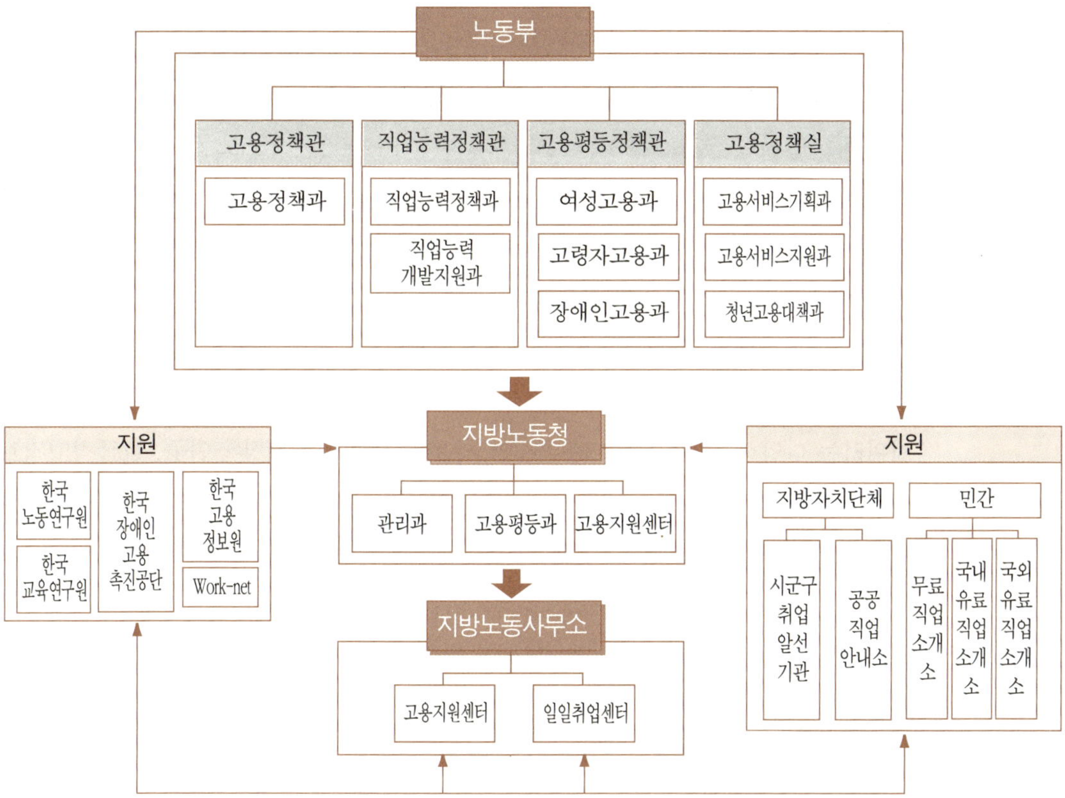

[그림 4-9] 노동부 중심의 경력개발 지원체제

가. 중앙정부

우리나라의 직업안정체제를 전체적으로 관리 · 기획 · 조정하는 역할은 노동부의 고용정책관(고용정책과), 직업능력정책관(직업능력정책과, 직업능력개발지원과), 고용평등정책관(여성고용과, 장애인고용과), 고용서비스기획관(고용서비스기획과, 고용서비스지원과, 청년고용대책과)에서 주로 수행하고 있다(〈표 4-15〉 참고).

나. 한국고용정보원

한국고용정보원은 우리나라 직업안정체제의 지원기관으로서 고용동향의 수집 분석을 통해 노동시장의 원활한 인력수급을 지원하고 각종 고용구조조사와 직업조사를 통하여 직업·진로지도 기능을 수행하고 있다. 한국고용정보원은 1998년 이래 한국산업인력공단 산하기관으로 존재하다가, 2006년 3월 노동부 산하의 독립법인으로 소속을 변경하면서 보다 본격적으로 경력개발 및 직업안정과 관련한 업무를 수행하고 있다. 특히, 고용안정정보망(Work-net)과 한국직업정보시스템, 고용보험 전산망 등의 운영을 통해 다양한 고용 관련 정보를 수집·개발·제공하고 있다.

다음의 〈표 4-17〉은 한국고용정보원의 부서별 경력개발 및 직업안정 관련 업무를 나타내고 있다. 이를 구체적으로 살펴보면 청소년 및 성인 대상의 경력개발을 지원하는 다양한 프로그램의 개발·연구, 한국직업전망 개발·연구, 한국직업정보시스템, 고용안정정보망, 고용보험시스템의 운영 및 관리 등의 업무를 중점적으로 수행하고 있다.

〈표 4-17〉 한국고용정보원의 부서별 경력개발 및 직업안정 관련 업무

담당부서		관련 담당업무
연구개발본부	진로교육센터	• 취업지원프로그램 개발·연구 • 진로지도프로그램 개발·연구 • 청소년 직업체험 프로그램 개발·연구
	직업연구센터	• 한국직업정보시스템 운영 • 한국직업전망 개발 및 연구
정보화지원실	워크넷 1팀	• 고용안정정보망(Work-net)시스템 개발 및 관리
	고용보험팀	• 고용보험시스템 운영 및 관리 • 고용보험인터넷 서비스 관리 및 운영

자료: 한국고용정보원(2008). 각 부서별 주요업무. [On-line]. Available: http://keis.or.kr

다. 공공직업안정기관

공공직업안정기관의 종류에는 먼저 중앙정부 조직으로 설치 · 운영되는 고용지원센터, 일일취업센터 등이 있으며, 그 외 선원이나 전역 군인 등 특정 계층 대상의 취업알선을 위해서 관련 부처에서 운영하는 취업알선기관들이 있다(김승택, 신현구, 2004).

고용지원센터는 종합적인 고용안정 업무를 수행하기 위하여 1998년부터 설치한 노동부의 지방노동관서이며, 민원인의 입장에서 한 곳에서 모든 고용 관련 서비스를 받을 수 있도록 취업알선, 직업상담 등 취업지원 업무, 피보험자 관리, 실업 급여 등 고용보험관련 업무, 기타 고용지원서비스 관련 업무를 수행하고 있다. 고용지원센터는 각 지방노동청이나 지방노동사무소 소속 기관으로 설치되어 운영되기 때문에, 지방노동청과 지방노동사무소의 관리 및 감독을 받고 있으며, 따라서 고용지원센터의 관리 체계는 '노동부 본부 → 지방노동청 → 지방노동사무소 → 고용지원센터' 의 형식을 갖추고 있다.

고용지원센터와는 별도로 노동부는 일용직 근로자의 취업알선을 위해 일일취업센터를 설치 · 운영하고 있다. 일일취업센터는 1998년 경제위기로 인해 건설 경기가 매우 어려운 상황에서 고용보험을 비롯하여 각종 고용정책의 고려 대상에서 상대적으로 소외되어 온 일용직 근로자들의 취업알선 및 상담, 공공근로 안내 등의 서비스를 제공하기 위하여 만들어졌다. 일일취업센터에서는 3-4명의 직업상담원이 근무하면서 건설 관련 단순노무직, 건물관리, 청소직, 제조 관련 단순노무직, 식당 및 가사보조, 지자체 공공근로 등의 직종을 주로 소개한다.

2) 학교 수준의 경력개발 지원체제

(1) 초 · 중 · 고등학교

현 제7차 교육과정에서는 '진로를 개척하는 사람' 을 하나의 인간상으로 설정하고 있으며, 이를 위하여 학교급별 교육목표에서 진로교육의 중요성을 강조하고 있다. 또한 이에 따라 각 교과교육, 재량활동, 특별활동에서 진로교육이 고루 실시될 수 있도록 하고 있다. 따라서, 우리나라 초 · 중 · 고등학교에서 이루어지는 진로교육은 크게 '교과를 통한 방법' 과 '창의적 재량활동 및 특별활동을 활용하는 방법' 의 2가지로 구분하여 살펴볼 수 있다(〈표 4-18〉 참고).

〈표 4-18〉 초 · 중 · 고등학교에서의 진로교육 유형별 현황

<table>
<tr><th colspan="3">구분</th><th>학교급별 현황</th></tr>
<tr><td rowspan="5">교과를 통한 방법</td><td rowspan="2">독립된 교과를 통한 방법</td><td>중학교</td><td>• 국가 교육과정에는 구체적인 교과가 명시되어 있지 않음
• 교과 재량활동의 '기타' 선택과목으로 운영이 가능하지만 이 경우는 거의 드문 실정임(약 7.1%)[1)]</td></tr>
<tr><td>고등학교</td><td>• 교양 일반선택과목으로 「진로와 직업(4단위)」가 있음
• 일반계고교(55.6%), 전문계고교(44.3%)가 선택 · 운영 중[1)]
• 높은 교과 선택비율에도 불구하고 교육내용, 교수-학습 방법, 운영 방식, 지원체제 등에 관한 문제가 제기됨</td></tr>
<tr><td rowspan="2">일부교과의 단원에 포함하는 방법</td><td>초등학교</td><td>• 실과(기술 · 가정), 사회, 도덕, 바른생활, 슬기로운 생활 교과의 일부 단원 및 교육내용으로 반영되어 있음
• 직접적으로 진로교육 관련 내용의 양이 적을 뿐만 아니라 교과내 또는 교과간에 발달적인 연계가 미흡함</td></tr>
<tr><td>중학교
/고등학교</td><td>• 실과(기술 · 가정), 사회, 도덕교과의 일부단원 및 교육내용으로 반영되어 있음
• 직접적으로 진로교육 관련 내용의 양이 적을 뿐만 아니라 교과내 또는 교과간에 발달적인 연계가 미흡함</td></tr>
<tr><td>보통교과에 통합하는 방법</td><td colspan="2">• 보통교과에 통합(infusion)을 위한 실질적인 지침이 제시되지 않음
• 일부 시도에서 이에 관한 교수-학습 자료를 보급하고 있으나, 국가 교육과정 개발단계에서 통합적 접근이 충분히 반영되지 못하여서 운영상에 어려움이 존재함</td></tr>
<tr><td colspan="3">창의적 재량활동 및 특별활동을 활용하는 방법</td><td>• 범교과 학습의 하나로 진로교육이 제시되어 있음
• 특별활동의 세부 활동에도 진로 · 상담활동 등의 내용이 포함되어 있음
• 현재 단위학교에서 진로교육을 운영하는 주된 통로로 활용되고 있음
• 현실적인 제약으로 인하여 진로교육을 위한 시간이 부족하며, 이로 인하여 일회적이며 단편적인 활동에 국한되는 경우가 많음</td></tr>
</table>

자료: 최동선 외(2005). 진로교육 활성화를 위한 초 · 중등 교육과정의 개정 방향. 한국직업능력개발원 이슈페이퍼.

주: 1) 오호영, 이지연, 윤형한(2007). 진로정보센터운영(2007): 진로교육지표조사. 한국직업능력개발원

우선 교과를 통한 방법으로는 독립된 교과를 통한 방법, 일부교과의 단원에 포함하는 방법, 보통교과에 통합하는 방법이 존재한다. 이때 독립된 교과를 통한 방법의 경우 고등학교 단계의 교양 일반선택과목으로 「진로와 직업」(4단위)를 선택・운영하는 것을 의미하며, 높은 교과 선택비율에도 불구하고 교육내용, 교수-학습방법 등의 문제가 제기되고 있는 한계점을 가지고 있다. 또한 일부교과의 단원에 포함하는 방법은 실과(기술・가정), 사회, 도덕 교과의 일부 단원에 진로교육 내용요소를 포함하는 것을 의미하고, 보통교과에 통합하는 방법은 범교과 학습주제로서 진로교육 내용요소를 포함하는 것을 의미하는데, 두 방법 모두 국가수준의 실제적인 지침이나 지원체제의 부족으로 인하여 운영상의 한계점을 가지고 있다.

한편 창의적 재량활동 및 특별활동을 활용하는 방법은 현재 단위 학교에서 진로교육을 운영하는 주된 통로로 활용되고 있으나, 제한된 시간내 다양한 활동을 운영해야 하는 현실적인 제약으로 인하여 진로교육을 위한 시간이 부족하며, 이로 인하여 일회적이며 단편적인 활동에 국한되는 경우가 많은 실정이다.

(2) 대학교 및 전문대학

1980년대 이후 고등교육기관의 급속한 팽창으로 인하여 대학 및 전문대학 졸업생 대상의 노동 수요-공급의 불일치가 심화되었다. 이에 따라 우리나라 대학들은 1990년대부터 학생들의 경력개발을 지원하는 전담기구들을 확대하거나 신설하여 운영하고 있다. 이때 대학생들의 경력개발을 지원하는 대표적인 기관으로는 학생생활연구소, 취업정보센터, 종합인력개발센터, 여대생커리어개발센터 등이 존재한다. 이때 학생생활연구소와 취업정보센터는 학생부설 연구소 및 행정기구로서 오랫동안 대학 내의 진로서비스 기구로 인식되어 왔으며, 종합인력개발센터의 경우 '청년고용촉진대책'(교육인적자원부 외, 2005)에서 제안된 대학 내 진로지도 및 취업지원 총괄기관이다. 또한 여대생커리어개발센터의 경우 2003년부터 여성가족부의 주도하에 여대생의 취업 및 경력관리를 지원함을 목적으로 대학교 및 전문대학에 설치・운영되어 있다.

교육인적자원부, 한국직업능력개발원(2007)의 진로교육지표조사에 따르면, 우리나라 대학의 64.8%에 경력개발 지원을 담당하는 부서가 독립적으로 설치되어 있으며, 85.0%가 경력개발 관련 온라인 서비스를 제공하고, 97.9%가 오프라인 서비스를 제공하고 있는 것으로 나타났다. 이러한 비율은 4년제 대학과 전문대학 간에 약간의 차이를 보이는데 4년제 대학의 경우 담당부서 설치 비율과 오프라인 서비스 제공비율이 전체 대학 평균보다 높은데 반해, 전문대학의 경우 온라인 서비스 제공 비율이 전체 대학평균보다 높게 나타났다(〈표 4-19〉 참고).

〈표 4-19〉 대학의 경력개발 지원 여건 (단위: 개교, %)

구분	전체(N=233)	4년제 대학(N=125)	전문대학(N=108)
경력개발 지원 담당부서 독립 설치	151 (64.8%)	87 (69.6%)	64 (59.3%)
경력개발 관련 온라인 서비스 제공	198 (85.0%)	103 (82.4%)	95 (88.0%)
경력개발 관련 오프라인 서비스 제공	228 (97.9%)	123 (98.4%)	105 (97.2%)

자료: 오호영, 이지연, 윤형한(2007). 진로정보센터운영(2007): 진로교육지표조사. 한국직업능력개발원

한편, 대학 내 경력개발 관련 기관 유형의 분포 현황을 살펴보면, 전체적으로 취업정보센터(28.0%), 학생생활상담연구소(25.8%), 종합인력개발센터(21.5%) 등의 순으로 경력개발을 지원하는 기관을 운영하고 있는 것으로 나타났다. 이러한 유형 분포는 4년제 대학과 전문대학간에 차이가 있는데, 4년제 대학의 경우 학생생활상담연구소와 취업정보센터의 운영비율이 높은 반면, 전문대학의 경우는 취업정보센터와 종합인력개발센터의 운영비율이 높은 것으로 나타났다.

〈표 4-20〉 대학 내 경력개발 관련 기관 유형 분포 (단위: 개교, %)

유형	전체(N=396)	4년제 대학(N=251)	전문대학(N=145)
학생생활상담연구소	102 (25.8%)	77 (61.6%)	25 (23.1%)
취업정보센터	111 (28.0%)	59 (47.2%)	52 (48.1%)
종합인력개발센터	85 (21.5%)	47 (37.6%)	38 (35.2%)
여대생커리어개발센터	25 (6.3%)	22 (17.6%)	3 (2.8%)
경력개발센터	16 (4.0%)	15 (12.0%)	1 (0.9%)
기타	57 (14.4%)	31 (24.8%)	26 (24.1%)

주: 복수 응답 분석 결과임
자료: 오호영, 이지연, 윤형한(2007). 진로정보센터운영(2007): 진로교육지표조사. 한국직업능력개발원

3) 기업 수준의 경력개발 지원체제

(1) 경력개발제도의 개념

경력개발제도(CDP: Career Development Program)는 경력개발의 개념을 조직의 인재육성을 위해 제도화시킨 것을 의미한다. 따라서 경력개발제도란 '종업원 개인에 대해서 조직의 인재 필요성과 본인의 희망을 조화시켜 장기적인 경력계획을 만들고, 이 계획과 결부시켜 직무로테이션(승진, 전속, 직무변경) 및 교육훈련을 행하는 종합적 프로그램' 이라고도 정의할 수 있다(Gutteridge, 1993).

따라서 경력개발제도의 목표는 개인의 성장욕구를 충족하고 동시에 조직의 인적자원개발을 극대화시켜서 개인욕구(individual need)와 조직욕구(organizational need)를 조화시키는데 있다. 이러한 경력개발제도의 목표, 내용, 효과성, 효율성 및 전략성의 측면에서 설명하면 다음의 〈표 4-21〉과 같다.

〈표 4-21〉 경력개발제도의 개요

구분	조직 관점	개인 관점
경력개발의 목표	• 조직내 직무전문가를 적극적으로 확보/유지/양성 • 직원에게 기대하는 경력개발의 목표를 분명히 제시함	• 경력개발의 목표와 실현방법을 명확히 함으로써 스스로가 자신의 시장가치 향상을 위한 직무전문화를 가속화함
경력개발의 내용	• 역량강화 중심의 경력개발로 평가시스템과의 연계성 확보와 지속적인 성과 창출을 유도함	• 본인 스스로가 경력개발의 내용을 관리하며, 역량 gap closing을 통해 장기적 관점에서 자신의 역량을 강화시킴
경력개발의 효과성	• 직원의 자발적인 경력개발을 유도하고 이를 통해 조직의 장기적이고 안정적인 성장 기반을 확보함	• 외부 노동시장에서의 가치 상승과 연계된 경력개발, 본인의 needs 반영으로 개인의 만족과 동기부여의 수준이 향상됨
경력개발의 효율성	• 경쟁원리의 적용과 직원 주도의 CDP 설계로 운영 효율성을 향상시킴	• 기회의 형평성과 절차의 공정성에 대한 신뢰를 통해 CDP에에 대한 적극적인 관심과 참여가능
경력개발의 전략성	• 전략특성과 그에 따른 주요 position에 적합한 인재를 확보하게 함	• 전략과 career path를 통해 자신의 성장 road map을 그려보고 준비할 수 있음

자료: 박정열(2008). 경력개발: 기업적용사례를 중심으로. 서울대학교 농산업교육과 대학원 미출판 자료.

(2) 경력개발제도의 개발 과정

기업에서 경력개발제도를 구축하여 성공적으로 운영하기 위해서는 해당 조직 및 조직구성원의 특성에 부합하는 경력개발제도를 개발하는 것이 매우 중요하다. 따라서 이때 경력개발제도의 개발 과정은 경력개발제도가 성공적으로 정착하기 위한 기본 인프라에 해당된다. 다음의 [그림 4-10]은 경력개발제도의 전체적인 개발 과정을 나타내고 있다.

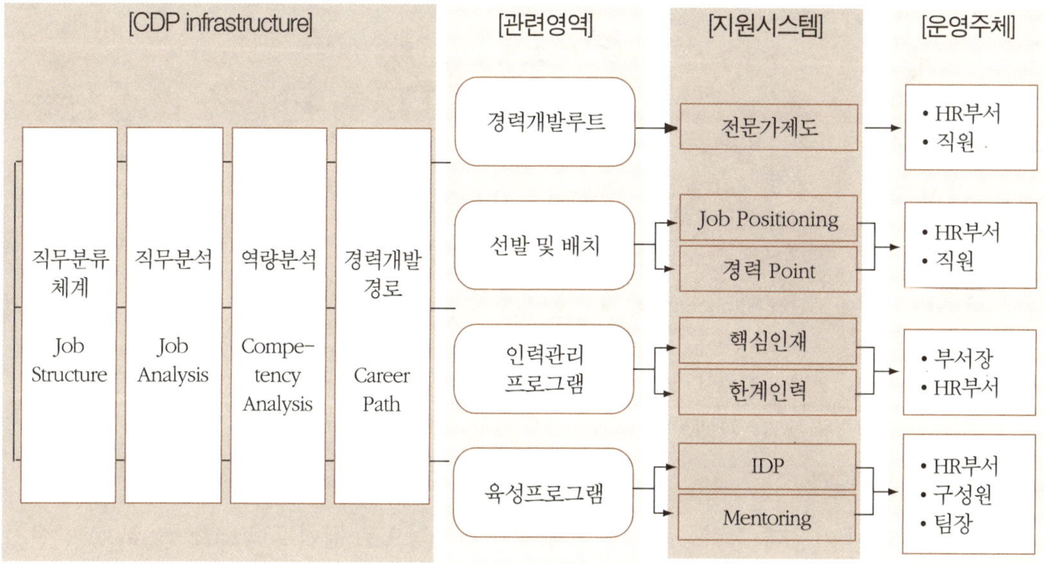

[그림 4-10] 경력개발제도의 개발 과정

자료: 중앙인사위원회(2006). 다양한 형태의 CDP 운영매뉴얼. 중앙인사위원회.

우선 경력개발제도의 infrastructure는 경력개발제도를 구축하는데 활용되는 기본적인 선행조건이라고 할 수 있다. 이를 자세히 살펴보면 크게 직무분류체계, 직무분석, 역량분석 및 경력개발 경로의 4가지 요소가 포함되어 있는 것을 볼 수 있다. 이때 직무분류체계, 직무분석, 역량분석은 직무관리와 역량모델링이라는 측면에서 이루어지기 때문에, 대부분의 조직들이 기존에 수행해놓은 역량모델링 결과를 활용하게 된다.

그러나 이와 달리 경력경로(career path)의 경우 경력개발제도를 위해 새롭게 개발해야 하는 요소로서, 경력개발제도의 근간이 되는 요소이다. 경력경로란 '경력목표에 도달하기 위해 요구되는 직무경험의 집합' 으로 정의되며, 조직에서 요구되는 인재육성을 위한 조직차원의 가이드를 제공하는 역할을 한다. 경력경로를 설정하기 위해서는 다음의 〈표 4-22〉와 같은 과정을 거치며, 크게 경력목표 설정, 경력경로 설정, 경력경로 검증으로 나뉠 수 있다.

〈표 4-22〉 경력경로(career path) 설정 과정

구분	1단계 경력목표 설정	2단계 경력경로 설계	3단계 경력경로 검증
내용	• 경력목표(career goal) 설정 • 경력목표에 따른 경력트랙(career track) 설정	• 각 경력목표별 경력경로 조사를 위한 설문/인터뷰 실시	• 경력경로에 대한 신뢰성/타당성 제고를 위한 검증 실시
방법	• Top Management Interview • SME 워크샵	• key position holder 대상 인터뷰/조사 • SME 워크샵	• SME review

자료: 박정열(2008). 경력개발: 기업적용사례를 중심으로. 서울대학교 농산업교육과 대학원 미출판 자료.

이 가운데 경력목표 설정단계에서 추가적으로 경력트랙(career track)이 설정되어야 한다. 경력트랙이란 경력목표에 따른 차별적인 경력개발을 위해 직무를 구획하는 것으로 정의되며, 경력경로 설정을 위한 기초 작업이라고 할 수 있다. 다음의 〈표 4-23〉은 일반적으로 경력개발제도에서 활용되는 경력목표 및 경력트랙의 관계를 나타내고 있다. 이처럼 경력목표에 따른 각 경력트랙의 이미지를 명확히 하면, 개인의 경력경로 설정을 위한 조직 차원의 큰 그림(framework)이 그려진다는 장점을 가지고 있다.

〈표 4-23〉 경력목표 및 경력트랙의 관계

경력목표	경력트랙
1. 전사의 Leader Group • 조직 내에서 일정 범위의 분야에 전문성 보유 • 사업 수행의 성공경험 축적 • 인재 관리를 비롯한 조직 단위의 관리 능력을 검증받는 경력 단계를 거쳐 도달할 수 있는 경력목표 유형	1. Managerial Track • 관리자 level • Professional 또는 Specialist track을 통해 진입 • 진입 track과 관련한 유사 직렬 간 이동함

2. 단위 조직의 Manager • 기본적으로 해당 직렬의 전문성 및 관리 능력을 보유 • 관련 경험 및 유사 역량의 확대를 통해 성장하는 경력 단계를 거쳐 도달할 수 있는 경력목표 유형	2. Generalist Track • 다기능전문가 및 관리자 • 해당직렬별 전문화 추구 • 직군에 따른 sub-track 내에서도 이동함
	3. Specialist Track • 특정 분야의 전문가 또는 관리자 • 해당 직렬별 전문화 심화 • 직렬간 이동 최소화 • Dual Career Ladder의 선택 기회 제공
3. 특정 직무의 Master • 일반적으로 사업 영역에 구애받지 않으며, 특정직무를 지속적으로 수행 • 단일 분야에 최고 전문성을 지니는 수준의 경력목표 유형	4. Expert Track • 특정 분야의 전문가 • 해당 직렬별 전문가 심화 • 관리 업무 배제(managerial track으로 이동 안함)
4. Generalist로의 전환 • 조직 내 특정 직렬 분야로 진입할 수 있는 기본적인 자질 및 잠재적인 역량 확보/검증을 통해 도달할 수 있는 경력목표 유형	5. Opertaion Track • 고숙련 행정지원자 • 사무행정 직군을 분리하여, 인사 운영 차별화

자료: 박정열(2008). 경력개발: 기업적용사례를 중심으로. 서울대학교 농산업교육과 대학원 미출판 자료.

이러한 과정을 거쳐 설정되는 경력경로는 일반적으로 관리자 육성에 적합한 ㅜ형과 스탭 부서 전문가 양성에 적합한 ㅗ형, 직군별 관리자 육성에 맞는 工형, 스페셜리스트 육성에 적합한 ↑형, 전 분야에 걸쳐 적용이 가능하며 포괄적 육성에 용이한 土형 등으로 그 유형을 구분할 수 있다(〈표 4-24〉 참고). 이러한 경력경로의 설정 또한 경력개발제도의 도입 목적과 조직의 특성, 사업환경 등을 고려하여 전략적으로 선택해야 한다.

〈표 4-24〉 career path 유형

유형	내용	활용분야	비고
ㅜ형	하위직급에서는 rotation 없이 전문화하고 상위직급에서 폭넓은 rotation을 통해 넓은 시야를 갖게함	일반관리자 육성에 용이	관리자육성
ㅗ형	하위직급에서의 폭넓은 rotation을 통해 많은 직무를 경험하게 하고 상위직급에서 전문화함	staff 전문가 육성에 용이	인재/재무/기획
工형	상 · 하위직급에서의 어느 정도 rotation을 실시하고 중간직급에서 전문화함	직군별 관리자 육성에 용이	마케팅/생산
↑형	입사 이래로 전문분야만 종사하고 rotation은 없음	specialist 육성에 용이	R&D
土형	ㅗ형에 工형을 가미한 형태. 하위직에서 다양한 직무를 경험하고 중간계층에서 전문성을 발휘함.경여자 후보는 상위직에서 다시 다양한 경험	포괄적 육성에 용이	전 분야 적용

자료: 중앙인사위원회(2006). 다양한 형태의 CDP 운영매뉴얼. 중앙인사위원회.

(3) 경력개발제도의 운영 과정

경력개발제도의 운영 과정은 크게 계획단계(개인의 경력목표 및 개발활동 계획의 수립), 개발단계(자기개발, 교육훈련, 직무이동 등), 피드백단계(평가 및 상담)의 3단계로 구분하여 설명할 수 있다([그림 4-11] 참고).

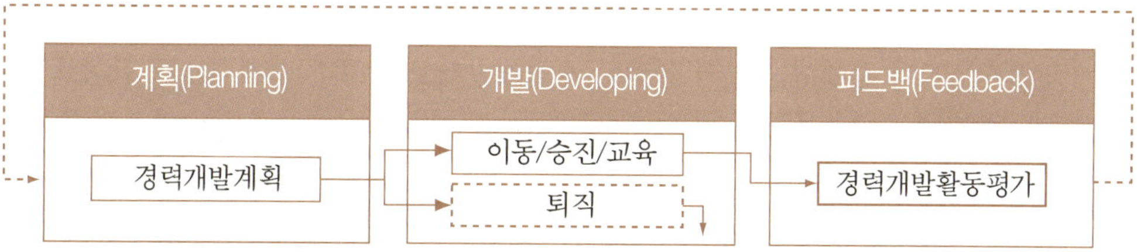

	계획(Planning)	개발(Developing)	피드백(Feedback)
직원	• 경력개발계획수립 –경력목표설정(단/중기) –개발활동계획 수립	• 자기개발 –Self-Study, 교육프로그램 참여 • 직무이동 및 승진 • 업무전환 및 확대 –동일 팀내/동일 직렬내 과업 전환	• 개발활동평가 –개발활동 및 학습성과 체크 –역량 자기평가 실시 –성과 및 역량평가(공식 평가)
관리자 (직속상사)	• 직원 역량 평가 결과 확인 • 직원 개발계획 수립 지원 및 지도 –직원경력 상담 실시 –경력개발계획 작성 확인 및 인사팀 제출 • 조직 내 인원관리 계획수립	• 개발활동지원 –교육참가 적극지원 –체계적인 OJT 실시 –자기개발지원 –코칭 –경력개발계획 고려한 업무 분장	• 중간 상담 실시 –계획 대비 개별활동 정도 점검 –계획변경 및 추가 지원 등 논의 –중간점검 시 경력개발계획상변화 사항은 인사팀에 통보 • 역량 평가 실시 • 평가 후 피드백을 위한 상담
인사팀	• 교육 프로그램 정보 제공 • 경력개발계획에 따른 교육 과정 개설 • 경력개발계획서 관리 • 이동 희망자 및 충원계획 파악	• 정기 이동 발령 • 팀내 업무분장 변화 파악 후 인사시스템 내 인사정보에 반영 • 직무/역량 개발 등 교육과정 운영 • 퇴직을 위한 교육적 지원 방안 고려	• 역량평가 실시 • 교육 효과 측정 및 결과 반영

[그림 4-11] 경력개발제도의 운영 과정

자료: 박정열(2008). 경력개발: 기업적용사례를 중심으로. 서울대학교 농산업교육과 대학원 미출판 자료.

(4) 경력개발제도의 실제

이 장에서는 앞서 살펴본 경력개발제도를 보다 실제적으로 살펴보기 위해, 비교적 성공적으로 경력개발제도를 구축 · 운영하고 있는 것으로 평가되는 L사의 사례를 살펴보도록 하겠다. 정보기술과 관련한 종합적인 서비스를 제공하는 대기업인 L사는 성과/능력주의, 직무중심, 리더중심, 공정/객관적인 제도 운영을 인재육성 및 인사관리의 원칙으로 삼고 있다. 이때 경력개발제도는 '개인이 회사에서 요구하는 전문가로 성장할 수 있도록 개인과 리더가 상호커뮤니케이션을 통해 개인이 주도적으로 경력개발 목표를 달성해 나가는 과정' 으로 정의하고 있다.

다음의 〈표 4-25〉는 L사의 경력개발제도의 개요를 나타내고 있다. 이때 경력

〈표 4-25〉 L사의 경력개발제도의 개요

단계	경력개발 프로그램
목표 수립	• 자기개발계획 수립 (연 1회, Career Planning 수립) • 집중 Care 육성면담 (3년을 주기로 차상위 관리자와 공동 면담)
실행	• 직무/업무경험을 통한 개발 ① 직무/업무 Rotation: CDF (Career Development Fair) ② 사내공모제도 ③ 승진제도: Specialist, Senior, Principal 승진
	• 학습을 통한 개발 ① 교육 수강: 승진 필수교육, 핵심교육, 기준교육일수 이행율 ② 자격증 취득 ③ 멘토링 활동
	• 전문가 선발제도 ① PM 인증 제도 ② Expert 선발 ③ Successor 선발육성
점검	• 경력개발 계획 이행 실적 점검 -연 1회, Career Planning 수립시 전년도 실적 점검 • 중점 Carer 육성 면담: 3년을 주기로 차상위 관리자와 면담시 점검

자료: 서울대학교 농산업교육과(2007). 전문가육성을 위한 CDP 제도 운영사례. 서울대학교 농산업교육과 미출판 자료.

개발제도는 크게 3단계로 구분되는데, 목표 수립 단계에서는 자기개발계획수립이 이루어지며, 실행 단계에서는 직무/업무경험을 통한 개발, 학습을 통한 개발, 전문가 선발제도 등이 포함되고, 점검 단계에서는 경력개발 계획 이행 실적을 점검하고, 관련 면담이 제공된다.

한편 이와 같은 L사의 경력개발제도의 핵심적인 역할을 담당하고 있는 경력개발 지원 프로그램을 자세하게 살펴보면 다음의 〈표 4-26〉과 같다. 우선 자기개발계획수립 프로그램의 경우 3개년간의 경력계획을 효율적으로 수립할 수 있도록 평가절차와 연계하여 제공하고 있으며, 집중 Care 육성 프로그램의 경우 만 3년을 주기로 직속리더 및 차상위리더와의 면담을 통해 평가/반성과 동기부여를 제공하고 있다. 한편, 사내공모 제도의 경우 경력개발계획에 따라 사내직원에게 우선적으로

〈표 4-26〉 L사의 경력개발 지원 프로그램의 세부 내용

프로그램	세부내용
자기개발 계획수립 프로그램	• 개인의 장기적 관점에서 수립된 비전을 바탕으로 리더와 육성면담을 강화하기 위해 평가절차와 연계하여 자기개발 계획을 수립하도록 도움 -향후 3개년간의 직무이동 계획, 전배이동 계획, 업무경험 계획, 자기개발 계획 수립
집중 Care 육성 프로그램	• 과거 3년을 돌아보는 반성/점검의 기회와 향후 3년을 계획/준비하는 기회를 제공 • 각 사업(본)부/부문을 중심으로 조직별 특성을 고려하여 직속리더, 차상위리더/PDC 위원 등과 만 3년을 주기로 면담
사내공모 제도	• 경력개발계획에 따라 사내직원에게 우선적으로 직무경험 기회를 부여하고, 유휴인원의 활용도를 제고하려는 목적 • 팀내 결원 또는 신규 충원 소요 발생시 필요인원을 1차적으로 사내공모를 통하여 선발함으로서 희망사원에게 경력개발의 기회를 제공
Career Development Fair	• 개인의 니즈를 파악하여 직무/업무를 순환시키는 조직간 이동이벤트 • 연 2회에 걸쳐 실시되며 개인별 Career Planning에 의거한 순환 배치

자료: 서울대학교 농산업교육과(2007). 전문가육성을 위한 CDP 제도 운영사례. 서울대학교 농산업교육과 미출판 자료.

직무경험기회를 부여하여 경력개발의 효율성을 돕는 프로그램이며, CDF(Career Development Fair)는 개인의 니즈를 파악하여 직무/업무를 순환시키는 조직간 이동 이벤트라고 할 수 있다.

요약

이 장에서는 산업인력개발의 경력개발에 대해서 살펴보았으며, 이를 위하여 산업인력개발의 개념적 기초, 주요 이론 및 지원체제 대해 살펴보았다.

경력이란, 한 개인이 일생에 걸쳐 일과 관련하여 얻게 되는 모든 경험의 총체를 일컫는다. 개발이란, 직무에 대한 성과와 적응력을 향상시키고 개인과 관련하여서는 태도, 정체감 등을 향상시키는 활동을 의미한다. 그러므로 경력개발이란, 한 개인이 평생동안 가정, 사회, 학교, 직업생활을 영위하면서 일과 관련하여 얻게 되는 모든 경험과 활동을 통해서 자신의 태도, 능력, 성과를 향상시키며 자신의 직업적 목표와 개인적 목표를 성취하여 나가는 과정을 말한다.

산업인력 경력개발과 관련된 이론에는 다양한 이론들이 있다. 이들은 학문적 배경에 따라 교육 및 발달심리학 기반의 이론과 산업 및 조직심리학 기반의 이론으로 구분할 수 있다. 교육 및 발달심리학 기반의 경력개발 이론의 경우 개인이 진로를 계획, 선택, 개발하는 측면에 초점을 맞추고 있는데 반해, 산업 및 조직심리학 기반의 경력개발 이론의 경우 개인의 경력욕구와 더불어 조직차원의 효율적 인적자원 관리욕구의 연계에 초점을 맞추고 있다고 할 수 있다. 또한, 이론에서 설명하고 있는 것이 한 시점에서의 경력개발의 내용에 대한 것이냐 장기간에 걸친 경력개발의 과정에 대한 것이냐에 따라 내용이론과 과정이론으로 나누어진다. 이에 따라 본 장에서는 경력개발의 이론을 교육 및 발달심리학 기반의 내용이론과 발달이론, 산업 및 조직심리학 기반의 내용이론과 발달이론으로 나누어 주요한 이론들을 살펴보았다.

한편, 경력개발을 위한 지원체제를 살펴보면, 국가 수준의 지원체제로는 교육과학기술부 중심의 체제와 노동부 중심의 체제로 나누어지고, 학교 수준의 경력개발은 초·중·고등학교에서는 교과를 통한 방법과 창의적 재량활동 및 특별활동을 활용하는 방법 등을 통해서 이루어지며 대학에서는 학생생활연구소, 취업정보센터, 종합인력개발센터 및 여대생커리어개발센터를 통해서 이루어진다. 또한, 기업에서는 경력개발제도를 통해 이루어지며, 이에 따른 개념, 개발절차, 운영절차 및 실제 사례를 살펴보았다.

참고문헌

강정대, 황호영(1998). 현대 인적자원관리. 서울: 전영사.

권대봉(2003). 인적자원개발의 개념 변천과 이론에 대한 종합적 고찰. 서울: 원미사.

교육과학기술부(2008). 2008년 제1차 전국진로교육협의회 자료집. 교육과학기술부.

김봉환, 정철영, 김병석(2006). 학교진로상담 (제2판). 서울: 학지사.

김충기(2000). 진로교육과 진로상담. 서울: 동문사.

김흥국(2000). 경력개발의 이론과 실제. 서울: 다산출판사.

박정열(2008). 경력개발: 기업적용사례를 중심으로. 서울대학교 농산업교육과 대학원 미출판 자료.

서울대학교 농산업교육과(2007). 전문가 육성을 위한 CDP 제도 운영사례. 서울대학교 농산업교육과 대학원 미출판 자료.

오호영, 이지연, 윤형한(2007). 진로정보센터운영(2007): 진로교육지표조사. 한국직업능력개발원.

유기현(1992). 인간관계론. 서울: 무역경영사.

이규태(2008). 경력개발제도의 적용방향성에 따른 Career anchor와 경력유효성이 조직유효성에 미치는 연구. 경희대학교 미출판 박사학위논문.

이상주(1997). 경력개발 프로그램에 대한 연구. 한양대학교 미출판 석사학위논문.

이종상(1996). 경력개발제도에 관한 실증적 연구. 동국대학교 미출판 석사학위논문.

정용권(2005). 기업체 근로자의 경력개발 프로그램 요구분석. 서울대학교 미출판 석사학위논문.

정철영(1999). 진로지도. 한국직업능력개발원(편), 직업교육훈련 대사전. 한국직업능력개발원.

정철영(2004). 초 · 중 · 고교생 및 대학생을 위한 직업지도 프로그램 개발. 한국산업인력공단 중앙고용정보원.

정철영(2007). 진로지도 및 경력개발 특강. 서울대학교 대학원 강의자료. 서울대학교.

중앙인사위원회(2006). 다양한 형태의 CDP 운영 매뉴얼. 중앙인사위원회.

최동선, 윤형한, 정철영, 서우석, 허종렬(2005). 진로교육 활성화를 위한 초 · 중등 교육과정의 개정방향. 한국직업능력개발원 이슈페이퍼.

탁진국(2002). 경력개발 및 관리 제3판. 서울: 시그마프레스.

Analoui, F. (2007). *Strategic human resource management.* Thomson.

Brousseau, K. R., Driver, M. J., Eneroth. K., & Larson, R. (1996). Career pandemonium: realigning organizations and individuals. *Academy of Management Executive, 10* (4), 52-66.

Callanan, G. A., & Greenhaus, J. H. (2008). The Baby Boom Generation and Career Management: A Call to Action. *Advances in Developing Human Resources, 10* (1). 70-85.

Cheramie, R. A., Sturman, M. C., & Walsh, K. (2007). Executive career management: Switching organizations and the boundaryless career. *Journal of Vocational Behavior, 71* (3), 259-374.

Crust, G. (2007). The Impact of Career Management Interventions in Higher Education . *Career Research and Development, 17.* 65-80

Evans, C. (2008). Developing career management skills within the HE curriculum: a review and evaluation of different approaches. *International Journal of Management Education. 6* (3), 71-89.

Feldman, D. C. (1988). *Careers in organizations.* Glenview, IL: Scott, Foresman.

Gottfredson, L. S. (1981). Circumscription and Compromise: A Development theory of occupational aspirations. *Journal of Counseling Psychology, 28* (6), 545-579.

Gutteridge, T. G., & Office. (1983). Organization Career Development: What's going on out there. *Training and Development Journal, 37* (2), 22-23.

Hall, D. T. (1976). *Career in organizations.* Glenview, IL: Scott, Foresman.

Hall, D. T. (1993). *The new "career contact": wrong on both counts,* Technical report. Executive Development Roundtable, School of Management, Boston University.

Holland, J. L. (1966). *The psychology of vocational choice.* Waltham, MA: Blaisdell.

Hoyt, K. B. (1974). *Professional preparation for vocational guidance.* In E. Herr (Ed.), Vocational guidance and human development, pp. 502-527. Boston: Houghton Mifflin.

Ivancevich, J. M. (2007). *Human resource management.* McGraw-Hill.

Knorr. H. (2006). *Career advancement: What is the experience like for women who reach top management positions?.* Doctoral thesis, University of Minnesota.

Malach-Pines, A., Ozbilgin, M. F., & Burke, R. (2008). Choosing a career in management: an interdisciplinary multicultural perspective. *Career Development International,*

13 (4), 285-290.

Novales-Li, P., & Ritchie, D. (2007). Applying Change Management to Career Development Goals. *Regulatory Affairs Focus, 12* (9), 45-60.

Roe, A. (1956). *The psychology of occupations*. NY: Wiley.

Parsons, F. (1909). *Choosing a vocation*. Boston: Houghton Mifflin.

Schein, E. H. (1978). *Career dynamics: matching individual and organizational needs*. MA: Addison-Wesley.

Sonnenfeld, J. A., & Peiperl, M. A. (1988). Staffing policy as a strategic response: a typology of career systems. *Academy of Management Review, 13* (4), 568-600.

Super, D. E. (1953). A theory of vocational development. *American Psychologist. 8*.

Verbruggen, M., Sels, L., & Forrier, A. (2007). Unraveling the relationship between organizational career management and the need for external career counseling, *Journal of Vocational Behavior, 71* (1), 69-83.

Werther, B. Jr., & Davis, K. (1989). *Human Resources & Personnel Management*. NY: McGraw Hill.

05

산업인력개발을 위한 교육과정

학습개요

이 장에서는 산업인력개발을 위한 교육과정에 대해서 살펴보고자 한다. 이를 위하여 산업인력개발을 위한 교육과정의 개념, 유형 및 특성을 살펴보도록 한다. 또한 이를 기초로 산업인력개발을 위한 교육과정의 개발 원리와 개발 방법에 대해 살펴보도록 하겠다.

학습목표

1. 산업인력개발을 위한 교육과정의 개념, 유형 및 특성을 설명할 수 있다.
2. 산업인력개발을 위한 교육과정의 개발 원리를 설명할 수 있다.
2. 산업인력개발을 위한 교육과정의 개발 방법을 설명할 수 있다.

1. 산업인력개발을 위한 교육과정의 개념적 기초

1) 교육과정의 개념

'교육과정' 이란 '무엇을 가르칠 것인가?' 를 결정하는 일을 담당하는 교육학의 한 분야라고 할 수 있다. 그러나 무엇을 가르칠 것인가를 결정하는 일은 그리 간단한 일이 아니다. 이는 우리가 생각하는 바람직한 인간상이 다르고 이를 접근해 가는 방식에 있어서도 차이가 있기 때문이다. 따라서 교육과정이라는 말을 한마디로 규정하는 것은 어려운 일이다.

Schubert(1986), 김경자(2000), 홍후조(2003)는 교육과정에 대한 다양한 정의를 다음과 같은 9가지로 정리하여 제시하고 있다.

① 교육과정은 교과목 혹은 교과에 담긴 교육내용이다.
② 교육과정은 학교의 지도하에 학생이 겪는 실제 경험이다.
③ 교육과정은 계획된 활동으로 구성된 프로그램이다.
④ 교육과정은 수행할 일련의 과제이다.
⑤ 교육과정은 의도한 학습 결과이다.
⑥ 교육과정은 문화적 재생산 도구이다.
⑦ 교육과정은 사회재건을 위한 의제이다.
⑧ 교육과정은 학생의 삶에 대한 해석과 전망이다.
⑨ 교육과정은 은유다.

김대현, 김석우(2005)는 교육과정 분야에 종사하는 전문 학자들조차도 교육과정에 대한 견해가 달라 상호간에 의사소통이 어렵다고 언급하면서, 지난 수십 년 간에 걸쳐 이루어진 교육과정에 대한 다양한 정의들을 크게 4가지 군으로 묶어 다음과 같이 제시하였다.

① 교육내용으로서의 교육과정
② 학습경험으로서의 교육과정
③ 문서 속에 담긴 교육계획으로서의 교육과정
④ 실존적 체험과 그 반성으로서의 교육과정

김경배, 김재건, 이홍숙(2005)은 학습자가 학습하는 내용이 시대나 사회의 변화에 따라 달라져왔던 것처럼 교육과정의 개념도 시대에 따라 변화를 해왔다고 언급하면서 전문적으로 교육과정이 연구되었던 20세기 초 이후로 제시된 다양한 교육과정의 정의들을 교육과정이 발전된 순서에 따라 다음과 같이 제시하였다.

① 교수요목으로서의 교육과정
② 학교의 지도하에 학생들이 겪게 되는 모든 경험
③ 학문 또는 지식 탐구과정의 조직
④ 학교생활을 하는 동안 갖게 되는 경험의 총체
⑤ 학생의 삶에 대한 해석과 전망

이와 같이 교육과정은 보는 관점에 따라 매우 다양하게 정의할 수 있다. 마치 하나의 사물이 각도에 따라 달리 보이는 것처럼 교육과정에 대한 정의 역시 각기 나름대로 근거를 가지고 있다. 따라서 교육과정의 경우에 어떤 정의가 옳고 어떤 정의가 틀렸다고 말할 수 없다. 이는 교육과정을 보는 관점에 따라 이해관계자들의 역할과 책임이 달라지며, 당연히 학생들의 행동도 달라질 수 있음을 의미한다.

특히 이처럼 다양한 교육과정의 개념은 직업교육 및 평생교육적 성격이 강한 산업인력개발에 있어서는 일반교육(학교교육)과 달리 해석될 필요가 있다. 이무근(1993)은 직업교육에서의 교육과정은 졸업 후 산업현장에서의 직무능력을 중요시하고, 직업준비에 역점을 둔 교육과정을 계획 · 운영하며, 산학협동을 강조하는 등 일반교육과 차이점이 있다고 언급하면서 교육과정을 일정한 교육기관에서 교수되는 전 교과내용이고, 일정한 교육기관의 지도하에 학습자가 경험하는 총체라고 정리하였다. 또한 이와 함께, 교육과정이 커리큘럼(curriculum)과 프로그램(program)이란 말로 사용되고 있고, 두 용어는 같은 뜻으로 사용해도 무리가 없다면서 두 용어의 공통점과 차이점을 다음과 같이 정리하였다(이무근, 1993).

우선 공통점으로 커리큘럼이나 프로그램 모두 특수한 교육목적을 달성하기 위하여 구성된 관련 교과목들의 조직 또는 학습활동이고 그 구성요소도 양자 모두 학생, 교사, 교육내용, 교육환경의 네 가지로 구성된다는 점을 들었다. 양자의 차이점으로는 프로그램은 커리큘럼에 비해 참가하는 대상의 신분이 사회 모든 영역에 걸쳐 다양하고, 교사의 확보 및 운영에 있어서 융통성이 많으며, 교육내용은 커리큘럼의 교과내용에 비해 짧은 기간에 이수하도록 짜여지기도 하며, 교육환경은 수업장소가 고정적이 아니라 이동성이 있다는 점을 들었다.

김진화(2001)는 프로그램의 개념을 교육적 의미, 평생교육적 의미로 나누어 정리하였는데, 먼저 교육적 의미에서는 프로그램을 '일정한 목표를 향해 학습자의 행동이 변화하도록 사전에 체계화시켜 놓은 교육내용(지식, 정보, 기술, 교과 등)' 이라고 정의하면서, 프로그램을 커리큘럼 혹은 교육과정이라고도 부른다고 하였다. 다음으로 평생교육적 의미에서는 프로그램을 '학습내용(지식, 정보, 대상, 원리 등)을 포함하는 것은 물론이고 학습목적과 목표, 대상, 활동 및 학습과정, 활동 및 학습방법, 장소, 시기, 학습자 조직(format), 매체 등의 모든 요소들이 유기적인 네트워크를 형성하고 있는 하나의 시스템' 이라고 정의하였다.

한편, 기업교육의 입장에서 교육과정을 정의한 내용들을 살펴보면, Reynolds(1993)는 커리큘럼이란 ① 가장 큰 교수단위로서 2개 이상의 교과목(course)으로 구성되고, ② 학습을 지원하기 위해 이루어지는 공식적, 비공식적 학습사태(learning events)의 집합이며, ③ 특정 연구코스 내의 주제 영역이고, ④ 세부적인 교수 및 학습계획이라고 정의하고 있다. Dubois(1993)는 교육과정이란 코스, 프로그램, 학습개입, 다른 형태의 업무수행 향상 기회와 같이 업무수행 향상 기회를 제공하는 시스템, 그것의 내용 명세서, 그리고 조직구성원들에게 효율적이고 효과적인 학습기회를 순차적으로 제공하는데 필요한 개념적 틀(framework)로 구성된다고 정의하였다. 또한, LG인화원 HR연구소(1998)에서 발행한 HR 용어집에서는 교육과정을 일정 교육기관에서 교육의 모든 과정을 마칠 때까지 요구되는 교육목표, 교육내용, 그리고 그 내용을 학습하기에 필요한 연한과 연한 내에서의 학습시간 배당을 포함한 교육의 전체계획으로 정의하였다. 즉, 교육기관의 교육목적을 달성하기 위하여 선택한 문화 또는 생활 경험을 교육적인 관점에서 편성하고 그 학습활동들이 언제, 어디서, 어떻게 행해질 것인가를 종합적으로 묶은 전체계획이라고 할 수 있다.

2) 교육과정의 유형

학문을 하는 과정에서 유형을 구분하는 것은 현재 관심을 가지고 있는 현상이나 사태를 파악하는데 도움을 준다. 이와 같은 의미에서 교육과정의 유형을 구분하는 것은 다양한 교육과정의 유형을 살펴보고, 여러 유형들 간의 공통점과 차이점을 파악함으로써 이들 교육과정 유형들을 보다 더 포괄적으로 이해하게 만든다.

교육과정의 유형은 학자마다 다양하게 분류하고 있는데, 강현석, 주동범(2004)의 분류에 따르면 교육과정의 유형은 개념상에 따라서, 의사결정수준상에 따라서, 내용 조직상에 따라 나눌 수 있다.

먼저 개념상으로는 ① 형식적인 공적 문서 속에 기술되어 있는 교육계획으로서의 공식적 교육과정, ② 공식적 교육과정에서 의도하거나 계획하지 않은 것으로서, 교육과정이 작동되거나 운영되면서 학생들이 은연중에 배우게 되는 가치 · 태도 · 행동양식과 같은 경험된 교육과정인 잠재적 교육과정, ③ 교실 수업에서 실제적으로 운영되고 학생의 학습에 영향을 미치는 교수내용이나 시험내용과 같은 실제적 교육과정, ④ 가르치지 않을 교육과정으로서 공적인 문서 속에는 포함되어 있지 않지만 학생들이 도달해야 할 교육목표나 배워야 할 교육내용을 의미하는 영 교육과정으로 구분할 수 있다.

의사결정 수준상으로는 ① 국가수준에서 고시하는 교육과정으로서 교육에 대한 국가의 의도를 담은 문서내용을 말하는 국가 수준의 기준 교육과정, ② 지역수준의 교육과정으로서 현재는 시 · 도 교육청 수준에서 고시하는 교육과정 편성 · 운영

지침을 말하는 시 · 도 교육청 지침 교육과정, ③ 학교 교육과정을 안내하고 통제하는 역할을 하는 지역교육청 장학자료, ④ 학교 실정, 학생 실태를 고려한 구체적인 교육과정을 의미하는 학교 교육과정으로 나눌 수 있다.

내용 조직상으로는 ① 학생들에게 가르치는 교과들의 체계적 목록이며, 각 과목별로 학생들에게 가르칠 만한 주제들을 열거해 놓은 것, 즉 교수요목(course of study)을 의미하는 교과중심 교육과정, ② 아동들의 요구와 흥미를 중요시하고 실제 상황에서의 적응능력을 강조하는 경험주의 교육과정, ③ 단순한 교과내용이나 아동의 생활 경험보다는 학문에 내재해 있는 지식의 구조를 가르쳐야 함을 강조하는 학문중심 교육과정, ④ 교과내용을 개인의 잠재능력을 최대로 개발하여 자아실현을 할 수 있도록 조직한 인간중심 교육과정으로 구분할 수 있다.

직업교육에서는 위에서 설명한 교육과정 외에 몇 가지 다른 유형의 교육과정이 적용되어야 한다. 왜냐하면 일반교육에서는 교육목표에서 강조하는 특성이 민주시민으로서의 지적인 면과 정적인 면이 비교적 많은 반면, 직업교육에서는 심동적 영역(psychomotor domain)이 강조되는 경향이 있기 때문이다. 따라서 직업교육에서는 직업인의 지적인 면과 정적인 면은 물론 심동적 영역의 행동특성을 개발할 수 있는 교육과정이 활용되어야만 한다(이무근, 1993).

직업교육을 위하여 특별히 적용되고 있는 교육과정의 유형으로는 첫째, 과업(task)이나 직무(job) 혹은 직업(occupation) 분석에 의한 접근, 둘째, 직업군(occupational cluster)분석에 의한 접근, 셋째, 기능(function) 분석에 의한 접근 등이 있다.

3) 교육과정의 특성

일반교육의 경우, 교육과정은 교육목적에 따른 규범성, 교육목표 달성의 수단성, 학습자 존중성, 교육활동 중심의 실제성, 교원 주도성, 미래 지향성과 같은 특성을 지닌다(곽병선, 1983). 각각의 특성은 매우 광범위한 탐구적 · 실천적 · 반성적 영역을 포함하고 있어 교육과정의 개발 · 실천 · 학습은 복합적이고 역동적이다.

이무근(1993)은 산업인력개발(직업교육)을 위한 교육과정의 특성으로 다음과 같이 다섯 가지를 제시하였다.

(1) 학교에서의 학업성취와 산업현장에서의 직무능력을 모두 중요시

교육의 주된 목적은 설정된 목표를 달성하는 것이라 할 수 있다. 보통교육을 주로 담당하는 초등학교, 일반계 중 · 고등학교에서의 교육은 학업성취가 교육의 성공을 나타낸다고 할 수 있다. 그러나 직업교육은 학업성취도만이 그 성공을 가름할 수 없다. 직업교육에서는 이들 교육기관의 졸업자들이 산업현장에서 직무를 어느 정도 잘 수행하느냐가 대단히 중요하다. 따라서 직업교육에서의 교육과정은 학교에서 배우는 경험이나 활동(과정)도 중요하지만, 이들 학습경험이나 활동이 산업 현장의 직무능력에 가져다주는 효과(결과)와 긴밀히 연계되도록 계획하고 운영되어야 한다.

(2) 산업사회의 변화와 요구에 민감한 반응

과학과 기술이 급속하게 발전하고 변화함에 따라 산업사회도 계속 변화하고 있다. 이에 따라 직종의 변화도 일어난다. 직업교육의 교육과정은 이러한 변화를 민감하게 분석하고 예측하여 산업사회가 요구하는 인력을 개발할 수 있도록 계획 및 운영되어야 한다. 이를 위해 학생들이 취업할 수 있는 직종, 고용기회, 필요한 능력 등을 면밀히 분석하여야 한다.

(3) 산학협동 강조

직업교육의 교육과정 계획에서 교육내용을 선정할 때는 전공분야에 종사하거나 관련된 산업체의 인사가 참여해야 한다. 그 만큼 산업체와의 밀접한 관계를 맺는 것이 중요하기 때문에 이를 가능하게 하는 산학협동을 강조해야 한다.

교육내용을 선정하는 과정에서 뿐만 아니라 교육과정을 운영하는 과정에서도 학교와 산업현장은 밀접한 관계를 유지해야 한다. 현재 학교와 산업현장이 협력하여 일정기간 동안 학생들에게 현장실습을 제공하는 것이 법적으로 의무화 되어 있다. 따라서 현장실습을 위해서라도 그 관계의 유지는 필수적이다.

(4) 국가로부터의 참여와 지원

일반교육도 국가의 인력개발과 관련되어 있지만, 직업교육은 국가의 인력개발과 좀 더 밀접한 관련이 있다. 따라서 직업교육에서 전공의 신설인가와 증원 등은 산업사회의 인력수요와 이를 바탕으로 한 국가의 인력수급 계획에 따라 크게 영향을 받는다. 비용 측면에서도 직업교육은 일반교육에 비해 많은 교육비를 필요로 하기 때문에 국가로부터의 재정 지원 없이는 불가능하다. 따라서 직업교육에 국가의 참여는 불가피하다고 볼 수 있다.

(5) 학교와 산업사회를 중심으로 한 객관적인 자료를 기초

학교에서 배운 지식과 기술이 산업현장에서 실제로 직무를 수행하는 데 별 도움이 되지 않는 경우가 있다. 또한 기업으로 대표되는 산업체가 현재의 직업교육에 대한 불만을 토로하며, 산업체 스스로 자체교육을 실시하여 필요한 인력을 양성하는 것이 더 효과적이라고 생각하는 경우가 있다. 이런 사례를 바탕으로 생각해볼 때 직업교육의 교육과정을 개발할 때 필요한 자료를 객관적으로 수집 분석하여야 한다. 국가, 지역사회, 학교에 관한 자료를 종합적으로 수집 분석하여 그 자료를 바탕으로 교육과정을 계획하여야 한다. 산업체별 인력수요 전망, 필요한 지식과 기술, 태도뿐만 아니라 새로운 취업 가능 직종 등을 고려하여 기존 교육과정을 개선 및 발전시키기 위해 노력해야 한다.

2. 산업인력개발을 위한 교육과정의 개발 원리

1) 성과 중시

Holton & Swanwson(2001)은 인적자원개발이란 성과 향상을 목적으로, 조직개발과 개인훈련을 통해 인간의 전문성을 개발하는 과정이라고 하였다. 현재보다 더욱 바람직한 상태를 이끌어내는 것을 의미하는 '성과 향상' 은 산업인력개발을 위한 교육과정 개발에 있어 중요한 원리이다. 산업인력개발의 목적은 학습을 통해 조직원들이 성과를 향상시켜 개인과 조직의 목적을 이루고, 발전, 생존할 수 있도록 돕는 것이다. 따라서 산업인력개발을 위한 교육과정은 개인의 성과를 향상시키기 위한 지식, 기술, 태도 개발과 미래에 요구되는 지식을 수용할 수 있는 능력을 개발할 수 있도록 설계되어야 한다. 또한 개인의 학습이 현장에서의 성과 향상으로 이어질 수 있도록 조직 차원의 변화를 주도해 내는데도 기여해야 한다. 즉, 조직 환경에 산재한 개인의 성과 향상을 저해하는 요인을 감소시키고, 학습한 결과를 현장에서 적용할 수 있도록 학습에 적합한 환경 조성을 도와주어야 한다.

2) 현장 중시

현장의 산업인력개발 담당자들은 학교에서 가르치는 내용이 현장에서 필요로 하는 것과 다르기 때문에 새로운 인력이 들어오면 상당 부분 재교육을 해야 한다고 불만을 토로한다. 한편 학생들은 현장에서 쓰이는 지식을 학교에서 가르쳐 주지 않아 다시 배워야 한다고 한다. 따라서 산업인력개발을 위한 교육과정을 개발할 때, 중요한 점은 현장에서 쓸모 있는 교육내용을 선정 · 조직하는 일이다. 이를 위해서는 교육과정 개발자가 현장에 있는 사람들과 긴밀한 협력관계를 가지고, 현장의 필요한 정보를 수집, 분석하여 실제 업무 현장에서 중요시하는 지식, 기술, 태도가 무엇인지를 확인하고, 필요한 내용들을 중심으로 교육과정을 개발해야 한다.

3) 수요자 중시

보통 교육을 실시할 때 교육 참가자, 교육 참가자의 직속상사, 조직(기관)의 경영자(책임자) 등 다양한 계층의 사람들이 교육과정 자체와 교육이 끝난 후의 결과에 대해 특별한 기대를 갖는다. 그런데 교육목적 및 내용이 기대했던 것과 다르거나, 교육 후의 결과가 만족스럽지 못하면 교육 참가자 뿐 아니라 다양한 이해관계자들은 실망하기 마련이다. 이런 상황이 발생하지 않도록 교육과정 개발자는 다양한 수요자의 요구 및 특성을 철저하게 분석할 필요가 있다. 즉, 교육요구 분석, 학습자 분석, 교육과제 분석 등을 제대로 실시함으로써 다양한 교육 수요자가 원하는 교육과정을 개발해야 한다. 이처럼 교육 수요자들의 충분한 요구가 반영된 교육이 이루어졌을 때 높은 교육만족도 뿐 아니라 실질적 성과 향상으로 이어질 수 있을 것이다.

4) 집단의사결정 과정

교육과정 개발은 교육과정 개발 작업 과정에 참여하는 많은 사람들간의 협동적인 합의에 바탕을 둔 집단의사결정과정이다. 과거에는 학교제도가 단순하고, 학교의 수나 학생 수가 적었고, 또 단위 학교의 규모나 크기가 작았다. 그와 같은 때에는 교육과정 개발 전문가의 역할이 크게 작용하지 않았다. 왜냐하면 교육에 대한 요구가 대체로 단순하고 동질적이었기 때문이다. 또, 교육에 관계된 사람들 간의 의사소통과 합의과정이 지금처럼 복잡하지 않았다. 그러나 오늘날처럼 양적으로 대량화되고, 질적으로 복잡성이 커진 가운데, 교육에 대한 기대는 날로 다양화되고, 그 경영관리 구조는 매우 복합적인 요소들의 역학을 전제로 하지 않을 수밖에 없게 되었고 또 쉽게 합의를 구하기 어렵게 되었다. 그리고 교과전문가의 입장, 사회의 입장, 학습자의 입장, 경영관리자의 입장 등 여러 사람들 간의 갈등의 깊이와 폭이 날로 커지고 있으며, 이념과 철학이 풍부해지고 있다. 다양한 가능성 속에서 최선 최적 최량의 것을 선택하는 의사결정 과정이 곧 교육과정 개발이다. 소수 몇 사람의 이념과 철학에만 의존하던 지난날의 교육과정 개발은 이제 더 이상 소비자들의 요구를 충족시키기 어렵게 되었다. 따라서 교육과정 개발은 관련된 여러 분야의 사람들과 전문가들의 협동적인 의사결정을 필요로 한다.

5) 참여적 발전과정

교육과정 개발은 교육과정 개발에 스스로 참여하는 모든 사람들의 부단한 자아혁신적 개발 노력과 그 교육기관 조직의 개발을 위한 노력을 통해서 성취될 수 있는 참여적 발전과정이다. 교육개혁은 교육을 주도하는 사람들의 개혁 없이 교육현상만을 바꾸어 놓는다고 해서 이루어지는 것이 아니다. 교육과정 개발은 교육과정을 계획하고 시행하고, 평가하는 모든 사람들 자신의 변화와 발전을 전제로 이루어진다. 개개인의 자발적인 변화는 곧 자발적인 참여와 책무의식을 기대할 수 있게 하며, 그것은 곧 우리가 계획하는 개혁과 발전의 파급을 가져오는 원동력이 된다. 따라서 교육과정 개발은 그 과정에 참여하는 사람들 개개인의 책무의식과 자아혁신적인 사고의 변화 없이는 이루어질 수 없다

3. 산업인력개발을 위한 교육과정의 개발 방법

교육과정의 개발은 학습자들의 잠재력을 발견하는 데 도움이 되고, 이를 통해 더 나은 삶을 열어 가는데 도움이 되는 교육과정 목표와 그 내용 및 활동을 선정하고 조직하는 일과 관계된다. 여기에서는 교육과정 개발자들이 어떤 요소를 고려하여 어떤 절차를 걸쳐 교육과정을 개발하는지에 대해 살펴볼 것이다. 교육과정의 개발 방법과 관련하여 다양한 학자들이 여러 가지 개발 모형들을 다음과 같이 제시하고 있다.

1) 전통적 교육과정 개발 모형

(1) Tyler의 모형

Tyler의 모형(1949)은 교육과정 개발 모형 가운데 비교적 잘 알려진 일반적인 모형이다. 특히 그의 교육목표 설정과정은 교육과정 분야에서 지금까지 널리 활용되어 왔다. Tyler의 '커리큘럼과 수업의 기본원리(Basic Principles of Curriculum and Instruction)' 에서 프로그래밍의 과정은 다음의 주요한 물음들로 이루어져 있다.

① 정확한 수업목표: 조직이 달성하고자 하는 교육목표(목적)는 무엇인가?

② 학습경험의 선정: 수립된 교육목표를 달성하는데, 유용한 학습경험은 어떻게 조직하는가?

③ 학습경험의 조직: 효과적인 수업(instruction)을 위해 선택된 학습경험들을 어떻게 조직할 것인가?

④ 학습경험의 평가: 학습경험의 효과성은 어떻게 평가할 것인가?

[그림 5-1]에서 보는 바와 같이, Tyler는 교육과정 계획자들이 우선해야 할 일은 학습자, 학교 밖의 현시대의 삶 그리고 교과목으로부터 자료를 수집하여 일반적인 목표를 구명하는 것이라고 생각하였다. 학습자들로부터의 자료 수집은 학습자의

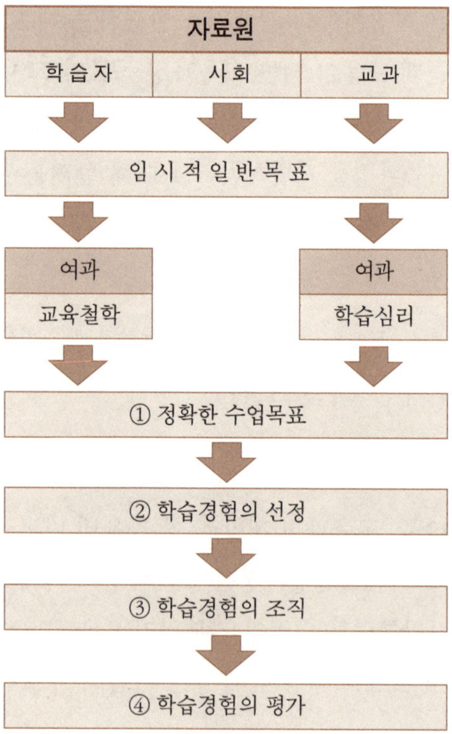

[그림 5-1] Tyler의 모형

요구와 관심에 대한 자료 수집과 분석을 지칭한다. 이때의 요구는 광범위한 의미의 요구로서 교육적 요구, 사회적 요구, 작업적 요구, 신체적 요구, 심리적 요구, 오락적 요구 등을 포함한다. 학교 외의 현시대 삶으로부터 자료의 수집 · 분석은 당해 지역의 사회적인 영역에서, 넓게는 그 국가 · 사회 전체 영역까지를 포함하며 건강, 가족, 오락, 직업, 종교, 시민 역할 등 다양한 측면의 삶을 조사대상으로 한다. 앞의 경우가 학습자 개인의 요구사정이라면, 후자의 경우는 사회 전체의 요구사정이다. 그 다음에 교육과정 계획자는 교과목에 관심을 두어야 한다. 교과목에의 새로운 추세, 교과목의 필수적인 내용, 교과목의 연구방법 등에 대한 면밀한 분석이 있어야 한다.

이러한 3가지 자료원(source)으로부터 교육과정 계획자는 다양하고 일반적이며 폭 넓은 교육의 목표를 잠정적으로 추출해 낼 수 있다. 이렇게 해서 적용이 가능한 목표들이 결정된 다음에는 또 다른 구체적인 여러 과정을 거쳐야 한다. 먼저 하여야 할 일 중의 하나는 덜 중요하고 모순되는 목표들을 추려내는 것이다. 이 목표의 여과는 2가지 관점에서 이루어지는데 한 가지는 철학적 여과이다. 즉, 교육이 고수하고, 교육이 수입하여야 하는 교육적 · 사회적 철학과의 합치 여부를 따지는 일이다. 여과의 또 다른 하나는 심리학적 여과로서, 이는 학습의 제반 원리에 비추어 본 검증이다. 어떠한 학습조건에서 어떠한 학습결과가 어떠한 학습과정을 통해서 이루어지는가를 면밀히 분석하는 것이다.

이러한 2가지 여과 장치를 거친 다음에 우리는 비로소 가장 실시 가능성이 높고 의미 있는 그리고 정선된 교실에서의 수업목표를 갖게 된다. 이 수업목표는 학습경험이라는 용어로 다시금 표현되는데, 학습경험이란 곧 학습자와 환경의 외부조건과의 상호작용을 의미한다. 학습경험은 단원으로 조직되고 그것은 방향을 갖게 되며, 다양한 과정을 통하여 학습자가 학습경험을 하게 되며 마지막으로 평가절차를 거치게 된다.

(2) Taba의 모형

Tyler 모형의 논리는 교육과정 개발에의 기본 접근으로서, 이 일방적 정향에 동조하는 많은 저자들은 이를 출발점으로 사용하였다. 이 저자들 가운데 가장 두드러지는 Taba(1962)는 Tyler 모형의 단계를 보다 세분화하고 정교화하였다. Tyler의 모형을 보다 정교화한 Taba 모형의 단계는 다음과 같다.

① 요구의 진단 : 교사는 계획될 교육과정의 대상인 학생들의 요구를 확인한다.
② 목표의 공식화 : 교사가 주의해야 할 요구들을 확인한 다음에는 성취되어야 할 목표들을 구체화한다.
③ 내용의 선정 : 진술된 목표에 따라 교과 혹은 교육과정의 내용을 선정한다. 목표와 내용은 조화를 이루어야 하며, 선정된 내용의 타당성과 중요도를 고려한다.
④ 내용의 조직 : 교사는 내용을 선정하는 것만이 아니라, 그것을 학습자들의 성숙과 그들의 학문적 성취와 흥미를 고려하면서 계열화해야 한다.
⑤ 학습경험의 선정 : 내용이 학생들에게 제시되고 학생들은 내용과 상호작용한다. 이 시점에서 교사는 학생들과 내용을 함께 고려할 수 있는 수업방법을 선정한다.
⑥ 학습활동의 조직 : 내용이 계열화되고 조직화되듯이 학습활동도 계열화되고 조직화되어야 한다.
⑦ 평가와 평가방법 : 교육과정 계획자는 목표가 성취되었는지를 평가해야 한다. 평가절차는 학생들과 교사들에 의해 고려되어야 한다.

Taba의 개발모형은 교사들이 각각 교실에서 최선의 프로그램을 개발하도록 한 다음, 각 프로그램들로부터 일반적인 원리를 발견하여 새로운 교육과정을 계획하는 데 이용한다는 점에서 귀납적인 성격을 지닌다. 교육과정은 때로 수업과 분리된 하나의 서류를 의미하는 것으로 해석되어 종종 교육과정 개발은 교수와는 분리된 것으로 생각되어 왔다. 그러나 Taba의 모형은 교육과정과 수업을 함께 고려함으로써 이론과 실제를 결합시키고자 하였다.

(3) Oliva의 모형

Oliva(2001)에 따르면, 교육과정과 수업 및 교육평가는 일관된 체제로서 다음과 같은 절차에 따라 교육과정은 개발 · 실행된다([그림 5-2] 참고). 여기서는 크게 두 부분으로 나누어지는데 ①~⑨ 및 ⑰은 교육과정에 관계되는 모형이고, ⑩~⑯은 수업모형에 해당된다.

① 일반적인 학생들의 요구를 상세화한다.
② 사회의 요구를 상세화한다.
③ 교육의 철학과 목적을 진술한다.
④ 해당 학교 학생들의 요구를 상세화한다.
⑤ 특정 지역 사회의 요구를 상세화한다.
⑥ 교과의 요구를 상세화한다.
⑦ 해당 학교의 교육과정 목적을 상세화한다.
⑧ 해당 학교의 교육과정 목표를 상세화한다.
⑨ 교육과정을 조직하고 실행한다.
⑩ 수업목적을 구체화한다.
⑪ 수업목표를 구체화한다.
⑫ 수업전략을 선정한다.
⑬ 평가 방법의 선정을 시도한다.
⑭ 수업 전략을 실행에 옮긴다.
⑮ 평가 방법을 최종 선정한다.
⑯ 수업을 평가하고 수업의 구성요소들을 수정한다.
⑰ 교육과정을 평가하고 교육과정의 구성요소들을 수정한다.

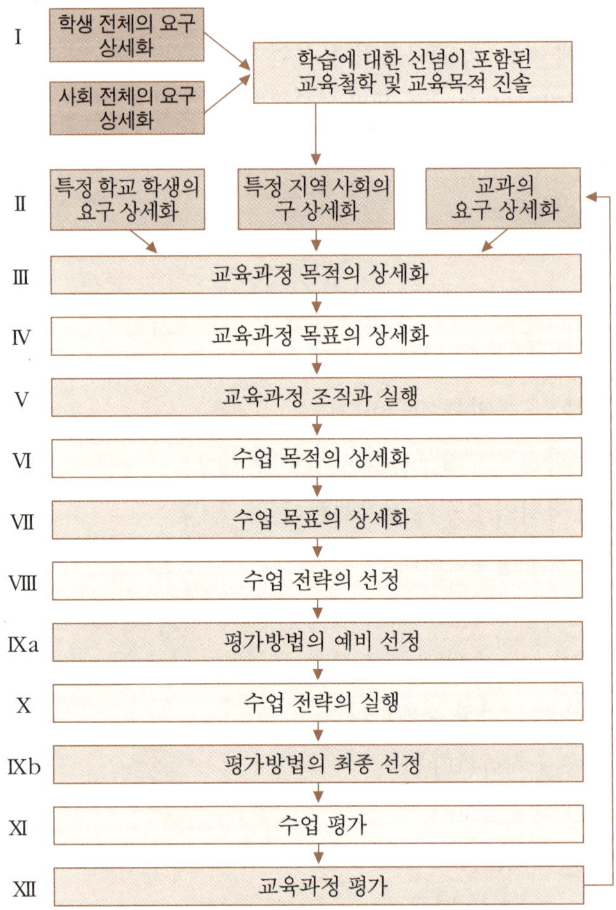

[그림 5-2] Oliva의 모형

2) 대안적 교육과정 개발 모형

(1) Freire의 모형

Freire(1970) 주요한 가치는 압제자로부터의 해방, 휴머니즘, 인본주의적 자유에 있다. 그의 방법론은 변증법적이며 대화적이다. 이것은 억압된 빈민의 관점에서 모순을 해결하고자 하는데 목적이 있으며, 분석의 성찰적 패턴과 적극적인 대화

(praxis: 행동과 반응의 상호관련성을 의미하는 비판적 실천을 의미)를 활용한다.

Freire의 목적은 문제부각의 성인교육에 있다. 학습자들은 질문, 분석, 실천하며, 결국에 억압으로부터 해방된다. 주민들의 숨겨진 문제가 집단 의식화 과정을 통하여 드러나고 논의된다고 가정하였다. 실천의 핵심은 지역과 주민들에 대하여 연구하고 주민들을 주제(themes)로 돌아가게 하는 것이다. 이러한 테마들은 자료수집의 과정에서 분석되고 분석의 과정에서 얻은 피드백으로 묘사되어 있다.

기본적인 과정은 핵심적인 모순의 인식, 언어 또는 시각적인 형태로 그것들을 표현하는 것, 주민들이 그 모순을 해석하는 것, 해석을 위한 주제 개발, 교훈적인 매체의 개발이다. 이 모형은 타일러와 달리 귀납적인 모형이며. 대상 집단의 지속적인 대화의 상황에서 생각과 실행의 비판적 실천에서 전개되는 모형이다. Freire의 모형은 언어적 작업이며, 가장 강력한 언어에 맞게 해야 한다. 따라서 성인교육 집단, 교육자가 참여 대상 집단에 의해 확인된 주제에 초점을 맞추고 있다.

Freire는 그의 논리적인 방법론과 용어, 가치의 심오한 정치적 맥락의 독특함으로 인해 이해하기가 쉽지 않으나, 성인교육 영역을 위해 잠재적으로는 가장 가치가 있는 프로그래밍 모형을 제공하였다.

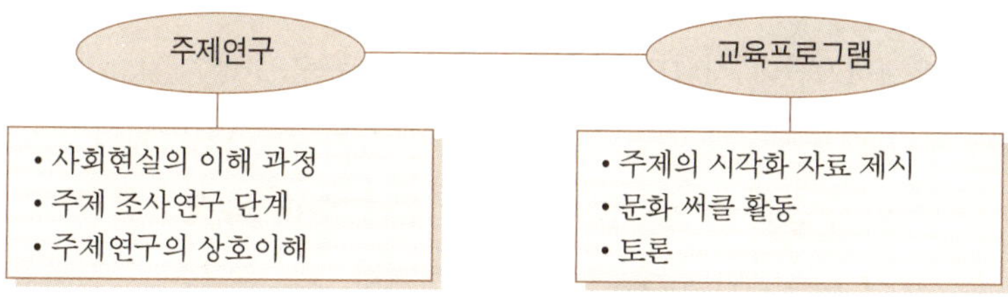

[그림 5-3] Freire의 모형

(2) Walker의 모형

Walker(1971)는 어떻게 교육과정이 계획되어야 하는가를 처방하는 다른 접근들과 다르게 교육과정이 실제에서 계획되는 과정을 기술하고자 하였다. 그 때문에 자신의 모형을 '자연주의적 모형(Naturalistic Model)'이라고도 하였다. 실제에 기초한 교육과정 개발은 참여자들의 생각과 믿음이 숙의 과정에서 어떻게 전개되어 가고, 숙의를 통해 선택이 어떻게 정당화되는가의 과정에 초점을 맞추고 있다. 이 모형에서 교육과정 개발 참여자들은 다양한 견해를 표방하고 공통된 합의 기반을 모색하는 토대다지기 단계, 다양한 대안을 검토하고 가장 바람직한 대안을 선택하는 숙의 단계, 선택한 대안을 실천 가능한 것으로 구체화하는 설계를 자연스럽게 거치면서 교육과정을 개발한다.

Walker의 모형은 Tyler의 모형, Taba의 모형과 다르게 덜 선형적이다. Tyler 모형이 목적과 수단을 단선적인 것으로 파악하는 선형적인 모형이라면, Walker의 모형은 덜 선형적이고 다소 유동적이다. 또한 Walker의 모형은 결과보다는 의사결정 과정이나 절차에 초점을 두고 있기 때문에 자연주의적이고 과정지향적인 성격을 지닌다. Tyler의 출발점이 목표였다면 Walker의 출발점은 집단구성원이 공유하는 신념과 이미지 체계, 즉 강령이다. 목표는 Walker가 제시한 강령의 한 구성요소일 뿐이며, 목적과 수단은 분명히 분리되지 않는다.

3) 직업교육과정 개발 모형

(1) DACUM(Developing A Curriculum)

DACUM은 1960년대 캐나다에서 해당 업무의 우수 수행자(star performer)로 구성된 위원회의 전문지식을 기반으로 직무분석 차원의 능력 명세서(competency lists)를 신속하면서도 효과적으로 개발하는 활동에서 그 원류를 찾을 수 있다(Coffin, 1993). 이 기법이 유수 기업체에 본격적으로 활용되기 시작한 원인은 DACUM이 기존의 교육과정 개발 기법에 비해 과제분석 또는 교육내용 분석에서 효율적인 방법이라는 인식이 확산되었기 때문이다.

이 기법에서는 우선 약 6~12명의 해당 직무의 우수 수행자들로 DACUM 위원회를 결성한다. 이 위원회 구성원은 자신의 업무에서 최고라는 명성과 인정을 받는 직무 수행자들 중에서 선정된다. 이 위원회는 잘 훈련된 촉진팀(facilitation team)의 주도 하에 약 2~3일 정도 활동을 진행한다. 이러한 활동을 통해 임무(duties)와 과제(tasks)에 대한 진술문의 형태로 해당 직무를 분석 규명해 내며, 이는 곧 관련 지식 · 기술 · 태도 등을 실제 업무 수행에서 관찰 가능하거나 측정 가능한 행동 측면에서 서술하는 활동으로 연결된다. 이렇게 소집단별로 진행되는 브레인스토밍 기법을 이용해서 총체적인 전문지식을 도출하고 그 결과에 대해 상호 의견일치를 보는 것으로 최종적인 결론을 내리게 된다. 그리고 우수 수행자들은 스스로 전문적인 지식 기술 태도를 구비하고 있기 때문에 이러한 작업을 위한 별도의 준비를 부과할 필요가 없다(Coffin, 1993; Jones, 2001).

DACUM 위원회 활동을 주도하는 촉진자들은 다음과 같은 절차에 입각해 우수 수행자들에게 활동 안내를 해 주어야 한다(Coffin, 1993; Jones, 2001; Norton, 1997).

① DACUM의 전체 활동 과정에 대해 상세히 설명한다.
② 해당 직무나 업무 영역에 대해 개괄적으로 검토한다.
③ 주요 임무 또는 책무(major duties)를 확정한다.
④ 각 임무(duty) 영역에서 수행되는 구체적 과제(specific tasks)를 결정한다.
⑤ 도출된 전체 과제들을 조직화 계열화한다.
⑥ 각 임무와 과제를 수행하는 데 필요한 지식, 기술, 태도, 도구, 기자재를 확정한다.
⑦ 도출된 임무와 과제 명세서를 검토 수정 보완한다.
⑧ 특정 업무나 직무군에 속한 직원들의 교육내용을 확정한다.
⑨ 360° 평가 차원의 최종 검증 작업을 통해 교육과정의 전체적인 체계를 수립한다.
⑩ 필요하다면 다른 추가활동(예: 추가 검증 작업, 출발점 행동 결정, 과제의 수준, 중요도)을 시행한다.

(2) CBC (Competency Based Curriculum)

모토롤라 대학에서는 DACUM 기법을 개발하여 널리 활용해 오고 있었으나 1992년부터 포괄적 의미의 업무수행 체계 안에서 시의 적절한 다양한 학습 지원책을 제공해야 된다는 인식에 따라 역량에 근거한 접근방법인 CBC(Competency Based Curriculum) 기법을 개발하게 되었다.

CBC 기법의 가장 기본적인 관점은 특정업무를 수행할 때 그 기능을 수행함으로써 달성해야 되는 성과나 산출물 혹은 그 기대되는 비즈니스 결과로부터 시작된다는 점이다. 기대되는 결과가 확인되면 그 결과를 수행하기 위해 필요한 역량이 추출되며 그 필요역량을 구성하는 지식, 스킬, 가치 등을 규명하게 된다. 이에 따라 요구되는 지식, 스킬, 가치 등을 교육하고 지원해 줄 다양한 형태의 학습지원책으로 구성되는 역량 중심의 커리큘럼을 개발한다(윤여순, 1997)

DACUM이 특정 직무를 수행하는 데 필요한 지식 · 기술 · 태도 도출 과정을 통해 교육과정을 수립하는 반면, CBC 모형은 전반적인 업무수행 능력을 향상시키기 위한 역량(competency) 개발을 위한 교육과정을 구성한다(최욱, 2002). 또한 CBC는 교육 과정을 통한 역량 향상으로 나타나는 결과(result)에 관심을 가진다(강경종, 1997).

(3) Dick & Carey 모형

Dick & Carey 모형(2001)은 교사, 학습자, 교재, 학습 환경과 같은 모든 요소들이 조직적인 과정을 통해 성공적인 학습에 기여한다고 가정한다. 이러한 견해를 체제적 관점이라 부른다. 또한 체제라는 것은 서로 관련된 부분들의 집합으로 그 부분들이 지정된 목적을 위해 함께 움직이는 것이다.

Dick과 Carey는 교수 설계 절차를 [그림 5-4]와 같이 9단계로 제시하였다. 각 단계들은 서로 밀접히 관련되어 있고, 각각은 항상 투입과 산출의 관계이며, 각 단계는 계획된 결과물(교수)을 개발하기 위해 상호 작용한다. 이 모형은 만족할 만한 질적 수준에 도달할 때까지 최종 산물이 수정될 수 있도록 자료를 수집하고 그 자료에 따라 교수를 수정한다.

Dick & Carey(2001)는 모델의 각 단계를 다음과 같이 정리하여 제시하였다.

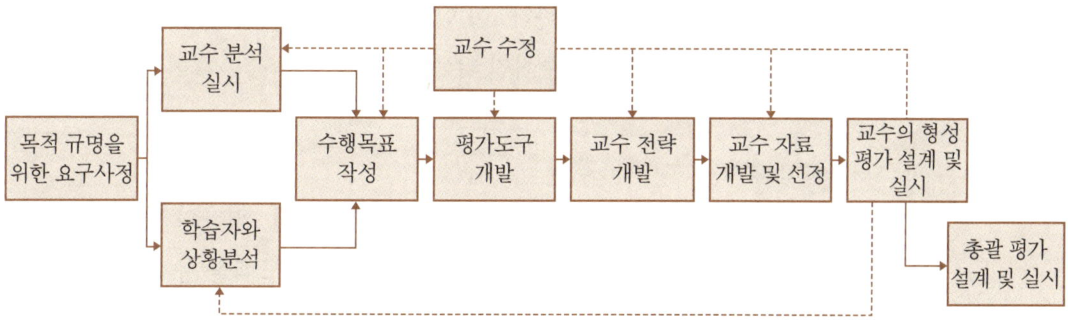

[그림 5-4] Dick & Carey의 체제적 교수 설계 모형

- 목적 규명을 위한 요구 사정: 학생들이 교수를 끝마쳤을 때 그들이 무엇을 할 수 있게 되기를 원하는가를 규명한다.
- 교수 분석 실시: 학생들이 그 목적에 도달하기 위해 단계별로 무엇을 어떻게 수행할 것인가를 결정한다.
- 학습자와 학습 상황 분석: 학습자의 특성과 학습자의 학습 상황 그리고 학습한 것을 사용하게 될 상황을 분석한다.
- 수행 목표 작성: 교수에 의한 학습이 끝났을 때 학습자가 무엇을 할 수 있는지 구체적으로 진술한다.
- 평가 도구 개발: 기술한 목표에 기초하여 가르치고자 했던 기능을 학습자가 성취했는가를 알아볼 수 있는 성취도 측정 도구를 개발한다.
- 교수 전략 개발: 앞서 분석한 다섯 단계의 정보에 근거하여, 교수의 최종 목표를 성취하기 위해서 사용할 전략을 설정한다.
- 교수 자료 개발 및 선정: 앞서 고안한 교수 전략에 따라서 교수 자료를 만든다.
- 교수 형성 평가 설계 및 실시: 교수 자료의 초안이 완성되고 나면, 교수의 질을 개선하는 데 필요한 자료를 수집하기 위하여 일련의 평가를 실시한다.
- 교수 수정: 형성 평가 결과를 바탕으로 학습자의 어려움이나 교수자료의 어려움 등을 찾아 수정한다.
- 총괄 평가 설계 및 실시: 교수 설계자가 아닌 별도의 평가자가 교수의 절대적

혹은 상대적 가치를 평가한다. 이 단계는 교수에 대한 형성 평가 작업이 완료되고 충분한 수정이 이루어진 뒤에 실시한다.

(4) Goldstein & Ford 모형

Goldstein & Ford 모형(2001)은 요구분석, 교육훈련, 평가의 단계들이 서로 상호작용을 하도록 설계되어 있다. 그리고 지속적으로 피드백을 통해 교육훈련 프로그램에 수정을 가할 수 있도록 되어 있다. Goldstein과 Ford는 교육훈련을 통해 배운 지식, 기술, 능력이 현장 직무에 적용되어 개인, 집단, 조직의 효과성을 높이는 것이 중요하다고 하였다. 따라서 교육과정을 개발할 때에도 평가 단계에서 사용할 평가준거를 정하는 단계가 포함되어 있다. 또한 교육훈련의 타당도를 평가할 때에도 교육훈련 전이 타당도를 포함해 교육훈련이 성과 향상에 얼마나 도움이 되었는가를 확인하도록 했다([그림 5-5] 참고).

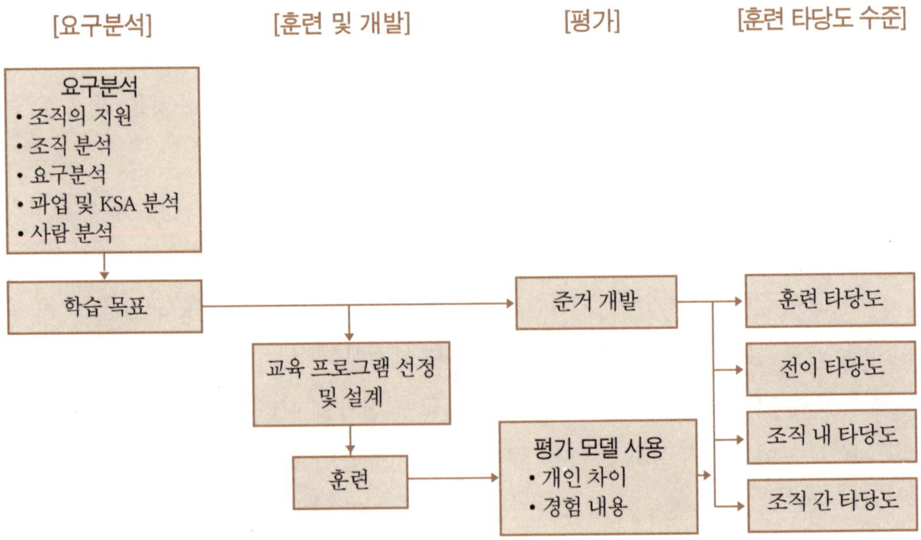

[그림 5-5] Goldstein과 Ford의 교수설계모형

(5) Caffarella의 상호작용 모형

Caffarella(2002)는 프로그램 개발 절차를 절차적 순서의 유무에 따라 선형적 모델과 비선형적 모델로 분류하였다. 선형적 모델은 단계별 순서가 정해져 있어 다음 단계로 진행하기 위해선 선행 단계가 완료되어야 하기에 경험이 많지 않은 프로그램 개발자들에게 도움을 주는 반면, 개발과정상에서 부딪히는 상황에 적극적으로 대처할 수 없다는 단점을 지니고 있다고 지적하고 있다. Caffarella는 이런 점을 극복하기 위한 대안으로서 12개의 구성요소로 된 상호작용 모델을 제시하였다([그림 5-6] 참고). 상호작용 모델은 각 구성요소별 개발자가 실행해야 할 대표적 과업들로 구성되어 있다. Caffarella는 개발자가 어떤 의사결정을 해야 하며 무엇을 해야 하는가에 대한 실제적 아이디어에 초점을 두었다. 또한 프로그램 개발은 조직 내 이해간의 충돌로부터 파생된 복잡한 상황 속에서의 협상 및 중재 과정이라고 보았다. 개발자는 프로그램 개발 상황을 분석한 후 그 상황에 맞는 구성요소를 선택하여 사용

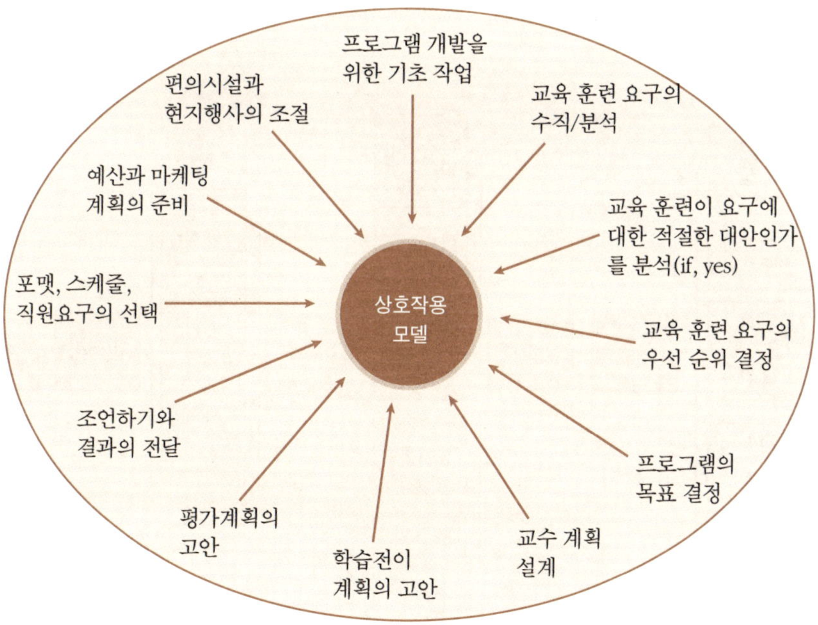

[그림 5-6] Caffarella의 상호작용 모델

할 수 있다. 또한 Caffarella는 설계자의 윤리의식을 강조하기도 하였다.

(6) Gilley, Eggland & Gilley의 모형

Gilley, Eggland & Gilley(2002)는 교수설계 방법을 활동전략과 결과전략의 2가지로 분류하였다. 먼저 활동전략적 교수설계는 HRD 담당자가 관리자와 경영진의 수행개선 요청에 대응하기 위해서 사용한 접근법으로 요구되는 주제에 관련된 훈련 프로그램을 제공하는 데 초점을 두는 것이다. 반면, 결과전략적 교수설계는 HRD 담당자가 조직에 지속적인 변화를 가져올 수 있는 활동들을 설계하고 개발하기 위해서 사용하는 접근법으로서, 학습과 기술의 전이, 관리활동, 환경 조정을 통해서 조직의 성과를 달성하는 데 초점을 맞추고 있기 때문에 아직까지 지배적인 접근법은 아니지만 점차 일반적인 접근법이 될 것이라고 하였다(Gilley, Eggland & Gilley, 2002).

Gilley, Eggland & Gilley(2002)는 위에서 언급한 결과 전략에 초점을 맞춘 교수설계 기법을 [그림 5-7]과 같이 제시하였다. 이 교수 설계 모형이 다른 모형들과

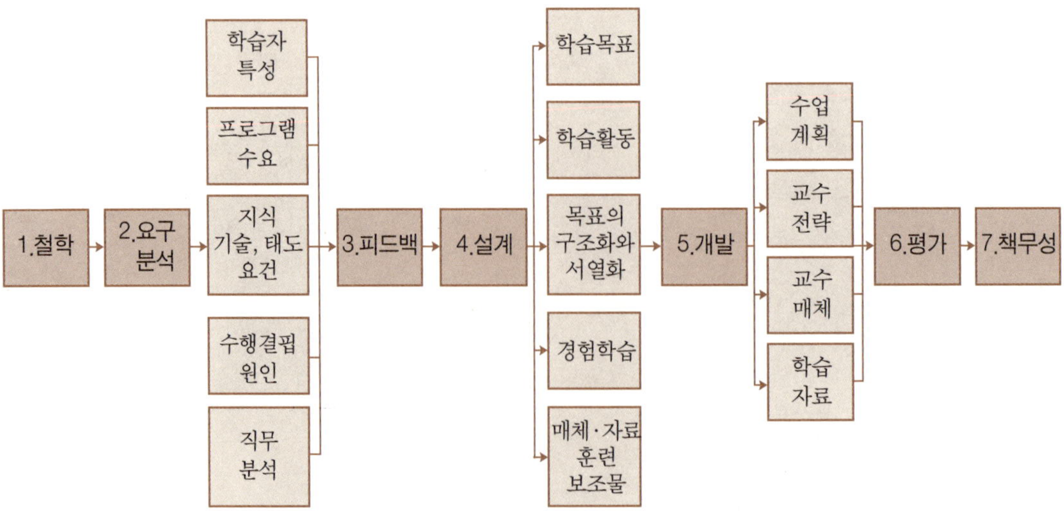

[그림 5-7] Gilley, Eggland, Gilley의 교수 설계 모형

다른 차이점은 7번째 단계인 책무성에서 찾을 수 있다. 책무성 단계는 평가 단계에서 수집한 정보를 활용하여 학습자, 조직, 관리자, 교수설계자, 교수자가 자신들의 행동에 책임을 져야 한다는 것을 의미한다. 각각의 주체들이 책무성을 갖지 않는다면, 새롭게 획득된 행동은 일시적인 것으로 그칠 것이며 훈련 후에 발생하는 또 다른 문제는 관리자나 경영진들에 의해 훈련이 강화되지 않을 경우에 행동이 짧은 기간 동안만 개선되는 듯 보이다가 쉽게 쇠퇴하기 시작한다는 것이다.

(7) 이무근의 통합형 모형

이무근의 통합형 모형에서 뜻하는 통합이란 첫째, 직업군분석과 직무분석의 통합 시도, 둘째, 교육과정 개발에 있어 보통교과와 전문교과의 통합, 셋째, 학습자, 교사, 산업체 인사가 교육과정 개발에 적극적으로 참여함을 뜻한다(원상봉, 이무근, 2000).

통합형 모형에서는 먼저 직업군과 직무의 분석이 이루어진다. 그리고 학습자 및 학교, 지역사회를 고려해 교육목표와 교육내용, 교과목 등이 설정된다. 다음 과정에서는 앞에서 개발된 교과목을 교양교육, 전문교육 또는 공통과목으로 구분한 뒤 수업을 준비하고, 실시, 평가하는 단계가 이루어진다. 그리고 마지막으로, 평가결과를 교육목표 설정과 교육과정 전반에 걸쳐 반영하는 단계를 거친다.

요약

이 장에서는 산업인력개발을 위한 교육과정에 대해서 살펴보았으며, 이를 위하여 산업인력개발을 위한 교육과정의 개념적 기초, 개발 원리 및 개발 방법에 대해 살펴보았다.

우선, 산업인력개발을 위한 교육과정의 개념적 기초를 이해하기 위하여 다양한 학문배경 및 연구자에 의한 정의들을 개괄하고, 이러한 교육과정의 유형을 개념에 따른 분류, 의사결정수준에 따른 분류, 내용조직상에 따른 분류 등으로 구분하여 살펴보았으며, 이와 함께 특히 산업인력개발 교육과정에서 특별히 적용되는 과업이나 직무에 의한 접근, 직업군분석에 의한 접근, 기능분석에 의한 접근 등에 대해서 살펴보았다. 이와 함께 산업인력개발 교육과정의 특성은 학업성취 및 직무능력의 강조, 산업사회의 변화와 요구에 민감하게 반응, 산학협동 강조, 국가의 참여와 지원, 학교 및 산업사회로부터의 객관적 자료 기초 등의 5가지 측면에서 살펴보았다.

한편, 산업인력개발을 위한 교육과정 개발의 원리를 이해를 위하여 성과 중시, 현장 중시, 수요자 중시, 집단의사결정 과정, 참여적 발전과정의 5개의 측면에서 이를 구체적으로 제시하였다.

또한, 산업인력개발을 위한 교육과정의 개발 방법은 교육과정 개발자들이 어떤 요소를 고려하여 어떤 절차를 걸쳐 교육과정을 개발하는지에 대한 이해에 초점을 맞추었다. 이때 교육과정 개발 절차는 학자들에 따라 여러 모형들이 제시되고 있는데, 이에 따라 이 장에서는 크게 전통적 교육과정 개발 모형, 대안적 교육과정 개발 모형, 직업교육과정 개발 모형으로 구분하여 제시하였다. 이때 전통적 교육과정 개발 모형은 Tyler의 모형, Taba의 모형, Oliva의 모형 등이 포함되며, 대안적 교육과정 개발 모형은 Freire의 모형, Walker의 모형이 포함되고, 직업교육과정 개발 모형은 DACUM, CBC, Dick & Carey 모형, Goldstein & Ford 모형 등이 포함된다.

참고문헌

강경종(1995). 직업교육에서의 DACUM Method를 활용한 교육과정 개발. 농업교육학회, 27(4), 63-77.

강경종(1997). 능력중심교육과정에 기초한 교육과정 개발. 농업교육학회, 29(1), 145-159.

강현석, 주동범(2004). 현대 교육과정과 교육평가. 서울: 학지사.

강현석 외(2000). 학교 교육과정 개발. 서울: 지선사.

곽병선(1983). 교육과정. 서울: 배영사.

김경배, 김재건, 이홍숙(2005). 교육과정과 교육평가. 서울: 학지사.

김경자(2000). 학교 교육과정론. 서울: 교육과학사.

김대현, 김석우(2005). 교육과정과 교육평가. 서울: 학지사.

김진모(2001). 기업의 인적자원개발을 위한 역량중심의 교육과정개발. 직업교육연구, 20(2). 109-128.

김진화(2001). 평생교육프로그램개발론. 서울: 교육과학사.

백영균, 설양환, 최수영 역(2003). 체제적 교수 설계. 아카데미프레스; Dick, W., Carey, L., & Carey, J. O. (2001). The Systematic design of instruction (5th ed). Addison-Wesley Educational publication Inc.

원상봉, 이무근(2000). 직업교육과정과 평가. 서울: 교육과학사.

윤여순(1997). 기업교육에서의 Competency-Based Curriculum의 활용과 의의. 인재개발, 24. 엘지인화원.

엘지인화원 HR 연구소(1998). HR용어집. LG인화원.

이무근(2003). 직업교육학 원론(제3판). 서울: 교육과학사.

장원섭 역(2003). 인적자원개발론. 학지사; Gilley, J. W., Eggland, S. A., & Gilley, A. M. (2002). Principles of Human Resource Development. Perseus.

최욱(2002). 기업교육 체계수립 개발 사례: DACUM과 CBC의 비교. 교육공학연구, 18(2), 91-121.

홍후조(2003). 교육과정의 이해와 개발. 서울: 문음사.

Caffarella, R. S. (2002). *Planning programs for adult learners : A practical guide for educators, trainers, and staff developers*. SF: Jossey-Bass.

Coffin, L. (1993). *DACUM facilitator manual*. Ottawa, Canada: Canadian Vocational Association.

Dubois, D. D. (1993). *Competency-based performance improvement : A strategy for organizational change*. HRD Press Inc.

Freire, P. (1970). *Pedagogy of the oppressed*. New York: Herder & Herder.

Goldstein, I. L., & Ford, J. K. (2001). *Training in organizations: Needs assessment, development, and evaluation*. Wadsworth.

Jackson, P. W. (1968). *Life in claaslooms*. NY: Holt, Rinehart and Winston.

Jones, M. (2001). *Occupational analysis: DACUM Training for facilitators*. Richmond, KY: The Eastern Kentuchy University College of Justice & Safety' s Training Resource Center.

Norton, R. (1997). *DACUM handbook*. Columbus, OH: Center on Education & Training for Employment.

Oliva, P. F. (2001). *Developing the curriculum (5th ed.)*. New York : longman.

Ornstein, A. C., & Hunkins, F. P. (1988). *Curriculum: foundations, principles and issues*. Boston: Allyn and Bacon

Reynolds, A. (1993). *The trainer' s dictionary: HRD terms, acronyms, initials, and abbreviations*. HRD Press Inc.

Swanson, R. A., Holton, E. F., & Holton, E. (2001). *Foundations of human resource development*. Berrett-Koehler.

Schubert, W. H. (1986). *Curriculum: Perspective, paradigm, and possibility*. NY: Macmillan Publishing.

Taba, H. (1962). *Curriculum development: Theory and practice*. New York: Harcourt, Brace & Jovanovich.

Tyler, R. W. (1949). *Basic principles of curriculum and instruction*. Chicago: University of Chicago Press.

Walker, D. F. (1971). A naturalistic model for curriculum development. *School Review, 80*(1), 51~69.

06

산업인력개발을 위한 교수학습

학습개요

이 장에서는 산업인력개발에서의 교수학습에 대해서 살펴보고자 한다. 이를 위하여 산업인력개발 교수학습의 개념과 구성요소를 살펴보도록 한다. 또한 이를 기초로 산업인력개발 교수학습의 원리와 방법에 대해 살펴보도록 한다.

학습목표

1. 산업인력개발 교수학습의 개념과 구성요소를 설명할 수 있다.
2. 산업인력개발 교수학습의 원리를 설명할 수 있다.
3. 산업인력개발 교수학습의 방법을 설명할 수 있다.

1. 산업인력개발 교수학습의 개념적 기초

1) 산업인력개발 교수학습의 개념

산업인력개발에서 교수학습이란 학습자가 경험을 통해서 지속적으로 변화될 수 있도록 교수자가 도움을 주는 과정이며, 산업인력개발 학습자는 직업을 준비하거나 특정 직무를 수행하는 사람이다. 산업인력개발에서는 일과 삶의 통합된 관점에서 성공적인 직업생활을 준비하고 영위하는데 필요한 직업적 소양 및 직무수행능력을 길러 경쟁력 있는 인재를 육성하는 것을 목적으로 삼고 있으므로 이를 실현하기 위해서는 지속적으로 가르치고 배우는 교수학습과정이 기반이 되어야 한다.

교수(teaching)의 사전적인 의미는 '지식이나 기능을 가르치는 것' 이지만, 교육학에서는 일반적으로 학습이 이루어질 수 있도록 도움을 주는 의도적이고 계획적인 활동이며, 이는 교수자가 수업을 하기 위해 설계, 개발, 적용, 관리 및 평가하는 것을 모두 포함하는 개념이다(Reigeluth, 1983). 그러나 산업인력개발에서는 정해진 실내에서 교수자의 안내와 지도에 따라 계획된 학습경험을 제공하는 과정뿐만 아니라 보다 현장 중심적이고 학습자 중심적인 교수학습과정이 요구된다.

학습(learning)은 개인과 환경과의 상호 작용에 의하여 학습자가 훈련이나 연습을 통하여 행동이 발생하고 변화하는 과정이며(Garry & Kingsley, 1970), 이러한 경험을 통해서 일어나는 비교적 지속적인 변화(Morgan & King, 1966)이다. 단, 학습의 변화된 행동에는 생리적인 반응, 성숙, 피로와 약물복용 등에 따른 일시적인 변화는 포함되지 않는다. 학습은 교수와 비교하여 보았을 때 교수자의 의도적인 개입 없이 비의도적이고 비계획적으로 이루어질 수 있다는데 차이가 있으며, 교수는 학습을 보조하는 역할을 한다고 볼 수 있다.

최근 산업인력개발에서는 구조화된 훈련은 구조적으로 이루어지기 때문에 적시에 이루어질 수 없고, 실제 현장에서의 전이가 낮다는 문제 등이 지적됨에 따라 교육훈련의 한계를 극복·보완하고 업무 수행성과를 높일 수 있는 일터학습

(workplace learning)이 주목받고 있다. 이는 산업인력개발에서 교수학습은 공식적인 훈련을 통해서뿐만 아니라 일상적인 업무 수행과정이나 동료나 상사와의 커뮤니케이션 과정 등을 통해서 비공식적이고 우연적으로도 이루어질 수 있음을 강조한다. 따라서 최근 산업인력개발에서는 교수와 학습간의 경계가 무너지고 교수자의 관리자나 감독자로서의 역할보다 촉진자로서의 역할이 강조되고 있으며, 교수와 학습을 통합적인 관점에서 이해할 필요가 있다. 또한 이러한 학습주의가 대두됨에 따라 액션러닝, 자기주도학습 등과 같은 학습자들의 학습을 촉진하기 위한 다양한 교수학습방법들이 활용되고 있다.

산업인력개발 교수학습은 삶과 직업이라는 실생활에 바탕을 두고 있으며 일생에 걸쳐 이루어지는 과정이다. 산업인력개발에서 학습과 일은 상호의존적으로, 일터(workplace)를 기반으로 교수학습이 이루어진다. 즉, 학습자들은 [그림 6-1]과 같이 일상적인 과업에 참여하여 일상적인 문제해결을 통해 이미 학습한 것을 강화하고, 비일상적인 문제해결을 위해 새로운 지식을 창출한다(Billet, 2001). 따라서 산업인력개발 교수학습은 현장을 이해하고, 현장에서 필요한 능력 및 기술을 준비하며, 현장에서 직무수행상의 문제를 해결하도록 이루어져야 한다. 산업인력개발 교수자는 학습문제 및 과제를 현장에 기초하여 계획하고 구성할 필요가 있으며, 이를 통해 학습자들의 흥미를 유발시키고, 직업현장에 대한 이해를 증진시키며, 현장과 관련된 문제해결력을 신장시키기 위해 노력해야 한다.

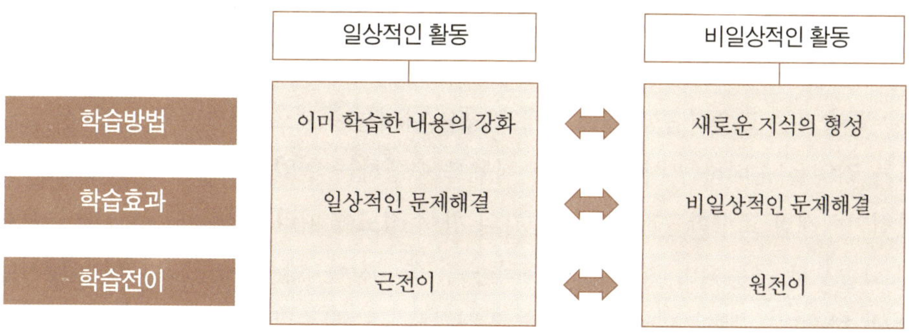

[그림 6-1] 일과 학습의 관계

2) 산업인력개발 교수학습과정의 구성요소

산업인력개발 교수학습과정은 [그림 6-2]와 같이 학습자나 교수자의 일방향적인 과정이 아니라 학습자, 교수자, 학습내용 및 환경의 상호작용이며 이러한 교수학습과정의 효과로 학습자의 인지전략, 지적기능, 태도, 운동기능 등의 변화를 가져오고 궁극적으로 종합적인 문제해결능력이 개발된다. 특히, 학습한 내용을 실제로 현업에서 활용하기 위해서는 학습전이가 이루어져야 한다. 따라서 산업인력개발 교수자는 교수학습활동을 설계할 때에 학습자, 학습내용, 학습환경, 학습전이 등을 고려해야 한다.

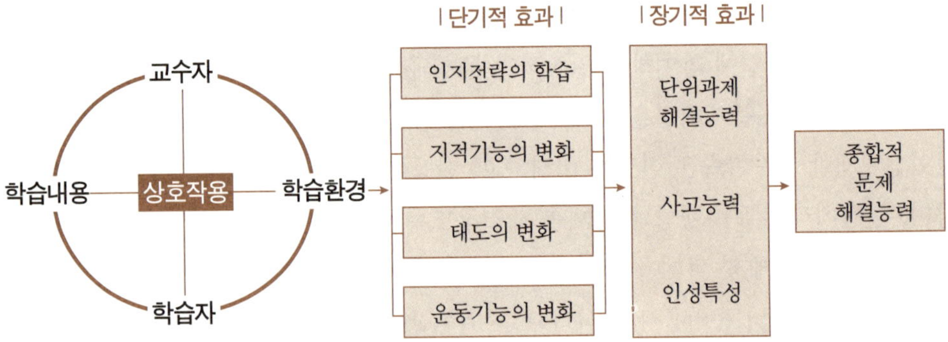

[그림 6-2] 교수학습과정 구성요소의 상호작용과 효과

(1) 산업인력개발과 학습자

학습자는 교수학습에 가장 크게 영향을 미치는 주체로, 산업인력개발에서 학습자는 직업을 준비하는 사람과 특정 직무를 수행하는 현업종사자를 모두 포함한다. 산업인력개발 교수학습과정은 학습자의 참여 정도에 따라 수동적인 학습과 능동적인 학습으로 구분되며, 학습자의 지적능력, 학습전략, 학습동기, 자아효능감, 학습양식, 학습태도 등의 특성에 따라 이에 적합한 교수학습방법이 결정된다. 산업인력개발 학습자의 학습량은 직업을 준비하는 단계와 직업을 수행하는 단계로 구분될 수

있으며, 일생에 걸쳐서 지속적인 학습이 이루어지되 [그림 6-3]과 같이 준비기에는 점차 학습량이 증가하다가 직업을 선택하고 직무를 익히는 시기에는 학습량이 정점에 이르러 직업 수행기에는 점차 학습량이 감소하게 된다. 그러나 개인에 따라 진로를 변경하거나 승진 등의 전환기를 맞는 경우 일시적으로 학습량이 증가하게 된다.

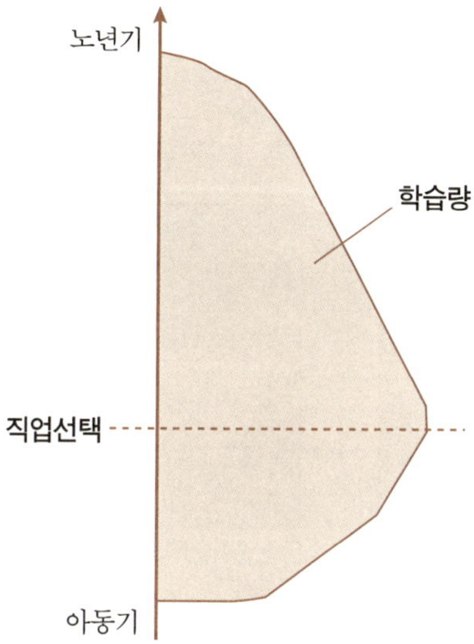

[그림 6-3] 산업인력개발 학습자의 학습량 변화

산업인력개발 학습자들은 현재 이루어지고 있는 학습에 적응할 수 있어야 하며, 학습한 내용을 실제 문제 상황에 적용할 수 있어야 한다. 이러한 학습자의 능력을 학습능력(learning competency)이라고 한다. 산업인력개발 학습자의 학습능력은 특히 직무를 성공적으로 수행하고 성과를 낼 수 있는 직업능력(occupational competency)의 기저가 되는 것으로 학습능력을 통해 직업능력이 발현될 수 있다. 산업인력개발 학습자는 학습과정을 통하여 자신의 환경이나 직무와 관련된 문제를 인식하고, 자기주도적으로 정보를 수집하고, 분석하여 문제를 해결하고 이에 대한 평가를 할 수 있는 능력이 요구된다. Rothwell(2002)은 일터학습자의 학습능력을 기초직업능력과 관련된 기본능력, 사고과정이나 적응과 관련된 매개능력, 일터학습과정에서의 일터학습자의 역할에 따른 능력으로 구분하고, 이 중 일터학습자의 역할에 따른 능력을 [그림 6-4]와 같이 나타내었다.

일터학습자 역할	일터학습자의 역할에 따른 능력
인지가	작업환경 분석능력 감지능력 열린 마음 겸손 종합력 직관력
정보수집가	정보탐색능력 정보수집능력 정보조직능력 피드백능력
분석가	탐구력 내면화능력 지식의 특성이해력 새로운 지식 적용능력
평가자	정보비판력 학습방법관련능력 자기주도성

[그림 6-4] Rothwell(2002)의 일터학습자 학습능력

(2) 산업인력개발과 교수자

산업인력개발 교수자는 학습자의 특성을 교수학습과정에 반영하여 학습목표를 수립하고, 수준을 조절하며, 교수학습방법을 선택하여 학습효과성을 높일 수 있어야 한다. 특히, 산업인력개발 분야에서 교수자는 가르치는 전문가로서 전문지식을 갖추고 적절한 교수학습방법을 선정하여 활용할 수 있는 능력을 갖추고 있어야 하는 것은 물론, 학습자가 능동적으로 업무와 관련된 문제를 구성하고 해결할 수 있도록 학습자와의 공감대를 이끌어내고 자극을 주는 학습촉진자로서의 능력이 강조된다. 이 외에 산업인력개발 교수자는 학습자들이 삶과 진로에 있어서 가치나 신념을 결정하고 비전을 수립할 수 있도록 지원하고, 학습자들이 마음을 열 수 있도록

신뢰감을 줄 수 있어야 한다. 산업인력개발 교수자에 대한 보다 상세한 내용은 9장에서 논의하기로 한다.

(3) 산업인력개발과 학습내용

산업인력개발 교수학습에서 학습내용은 교수학습 목적을 달성하기 위해 필요한 내용으로 일터와 연계되어 학습자들의 현장에서 문제 해결이나 태도 변화에 도움이 되거나 이를 준비할 수 있는 내용을 포함한다. 산업인력개발의 범위가 직업 수행에 필요한 지식, 기술을 비롯하여 성공적인 직업 생활에 필요한 모든 면에 관련되는 것이라는 점에서 산업인력개발의 학습내용도 이를 모두 포괄한다. 즉, 산업인력개발의 학습내용은 'how to learn'을 학습하는 인지전략의 학습을 비롯하여 학습목표의 분류에 따른 인지적 영역, 정의적 영역 및 심동적 영역으로 구분될 수 있다. 한편, 최근에는 현장밀착형 교육활동이 이루어지도록 산업현장에서 요구되는 직업능력을 국가적 차원에서 표준화하기 위한 노력들이 있으므로, 이를 기반으로 하여 학습내용을 구성할 수 있다. 무엇보다 산업인력개발 관련 학습내용은 학습자들의 흥미를 유발시킬 수 있도록 구성되어야 하며, 학습자들의 선수학습 수준을 고려하여 위계적이고 순차적으로 제시되어야 한다.

(4) 산업인력개발 학습 환경

산업인력개발 교수학습에서 학습 환경은 학습이 이루어지는 장소적인 개념뿐만 아니라 교수학습과정에 영향을 미치는 심리적 환경까지 의미한다. 학습자들은 학습 환경과의 상호작용을 통하여 학습을 강화하게 되며, 학습 환경은 학습을 촉진하거나 저해하는 요인으로 작용한다. 특히 산업인력개발 교수학습은 형식적 학습(formal learning)과 같이 사전에 교수학습을 위해 체계적으로 구조화되어 있는 환경에서 이루어지기도 하지만, 선배와의 대화나 지도 등을 통해 비형식적(informal learning)으로 이루어지기도 하며 심지어 학습자도 모르는 사이에 업무환경 속에서 우연적(incidental learning)으로 교수학습이 이루어질 수도 있다. 또한 산업인력개발에서 학습자들은 개인이 소속된 조직의 고유한 특성에 의해 영향을 받게 된다. 예를 들어, 개방적인 의사소통이 이루어지고 팀워크와 상호협력이 원활히 이루어지는 특징을 가진 조직일수록 학습이 촉진된다.

(5) 산업인력개발에서의 학습전이

학습한 결과가 일터에서 업무성과로 나타나기 위해서는 학습전이가 이루어져야 한다. 학습전이란 학습상황에서 지식, 기술, 태도 등이 학습되고 파지된 것을 실제 현실이나 업무수행에 적용하여 변화를 가져오는 것이다. 일반적으로 학습상황과 동일한 상황에 그대로 적용되는 경우 근전이(near transfer), 학습상황과 다른 상황에 변환하여 적용하게 되는 경우 원전이(far transfer)로 구분한다. 최근에는 학습한 결과가 학습으로 끝나지 않고 현장에서 보다 잘 전이될 수 있도록 촉진하기 위하여 교수설계 단계부터 학습전이를 고려한 전이설계가 이루어지고 있다. 즉, 학습과정에서 다양하고 명료한 자극과 실례를 제공하고, 학습한 지식과 기술을 실제 업무현장에서 적용할 수 있는 방법을 알려주며, 적절한 실습기회를 제공하도록 설계한다.

2. 산업인력개발 교수학습의 원리

1) 산업인력개발 교수학습의 패러다임

산업인력개발을 위한 교수학습의 패러다임은 학습자가 지식을 습득하는 관점에 따라 객관주의와 구성주의로 구분할 수 있다. 〈표 6-1〉과 같이 객관주의로는 인지주의와 행동주의가 있으며, 그리고 최근에 교육현장에서 널리 강조되고 있는 교수학습 패러다임인 구성주의는 인지적 구성주의와 사회적 구성주의로 나뉜다.

과거 교수학습에서 행동주의 이론에 기초하여 수동적인 학습자, 교수자 중심, 일과 학습의 분리, 형식화된 학습과정, 개별적인 학습 등을 특징으로 하였다면, 구성주의에서의 산업인력개발학 교수학습은 능동적인 학습자, 학습자 중심, 일과 학습의 연계, 형식적 혹은 비형식적인 학습을 모두 포함한 다양화된 학습과정, 상호적인 학습 등을 특징으로 한다. 구성주의에서 학습자는 자극에 반응하는 수동적인 객체가 아니라 자신의 학습을 자율적으로 통제하고 계획하며 의미를 구성해 나가는 주체이다.

〈표 6-1〉 객관주의와 구성주의의 주요 특징 비교

구분	객관주의		구성주의	
	행동주의	인지주의	인지적(개인적) 구성주의	사회적 구성주의
주요 학자	-Skinner -Thorndike	-Bruner -Asubel	-Piaget -von Glasersfield	-Vygotsky -Rogoff
학습목표	-외형적 행동변화	-인지구조 변화	-주관적 경험의 의미구성	-사회적 상호작용의 의미구성
교수자 역할	-관리자, 감독자	-정보처리 활성자	-촉진자, 안내자	-촉진자, 안내자, 공동 참여자
학습자 역할	-정보의 수동적 수용자	-정보의 능동적 처리자	-의미의 능동적 구성자	-의미의 능동적 공동구성자
교수학습 전략	-지식, 정보의 전달 -연습과 피드백	-지식, 정보의 발견 -정보처리 전략	-개인적 사고과정 안내 -의미 있는 아이디어, 풍부한 자료 제공	-지식의 공동구성 -의미 있는 아이디어, 풍부한 자료, 학습기회의 공동제공
평가방식	-결과중심, 양적평가, 총괄평가		-과정중심, 질적평가, 형성평가	
학습환경	-처방적이고 고정된 환경 -통제형 연수원이나 교육장		-역동적이고 융통성 있는 환경 -정보기술 활용이 가능한 교육시설	

(1) 객관주의와 산업인력개발

객관주의에서 인지주의는 학습자가 외부에서 주어지는 정보를 내적인 정보처리 과정을 통해 인지구조를 변화시키는 것으로 보며, 지식은 학습자의 외부에 독립적으로 존재하는 것으로서 이를 학습자에게 전이시키는데 초점을 두고 있다. 따라서 인지주의 관점에서 의미있는 학습은 어떻게 해야 정보가 가장 효과적으로 조직되고 구성되어 가르쳐지며, 그 결과가 문제 상황에 어떻게 적용될 수 있는가에 따라 결정된다.

반면에 행동주의는 학습을 외현적 행동으로 보고, 목표 성취에 필요한 자극과 이에 따른 반응 그리고 반응의 결과에 대한 강화를 통해 학습이 이루어진다고 보고 있다. 행동주의에서는 '사회적 효율성'을 강조함으로써 산업사회에서 요구하는 능력의 습득과 학습결과의 측정을 위한 수행표준을 개발하여왔고, 산업현장에서 요구하는 인력을 양성하기 위한 능력중심교육(Competency-Based Education)의 이론적 기초가 되었다.

(2) 구성주의와 산업인력개발

구성주의에서는 주어진 맥락 속에서 사고활동을 촉진함으로써 지식의 능동적 활용, 추론, 창의적이고 반성적 사고, 문제해결, 인지적 유연성 등을 함양하는데 목적이 있다. 구성주의에서 학습은 상황에 기초하여 일어나며, 구성적이고 능동적 과정으로 발달의 결과가 아니라 학습이 곧 발달이라고 볼 수 있다. 구성주의에서는 학습원칙으로 체험학습, 자아성찰적 사고, 협동 학습, 실제적 성격의 과제중심학습 등을 제시하고 있으므로 학습자의 특성을 고려하여 교수학습을 계획하고, 학습자의 문제해결력을 강화하고 현장에서의 적용성을 높이는 방향으로 적용된다.

이 관점에서는 개인의 상황에 따라 지식의 의미가 다르기 때문에 객관적이며 절대적인 지식을 허용하지 않고 학습내용이 순차적이며 단순화하여 제시되는 인위적인 학습 환경이 아닌 실제 세계에서처럼 학습자들이 주어진 문제를 다각적인 관점에서 접해 보고 해석할 수 있도록 다양한 맥락이나 상황을 제시하고자 하는 것이다. 구성주의 접근에서는 교수학습방법으로 체험학습, 자아성찰적 사고, 협동 학습, 실제적 성격의 과제 중심 학습 등을 제시하고 있으며, 교수자의 역할을 조력자, 동료학습자로 보고 있다.

2) 교수학습이론에 따른 산업인력개발 접근

교수학습이론이란 교수학습이 어떠한 기제를 통해 이루어지는가를 설명하고 해석하는 법칙이나 원리이다. 교수학습이론은 교수학습 패러다임의 변화에 따라 행동주의적 접근, 인지주의적 접근, 사회인지주의적 접근, 구성주의적 접근 등으로 나누어 살펴볼 수 있다. 교수학습이론은 하나의 이론이 다른 이론을 이해하는데 도움을 주기 때문에 특정한 하나의 이론만을 고찰하는 것은 바람직하지 않으며, 교수학습이 흘러온 큰 흐름 하에서 이를 종합적으로 살펴볼 필요가 있다. Gredler(2004)는 학습이론은 교수설계를 위한 지침으로써 역할하며, 교수학습 결과로 나타난 산출물에 대한 평가, 교수학습과 관련된 문제의 진단, 이론을 바탕으로 수행된 연구에 대한 평가에 활용될 수 있다고 하였다.

(1) 행동주의적 접근

행동주의는 학습을 '경험의 결과로 나타나는 관찰할 수 있는 행동의 변화'로 정의하고, 교수학습을 자극(stimulus)과 반응(response) 간의 연합으로 파악한다. 행동주의 학습이론은 Watson(1878~1958)이 미국 행동주의를 체계화하고, Pavlov의 고전적 조건화이론이 성립된 후, Thorndike의 시행착오이론, Skinner의 조작적 조건화이론 등으로 발전하였다.

행동주의는 인간의 정서적 경험에 대한 연구를 비과학적인 것으로 간주하고, 보다 객관적인 방법으로 교수학습 원리를 밝혀내고자 동물을 대상으로 많은 실험을 실시하였다. Pavlov(1849~1936)의 고전적 조건화이론은 개들에게 먹이를 주어 소화기관에 관계된 다른 실험을 하던 중에 개들이 먹이를 보거나 냄새를 맡기만 해도 침을 흘리는 것을 발견하고 고전적 조건형성이론 모형을 개발하였다. 개들에게 중성자극(종소리)을 제공한 후 무조건 자극(먹이)을 주는 것을 반복하면, 무조건자극에 의해 이루어지던 무조건반응(침)이 조건으로 형성된 후에는 조건자극(종소리)만으로 조건반응(침)이 이루어진다.

Thorndike(1874~1949)는 굶주린 고양이를 상자에 가두고 문제상자 밖에 생선을 고양이가 볼 수 있도록 두고 페달을 밟거나 줄을 당겨 문을 열면 먹이를 먹을 수 있도록 실험한 결과 세 가지 학습법칙을 발견하였다. 첫째, 효과의 법칙(law of effect) 혹은 결과의 법칙으로 만족스러운 결과가 나타나면 반응이 계속되고, 불만족스러운 결과가 나타나면 반응이 약해진다는 것이다. 둘째, 연습의 법칙은 자극과 반응의 결합이 반복 연습되면 그 결합이 강해지며, 셋째, 준비의 법칙은 새로운 사실과 지식을 습득하기 위해 준비를 충분히 갖추고 있을수록 결합이 강해진다는 것이다.

Skinner(1904~1990)는 다른 행동주의자들이 행동이 자극과 반응의 연합으로 이루어진다고 주장하는 것과 달리 행동은 반응과 강화의 연합으로 이루어진다고 설명하였다. 즉, 어떤 행동이 외적 자극의 영향 없이 자발적, 능동적으로 일어난 뒤에 그 행동의 결과에 의해서 학습이 이루어지는 것이며 이를 조작적 조건화라고 한다. 그는 학습은 반응의 원인, 반응 및 강화되는 결과로 구성되며, 이를 변별자극(S^D), 반응(R), 강화자극(S^{reinf})으로 설명하고 학습의 과정을 (S^D)-(R)-(S^{reinf})으로 보았다. Skinner는 상자 속에 비둘기나 흰쥐를 넣고 비둘기가 버튼을 누르거나 흰쥐가 지렛대를 누르면 먹이가 나오게 고안한 결과 단추나 지렛대를 누르는 초기 반응(R)은 우발적으로 발생하지만, 반응의 결과로 먹이(S)를 얻게 되면 누르기와 먹이는 조작적으로 연결되고 강화되어 학습이 이루어지게 된다. 강화에는 돈, 음식, 칭찬 등과 같이 반응이 이루어졌을 때 그 반응이 발생할 확률을 높이는 만족스러운 자극인 정적 강화와 청소면제 등과 같이 행동결과에 대한 바람직하지 못한 자극을 제거하여 바람직한 행동반응의 확률을 높이는 부적강화가 있다. 한편 강화와 구별되는 개념으로 바람직하지 못한 행동을 했을 때 불쾌자극을 가감하여 행동 반응률을 감소시키는 벌이 있다.

산업인력개발 교수자는 행동주의적 접근에 따라 강화계획을 수립하여 학습자들의 학습을 촉진할 수 있다. 강화계획으로는 학습자들에게 정해진 시기에 평가를 하는 등의 고정간격 강화계획, 학습과제를 성공적으로 해결할 때마다 가산점을 주는 등 일정한 반응 횟수마다 보상하는 고정비율 강화계획, 불규칙하게 간격으로 보상하는 변동간격 강화계획, 강화비율이 불규칙하게 이루어지는 변동비율 강화계획이 있다.

(2) 인지주의적 접근

인지주의적 접근은 학습자의 내부적인 과정에서 학습의 의미와 과정을 이해하는 관점으로 인간의 행동이 아닌 인식, 지각, 기억, 이해, 추리, 문제해결 등의 능동적인 인지활동에 바탕을 두고 학습을 설명하고 있다. 인지주의적 접근은 독일의 심리학자 Wundt(1832~1920)의 내성법에서 시작하여 Lewin(1890~1947)의 장이론에서 구체화되었으며, Piaget의 인지발달이론, Gagné의 학습조건이론, 정보처리이론 등으로 발달하였다.

Piaget(1896~1980)의 인지발달이론은 유기체 구조와 환경 자극과의 구성적 통합(constructive synthesis)의 결과 인지발달이 이루어진다고 하여, 한 단계의 추론 및 사고에서 보다 높은 단계의 추론 및 사고로의 진보를 설명하는 과정에 초점을 두고 있다. 이러한 과정에는 인지발달이 환경과의 상호작용인 동화, 조절, 평형화의 세 가지 기본적 가정에 의해 영향을 받는다는 기본 가정이 있으며, 지식은 동화와 조절의 평형에 의해 구성된다. 동화(assimilation)는 환경과 상호작용할 때 환경에서 받은 자극을 이미 지니고 있는 자신의 감강운동도식이나 개념도식에 통합하는 것이다. 조절(accommodation)은 동화와 상반되는 관계에 있으며 개인을 현실 상황에 맞게 조절하고 수정하여 환경과의 조화를 꾀하는 것이다. 평형화(equilibration)는 동화와 조절이 균형을 이루도록 하는 적응의 과정이다.

Gagné(1916~2002)의 학습조건이론은 인간이 수행하는 다양한 기능을 분석하여 학습이라는 변화의 다양성을 포괄적으로 제시하였다. 그는 학습이란 새로운 능력을 획득하기 위해 요구되는 정보처리 단계로 환경의 자극을 변형시키는 인지과정의 집합으로 인간의 성향이나 능력의 변화가 일정 기간 지속적으로 유지되는 상태이며, 단순히 성장에 의한 변화는 포함하지 않는다. Gagné의 이론을 구성하는 핵심 개념은 학습된 능력(learning outcomes), 학습사태(events of learning), 학습조건(conditions of learning)이다. 먼저 학습사태는 학습자 내부에서 일어나는 일련의 정보처리 과정으로 주의집중–기대–작동적 기억으로 재생–선택적 지각–의미론적 부호화–재생과 반응–강화–재생을 위한 암시–일반화의 9단계가 연속적으로 이루어진다. 학습조건은 학습의 외적 조건으로 교수자가 수행하는 교수학습과정을 의미하며, 일반적으로 주의획득–목표제시–선수학습 재생 자극–학습과제에 내재된 자극 제시–학습 안내–성취행동 유도–피드백 제공–성취행동 평가–파지 및 전이 촉진 과정을 거친다. 학습사태와 학습조건 9단계는 〈표 6–2〉와 같이 학습 준비, 획득과 수행, 학습 전이의 세 범주로 구분될 수 있다. 학습된 능력은 언어 정보, 지적 기능, 인지 전략, 운동 기능, 태도의 다섯 가지 영역에 따라 구분된다. 또한 Gagné는 인간의 학습은 누가적으로 단순한 것에서부터 복잡한 것으로 이루어진다는 지적 기능의 조직인 학습위계(learning hierarchies)를 밝히기도 하였다.

〈표 6-2〉 Gagné의 학습단계와 수업사태

구분		학습단계	수업사태	내용
학습을 위한 준비	1	주의집중	주의획득	학습자의 감각이 자극을 받아들일 준비를 함
	2	기대	학습자에게 목표 제시	학습자들이 각 처리단계에서 산출결과를 선택함
	3	작동 기억에 재생	선수학습의 재생 자극	선수학습의 회상을 자극함
획득과 수행	4	선택적 지각	학습과제에 내재된 자극 제시	들어온 자극 중 선택하여 일시적으로 저장
	5	의미론적 부호화	학습 안내	수용된 자극 특성들이 장기 기억으로 저장됨
	6	재생과 반응	성취행동 유도	새롭게 저장된 정보를 재생하고 반응
학습 전이	7	강화	피드백 제공	학습자의 목표 달성도를 재확인함
	8	재생 단서	성취행동 평가	부가적인 단서를 추가함
	9	일반화	파지 및 전이 촉진	새로운 상황에 적용토록 함

산업인력개발 교수자는 인지주의적 접근에 따라 학습자의 인지활동에 기초하여 교수학습 계획을 수립할 필요가 있다. 또한 교수학습과정에서 단순한 것에서 복잡한 것으로 학습이 이루어질 수 있도록 학습과제를 분석하여 위계적으로 계열화하여 제시하고, 학습자들이 자유롭고 창의적으로 사고할 수 있는 교수학습방법을 활용하도록 한다.

(3) 사회인지주의적 접근

사회인지주의적 접근은 인지주의이론과 행동주의이론을 통합한 것으로 인지적 행동주의이론이라고도 한다. 대표적인 학자 및 이론은 Bandura(1925~현재)의 사회학습이론으로 이는 학습자의 행동변화는 직접경험보다 학습초기에는 타인의 행동을 관찰함으로써 대리학습을 하고, 점진적으로 기대 혹은 자기효능감이 동기요인으로 작용하여 개인의 사고가 행동으로 표현되어 자기조정 학습형태를 띠게 된다고 강조한다. 즉, 학습은 개인, 환경, 행동의 역동적 상호작용에 의한 것으로 학습의 구성요소로는 행동 모델, 모델 행동의 결과, 학습자의 내적 과정, 지각된 자기효능감이 있다. 학습자는 [그림 6-5]와 같이 모델의 행동을 관찰하여 인지하고 행동을 수행하는 과정을 거치며, 이러한 과정 중에 자기효능감은 인지적, 동기적, 정서적, 그리고 선택의 과정들에 영향을 미친다.

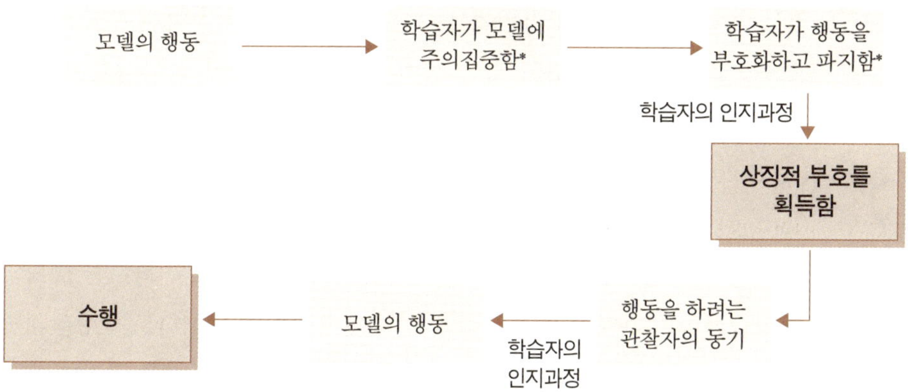

* 모델에게 강화되어 촉진됨

[그림 6-5] Bandura의 사회학습이론에 따른 관찰학습 절차

사회학습이론에서 학습의 핵심 요소는 교수학습 상황에서 모델과의 동일시, 모델에게 주는 강화, 학습자의 모방 행동의 인지적 처리이다. 특히 모델은 교수학습과정에서 교수자, 동료 학습자, 선배나 상사직원 등 모든 구성원이 될 수 있으며 위인과 같은 상징적인 인물도 될 수 있다. 산업인력개발 교수학습방법 중 하나인 코칭이

나 멘토링에서는 선임자가 이 모델의 역할을 담당하게 되며, 산업인력개발 교수자는 모델을 통해 최대의 효과를 얻기 위해서 사회학습이론에 따라 프로그램을 계획하고 준비할 수 있다.

(4) 구성주의적 접근

구성주의적 접근에서 학습이란 학습자가 자신의 경험, 흥미에 따라 학습내용을 스스로 구성해나가는 과정을 의미하며, 구성주의적 교수학습이론은 크게 인지적 발달이론과 사회발달이론으로 구분할 수 있으며, 인지적 발달이론은 인지적도제이론과 인지적유연성이론으로, 그리고 사회발달이론은 정황교수이론과 상황학습이론으로 세분된다.

인지적도제이론이란 전통적인 도제를 인지적인 영역에 적용시켜 학습은 체험을 통해 이루어진다는 논리로 교수자의 모든 행동과 사고를 학습자가 직접 관찰하고 체험하면서 학습하게 된다. 이 이론에서 학습은 먼저 교수자가 어떤 과정에 대해 시범을 보여주는 단계(modeling), 학습자가 따라하고 교수자는 학생들을 지도(coach)하거나 학생들의 노력을 보조해주는 등 문제해결을 위한 인지적 틀을 제시하는 단계(scaffolding), 학생들이 점차적으로 그 과정에 익숙해져 스스로 해결하게 되는 단계(fading)로 구성된다. 인지적유연성이론에서 인지적유연성이란 즉흥적으로 자신의 지식을 재구성할 수 있는 능력을 의미하며, 급진적으로 변화하는 상황의 요구에 따라 학습자들이 다양한 방법으로 그 상황에 적절하게 대처하도록 상황의존적인 스키마 연합체를 형성해야 한다. 이를 위해 학습자의 사전지식을 고려하여 주제 중심의 학습을 하고 실생활과 관련된 주제를 학습자들이 충분히 다룰 수 있는 정도의 복잡성을 지닌 과제로 세분화한다.

정황교수이론에 따르면 복잡하고 다양한 실제 문제들을 설정하고 교수자와 학습자가 이를 해결하는 것을 촉진할 수 있도록 교수학습과정은 사례나 문제 상황 등과 같은 정황을 중심으로 설계한다. 상황학습이론은 학습의 맥락을 중시하며, 지식은 독립적으로 존재하는 것이 아닌 상황적인 것으로 실제적인 생활 맥락에서 제시되어야 한다고 본다. 따라서 학습은 사회적인 교류와 협동이 필요하며 어떤 상황이나 사건들에 대한 학습자들의 다양한 해석과 협동적 노력을 통해 각 개인의 견해와 사고의 틀을 넓혀나가면서 이루어진다. 산업인력개발 교수학습에서 효과적으로 활용되고 있는 문제해결학습은 이러한 상황학습이론의 핵심적인 요소들이 구체화된 것이다.

구성주의적 접근이 교육현장에 소개되면서 구성주의학습이론의 기초를 마련한 Vygotsky(1896~1934)의 문화역사적 심리발달이론에 대한 관심도 증가하고 있다. Vygotsky는 사회문화적 요인들이 인간의 인지발달에 어떠한 영향을 미치는가를 이해하고자 하여 사회적 환경인 사회구조, 도구(언어, 문자, 제스처 등), 기술 등과 개인의 사고와의 관련성에 초점을 맞추어 설명하고 있다. 특히 그는 아동을 환경과의 상호작용을 통하여 스스로 지식을 구성하고 조직하는 능동적인 학습자로 보았으나, 물리적 대상과의 상호작용을 강조한 Piaget와 달리 인지적 구성은 항상 사회적으로 매개되며 현재와 과거와의 상호작용을 중요시 했다는 점에서 차이를 가진다. 교수자는 인지발달을 효과적으로 지원하기 위해 학습자의 실제발달 수준과 근접발달의 영역(The Zone of Proximal Development : ZPD) 수준을 측정하고 사회적 상호작용으로 학습자의 근접발달영역 내에서 새로운 발달을 가져올 수 있어야 한다.

산업인력개발 교수자는 구성주의적 접근에 따라 학습 환경을 효과적으로 조직하고, 학습자들의 지식을 스스로 구성할 수 있도록 일방적인 교수가 아닌 상호작용을 통하여 해결할 수 있는 문제에 초점을 맞추어야 한다. 따라서 비지시적인 교수학습방법을 활용하여 학습자들에게 문제해결의 실마리(scaffolding)를 제공하는 역할을 담당해야 한다.

3. 산업인력개발 교수학습방법

1) 산업인력개발 교수학습방법의 유형

산업인력개발 교수학습은 학습자들이 변화하는 산업 환경에 적응하고 새로운 비전을 정립할 수 있도록 현장 중심의 실천적 교육으로 이루어져야 한다. 따라서 산업인력개발 교수학습방법은 산업인력개발의 목적을 달성하기 위하여 가르치고 배우는 과정 및 방법이다. 이러한 교수학습방법들은 어떻게 구별될 수 있는가? 학자들마다 전통적인 방법과 최신 방법으로 구분하거나 교수중심방법과 학습자중심방법으로 구분하는 등 다양하게 구분하고 있지만 산업인력개발 교수학습방법은 교수자가 선택해서 사용할 수 있는 특징을 중심으로 [그림 6-6]과 같이 학습이 이루어지는 장소의 특성에 따라 집합중심방법과 현장중심방법으로, 학습 집단의 크기에 따라

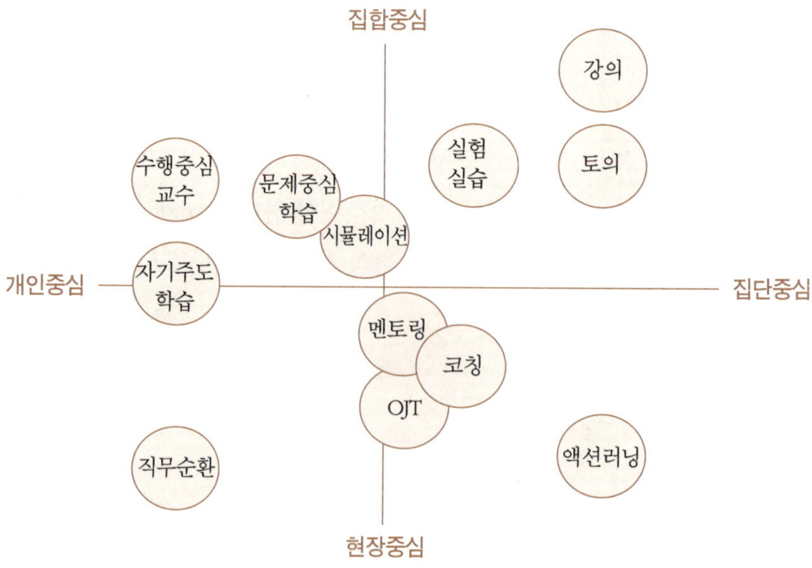

[그림 6-6] 산업인력개발 교수학습방법의 유형

개인중심방법과 집단중심방법으로 구분할 수 있다. 이 외에 기존의 학습 장소에 대한 개념을 탈피하여 인터넷 상에서 학습이 이루어지는 이러닝과 한 가지 교수학습 원리 및 방법의 한계를 극복하기 위해 두 가지 이상의 전달기제와 학습방법을 통합한 블렌디드 러닝이 있다.

(1) 집합중심방법

집합중심방법은 학습자들을 실내에 모아놓고 수업을 통해 교수자와 학습자간의 상호작용이 이루어지는 방법이다. 산업인력개발 분야에서는 교실에서의 수업뿐만 아니라 수련원이나 전문연수원 등 연수목적에 적합한 전문시설을 활용하는 경우가 많으므로 교수학습이 이루어지는 장소를 점검하고 효과적인 교수학습방법을 결정해야 한다. 집합중심방법은 현장중심방법에 비해 집중적인 교육이 가능하여 다량의 지식을 짧은 기간 내에 습득할 수 있는 장점이 있는 반면, 교수자중심으로 이루어지고 업무현장과 괴리된 단점을 가진다. 집합중심방법으로는 강의, 토의 등의 방법과 업무현장과 유사한 여건이나 상황을 설정해서 학습자들의 경험을 증진시켜주는 실험실습, 시뮬레이션, 문제중심학습, 수행중심교수(PBI) 등의 방법이 있다.

- 강의법(Lecture): 강의법은 오래되고 보편적인 교수학습방법이다. 강의법은 교수자의 설명이나 대화를 통해 어떠한 사실, 정보, 의견, 지식 등을 학습자에게 전달하는 것으로 강의법에서 다루어지는 교육내용으로는 논쟁의 여지가 없는 사실적 정보나 개념들에 제한될 때 효과적이다.
- 토의법(Discussion): 토의법은 어떤 주제에 대하여 교수자와 학습자 또는 학습자들 간에 의견을 상호 교환하는 교수학습방법으로 특정 주제에 대한 학습자 전원의 이해를 깊게 하고 공동의 문제 해결을 위한 협력적인 방안을 모색하는데 활용되고 있다. 산업인력개발에서는 토의의 주제를 현장에서 이루어지는 활동을 중심으로 선정하여 학습자들의 문제해결능력을 향상시키고, 행동방침을 정립하도록 활용될 수 있다. 토의법은 참가자의 역할과 토의가 이루어지는 구조 등에 따라 집단토의, 패널토의, 심포지엄, 브레인스토

밍, 버즈그룹 등으로 나뉜다.

- 실험실습법(Laboratory): 실험은 새로운 사실을 발견하거나 어떤 가설을 검증하기 위한 활동이며, 실습이란 이론적으로 학습한 내용을 실제로 실행하여 기능을 숙련하는 활동이다. 산업인력개발에서 실험실습법은 현장의 업무를 사전 연습하거나 숙련하기 위하여 활용된다.
- 시뮬레이션(Simulation): 시뮬레이션은 실제의 상황이나 그와 매우 유사한 사태를 인위적으로 만들어 현장에서의 적응성을 높여주고 학습자들이 능동적으로 참여하도록 하는 교수학습방법이다. 시뮬레이션은 실제 현장에서 수행하는 것보다 비용이 저렴하고 위험부담이 없지만 교수자의 체계적인 설계가 요구된다.
- 역할극(Role-playing): 역할극은 타인의 역할을 연기하여 문제 상황을 파악하고 타인의 견해나 태도를 이해할 수 있으며 업무를 숙련할 수 있는 교수학습방법이다. 효과적인 역할극이 이루어지기 위해서는 문제 상황과 각자의 역할이 정확하게 규명되어야 한다.
- 사례연구(Case Study): 사례연구는 일반적으로 연구방법으로 사용되지만 교수학습과정에서 실제적인 상황이나 대상을 이용하여 학습자들의 문제해결 능력을 향상시키기 위하여 활용될 수 있다. 사례연구의 핵심은 현실적이고 실제적인 해결방안 도출이 가능하며 학습목표 달성이 가능한 적절한 사례를 선정하는데 있다.
- 게임법(Game): 게임법은 게임을 활용하여 학습자들의 흥미를 고취시키고 경쟁적이고 도전적인 활동에 참여하도록 하여 학습을 촉진하기 위한 교수학습 방법이다. 교수자는 게임법을 활용할 때에 지나치게 흥미에 치우쳐서 학습 목표 달성에 실패하지 않도록 게임이 끝나고 난 뒤 이를 토론하거나 피드백하는 등 학습효과를 높일 수 있는 방법을 설계해야 한다.
- 문제중심학습(Problem-Based Learning): 문제중심학습은 학습자들에게 산업현장에서 발생하는 문제를 제시하고 능동적으로 이를 해결하도록 하여 실제적인 지식을 습득하도록 하는 교수학습방법이다. 문제중심학습은 제시된

상황을 학습하는 과정을 통해 지식을 습득하고 이를 응용할 수 있는 능력을 기를 수 있다.

- **수행중심교수**(Performance-Based Instruction): 수행중심교수는 best performer의 지식, 기술, 태도와의 격차를 줄이는 과정을 통해 이루어지는 교수학습과정으로 신속하게 높은 수준의 성과 달성에 효과적이지만 교수자의 체계적인 개발과정이 요구된다.

(2) 현장중심방법

현장중심방법은 실제 업무현장에서 학습자의 업무상의 문제를 해결하고 수행성과를 향상시키기 위하여 교수자와 학습자간의 상호작용이 업무와 동시에 이루어지는 방법이다. 현장중심방법은 집합중심방법에 비해 교수학습을 방해하는 소음, 안전사고 등이 발생할 수 있고 교수자의 교수능력에 대한 육성 및 검증이 이루어지지 않는 등의 문제가 있지만, 업무현장의 지식과 기능을 습득하고 전이효과도 높으며 학습자의 능력수준에 따라 적합한 교수학습방법을 활용할 수 있어 산업인력개발의 목적인 현장에 기반한 경쟁력 있는 인재를 육성하는데 효과적인 방법으로 새롭게 각광받고 있다.

오랫동안 현장중심방법은 직무상훈련(OJT)을 지칭하는 것으로 알려졌으나, 최근에는 액션러닝, 멘토링 등 훈련보다는 학습의 관점에서 제안된 방법들이 많이 활용되고 있다. 그러나 이러한 액션러닝, 멘토링 등의 방법들은 교실에서 이론적인 교육을 하고, 현장에서 문제해결을 중심으로 비형식적인 교수학습이 이루어지기도 하므로 모든 교수학습과정이 현장에서만 이루어진다고 단정적으로 볼 수는 없다.

- **직무상훈련**(On the Job Training: OJT): OJT는 도제제도에서부터 시작된 훈련의 매우 오래된 형태로 직무현장에서 학습자들의 작업 활동을 수행하는 중에 훈련가와 학습자 사이에 일대일로 수행하는 것이다. OJT는 체계적으로 사전에 계획된 구조적 OJT와 즉흥적으로 이루어지는 비구조적 OJT로 구분된다.
- **액션러닝**(Action Learning): 액션러닝은 업무와 관련된 실제적인 문제를 해결

하는 가운데 통찰과 혁신적 사고를 기르기 위한 교수학습방법으로 구성원들의 질의와 성찰을 통해 실시간 학습경험을 제공하게 된다. 액션러닝은 문제를 해결하는 과정을 통해 개인 및 조직의 변화를 유도할 수 있다.

- 코칭(Coaching): 코칭은 업무현장에서 연장자나 경험자(코치)가 자신의 실전적 지식을 학습자에게 전달하는 1:1 커뮤니케이션 과정을 통해 교수학습이 이루어지게 된다. 코칭은 학습자들의 업무수행능력 향상을 목적으로 학습자들이 업무수행 상의 문제를 해결하고 개선할 수 있도록 하는데 효과적이다. 코칭에서는 일방적인 지시가 아닌 학습자들을 관찰하고 학습을 촉진할 수 있는 교수능력을 가진 코치의 확보가 중요하다.
- 멘토링(Mentoring): 멘토링은 연장자나 경험자(멘토)와 학습자(멘티)의 상호작용을 통하여 학습자의 조직적응이나 업무수행능력 향상을 목적으로 하는 교수학습방법이다. 멘토링은 단순한 지식전달뿐만 아니라 조직이나 환경에 적응하는 법을 습득하게 하여 코칭보다 장기적인 관점에서 학습자의 역량과 발전을 도모한다.
- 직무순환(Job Rotation): 직무순환은 과거 인사관리의 부분으로만 이해되었지만, 조직 내의 다양한 직무경험을 통해 직무 전체에 대한 이해를 높이고 조직의 핵심인재나 리더를 육성하는 효과적인 교수학습방법으로 활용될 수 있다. 실제적인 업무상황에서 교수학습이 이루어지므로 전이효과가 높은 장점을 가지지만, 해당 직무의 전문성이 부족한 경우 업무수행의 성과가 떨어질 수 있으므로 주의해야 한다.
- 자기주도학습(Self-Directed Learning): 자기주도학습은 학습자들이 해결해야 할 문제를 스스로 선택하고 실행하며 성찰하는 과정을 통해 업무와 관련된 문제를 해결하고 자기개발이 이루어지도록 하는 교수학습방법이다. 자기주도학습은 집합중심방법이나 현장중심방법에서 모두 활용할 수 있으며 교수자는 학습자가 능동적으로 지식을 해석하고 구성할 수 있도록 자극하는 촉진자의 역할을 감당한다.

(3) 이러닝(e-learning)

인터넷과 디지털 테크놀로지가 발달함에 따라 이를 이용하여 경험을 창출해내고 학습이 이루어지도록 하는 이러닝이 활성화되고 있다. 이러닝이란 '지식과 수행을 향상시키는 다양한 해결책을 전달할 목적으로 인터넷 기술을 이용하는 것(Rosenberg, 2001)' 이다. 그러나 단지 웹을 이용한 교수학습이 모두 이러닝인 것은 아니며, 체계적인 교수설계를 통해 교수학습이론이나 교수전략 및 기법을 고려하여 자료를 제작해야 한다. 이러닝은 기존 교수학습방법에 비해 시간적, 공간적 제약 없이 개별화된 학습자 맞춤형 학습이 가능하고, 1:1 상호작용이 이루어지고 내용을 실시간으로 갱신할 수 있으며, 지식경영시스템을 활용하여 지식의 교환, 공유 및 확산이 강화될 수 있는 장점이 있다. 반면에, 초기 투자비용과 기술적인 문제가 있고, 교육내용(컨텐츠)의 품질을 지속적으로 확보하기 위한 노력이 요구되며, 대면접촉이 없어 학습자들을 동기화하는데 제한이 있다.

따라서 학습자들을 컴퓨터 앞에 앉히고 학습하도록 만드는 것이 이러닝 성공의 가장 중요한 요소이다. 따라서 학습자들이 자발적으로 학습하도록 동기부여하기 위해 학습목표를 확실하게 인식시키고, 학습자들에게 꼭 필요한 내용들로 구성하며, 학습동기를 계속 유지하도록 지속적인 체험기회를 제공한다. 또한 한 번에 완전하게 학습하길 기대하지 않고 시행착오를 통해 배우도록 프로그램을 구성하며, 문제를 푸는 과정에서 답이 틀렸을 때 틀린 원인과 정답에 대한 확실한 피드백을 주어야 한다.

(4) 블렌디드 러닝(Blended Learning)

블렌디드 러닝은 일반적으로 온라인과 오프라인 학습방법의 통합을 의미하는 개념으로 사용되고 있지만, 정확하게는 학습자들의 학습 성과를 향상시키기 위하여 두 가지 이상의 전달기제와 학습방법을 통합하는 학습전략을 의미한다. 즉, 블렌디드 러닝의 통합 형태는 온라인과 오프라인 간의 통합을 비롯하여, 행동주의와 구성주의 등과 같은 교육학적 접근방법의 통합, 개별적인 교수학습방법의 통합, 학습경험과 현장에서 업무과제의 통합 등을 모두 포함한다. 이를 통해 일회적으로 이루어지는 교육훈련의 단점을 극복하고 학습기회를 확대할 수 있으며, 학습자의 선택권을 강화하여 학습효과를 높이고, 학습한 내용이 업무현장에서 전이되도록 지원할 수 있다.

2) 대표적인 현장중심 교수학습방법

교수학습방법을 선택할 때는 교수학습별 특징, 활용방안 등을 파악하고, 학습목표, 학습내용, 학습자특성, 교수자의 교수능력, 학습환경 등을 고려하여야 한다. 교수학습방법은 한 가지 방법만을 사용할 수도 있지만 필요할 경우 여러 교수학습방법을 병행하여 사용하는 것이 더 효과적일 수 있다. 산업인력개발 교수학습에서는 보다 현장중심적인 교수학습방법들이 활용되고 있으며, 대표적으로 직무상훈련(OJT), 문제중심학습(PBL), 수행중심교수(PBI), 액션러닝, 멘토링 등이 있다.

(1) 직무상훈련(On the Job Training: OJT)

OJT는 산업인력개발에서 오랫동안 대표적으로 활용되어 온 방법으로, 집합중심방법들이 업무현장과 괴리되어 교수학습이 이루어지는 단점을 극복하고 업무현장에 학습자를 직접 투입하여 실제 자신이 맡은 일을 수행하면서 교육하는 방법이다. 이는 신입사원이 입사하면 선배 사원이나 상급자가 일을 하는 것을 보면서 배우다가(modeling), 조금씩 일을 해보면서 훈련가의 지시를 받거나(coaching) 문제해결에 대한 안내를 받고(scaffolding), 익숙해지면 학습자 스스로 일을 하는(fading) 단계로 이루어진다. OJT는 업무현장이 바로 학습현장이 된다는 점에서 실제적인 현장교육이 가능하고, 학습한 내용을 그 자리에서 적용하여 바로 피드백을 받을 수 있으며, 교육시설 비용이 별도로 들지 않아 경제적이다. 그러나 훈련가가 업무에 대한 전문성은 있지만 교수능력이 검증되지 않아 효과적인 교수학습이 이루어지는데 한계가 있으며, 안전사고의 위험이 있고, 오히려 업무에 집중할 수 없어 업무생산성을 떨어뜨릴 수 있는 문제가 있다.

OJT는 업무현장에서 불시에 발생하는 일에 대하여 즉흥적이고 구조화되지 않고 이루어질 수도 있으나(Unstructured OJT), 체계적으로 구조화될 때 더욱 효과적이다. 구조화된 OJT(Structured OJT: S-OJT)는 학습자, 훈련가, 교육내용인 업무, 업무환경, 계획된 교육과정으로 구성된다. Jacobs와 Jones는 S-OJT를 설계하는 6단계를 다음과 같이 제시하였다(Jacobs & Jones, 1995). 먼저 S-OJT를 실시하는 것이 효과적인지를 결정하고, OJT를 통해 학습할 내용에 대해 분석한다. 그리고 교육을 실시할 훈련가를 선정하고 교육시킨 후, 적절한 교육매체와 도구 등 S-OJT 모듈을 준비하고, 현장교육을 실시하고 마지막으로 교육내용을 분석하고 문제점을 해결한다.

(2) 문제중심학습(Problem-Based Learning: PBL)

PBL은 학습자에게 문제를 주고 그것을 해결해 나가는 과정을 통해 학습이 이루어지도록 하는 교수학습방법이다. PBL은 McMaster 의과대학에서 기존의 의학교육의 부실성과 비현실성을 극복하고 학습자들의 능동성과 자기주도성을 통한 문제해결능력을 함양하기 위해 도입한 것으로 교육현장의 필요에 의해 개발된 방법이다. 문제중심학습에서 학습자는 자신의 지식과 기술을 이용하여 문제를 파악하고 해결 방안을 모색하며 새로운 지식과 기술을 습득할 수 있다. 특히 문제중심학습은 현장과 연계된 문제를 통해 이루어지므로 일과 학습과의 연계가 가능하여 실무능력을 키울 수 있고, 학습자의 자기주도 학습능력을 기를 수 있다. 또한 실제적인 경험을 하게 되어 학습자의 이해와 기억이 증진될 수 있으며 장차 직면하게 될 문제에 대한 문제해결력을 기를 수 있다. 그러나 다양한 해결책이 있는 문제를 설계해야 되므로 학습자 수준에 맞는 적절한 문제를 선정하기 어려우며, 비교적 많은 시간이 소요되고, 학습자들의 자유로운 활동이 이루어지므로 교수자가 사전에 철저하게 계획해야 하며 통제가 어려운 단점이 있다.

문제중심학습은 다양한 해결책이 있고, 학습자의 수준에 따른 문제를 준비하는 것이 중요하다. 이를 위해 교수자는 학습자의 특성과 사전지식 수준 등을 파악하여야 하며, 문제해결법에 대한 경험이 있는지도 알아볼 필요가 있다. 또한 교수자는 사전에 학습내용을 확정해서는 안 되며, 학습자들이 자유롭게 그 내용을 수정하거나 새롭게 추가될 수 있도록 지도하여야 한다.

문제중심학습은 Joyce 등(2004)이 제시한 창의적 문제해결 교수모형을 통해 효과적으로 활용될 수 있다. 먼저 1단계에서는 교수자는 학습자들에게 현재 상태를 그대로 묘사하도록 하고, 2단계에서는 학습자들에게 직접적 유추관계를 제안하며, 3단계는 개인적인 유추를 촉진한다. 4단계는 여러 가지 유추들을 통해 상반되는 것들을 통합하는 과정을 거치고, 5단계에서는 이에 근거하여 다른 직접적 유추를 제시하고 선정한다. 마지막으로 6단계에서는 최초의 학습과제로 돌아가 전체적인 문제를 해결한다.

(3) 수행중심교수(Performance-Based Instruction: PBI)

PBI는 틀에 박힌 대로 행하는 경력자 혹은 신임자의 수행과 탁월한 경력자의 수행사이의 격차를 줄임으로써 개인이나 조직의 성과에 가치를 부가하기 위한 방법이다. 즉, 직무를 처음 수행할 때의 지식, 기술, 태도와 직무를 잘 수행할 때의 지식, 기술 태도 간의 격차를 줄이는데 활용되도록 구상된 교수법이다. PBI는 연시지도법(demonstration), 실험-실습법, 현장학습 등과 함께 현장실무 적응능력을 배양하기 위한 학습목표에 적절한 교수학습방법이며, 숙련된 수행자를 모델로 하여 작업현장에서의 수행가치를 향상시키기 위해 시연이나 실습안내, 빈번한 피드백 제공으로 학습자의 역량을 증진시키는 교수학습이 이루어진다.

PBI는 학습자 중심의 교수학습법으로 교수자는 내용전문가나 실무전문가로서의 입장이 아닌 학습이 원활히 이루어질 수 있도록 조언을 하며 피드백을 제공해주는 코치 혹은 촉진자로서의 역할을 하게 된다. 또한 교수자나 동료학습자의 모범적이거나 비모범적 연시에 대한 관찰을 통해, 바로 안내된 실습을 하기 때문에 높은 수준의 성과를 신속히 달성할 수 있다.

PBI의 실행과정은 감독관찰, 감독실습, 숙련도 평가의 3단계로 이루어진다. PBI는 숙련수행자의 수행 시범을 관찰함으로써 교수학습이 시작된다. 감독관찰단계에서는 학습자들이 교수자관찰을 통해 무엇을, 왜, 어떻게 실행할 것인지 스스로 경험하게 되는 단계로서 교수자는 학습자에게 동기를 부여한다. 감독실습단계는 학습자들이 특정한 결과를 달성하기 위하여 자신의 선행지식과 이상적 수행과의 차이를 줄이기 위해 구체적이고 특정한 과정을 반복하여 실습해보는 단계이다. 학습자들이 연습을 함으로써 그들의 수행수준이나 복잡성은 증가하게 되며, 이 단계에서 교수자는 학습자에게 코치 내지 촉진자의 입장에서 지속적으로 피드백을 제공한다. 세 번째로 숙련도 평가 단계에서는 훈련된 수행결과의 시범을 보여 숙련성 정도를 평가받는 단계로서 이 단계에서 학습자와 교수자는 자신감을 획득하게 된다.

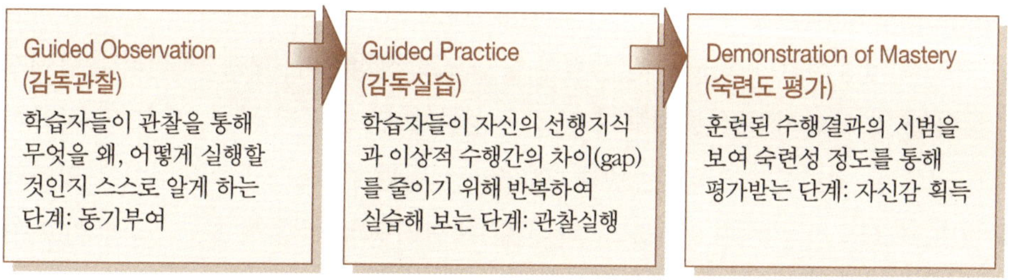

[그림 6-7] PBI 실행단계

(4) 액션러닝(Action Learning)

액션러닝은 문제를 찾아 해결하거나 조직에게 당면한 중요사안을 해결하기 위해, 개인과 집단 및 팀의 발전을 위해서 수행되는 교수방법이다. 액션러닝이란 조직의 요구와 개인 및 집단의 발전을 목표로 실시한 학습경험을 의미하여, 소규모로 구성된 한 집단이 조직, 그룹 또는 개인이 직면하고 있는 실질적인 문제와 원인을 규명하고 이를 해결하기 위한 방법을 모색하고, 대안을 현장에 적용하며, 이러한 과정에 대한 성찰을 통한 학습이라고 할 수 있다. 이러한 액션러닝은 통찰과 혁신적 사고를 위한 다양성을 기르고, 학습의 방법에 대한 학습을 가능하게 하며, 개인과 사회의 변화를 가져오는 특징을 가진다. 교수방법으로서 액션러닝은 민주적인 기반과 신뢰를 구축할 수 있는 방법으로 구성원들은 질의와 성찰 등을 통해 학습에 더 몰입할 수 있으며, 개인의 잠재력을 더욱 발휘할 수 있게 된다. 또한 액션러닝은 기술적 포장보다 실천을 더욱 중요시하므로 실제 발생하는 문제를 해결하는데 활용하는 실천적인 특성을 가지고 있다. 또한, 액션러닝은 고정관념의 틀을 깨고 다양한 통찰력있는 질문을 하는 가운데 자신의 관념의 한계를 직시하게 되어 참여자들의 근본적인 가치도 변화하는 기회를 제공할 수 있다.

액션러닝의 프로세스로 일반적으로 알려진 Rothwell(1999)의 모형을 활용하면 보다 체계적으로 액션러닝을 산업인력개발에서 활용할 수 있다. 첫째, 액션러닝에 적합한 상황을 인식하여 조직의 진정한 요구가 무엇인지, 해결하거나 개선해야 할 문제는 무엇인지 등을 명시한다. 둘째, 액션러닝 팀을 선정하고 조직하되 다양한 관점과 배경을 제시할 수 있는 사람이나 당면한 사안과 그 해결방법에 관해 긍정적인 태도와 개방적인 사고를 가진 사람을 중심으로 선정한다. 셋째, 액션러닝 팀에게 주요사항 및 제안사항을 통지하여 팀을 구성하게 된 근원적 문제, 상황 및 사안에 대한 충분한 정보를 제공한다. 넷째, 액션러닝 팀원 간 결속하여 움직이고 협조할 수 있도록 상호작용을 활성화한다. 다섯째, 액션러닝 팀에게 해결방안을 밝히고 결과실행 권한을 부여하여 문제 사항 및 사안에 대해 보다 정확하게 파악하고 상황을 해결할 수 있도록 한다. 여섯째, 경우에 따라 팀원들에게 실행결과에 대한 평가권한이 주어지지 않을 수도 있지만 액션러닝의 팀활동의 장단점을 스스로 평가해볼 수 있도록 한다. 일곱째, 문제상황이 해결되면 팀을 해산하되 개인별 집단별로 경험을 통해 학습한 것, 지속적으로 요구되는 노력, 학습한 내용 등에 대해 질문하여 미래 방향이 설정되도록 촉진한다.

(5) 멘토링(Mentoring)

멘토링은 연장자나 경험자나 멘토가 되어 자신의 경험으로 터득한 지혜로 학습자인 멘티에게 역할모형을 제공하고 경력계획과 대인관계 개발 등에 대한 후원, 지시, 피드백 등을 제공하는 과정이다. 멘토링은 단순히 업무에 대한 정보를 제공하는 차원이 아니라 원만한 대인관계를 기반으로 한 상호학습과정이기 때문에 무엇보다 멘토와 멘티 간의 원활한 커뮤니케이션이 요구된다. 오늘날 대부분 멘토링을 도입하여 활용하고 있는 학교, 기업 등의 조직에서는 멘티와 멘토를 매칭한 뒤 방치하는 것이 아니라 이를 교수학습방법으로 활용할 수 있도록 멘토링 관계의 설정, 프로세스 모니터링, 프로그램 결과 및 활용 등에 대한 지속적인 개입이 요구된다.

일반적으로 멘토링과 코칭은 서로 혼용되어 사용되고 있으며, 학문적으로도 뚜렷이 구별하여 정의되지 않는다. 멘토링과 코칭을 구별하는 입장에서는 〈표 6-3〉과 같이 코칭이 즉각적인 수행향상을 목적으로 하는 반면 멘토링은 장기적인 관점에서 학습자의 지식과 기능의 발전을 도모하기 위해 조언과 상담을 실시하는 것으로 구분하기도 하지만, Whitemore(1999)는 코칭도 장단기적인 수행향상과 기능향상 모두를 포괄할 수 있다고 통합적으로 보기도 한다.

멘토링은 단순한 지식전달뿐만 아니라 전인적인 교육이 가능하며, 업무와 관련하여 조직이나 환경에 적응하는 법을 배울 수 있다. 또한 멘토링을 통해 전수된 경험은 학습 시간을 단축시킬 수 있고, 시행착오를 줄일 수 있다. 멘토링을 통하여 멘티의 경력개발이나 업무역량 향상이 이루어지는 것은 물론이고 멘토의 경력향상과 역량을 향상시킬 수 있으며, 조직의 성과향상이 이루어질 수 있다. 반면에 멘토링은 멘토의 교수능력이나 노력에 따라 학습효과가 지나치게 좌우되며 경우에 따라서 멘토와 멘티의 관계는 학습자에게 오히려 부담으로 작용할 수도 있다.

멘토는 멘티에게 업무를 수행함에 있어서 무엇을 어떻게 해야 하는지를 자연스럽게 보여주면서 멘티가 직접 경험할 수 있는 기회를 제공해 주어야 한다. 따라서 멘토는 멘티가 스스로 경험을 통해서 습득할 수 있도록 충분한 시간을 주어야 하며,

〈표 6-3〉 멘토링과 코칭 및 관리의 구분

구분	멘토링	코칭	관리(Managing)
업무목표	사람을 리더로 성장 - Leadering	부하(선수)의 업무능력 향상 - Skillup	부하의 업무성과 도출 - Performance
연결형태	멘티 중심 연결형태 유지 멘티1: 멘토 1이나 소그룹	코치중심 연결형태 유지 코치1: 부하(선수) 소그룹	상사중심 연결형태 유지 상사1: 부하 다수
업무성격	인간관계라는 특수업무 TFTeam형식으로 추진	회사 정규업무와 정규조직+ 인간적인면 배려 추진	회사 정규업무추진 Line 및 Staff 조직 추진
업무특성	사람자체(인격개발)가 중심	직원의 업무능력이 중심	직원의 업무성과가 중심

자료: 류재석(2006). 멘토링 원리와 현장적용방법. 서울: 한국학술정보

주입식으로 일방적인 지식을 강요해서는 안된다. 특히, 멘토링은 멘토와 멘티의 커뮤니케이션이 중요하므로 효과적인 대화를 통해서 서로에 대한 이해를 증진하고 학습효과를 촉진할 수 있어야 한다. 이를 위하여 커뮤니케이션 전략을 포함한 멘토링 관계 유지를 위한 전략을 개발하고, 멘토와 멘티의 역할, 관계유지 기간, 적용범위 등에 대한 합의가 선행되어야 하며, 조직에서는 합리적이고 개방적인 대화가 이루어질 수 있는 분위기를 조성해 주어야 한다.

요약

이 장에서는 산업인력개발에서의 교수학습에 대해서 살펴보았으며, 이를 위하여 산업인력개발 교수학습의 개념적 기초, 원리 및 방법에 대해서 살펴보았다.

산업인력개발 교수학습은 성공적인 직업생활을 준비하고 영위하는데 필요한 직업적 소양 및 직무수행능력을 길러 경쟁력 있는 인재를 육성하기 위하여 학습자가 경험을 통해서 지속적으로 변화될 수 있도록 교수자가 도움을 주는 과정이라고 정의할 수 있다. 이러한 산업인력개발 교수학습은 일과 학습의 경계가 무너짐에 따라 일상적인 일을 통해서도 교수학습이 이루어지고 있으며, 현장 중심적이다. 산업인력개발 교수학습의 구성요소는 학습자, 교수자, 학습내용, 학습환경이 있으며 이 중 학습자는 가장 중요한 요소로 현재 이루어지는 학습에 적응하고 학습한 내용을 실제 현장에 적용할 수 있는 학습능력이 요구된다.

산업인력개발 교수학습 패러다임은 객관주의와 구성주의로 구분할 수 있으며, 교수학습 패러다임의 변화에 따라 산업인력개발에서의 교수학습이론은 행동주의적 접근, 인지주의적 접근, 사회인지주의적 접근, 구성주의적 접근으로 나누어 볼 수 있다. 최근에는 산업인력개발 교수학습 패러다임이 객관주의에서 구성주의로 이동해옴에 따라 구성주의에 기반한 성과중심 교수학습이 강조되고 있으며, 교수자가 촉진자로서 역할을 감당하고 학습자가 능동적으로 현장에서 이루어지는 문제를 다각적인 관점에서 분석하고 해결할 수 있는 교수학습방법들이 소개되고 있다.

산업인력개발 교수학습방법들은 다양하게 구분될 수 있으나 이 장에서는 학습이 이루어지는 장소를 중심으로 집합중심방법과 현장중심방법으로, 학습 집단의 크기에 따라 개인중심방법과 집단중심방법으로 구분하였다. 집합중심방법으로는 강의법, 토의법, 실험실습법, 시뮬레이션, 역할극, 사례연구, 게임법, 문제중심학습, 수행중심교수 등이 있으며, 현장중심방법으로는 직무상 훈련, 액션러닝, 코칭, 멘토링, 직무순환 등이 있고 자기주도학습은 집합중심교육이나 현장에서 모두 활용이 가능한 방법이다. 또한, 정보매체의 발달에 따라 인터넷 상에서 학습이 이루어지는 이러닝과 학습효과를 극대화하기 위해 두 가지 이상의 교수학습방법 및 전달기제를 통합하는 블렌디드 러닝의 개념과 활용방안을 제시하였다. 특히 산업인력개발에서 널리 활용될 수 있는 대표적인 현장중심 교수학습방법으로는 직무상훈련, 문제중심학습, PBL, 액션러닝, 멘토링 등이 있으며 학습자특성, 학습상황, 학습내용 등을 고려하여 효과적으로 사용해야 한다.

참고문헌

강인애(1998). 성인학습에 대한 구성주의적 진단과 처방. 한준상편. 앤드라고지: 현실과 가능성. 서울: 학지사.

나승일(2004). 대학에서의 효과적인 교수법 가이드. 서울: 서울대학교출판부.

나승일(2005). 농업계 고등학교에서의 교수학습 방향. 2005 한국농업교육학회 한국농업교육협회 공동학술대회.

나승일(2008). 미래형 산업인력 요구와 공학 교수학습의 방향과 과제. 공과대학 교수를 위한 공학교육 교수학습 아카데미.

나승일, 이명훈, 한홍진, 마상진, 김진실(2002). 산업교육실습 이해와 실제. 서울: 교육과학사.

류재석(2006). 멘토링 원리와 현장적용방법. 서울: 한국학술정보(주).

변영계(2005). 교수 · 학습 이론의 이해. 서울: 학지사.

장수용(2007). 21세기 기업 교육훈련 전략. SBC전략기업컨설팅.

전성연(편)(1994). 교수-학습의 이론적 탐색. 서울: 원미사.

한정선(2005). 엑셀런트 티칭. 서울: 랜덤하우스중앙.

한종문(2003). 이것이 강의다. 서울: 맥그로우 컨설팅.

황윤한(2003). 보다 좋은 수업을 향한 교수학습의 패러다임적 전환: 연구 결과와 적용. 서울: 교육과학사.

Bandura, A. (1971). *Psychological modeling: Conflicting theories*. Chicago: Aldine-Atherton.

Bandura, A. (1977). *Social learning theory*. N.J.: Prentice-Hall.

Bandura, A. (1986). *Social foundations of thought and action: A social-cognitive theory*. N. J.: Prentice-Hall.

Billett, S. (2001). *Learning in the workplace: strategies for effective practice*. Austria; Allen & Unwin.

Bonk, C. J., & Graham, C. R. (2006). *The handbook of blended learning: Global perspectives, local designs*. CA: Pfeiffer.

Borich, G. D. (2003). *Effective teaching methods(5th ed)*. N. J.: Merill Prentice Hall.

Boverie, P. E., & Kroth, M. (2008). 나의 일과 열정 그리고 행복 (나승일 역). 서울: 시그마프레스. (원저 2001 출판).

Cole, P. (1992). Constructivism revisited: A search for common ground. *Educational Technology, 32* (2), 27-35.

Corey, S. M. (1971). *The nature of instruction*. N.J.: Prentice-Hall.

Fatt, J. P. T. (1998). Inovative teaching: Teaching at its best. *Education, 118* (4), 616-625.

Fry, H., Ketteridge, S., & Marshall, S. (2006). 대학의 최신 교수-학습 방법 (전남대학교 교육발전연구원 역). 서울: 학지사. (원저 2005 출판).

Gagné, R. M. (1970). *The conditions of learning(2nd ed)*. N.Y.: Holt, Renehart, & Winston.

Gagné, R. M. (1974). *Essentials of learning for instruction*. Hinsdale: Dryen Press.

Garry, R., & Kingsley, H. L. (1970). *The nature and conditions of learning(3rd ed)*. N.J.: Prectice-Hall Inc.

Grelder, M. E. (2005). *Learning and instruction theory into practice(5th ed)*. Merill Prentice Hall.

Hyman, R. T. (1979). S*trategic questioning*. N.J.: Prectice-Hall Inc.

Joyce, B., Weil, M., & Chlhoun, E. (2004). *Models of teaching(7th ed)*. Allyn & Bacon.

Morgan, C. T., & King, R. A. (1966). *Instruction to psychology(3rd ed)*. N.Y.: McGraw-Hill.

Langdon, D. G., Whiteside, K. S., & McKenna, M. M. (2006). 인간수행공학 가이드: 50가지 수행개선기법 (나승일 역). 서울: 시그마프레스. (원저 1999 출판).

Piaget, J. (1973). *To understand is to invent: The future of education*. N.Y.: Grossman.

Piaget, J. (1980). *Adaptation and intelligence: Organic selection and phenocopy*. Chicago: University of Chicago Press.

Rosenberg, Marc J. (2001). *E-Learning: Strategies for delivering knowledge in the digital age*. N.Y: McGraw-Hill.

Rothwell, W. (2002). *The workplace learner*. American Management Association.

Skinner, B. F. (1953). *Science and human behavior*. N.Y.: Macmillan.

Skinner, B. F. (1989). R*ecent issues in the analysis of behavior*. Columbus, O.H: Merill.

Vygotsky, L. S. (1981). *The genesis of higher mental fuctions*. In J. V. Wertsch(Ed.), The concept of activity in soviet psychology. Armonk, N.Y.: Sharpe.

07

산업인력개발을 위한 교수매체

학습개요

이 장에서는 산업인력개발을 위한 교수매체에 대해서 살펴보고자 한다. 이를 위하여 교수매체의 개념, 유형 및 특징, 교수매체 선정 시 고려 요인 및 활용방법 등을 살펴보도록 한다. 또한 이를 기초로 산업인력개발을 위한 교수매체 개발 원리와 개발 방법에 대해 살펴보도록 하겠다.

학습목표

1. 산업인력개발을 위한 교수매체의 개념, 유형, 특징, 교수매체 선정 시 고려 요인 및 활용 방법에 대해 설명할 수 있다.
2. 산업인력개발을 위한 교수매체의 개발 원리에 대해 설명할 수 있다.
3. 산업인력개발을 위한 교수매체의 개발 방법에 대해 설명할 수 있다.

1. 산업인력개발을 위한 교수매체의 개념적 기초

1) 교수매체의 개념

매체(media)란 고대 희랍어에서 사이(between)의 의미를 가진 단어로부터 유래 되었으며, 이는 송신자와 수신자 사이에서 정보를 전달하는 전달수단을 의미한다. 즉, 매체란 정보를 전달하는 과정 속에서 전달을 위해 사용되는 모든 형태의 채널을 의미하며, 이는 목표달성을 위한 중요한 수단이다. 교수매체(instructional media)는 교수활동에 필요한 일련의 사항을 학습자들에게 조직적으로 제공하기 위하여 사용되는 모든 통신혁명의 산물을 말하며, 여기에는 교수자, 교재, 칠판 등은 물론 학습 환경도 포함될 수 있다(주영주, 2000). 교수매체는 교육의 질과 매력을 향상시키는데 도움을 주기 때문에 교육상황에서 어떠한 교수매체를 사용할 것인가의 문제는 중요하지 않을 수 없다. 최근 각종 테크놀러지의 급격한 발달로 수업에 활용할 수 있는 매체가 양적, 질적으로 크게 증가하고 있다. 따라서 교수매체를 활용할 수 있는 기회나 활용에 대한 요구는 날로 증가하고 있는 것이 사실이다. 교수매체를 적절히 선정하고 활용하기 위해서는 교수매체의 기본적인 특성에 대한 이해가 우선되어야 하고, 이를 바탕으로 교육을 위한 교수매체를 선정할 수 있어야 한다. 교수-학습 상황에서 교수매체를 효과적으로 활용함으로써 얻을 수 있는 효과에 대해 Kemp와 Smellie(1989)는 다음과 같이 제시하고 있다.

① 교수활동이 보다 표준화될 수 있다.
② 가르치는 것을 보다 재미있게 해준다.
③ 교수이론의 적용을 통하여 학습에서 상호작용이 활발히 일어나도록 해준다.
④ 교육에 필요한 시간을 절약하는데 도움을 준다.
⑤ 학습의 질적 향상에 도움을 준다.
⑥ 필요한 때와 장소에서 교수활동이 일어날 수 있게 해준다.

⑦ 학습자들이 배우는 것과 학습과정 자체에 대해 긍정적인 태도를 갖게 해준다.
⑧ 교수자의 역할이 긍정적인 방향으로 바뀔 수 있게 해준다.

2) 교수매체의 유형

교수매체는 다양하게 분류할 수 있다. 일찍이 Schramm은 교육매체(educational media)에 관심을 가지고 교육매체가 이용되기 시작한 연대를 기준으로 하여 제1세대 교육매체(칠판, 모형, 차트, 지도, 도표 등), 제2세대 교육매체(교과서, 수련장, 주 내용이 언어로 된 인쇄물), 제3세대 교육매체(사진, 슬라이드, 환등기, 무성영화, 녹음기, 라디오, 유성영화, 교육TV), 제4세대 교육매체(언어실습장치, 프로그램 교수, 전자계산 조직)로 분류하였다. 그 분류는 1960년대를 기준으로 하였기 때문에 지금은 많이 매체가 새로이 개발되었고 매체 이용 범위도 크게 달라져 새로운 분류가 필요해졌다.

이 책에서는 교수매체를 ① 인쇄 자료, ② 실물 자료, ③ 시청각 자료, ④ 웹 자료 분류하고자 한다. 교수매체의 개념에서도 언급한 것과 같이 어떤 것이라도 교육적인 목적으로 이용한다면 교수매체가 될 수 있다. 설령 이 지상에 없는 가상적인 것이라도 교육적인 목적으로 이용한다면 교수매체가 될 수 있다. 여기에서 중요한 것은 교육적인 목적으로 이용할 때 교수매체가 되는 것이다.

(1) 인쇄 자료

주로 말과 글로 구성된 교수매체로서 교과서, 부독본, 실습지시서 등이 포함된다. 인쇄자료는 인쇄술이 보급되면서 교과서라는 형태로 교수매체의 중심에 자리잡게 되었으며 그 역사 또한 아주 오래되어 매우 길다. 인쇄술이 발전되지 못하고 인쇄하는데 많은 비용이 소요되었을 때에는 교과서가 주된 교수매체가 되었고 또한 가장 널리 사용되었다.

인쇄 자료는 기본적으로 스피치, 텔레비전, 라디오 등과 같이 의사전달의 매체이며, 교수자가 학습자에게 메시지를 전달하는 커뮤니케이션 과정의 하나로 볼 수 있다. 나아가 인쇄 자료는 단순히 메시지를 저장하고 있는 패키지라기보다는 학습 과정에서 학습자가 이를 이해하기 위해서 창의적으로 사용되어지는 코스웨어다. 따라서 인쇄자료 즉, 텍스트를 설계할 때는 학습자가 주요한 메시지에 초점을 맞출 수 있도록 지원하고, 해석 과정에서 필요한 때에 선택적으로 해당 텍스트를 처리할 수 있도록 하는 것이 중요하다(Jonassem, 1982).

(2) 실물 자료

교육에 이용되는 실물을 총칭하여 실물 자료라 한다. 학습자들에게 교육적 목적으로 제공되는 실물은 실물 자료에 속한다. Dale이 제시한 경험의 원추에 의하면 실물은 자료는 가장 직접적이고 목적적인 경험을 제공할 수 있으며, 학습자의 이해 증진과 흥미 유발에 효과적이라고 할 수 있다. 실물은 직접 교육현장에 활용하기 어려운 경우 모형(models)이나 디오라마(diorama) 등을 활용할 수 있다.

가. 모형(models)

실물을 모방한 입체 혹은 실물의 일부나 전체로 그대로 확대 축소하여 만든 것을 의미하며, 이는 실물이 제공하지 못하는 학습 경험을 제공할 수 있다. 이는 실물을 분해할 수 없을 경우 모형을 통해 세부 구조를 분해하여 학습자들에게 의미 있는 정보를 제공해줄 수 있는 것이다. 이러한 모형에는 인체모형, 지형모형 등 다양한 유형이 존재한다.

[그림 7-1] 모형(models) 예시

나. 디오라마(diorama)

현실 전경을 제시할 목적으로 축소 또는 확대하여 모형 형태로 전경을 재현하는 것을 말한다. 장방형의 상자를 만들어 상자 속에 그림이나 사진을 활용하여 배경을 만들고 소형의 모형 및 인형 등을 활용하여 전경을 구성함으로써 현실감과 입체감을 부여할 수 있다.

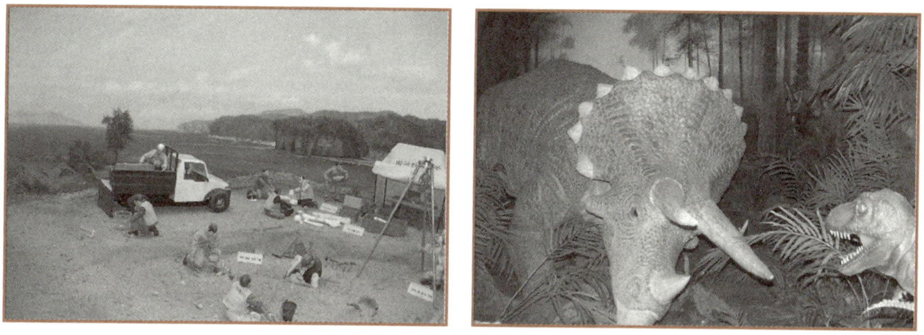

[그림 7-2] 디오라마(diorama) 예시

(3) 시청각 자료

기구를 이용하여 읽고, 보고, 듣는 것이 가능하도록 만들어진 자료로서 사진, 슬라이드, 녹음기, 실물환등기, 동영상, TV, 빔 프로젝트, 파워포인트 등과 같은 매체에 담긴 교수매체를 말한다. 과거에는 시청각 자료를 특정한 기구를 이용하여 비치는 것이 주된 시청각 자료였으나 지금은 컴퓨터와 빔 프로젝트를 통하여 비칠 수 있게 됨에 따라 과거의 거의 모든 시청각 자료가 이에 통합되어가고 있다. 또한 파워포인트로 자료를 만들면 과거에 시청각 자료에 있었던 사진, 슬라이드, 동영상 등 모든 것이 이에 통합될 수 있게 되었다.

가. 사진

사진은 카메라를 활용하여 인물, 장소, 사건 등에 관한 내용을 실제에 가장 가깝게 시각적으로 재현시켜주는 교수매체라 할 수 있다. 사진은 내용을 구체적인 형태로 제시해주며, 손쉽게 구할 수 있으며, 다양한 주제에 활용할 수 있다는 장점이 있는 반면, 평면적이어서 물체의 움직임이나 역동성 등을 표현하는 것에는 한계를 가지고 있다. 일반적으로 사진은 학습에 필요한 것을 직접 촬영하여 사용하는 경우와 기존의 사진을 그대로 이용한 방법과 책이나 그 밖의 문헌에서 확대 혹은 축소하여 사용하는 경우 등이 있다. 한편, 사진 자료는 사진 그대로를 보여주거나, 교재에 포함하는 방법과 함께, 슬라이드에 추가하여 보여 줄 수 있다.

나. 녹음기

녹음기는 청각자료를 학습자에게 전달하고자 할 때 유용한 교수매체이다. 청각자료는 일반적으로 녹음이나 재생할 수 있는 반복성과 함께 어떤 사건, 대화, 음악 또는 역사 등을 사실 그대로 기록해 둘 수 있는 기록성 혹은 보존성을 가지고 있다. 이러한 녹음기를 활용하였을 때의 장점으로는 반영구적으로 내용 및 자료를 보관할 수 있으며, 손쉽게 복사할 수 있다. 또한 최근 기술의 발달로 인해 청각 자료를 음원 데이터로 저장 및 전환할 수 있게 됨에 따라 매우 편리해졌다. 이러한 교수매체는 음악, 언어학습, 시범 등 단순한 훈련이나 연습에 매우 효과적이다.

다. 실물환등기 및 OHP

실물환등기(opaque projector)란 투사가 불가능한 대상을 단지 확대하여 제시하는 방법으로 투사 시각자료는 처음 소개된 도구이지만 2차원, 또는 3차원의 입체물을 확대 제시할 수 있으므로 아직까지도 널리 사용되고 있다. 보통 실물환등기에는 아주 강한 빛을 필요로 하며, 슬라이드나 필름 스트립을 이용하는 것보다 더 어두운 특수교실에서 사용하여야 한다.

OHP(overhead projector)는 별도의 암막장치 없이 학습자와 교수자가 마주보고 앉아서 교수자 등 뒤쪽 머리 위로 설치된 스크린에 크고 선명한 상을 비추어 주는 매체이다. OHP는 조작이 매우 간단하여 누구나 손쉽게 사용할 수 있어 자주 활용되고 있다. OHP에 사용되는 투시물 자료는 대개 아세테이트지나 셀로판지로 만들어지며, 과정, 사실, 주요 내용 등을 시각적으로 명료하고 효과적으로 제시할 수 있다.

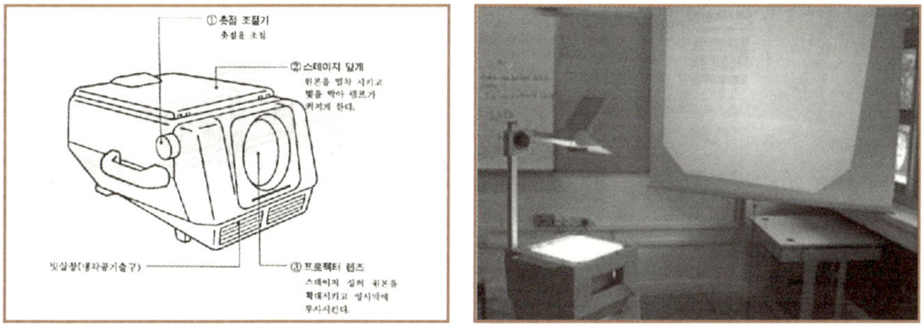

[그림 7-3] 실물환등기 및 OHP 예시

라. 동영상 및 텔레비전 방송

컴퓨터 및 방송통신 기술이 발전함으로 인해 각종 동영상 및 텔레비전 방송을 교수매체로 많이 활용하고 있다. 동영상 및 텔레비전 방송은 역동적인 움직임이나 실제 사건을 그대로 학습자에게 제공할 수 있다는 장점을 가지고 있다. 또한 이러한 매체를 활용하기 위해 과거 고가의 장비들이 요구되었던 것과는 달리 최근에는 이를 컴퓨터 파일로 전환하여 쉽게 교육현장에서 활용할 수 있다. 또한 이 교수매체는 직접 개발할 수도 있지만, 기존의 동영상이나 텔레비전을 활용하는 경우가 많다. 따라서 동영상 및 텔레비전 방송 등을 교수매체로 활용하기 위해서는 다음과 같은 사항에 대해 유의할 필요가 있다.

① 자료가 교수목표 및 내용에 적합한지를 파악해야 한다.
② 교육 진행 전체적인 과정에 맞추어 자료의 제시 순서 및 시기를 결정해야 한다.
③ 모든 학습자들이 잘 보고 들을 수 있도록 조명, 좌석 및 음의 크기를 조절하여야 한다.
④ 학습자들에게 사전 지도를 통해 이미 배운 내용과 관련된 사항에 대한 복습하고 새로운 내용을 소개할 때 주의를 집중시킬 필요가 있다.
⑤ 동영상 및 텔레비전 방송 자료가 가지고 있는 상호작용의 부재라는 문제를

해결하기 위해 학습자의 적극적인 참여를 유도한다.

⑥ 동영상 및 텔레비전 방송 자료를 활용한 후 내용에 대한 피드백을 반드시 제공한다.

마. 파워포인트

파워포인트는 프리젠테이션 전문 작성 프로그램으로 강의나 프리젠테이션 시 일반적으로 사용되는 프로그램이다. 파워포인트를 구성하는 각각의 페이지들을 슬라이드라 하며, 하나의 파워포인트 파일은 여러 장의 슬라이드로 구성된다. 또한 파워포인트를 활용하여 교육을 하는 경우 빔 프로젝터(beam projector)를 이용하여 스크린에 투영하여야 한다. 파워포인트가 가지고 있는 주요 특징을 요약하면 다음과 같다.

① 주요 학습내용을 요약하여 제시하기에 편리하다.
② 문서 작성이 편리하며, 슬라이드 구성을 자유롭게 할 수 있다.
③ 그래프, 차트, 사진, 동영상 등 다양한 교수매체를 담을 수 있다.
④ 다양한 애니매이션 효과를 통해 역동적인 요소까지 담을 수 있다.
⑤ 다양한 프로그램(엑셀, 워드 등)과 연동하여 사용할 수 있다.

[그림 7-4] 파워포인트 슬라이드 예시

(4) 웹 자료

웹(web)상에 올려져 있는 모든 교육 자료를 웹 자료라 한다. 웹(web) 상에 떠 있는 교과서도 편리상 웹 자료로 분류한다. 그러나 웹상에 있는 교과서라도 인쇄하여 교재로 이용하게 되면 언어 교수매체로 분류한다. 인터넷 상에는 과거에는 상상할 수도 없었던 수많은 자료들이 있어 이제는 초등학생부터 성인에 이르기까지 나이에 제한이 없이 원하는 자료를 찾을 수 있게 되었다. 또한 국경을 초월하여 세계 어디서라도 자료를 탐색할 수 있게 되었다. 교수매체 연구에 혁명적인 변화를 가져왔다.

3) 교수매체의 특징

교수매체는 교육의 관계 속에서 성립하는 독특성이 있다. 세상에 수많은 재료들이 있으나 그 모두는 교수매체가 될 가능성이 있지만 그 자체로서는 교수매체라고 할 수 없다. 여기에서 교수매체가 갖는 여러 가지 특징이 나타나는데 그 몇 가지를 정리하면 다음과 같다.

(1) 교육 환경 속에서 갖는 특징

교수매체는 교육 목적, 학습자, 교육 내용, 교수 방법 등과 같은 교육적 요소와 밀접한 관계를 갖는다. 어떤 실물이나 내용이 교수매체가 되려면 교육 환경 속에 들어와 교육의 다른 요소들과 관계가 설정되어야 한다.

학습자의 수준, 흥미, 필요, 직업, 직무 등과 같은 조건에 알맞은 교수매체가 되어야 한다. 학습자의 수준에 맞지 않는다든가, 가르쳐야 할 핵심적인 교육 내용을 제대로 반영하지 못하고 있다든가, 교수 방법과 연관이 제대로 되어있지 않다면 그 교재는 좋은 교수매체라고 할 수 없다.

(2) 다양한 매체가 갖는 특징

교수매체에 활용되는 매체는 아주 다양하다. 일반적으로 교과서와 칠판이 많이 사용되고 있으나 더 많은 매체들이 이용되도록 장려되어야 한다. 교수매체에 이용되는 매체는 나름대로 특징이 있어서 어떤 특정한 교육 환경에 가장 알맞은 교수매체를 마련하는 것이 중요하다.

인쇄 자료는 학습자의 학습 속도에 맞추어 개별적인 학습이 가능하고 오래 보관하여 언제라도 참고가 가능하며, 최근에는 복사를 쉽게 할 수 있어 개발하는데 비교적 용이하다. 그러나 이 매체는 동영상을 보여주기 어렵고, 언어적 메시지로만 구성될 경우 이해가 잘 안 된다. 컬러 인쇄를 하기에는 비용이 많이 들고 좋은 교수매체를 만들려면 많은 시간과 능력, 비용이 소요된다.

실물 자료는 현실에 있는 것을 그대로 이용하기 때문에 현실감이 있으며, 현실에 있는 것을 가지고 배우기 때문에 학습에 배운 것을 현장에 그대로 적용할 수 있는 장점이 있다. 그러나 실물 자료는 학습을 해야 할 제때에 재료를 구하기가 쉽지 않고 때로는 너무 크거나 작아서 교실에 가져오기 어려우며, 학습에 필요한 모든 실물 자료를 구하기가 쉽지 않다. 때로는 실물 자료는 비용이 비싸거나 안전사고의 위험이 있어 매우 조심해야 할 필요가 있다.

시청각 자료는 눈으로 보고 실제로 볼 수 있는 매체이기 때문에 학습 동기를 유발하기 좋고, 보고서 배운 것은 쉽게 잊어버리지 않고 오래도록 기억할 수 있도록 돕기도 한다. 그러나 교수매체로서 이용할 수 있는 시청각 자료는 필요한 때에 모두 구하기가 쉽지 않고, 이용하는 교사들에게 많은 노력을 요구한다.

웹 자료는 다양한 내용의 자료가 수없이 많이 마련되어 있어 잘 찾기만 하면 매우 유용한 교수매체가 될 수 있으나 우선 웹을 이용할 수 있는 인터넷이 연결되어 있고 충분한 양의 컴퓨터가 마련되어야 한다. 때로는 학습자들에게 불필요한 내용이 포함된다는 부작용이 있어 이용에 많은 지도 감독이 필요하다.

4) 교수매체 선정 시 고려 요인

가르칠 때에는 다양한 교수매체를 제작하거나 선정하여 사용하게 되는데, 여러 가지 요소가 관여가 된다. 가르치는 사람이 아무리 원하더라도 이용할 시설이 없다든가 교수매체를 마련할 자금이나 교사가 사용할 방법을 잘 모른다든가 하면 아무리 교육 효과가 좋다고 하여도 이용할 수가 없다. Romizoski는 교수매체를 선정하는데 고려해야 할 요인을 [그림 7-5]와 같이 정리하였는데(Romizoski, 1984), 교수매체를 선정하거나 제작하는데 매우 좋은 참고 자료가 될 것이다.

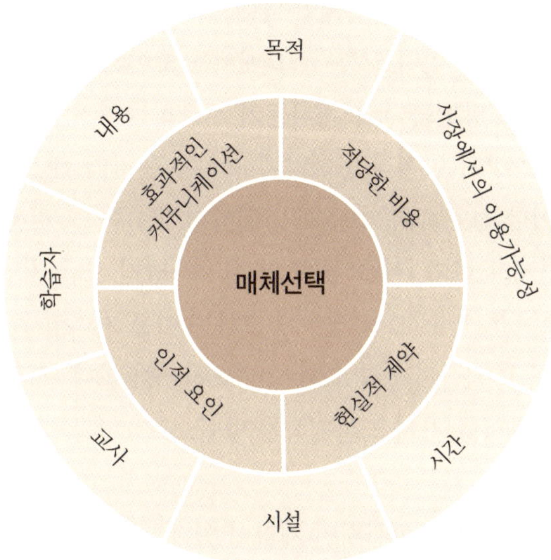

[그림 7-5] 교수매체 선정시 고려해야 할 요인

교수매체를 제작하거나 선정하기 위해서 고려해야 할 요인으로 효과적인 커뮤니케이션, 인적 요인, 현실적인 제약, 적당한 비용 요인을 들었다. 효과적인 커뮤니케이션 요인에는 교육 목적, 교육 내용, 학습자가 관여한다. 효과적인 커뮤니케이션은 교육에 있어서 매우 중요한 요소이다. 어떤 매체를 이용하는 것이 교수-학습에 효과적인가 하는 물음은 언제나 해야 하는 질문이다. 효과적인 커뮤니케이션은 교육에 있어서 가장 근본이 되는 문제이다. 효과적인 커뮤니케이션을 위해서는 학습자의 종류 즉 학습자의 나이, 전 단계 학습의 적정성, 학습 의욕, 학습자의 직무 등 다양한 요인이 고려되어야 하며, 교수-학습 목적 즉 인지적 행동 변화, 정의적 행동

변화, 심체적 행동 변화 중에 어떤 것을 겨누고 있는가도 고려되어야 하며 학습 내용도 고려되어야 한다. 학습 내용이 실습을 요구하는 것인가 아니면 단순한 지식인가 아니면 창의성, 협동성 등과 같이 고도의 학습 경험이 필요한 내용인가에 따라 매체의 종류가 달라진다.

효과적인 커뮤니케이션을 위하여 특정한 교수매체를 사용하는 것이 바람직하다 하더라도 고려해야 할 다른 요인들이 많이 있다. 먼저 인적 요인으로서 교사 요인과 학습자 요인이 있다. 먼저 교사가 그 매체를 좋아하느냐 여부가 문제가 된다. 교사가 그 교재의 사용 방법을 잘 모른다든가 사용하는데 익숙하지 않다면 다른 매체를 선택하게 될 것이다. 현실적인 제약이나 비용 문제가 해결되는데도 불구하고 단지 교사의 능력이나 선호 여부가 문제가 된다면 교사는 그 사용법을 배워야 하고 익숙해지도록 노력해야 한다. 예를 들면 컴퓨터가 널리 보급되고 파워포인트 사용 시설이 잘 완비되어 있다면 필요할 경우에 교사는 이를 거리낌 없이 사용할 수 있도록 사용 방법을 배우고 익숙하게 되도록 준비를 하여야 한다. 사정이 이러한 데에도 불구하고 여전히 교과서만 가지고 설명하는 방법으로 교육을 진행한다면 문제가 있는 것이다.

매체를 선정하는 데에는 현실적인 제약이 있다. 현실적인 제약으로는 시설, 시간, 시장에서의 이용 가능성 등의 요인이 있다. 시설이 없다든가, 이용하는데 시간적인 제약이 있다든가, 교사가 자작하기에는 시간적인 제약 때문에 사용할 수 없는 경우에는 이를 시장에서 사서 쓸 수 있느냐도 매우 중요한 요인이 된다. 최근에는 교수매체 시장이 발달하여 초등학교 학생들을 위해서 많은 교재들이 시장에서 제작 공급되고 있다. 성인들을 대상으로 농기계 교육을 할 경우 엔진의 작동 원리를 보여주는 활용 모형이 있다면 매우 효과가 있을 것이다. 그러한 것은 농기계 공장에서 제작되지 않는다면 교사가 스스로 만들기는 어렵다.

시간적인 제약도 교수매체 선정에 있어서 매우 제한적인 요소로 작용하는 경우가 많다. 사람의 태도를 변화시키기 위해서 토론이나 긍정적인 체험 교육이 필요한데, 이러한 교육은 많은 시간이 소요된다. 성인 교육에는 강의 시간이 두 세 시간으로 제한되는 경우가 많은데 이럴 때에는 강사의 일방적인 강의로 진행하는 경우가 많아 매체 선택에도 큰 영향을 미치게 된다. 이럴 때 주의해야 할 사항은 시간이 제한되어 있기 때문에 많은 양을 전해야 하겠다는 욕심에 파워포인트나 OHP 자료를 많이 준비하여 빠르게 교육을 진행하는 것은 교육 효과에 부정적인 효과를 가져온다는 점이다.

교수매체 선정에는 예산 문제도 매우 중요한 고려 요인이 된다. 아무리 좋은 교수매체라 하더라도 예산의 범위를 벗어날 만큼 가격이 비싸면 선택할 수가 없다. 우리나라의 경제 사정이 나빴던 과거에는 이 요인이 교수매체 선정에 가장 큰 제약 요인이었다. 심지어는 교과서조차 마련할 수 없었던 시절에는 교수가 불러주는 것을 받아 적는 방법으로 교육을 하기도 하였다. 그러나 교수매체 선정을 위한 예산이 충분히 준비 되어 있다고 하더라도 교수매체 선정에 들어가는 예산만큼 교육 효과를 거둘 수 있는가를 항상 점검해야 한다. 들어가는 비용에 비하여 효과가 커지 않다면 그 매체 선정을 그만 두고 다른 대안을 찾는 것이 바람직하다.

5) 교수매체의 활용

교육 상황에서 효과적으로 교수매체를 활용하기 위해서는 사전의 체계적인 계획이 필요하다. 이와 관련하여 Heinich 외(1996)는 교수학습이 이루어지는 과정에서 교수매체를 효과적으로 활용하기 위한 방안으로 ASSURE 모형을 개발하였다. 이 모형은 학습자 분석(Analyze learners), 목표 진술(State objectives), 교수방법, 매체 및 자료 선정(Select methods, media and materials), 교수매체와 자료의 활용(Utilize media and materials), 학습자의 참여 유도(Require learner participation), 평가 및 수정(Evaluate and revise)의 6단계로 구성되어 있다.

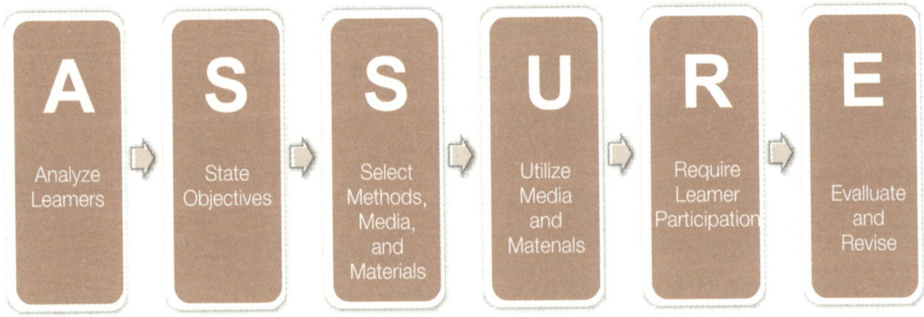

[그림 7-6] ASSURE 모형

(1) 학습자 분석(Analyze learners)

교수매체를 효과적으로 활용하기 위해서는 학습자의 특성과 학습 내용 및 제시 방법이 적절히 조화가 이루어지는 것이 필요하다. 일반적으로 학습자의 나이, 직업 또는 지위, 사회 · 경제적 특성 등에 대해 조사를 비롯하여 학습 내용의 수준을 결정할 때 필요한 특성을 파악해야 한다. 이는 출발점 능력 또는 행동이라고도 하며, 새로운 학습을 시작하기 이전에 학습자가 보유하고 있는 지식, 기능 및 태도 등을 의미한다. 출발점 능력은 교수매체의 유형이나 활용 방법 등을 결정하는데 있어서 중요한 요소가 된다. 예를 들어 지적 능력이 부족한 학습자의 경우 시각 및 비디오 자료 등을 통해 사례를 먼저 제시한 후 보충 설명을 제시하는 것이 필요하며, 학습에 대한 의욕이 부족한 학생의 경우 흥미를 유발할 수 있는 내용을 담은 매체를 먼저 활용함으로써 학습의 효과를 극대화할 수 있을 것이다.

(2) 목표 진술(State objectives)

학습이 끝난 후 학습자들이 도달할 수 있는 목표를 진술하는 것이 중요하다. 따라서 목표는 교수자 중심이 아닌 학습자 중심으로 진술되어야 한다. 목표는 학습의 세 가지 범주 즉 인지적 영역(cognitive domain), 정의적 영역(affective domain), 심동적 영역(psychomotor domain)으로 구분할 수 있으며, 이와 더불어 대인관계 영역(interpersonal domain)을 고려할 수 있다. 한편, 학습목표를 진술하는데 있어 Mager의 ABCD 원칙이 일반적으로 활용될 수 있다. ABCD는 Audience(청중),

Behavior(행동), Condition(조건), Degree(수준)의 첫 글자는 따서 만든 것을 의미한다.

〈표 7-1〉 Mager의 목표 진술 방법(ABCD 원칙)

구분	내용
Audience(청중)	• 학습자가 누구인지를 포함해야 하는 것 • 누구의 능력을 개발하는 것인지에 대한 진술을 포함해야 하는 것
Behavior(행동)	• 학습 종료 후 변화되고, 관찰 가능한 행동을 의미 • 학습의 내용(content) 요소를 반영
Condition(조건)	• 수행이 관찰되어야 하는 조건 및 상황에 대해 제시하는 것 • 평가의 상황 및 조건과 관련된 것
Degree(수준)	• 수행을 판단하는데 있어서 수용 수준에 관한 표준 혹은 준거 • 목표 달성 정도 및 수준을 파악할 수 있는 준거

목표를 진술함으로써 목표에 적절한 교수매체 및 방법을 선택할 수 있으며, 목표에 도달할 수 있는 학습 환경을 조성할 수 있다. 이는 목표에 도달하기 위해 어떻게 가르쳐야 하며, 어떤 교수매체를 활용하고, 어떤 환경을 제공하는 것이 필요한지를 판단하는 기준이 바로 목표가 되는 것을 의미한다. 또한 학습자가 목표에 도달하였는지를 확인하기 위한 평가의 내용, 절차, 방법에 준거를 결정할 수 있을 것이다.

(3) 교수방법, 매체 및 자료 선정(Select methods, media, and materials)

교수방법은 목표를 효과적으로 달성하기 위해 필요한 학습 내용을 학습자에게 효과적으로 전달하기 위한 방법이라고 할 수 있다. 이는 학습의 내용과 목표, 학습자를 비롯한 다양한 조건에 따라 결정될 수 있으며, 교수방법에는 강의식, 토의식, 실험 · 실습식, 협동학습 등 다양한 유형이 존재한다. 교수방법 선정에 있어 학습내용과 학습자의 특성에 부합하는 것이 매우 중요하지만, 교수자 자신이 해당 교수방법을 얼마나 이해하고 활용할 수 있는지에 대한 고려 역시 중요하다.

교수매체 역시 학습내용 및 학습자 특성에 따라 다양한 유형을 선정할 수 있다.

앞서 살펴본 인쇄 자료, 실물 자료, 시청각 자료, 웹 자료 등은 각기 독특한 특성과 함께 장단점을 가지고 있다. 이를 바탕으로 상황에 가장 적합한 매체를 선택해야 한다.

교수자료를 선정하는 것 중 가장 일반적은 방법은 이미 만들어진 기존의 자료 중에서 적합한 것을 골라서 사용하는 것이며, 필요한 경우 카달로그, 관련인사의 소개 및 서평 등을 참고하여 대여하거나 구매할 수 있다. 적절한 자료가 없으면 녹음 내용이나 캡션 자료를 수정하거나 재편집하여 사용할 수 있다. 만일 목표에 적합한 교수자료가 없는 경우 직접 개발하여 활용할 수 있으며, 이때 예산, 기일, 기술, 시설 및 장비 등을 고려할 필요가 있다.

(4) 교수매체와 자료의 활용(Utilize media and materials)

교수방법, 매체 및 자료 등을 정한 후 이를 활용하는 단계로 최대의 효과를 얻기 위해서는 다음과 같은 자료 제시 단계를 따르는 것이 효과적일 것이다.

① 활용한 교수매체 및 자료 등을 사전에 점검한다.
② 자료를 제시하기 위한 리허설을 실시해본다.
③ 학습자에게 주제 관련 내용, 용어 등에 대한 사전 설명을 제공하고 동기를 유발시킨다.
④ 자료 제시 시 적극적인 행동을 취한다.

(5) 학습자의 참여 유도(Require learner participation)

효과적인 교육이 이루어지기 위해서는 학습자들의 적극적인 사고 활동을 유도해야 한다. 그러므로 공식적인 평가가 이루어지기 전에 학습자들에게 그들이 배운 지식이나 기술을 연습해보고, 그 노력의 적절성에 대한 피드백을 제공하는 기회를 제공하는 것이 필요하며, 이때 공공연한 피드백이 음밀한 피드백보다 효과적일 것이다. Kemp 외(1989)는 학습자의 적극적인 참여를 이끄는 방법에 대해 다음과 같이 제시하고 있다

① 즉각적인 필기나 구두의 반응을 요구하는 질문을 제시한다.

② 필기활동을 지시한다.

③ 보고 들은 것을 통해 선택, 판단 및 결정을 하도록 한다.

④ 보고 들은 것과 관련된 수행을 하도록 한다.

(6) 평가 및 수정(Evaluate and revise)

교육이 종료된 후에는 교육의 영향과 효과를 평가할 필요가 있다. 목표를 성취했는지, 선정된 방법이나 매체가 목표에 이르도록 보조했는지, 모든 학습자가 자료를 적절히 사용했는지 등을 평가해야 한다. 만약 교수자가 원하는 바와 학습자들로부터 얻은 평가 결과가 일치하지 않는다면 교수계획을 수정하게 될 것이다. 그리고 학습자의 목표 성취에 대한 평가는 여러 가지 형태의 시험을 통해 측정될 수 있으며, 매체와 자료에 대한 평가는 교수자가 사용한 자료의 효과성, 비용의 효과성 등을 평가 준거로 세운다.

2. 산업인력개발을 위한 교수매체의 개발 원리

1) 교수 원리 측면의 교수매체의 개발 원리

교육이 이루어지려면 교육에 관여하는 여러 가지 요소들이 하나로 어우러져야 한다. 교육에 관여하는 요소는 교육과정의 구성 요소인 교육 목적, 교육 내용, 교육 방법, 교육 평가 등을 생각할 수 있다. 이러한 요소들이 교수매체를 개발하는데 있어서도 그대로 적용된다.

(1) 일관성의 원리

교수매체는 교육 목표, 교육 내용, 교수 방법 등을 반영하여 개발된다. 교육 목적이 세워지면 그에 맞는 교육 내용이 선정되고 그에 따라 교수 방법이 선정된다.

교수매체도 이와 같은 맥락에서 선정되거나 개발 되어야 한다. 교수매체는 교육과정 속에서 의미를 가지게 된다. 교수매체는 교육 목적과 교육 내용, 교수 방법을 반영하여 일관성 있게 만들어져야 한다. 교육 목적을 제대로 반영하지 못하는 교수매체, 교육 내용을 제대로 반영하지 못하는 교수매체란 생각할 수 없다.

(2) 상호작용성의 원리

교육과정의 각 요소들은 서로 상호작용하는 관계에 있다. 교육 목적은 설정하기 전에 그 목적을 달성 가능한 교육 내용이나 학습 경험이 선정되고 조직될 수 있는지를 고려하여 설정되어야 하며, 교육 내용도 교수 방법이나 교육 평가가 가능한지를 검토한 가운데 선정되고 조직되어야 한다. 교수매체도 마찬가지이다. 교육 목적을 수립하거나 교육 내용을 선정하고 조직할 때 그것을 가르칠 수 있는 교수 방법이나 적절한 교수매체를 개발하거나 선정할 수 있는가를 고려하여 교육 목표를 수립하거나 교육 내용을 선정하여야 한다. 이것이 상호작용성의 원리이다.

(3) 다매체 이용의 원리

교수매체는 한 가지보다 두 개 이상의 매체를 이용하는 것이 좋다. 언제 어느 때나 이용할 수 있는 만능의 교수매체는 없다. 언어적인 매체와 시청각적인 매체를 적절하게 배합하는 것이 효과적이다. 교과서 매체와 시청각 매체를 병행하여 사용하는 것이 교과서 하나만 사용하는 것보다 효과적이다. 따라서 수업 시간에 교과서의 내용을 설명할 경우에 교과서 한 가지만 가지고 설명하는 것보다는 칠판을 사용하여 적어가면서 설명하는 것이 효과적이고 때로는 질문을 하여 학습자들이 대답하도록 하는 것이 효과적이다.

2) 메시지 디자인의 원리

수업에 사용할 교육 내용이 결정되고 사용할 매체가 결정되면 학습 내용을 매체에 담아야 한다. 내용을 매체에 담을 때에 유용하게 사용할 수 있는 원리가 메시지 디자인에 관한 원리이다. 칠판에 판서를 할 경우에는 생각나는 대로 적을 것이 아니라 학습자의 기억을 높이기 위하여 적용할 수 있는 원리를 알고 그에 맞게 판서를 한다면 훨씬 더 좋은 판서가 될 것이다. 매체는 여러 가지를 사용하는 것이 효과적이라고 하더라도 메시지 디자인의 원리에 맞지 않는다면 오히려 역효과를 가져올 수도 있다. 매체의 제작과 선택에 도움이 될 수 있는 메시지 디자인의 원리를 몇 가지 제시하면 다음과 같다.

(1) 동기유발에 관한 원리

학습이 일어나기 위해서는 학습자들이 외부에서 들어오는 자극에 주의를 집중하고 그것을 배우겠다는 의욕을 가지고 학습하려고 노력할 때 학습이 일어난다. 학습 동기를 유발하는 원리를 제시하면 다음과 같다.

내용의 조직과 전개에 있어서 변화는 학습자의 주의집중과 호기심에 영향을 준다. 교수 내용을 전개할 때 내용의 계열을 다양하게 하는 것은 학습자의 주의집중에 영향을 준다. 과거 경험과 배치되는 예나 의견, 유머 등은 학습자의 호기심을 자극한다. 대부분의 사람들은 자신이 지금 가진 지식과 기술에 연관된 일에 흥미를 느낀다. 학습 동기는 교수 목표와 자신의 목적 사이에 분명한 관계가 있을 때 학습 동기가 더 잘 유발된다. 학습할 내용의 수준이 학습자가 달성할 수 있는 정도와 맞을 때 학습 동기가 더 잘 유발된다.

그림이나 그래픽의 사용은 학습자의 주의를 집중시키는데 도움이 된다. 학습의 결과 내면적으로 만족하는 결과와 긍정적인 보상은 학습 동기 유발과 관계가 있다.

(2) 지각에 관한 일반적인 원리

지각은 강제적이라기보다 상대적이며 선택적이다. 사람들은 대상을 지각하는데 있어서 과거의 경험, 지각하는 사람의 흥미 등 다양한 조건에 영향을 받기 때문에 같은 밝기의 종이라 하더라도 지각하는 사람에 따라 다르게 지각한다. 흥미 있는 메시지는 시간적으로 볼 때 상대적으로 짧게 지각한다. 사람들은 눈에 보이는 모든 것을 지각하는 것이 아니라 그 중에서 선택적으로 지각한다.

사람들은 여러 가지의 색깔, 밝기, 온도, 소음 등이 뒤섞여 있는 채 지각하는 것이 아니라 그러한 속에서 관계를 짓고, 집단을 만들어 지각한다. 따라서 메시지를 제시할 때 어떤 기준에 따라 조직하여 제시하면 지각하는 사람이 더 쉽게 지각한다. 예를 들면 어떤 사건을 ①, ②, ③ 등과 같이 번호를 붙여 제시하는 방법, 전후, 좌우, 이것 아니면 저것 등으로 정리하는 것도 메시지를 조직하는 하나의 방법이다.

그래프, 도표, 표 등을 만드는 것도 메시지를 조직하는 좋은 방법이다. 우리 눈에 보이는 자연 현상은 온갖 현상들이 얽혀 있어 혼돈스러우므로 이를 어떤 형태로든지 정리하는 것은 지각에 도움이 된다.

밝기의 변화, 움직임, 신기함, 복잡성 등과 같은 제재의 특성은 사람들의 주의 집중에 영향을 준다. 주의를 집중하는 것은 사람들의 개인적인 흥미, 경험, 욕구 등에 크게 좌우된다.

(3) 기억에 관한 일반적인 원리

학습자에게 의미 있는 학습은 의미 없게 보이거나 강제적으로 주입되는 것보다 더 쉽게 학습이 되고 더 오랫동안 기억하게 된다. 학습은 같거나 비슷한 반응을 요구하는 자극 빈도에 영향을 받는다. 이것은 반복, 연습 등이 학습을 촉진한다는 뜻이다. 학습에 요구되는 반복의 양은 학습자에게 있어서 그 자료의 의미성과 밀접한 관련이 있다. 학습은 학습의 결과에 크게 좌우된다. 학습의 결과로 학습자가 즐겁고 흥미가 있었으며 긴장이 풀리고 유용하며 상을 받거나 그것이 좋은 정보가 되었을 때 학습은 보다 더 효과적이고 오래 동안 지속된다.

한편, 언어와 시청각 자료가 결합될 때 학습이 더 잘 된다. 언어에 있어서도 구체적인 언어가 추상적인 언어보다 더 잘 기억된다. 메시지를 디자인할 때에는 기억을 돕기 위하여 그림이나 구체적인 언어를 사용하게 된다. 그러나 그것으로 가져올 수 있는 이점은 무한정 계속되는 것이 아니고 어느 정도 이상이 되면 기억의 용량을 초과하게 된다. 따라서 천연색 사진이나 구체적인 언어를 사용한다하여 기억 용량이 계속 늘어나는 것은 아니다.

일반적으로 교수 메시지는 단서를 더하거나 뺌으로서 혹은 단서를 더 눈에 띄게 하거나 덜 띄게 함으로써 자극을 효과적으로 통제할 수 있다. 속성적(criterial cues) 단서를 눈에 띄게(우세하게, 분명하게)하고 비속성적 단서(non-criterial cues)는 꼭 필요한 경우에만 덧붙일 때 학습이 촉진된다.

연결되는 사상들 간의 관계가 의미로울수록 학습의 효과는 더 크게 된다. 의미 있는 단어의 연결이 의미 없는 철자들의 연결보다 쉽게 학습이 된다. 의미롭다는 것은 익숙함, 순서 혹은 패턴을 뜻한다.

교수매체가 조직되고 그 조직이 학습자에게 분명하게 될 때 학습은 촉진된다. 변별학습은 연습, 정확한 피드백, 강화 등에 의하여 촉진된다. 변별학습은 자극들 간의 차이가 최대로 될 때 가장 잘 학습된다.

(4) 태도 변화에 관한 일반적인 원리

일반적으로 태도의 변화는 사실을 기억하는 학습보다 어렵다. 기억하는 것은 주의를 집중하게 하고 학습자가 기억을 할 수 있도록 매력적이고 잘 조직된 메시지를 제시하면 된다. 그러나 태도 변화는 사실을 기억한다고 되는 것이 아니라 제시하는 메시지에 동의하고 적극적으로 그렇게 태도를 바꾸겠다는 의지를 가지고 노력할 때 가능하다. 그러므로 태도 변화를 위해서는 설득하는 메시지를 만들어야 한다. 태도 변화에 관련된 일반적인 원리를 제시하면 다음과 같다.

높은 신뢰성을 지닌 송신자는 낮은 신뢰성을 지닌 송신자보다 설득적인 영향이 크다. 수신자가 송신자를 더 매력적으로 인지하면 더 영향력이 있다. 일반적으로 양방향의 논쟁이 일방적인 메시지보다 조금 더 효과적이다. 수신자가 스스로 그 자신의 결정을 내리도록 두는 것보다 분명하게 결론을 표명하는 것이 추천할만하다. 한 매체가 다른 어느 매체보다 더 설득적이라는 증거는 없다. 어떤 주제에 관하여 강한 확신을 가지고 있는 수신자의 태도를 바꾸는 것은 대단히 어렵다.

높은 신뢰성을 지닌 모델은 그렇지 못한 모델에 비하여 더 설득적인 영향이 크다. 역할극은 강력한 설득적 영향력이 있다. 능동적인 참여는 정보의 피동적인 수용보다 태도 변화에 더 효과적이다.

3. 산업인력개발을 위한 교수매체의 개발 방법

1) 매체 개발 계획의 수립

교수매체를 개발하기 위해서는 먼저 계획을 세워야 한다. 매체 개발 계획을 세우기 전에 먼저 매체 개발의 범위를 결정하여야 한다. 교수매체는 한 시간 동안 사용할 교수매체도 있고, 한 학기 동안 한 과목을 진행하기 위한 교수매체가 있을 수 있으며, 사회 교육에서 한 강좌를 진행하기 위한 교수매체도 있을 수 있다. 매체 개발이라고 하여 항상 거창한 계획만 있는 것은 아니다. 오히려 강사가 수업 시간에 어떤 매체를 사용할 것인데 이를 계획하는 경우를 생각해보면 복잡하고 거창한 것보다 오히려 간단한 경우가 더 많다. 매체 개발에서 가장 간단한 경우는 한 시간 동안 칠판 사용을 어떻게 할 것인가를 계획하는 것이 될 것이다. 교과서에 있는 내용 중에서 이러 이러한 내용은 학생들이 이해할 수 있도록 칠판에 적어 주겠다고 생각하면 그것이 바로 매체 개발이다.

교수매체 개발의 범위가 정해지면 매체 개발 계획을 세우고 그에 따라 매체를 개발하며 개발된 매체가 효과가 있는가 아니면 잘 개발되었는가를 평가해보는 과정을 밟아야 한다.

매체 개발 계획에는 먼저 매체 개발의 목적과 동원 가능한 예산, 시설 및 장비 등이 점검되어야 한다. 그리고 교수매체가 달성하고자 하는 교수 목적과 내용의 점검, 매체의 선정, 선정된 교수 매체에 담을 내용의 배분과 조직, 필요한 경우 시나리오 작성, 매체 개발, 개발된 매체의 평가 등의 항목이 분석되고 설정되어야 한다.

(1) 매체 개발의 목적과 동원 가능한 자원의 파악

매체 개발을 위해서는 어떤 사람을 대상으로 어떤 교육을 할 것인데, 거기에 어떤 매체가 필요할 것인가를 먼저 정해야 한다. 교육 대상의 종류에 따라 매체가 달라질 수 있고, 매체를 사용하고자 하는 목적에 따라서도 달라질 수 있다. 지식 전달을 위한 것인가 아니면 설득하기 위한 것인가에 따라서도 매체 개발이 달라질 수 있다. 만약 지식 전달이 목적이라면 내용이 논리적으로 쉽게 이해할 수 있는 매체가 좋을 것이며 설득하고자 하는 매체라면 어느 정도 감성적인 접근이 되어야 할 것이다.

매체 개발에는 이용 가능한 예산과 시설, 장비 등이 제약 요인으로 작용한다. 아무리 좋은 매체를 개발하고 싶어도 예산이 뒷받침되지 않는다면 비용이 거의 들지 않거나 적게 드는 매체를 쓸 수밖에 없다. 교육 매체는 대체 가능하기 때문에 꼭 어느 매체가 사용되어야 하는 것은 아니다.

(2) 교수 목적과 교육 내용의 점검

교수 목적과 교육 내용은 대개는 교안이나 교육과정에서 미리 결정된다. 매체 개발에서는 이미 결정되어 있는 교수 목적과 교육 내용을 점검하여 이를 교수매체 개발에 반영하여야 한다. 교수 목적을 달성하는데 도움이 되는 교수매체가 되기 위해서는 교안이나 교육과정에 계획되어 있는 교수 목적과 내용을 잘 분석하여 어느 부분을 교수매체에 반영하여 개발해야 할 것인가를 정해야 한다.

(3) 교수매체의 선정

교수매체에 반영해야 할 교수 목적과 내용의 대강이 정해지면 어느 매체가 이러한 목적과 내용을 담는 것이 가장 좋을 것인가를 고려하여 매체를 선정하게 된다. 인쇄물, OHP, 사진, TV, 비디오테이프, 파워포인트 등 여러 가지 매체 중에서 선정하되 두개 이상의 매체를 선정하는 것도 고려해 볼 필요가 있다.

(4) 교수매체에 담을 내용의 결정

교수매체가 결정되면 각각의 매체에 어떤 내용을 어떻게 실을 것인가를 계획하여야 한다. 만약 인쇄물을 만들려고 하였다면 인쇄물에는 어떤 내용을 어떻게 담을 것인가를 결정하여야 한다. 칠판을 이용한다면 칠판에는 어떤 내용을 쓸 것인가를 결정하여야 한다. 파워포인트를 만든다면 어떤 내용을 어떻게 담을 것이며 필요한 사진 자료나 동영상은 어떻게 구해서 어떻게 넣을 것인가를 결정하여야 한다. 필요한 도표나 표를 만들기 위해서는 자료를 어떻게 가공할 것인지도 결정하여야 한다.

(5) 시나리오 작성

때로는 시나리오를 작성할 필요가 있다. 시나리오가 필요한 경우는 슬라이드나 비디오에 해설을 넣어야 할 경우에 필요하다. 슬라이드나 비디오는 각 장면마다 어떤 장면과 어떤 해설이나 나레이션이 필요한가를 분석하여 이를 각 장면별로 시나리오를 작성한다.

2) 매체 개발

매체 개발 계획이 되면 그 다음에는 실제로 매체를 개발하는 단계로 넘어간다. 인쇄물을 만들어야 할 경우에는 인쇄할 원고를 만들어야 하고 사진을 찍어야 할 경우에는 카메라를 가지고 원하는 장면이 있는 곳으로 찾아가거나 연출하여 사진을 찍는다. 비디오 촬영을 해야 할 경우에도 필요한 장면을 연출하거나 상황이 일어나고 있는 곳에 가서 촬영을 한다. 파워포인트를 만들어야 할 경우에는 시나리오를 먼저 작성하고 이에 따라 필요한 자료를 모아서 작성한다.

3) 개발된 매체의 평가

개발된 교수매체는 실제로 사용하기 전에 이 매체가 얼마나 잘 개발되었는가를 점검해보아야 한다. 들어가야 할 내용이 제대로 다 들어갔는지, 내용의 배열이나 조직이 학습자들에게 쉽게 다가갈 수 있도록 되어 있는지, 학습자들의 흥미를 자극할 수 있는지, 전체적으로 교육 목적을 달성하는데 도움이 될 것인지 등등 매체를 평가하는 기준에 따라 매체의 적부를 평가해보아야 한다. 만약 미비한 곳이 보이면 이를 수정 보완하여 더 좋은 매체가 되도록 한다.

요약

이 장에서는 산업인력개발을 위한 교수매체에 대해서 살펴보았으며, 이를 위하여 산업인력개발을 위한 교수매체의 개념적 기초, 개발 원리 및 개발 방법에 대해 살펴보았다.

교수매체(instructional media)는 교수활동에 필요한 일련의 사항을 학습자들에게 조직적으로 제공하기 위하여 사용되는 모든 통신혁명의 산물을 말하며, 여기에는 교수자, 교재, 칠판 등은 물론 학습 환경도 포함될 수 있다 이러한 교수매체는 다양한 방식으로 분류할 수 있는데, 이 장에서는 인쇄 자료, 실물 자료, 시청각 자료, 웹 자료 등으로 구분하여 제시하였다. 또한 교재의 특징은 교육환경 속에서 갖는 특징과 다양한 매체가 갖는 특징을 살펴보았다. 이와 더불어 한편 교수매체를 선정 시 고려해야 하는 요인으로는 효과적인 커뮤니케이션, 인적 요인, 현실적인 제약, 적당한 비용 요인을 등을 제시하고, 이에 대하여 구체적으로 살펴보았으며, 교수매체를 효과적으로 활용하기 위한 ASSURE 모형(학습자 분석, 목표 진술, 교수방법 · 매체 · 자료 선정, 교수매체와 자료의 활용, 학습자의 참여 유도, 평가 및 수정)에 대하여 살펴보았다.

이와 함께 교수매체 개발의 원리는 크게 교수원리 면에서 본 매체개발의 원리, 메시지 디자인의 원리로 구분하여 살펴보았다. 이때 교수원리 면에서 본 매체개발의 원리에는 일관성의 원리, 상호작용성의 원리, 다매체 이용의 원리 등이 포함되며, 메시지 디자인의 원리에는 동기유발에 관한 원리, 지각에 관한 일반적인 원리, 기억에 관한 일반적인 원리, 태도변화에 관한 일반적인 원리 등이 포함된다.

한편, 산업인력개발을 위한 교수매체 개발 방법에 대해 살펴보았다. 구체적으로 매체 개발 계획의 수립, 매체 개발, 개발된 매체의 평가의 단계로 구분되며, 특히 매체 개발 계획의 수립에서는 매체 개발의 목적과 동원 가능한 자원의 파악, 교수 목적과 교수 내용의 점검, 교수매체의 선정, 교수매체에 담을 내용의 결정, 시나리오 작성의 세부 단계로 나누어진다.

참고문헌

강덕수 역(2002). 세계 초일류 조직을 위한 팀빌딩. 서울: 삼성북스.

권대봉(2003). 인적자원개발의 개념 변천과 이론에 대한 종합적 고찰. 서울: 원미사.

김선희, 박성민, 권정언(2004). 기업교육 프로그램 개발의 실제. 서울: 서현사.

나일주, 임철일, 이인숙 편저(2003). 기업교육론. 서울: 학지사.

노남섭, 박양근(2004). 인적자원개발론. 서울: 한올출판사.

이만표 역(1999). 글로벌 인적자원개발. 한언.

이무근(2003). 직업교육학 원론(제3판). 서울: 교육과학사.

이용환, 곽기상(1996). 교육공학 및 교육공학. 서울: 재동문화사.

이성 외 공역(2003). HR 성공전략 ROI. 서울: 학지사.

장원섭 역(2003). 인적자원개발론. 서울: 학지사.

주영주(2001). 교수매체론. 이화여자대학교 교육공학과 저, 교육방법 및 교육공학(pp. 253-322). 서울: 교육과학사.

황안숙(2002). 무한경쟁시대의 인적자원개발: 이론과 사례연구. 서울: 양서원.

David R. Olson. (1974). *Introduction, media and symbols: The forms of expression, communication and education*. The University of Chicago Press.

Heinich, R., Molenda, M., Russell, J. D., & Smaldino, S. E. (1996). *Instructional media and technology for learning*. Englewood Cliffs, NJ: Prince-Hall, Inc.

Jonassen, D. H. (1982). *The technology of the text: Principles for structuring, designing, and displaying text*. Englewood Cliffs, NJ: Educational Technology Publications.

Kemp, J. E., & Smeelie, D. C. (1989). *Planning producing and using instructional media*. N. Y.: Harper & Row, Publishers.

Romizoski, A. J. (1984). *Producing instructional systems: Lesson planning for individualized and group learning activities*. London: Kogan Page.

Rosenberg, M. J. (2001). *E-Learning : Strategies for delivering knowledge in the digital age*. N.Y: McGraw-Hill.

Schramm, W. (1963). *The newer educational media in the United states: New Methods and techniques in education*. Paris: UNESCO.

08

산업인력개발의 평가

학습개요

이 장에서는 산업인력개발의 평가에 대해서 살펴보고자 한다. 이를 위하여 산업인력개발 평가의 개념, 유형 및 특성을 살펴보도록 한다. 또한 이를 이초로 산업인력개발 평가의 원리, 방법 및 실제에 대해 살펴보도록 하겠다.

학습목표

1. 산업인력개발 평가의 개념, 유형 및 특성을 설명할 수 있다.
2. 산업인력개발 평가의 원리를 설명할 수 있다.
3. 산업인력개발 평가의 방법을 설명할 수 있다.

1. 산업인력개발 평가의 개념적 기초

1) 산업인력개발 평가의 개념

산업인력개발 평가는 학습자 평가와 교육과정(프로그램) 평가, 교육기관 평가 등을 포괄하는 개념으로 사용된다. 즉 직업을 준비하거나 직무를 수행하는 사람이 직업생활을 준비하고 영위하는데 필요한 직업적 소양 및 직무수행능력에 대한 평가, 산업인력개발 학습자의 능력을 향상시키기 위해 개발된 교육과정(프로그램)의 효율성과 효과성에 대한 종합적이고 체계적인 평가, 이러한 교육과정(프로그램)을 실시하는 교육기관의 주요 업무 추진상황 및 성과와 각 기관의 역량, 학습자의 교육 만족도 등에 대한 총체적인 평가 등을 포함한다.

평가란 어떤 특수 목적을 달성하기 위하여 계획된 프로그램의 과정이나 성과 또는 접근 방법의 타당성 등을 판단하는데 필요한 정보를 얻는 것으로 정의되며(Wentling & Lawson, 1980), 일반적으로 어떤 사물과 사건에 대하여 가치를 부여하거나 어떤 사업이나 활동에 대하여 목표 달성의 정도나 계획 수행의 효과나 효율성 수준을 검사, 조사, 시험, 점검, 심사, 판단, 평정, 측정, 순위를 결정하는 모든 과정과 방향수정, 내용 및 방법의 개선 작용 등을 총칭하는 말이다(김진화, 2001). 또한 어떤 대상에서 의도한 목표나 요구한 바를 어느 정도 달성했는가 하는 효과를 결정하는 측면, 올바른 의사 결정에 필요한 정보를 제공한다는 측면, 어떤 대상의 장점이나 가치를 판단하고 결정하는 측면을 지닌다. 이와 같이 평가는 평가 대상의 가치나 장점을 기술 또는 판단하며, 효과를 확인하고, 의사결정을 보조하는 활동이라고 할 수 있다(배호순, 1994).

산업인력개발에 있어서 평가는 대상의 성과 측면에서 변화를 보장하는 방안을 제공하고, 교육의 결과에 긍정적 또는 부정적 영향을 미치는 요인을 분석하여 이를 개선, 보완하는 전략을 수립하는 등 산업인력의 개발과 활용을 위하여 점차 필요성이 증대되어 가는 추세이다.

2) 산업인력개발 평가의 유형

산업인력개발 평가의 유형은 목적에 따른 분류, 시기에 따른 분류, 평가내용에 따른 분류, 평가 기준에 따른 분류 등 크게 4가지로 구분할 수 있으며, 다시 세부적인 유형으로 나누어지게 되는데 상세한 내용을 제시하면 다음과 같다.

(1) 평가의 목적에 따른 분류

평가를 시행하는 목적에 따라 그 유형을 크게 선발형 평가와 충고형 평가로 분류할 수 있다. 이때 선발형 평가는 사회적 선발 기능을 원활히 수행하기 위한 목적으로 시행되는 평가를 말하며, 교육적 기능을 원활히 수행하기 위한 목적으로 시행되는 평가는 충고형 평가라고 한다.

선발형 평가는 전통적으로 선발이나 배치, 서열화를 목적으로 학습자들의 학습결과를 양적으로 측정해 온 평가 방식이다. 능력주의가 대두됨에 따라 산업인력개발에서의 평가는 능력에 따른 사회적 선발 기능, 즉 능력에 따라 선발, 분류, 배치하는 기능을 주로 수행하는 선발형 평가가 큰 비중을 차지하게 되었다. 선발형 평가는 어떤 특성을 수량화, 점수화하고 통계적 분석을 중시하기 때문에 양적평가라고도 불리운다.

충고형 평가는 능력에 따른 사회적인 선발 기능 뿐 아니라 개개인의 능력을 신장시키고 또 자아실현을 돕는 교육적 기능이 강조될 때 주로 활용되는 평가 방식이다. 다시 말해, 현장에서 교수-학습의 과정을 개선하기 위한 목적으로 교수-학습의 과정이나 그 결과에 대한 각종 정보를 수집하고 전문적으로 판단하는 평가 방식을 충고형 평가라고 한다. 충고형 평가는 어떤 특성을 상황과 맥락을 고려하여 해석하고 그 의미를 이해하는 것을 중시하기 때문에 질적 평가라고도 불리운다.

(2) 평가의 시기에 따른 분류

평가를 시행하는 시기에 따라 그 유형을 크게 진단평가, 형성평가, 총괄평가로 분류할 수 있다. 특정 교육 프로그램을 시작하기 전에 실시하는 평가를 진단평가라고 한다면, 그 교육 프로그램을 운영하는 중간에 실시하는 평가를 형성평가라고 하며, 그 교육프로그램이 끝난 시점에서 실시하는 평가를 총괄평가라고 한다.

진단평가는 본격적인 교육활동을 수행하기 전, 즉, 특정 교육 프로그램을 시작하기 전에 학습자의 상태, 교육과정의 내용, 예컨대 특정 교육프로그램과 관련되는 선행 지식, 기능, 결손, 장애 등을 진단하고 점검하기 위한 평가를 말한다.

형성평가는 특정 교육프로그램이 운영되고 있는 과정에서 그 목적을 제대로 달성하기 위해 중간점검을 하여 운영 방법이나 절차를 수정, 보완하기 위한 평가를 말한다. 형성평가는 교육프로그램의 목표, 내용, 방법, 절차 등이 제대로 구성되었는지 여부에 대해서 평가하기도 하고, 또 중간 단계에서 프로그램의 성취도를 평가하기도 한다. 형성평가는 교육프로그램을 진행하는 과정에서 수행하는 것임을 강조하기 위해 중간평가라고도 한다. 형성평가의 일차적인 목적이 진행 중에 있는 교육프로그램이 학습자들의 수준에 적절하도록 수정, 보완하기 위한 것이므로 긴밀한 의사소통을 통해 다양한 정보를 수집하는 것이 매우 중요하다.

총괄평가란 특정 교육프로그램이 끝난 다음, 그것에 대한 다양한 정보를 수집, 정리하여 그 성과나 효율성에 대해 종합적이면서도 최종적인 결론을 도출하기 위한 평가를 말한다. 교육 프로그램의 성과나 효율성에 대해 종합적인 평가를 하는 것으로 특정 교육프로그램이 끝난 다음에 실시한다는 것을 강조하기 위해 결과평가 혹은 산출평가라고도 한다.

(3) 평가의 내용에 따른 분류

일반적으로 교육 목표의 내용을 분류할 때 활용하는 3가지 영역에 대해 그 내용을 평가한다는 것을 강조하기 위한 분류방법으로 인지적 영역, 정의적 영역, 심동적 영역의 평가로 나뉜다.

인지적 영역의 평가는 교육목표에 진술되어 있는 학습내용을 기억, 이해, 추론 등과 같은 사고 작용을 통해 획득해야 하는 지적 학습목표의 달성 여부와 그 정도를 측정하는 것으로써, 어떠한 사실, 개념, 법칙, 원리 등에 대하여 얼마나 많은 지식을 가지고 있는지, 그것을 잘 적용, 분석, 종합, 평가할 수 있는지 등을 파악하는 것이다. 성취도 평가나 학문적 지능에 대한 평가도 이에 속한다.

정의적 영역이란 성격이나 흥미, 가치관 등과 같이 감성의 작용을 통해 학습할 수 있는 내용 영역을 말하며, 정의적 영역의 평가란 이러한 정의적 영역에 대하여 평가하는 것을 의미한다. 사회성, 준법성, 협동성, 책임감 등이나 흥미, 가치, 태도, 신념 등을 평가하거나 최근 관심이 고조되고 있는 정서지능에 대한 평가도 이에 속한다.

심동적 영역이란 신체 각 부위의 움직임을 통해 학습할 수 있는 내용 영역을 말하며, 심동적 영역의 평가란 이러한 심동적 영역에 대해 평가하는 것을 말한다. 손, 발, 다리, 어깨 등과 같은 신체의 일부 또는 전신을 움직여 성취할 수 있는 학습 목표의 달성 여부와 그 정도를 측정하는 것이라고 할 수 있다.

(4) 평가의 기준에 따른 분류

평가활동을 측정활동과 가치판단 활동의 통합적인 활동을 지칭하듯이, 평가활동에는 측정 결과에 대한 가치판단 혹은 해석이 포함된다. 이때 활용하는 가치판단의 기준에 따라 상대평가와 절대평가로 분류할 수 있다. 여기서 '상대' 의 의미는 함께 평가를 받는 다른 학습자들의 수준이 어떠하냐에 따라 수준이 다르게 결정된다는 것이며 '절대' 라는 의미는 함께 평가를 받는 다른 학습자들과 관계없이 수준이 결정됨을 의미한다.

상대평가는 한 개인이 속해있는 집단 속에서 다른 사람보다 얼마나 더 잘했느냐 하는 상대적인 서열을 강조하는 평가로서 규준지향평가라고도 한다. 상대평가는 성취해야 할 교육 목표를 얼마나 많이 달성했는가 와는 무관하게 서열만을 강조한다.

절대평가는 한 개인의 성취수준이 사전에 정해진 판단기준에 따라 결정되는 평가로 준거지향평가라고도 한다. 절대평가는 성취해야 할 교육 목표를 얼마나 많이 달성했느냐를 강조한다. 한편 평가의 결과에 가치를 부여할 때, 현재의 위치 혹은 능력을 중시하느냐 혹은 일정기간동안의 변화 혹은 성장을 중시하느냐에 따라 위치지향평가와 변화지향평가로 구분할 수 있다(Oosterhof, 1994).

3) 산업인력개발 평가의 특성

(1) 평가시 고려해야할 사항

평가를 위해서는 먼저 평가가 왜 중요하며, 무엇을 위해 필요한가를 고려하여 평가를 체계화하고 구조화해야 한다. 이러한 관점에서 산업인력개발 평가에 대한 구조에 영향을 주는 첫 번째 요소는 평가에 대한 가치와 신념이다. 평가에 있어서 가장 중요한 가치와 신념은 책무성이다. 평가는 이해관계자에게 산업인력개발의 결과를 설명할 수 있고 산업인력개발 체계의 개발과 유지에 상당히 기여한다. 두 번째는 훈련에 대한 지속적인 개선이다. 지속적인 개선은 훈련생과 기관 및 지역사회 등의 이해관계자들의 요구를 충족시키며, 지속가능한 훈련 효과를 유지하기 위해 정책, 프로그램 및 서비스들을 수요에 맞게 변화시킬 수 있도록 한다. 장기적인 관점에서 평가활동은 훈련이 지속 가능할 수 있도록 이루어져야 한다.

따라서 이러한 평가에 대한 가치와 신념은 평가에 대한 접근법과 방향을 정하는데 있어서 반드시 고려되어야 할 사항이며, 이를 유지하고 추구할 수 있는 평가과정이 마련되어야 한다. 그리고 이러한 절차들은 구체적으로 평가 정책과 구조에 적용된다. 평가정책과 방향이 주어지면 평가에 대한 기준이 설정되어야 하며, 이것은 광범위한 체계와 훈련의 핵심 목적과 일관되어 객관적이고 구체적인 내용을 포함해야 한다. 아울러 평가기준에는 산업인력개발에 대한 협력과 포용성이 포함되어야 한다(오영훈, 김미숙, 김수원, 류장수, 2006).

(2) 신뢰도와 타당도

산업인력개발 평가에 있어서 중요한 관심 대상 중에 하나는 신뢰성 있는 정확한 측정이다. 아무리 올바른 평가도구나 방법을 사용한다고 하여도 여러 단계에 이르는 평가 단계에서 적지 않은 오차가 발생할 수 있다. 평가에 있어 이러한 오차는 피평가자에게 평가 결과에 대한 불신을 야기할 수 있기 때문에 어떠한 형태의 평가도구라도 신뢰도와 타당도를 확보하여야한다.

신뢰되의 개념은 측정하고자 하는 현상이나 대상을 얼마나 일관성 있게 측정하였는가를 나타내는 것으로서, 안정성(stability), 일관성(consistency), 예측가능성(predictability), 정확성(accuracy)이라고도 표현한다. 신뢰도는 어떠한 측정대상을 반복적으로 측정하는 경우 동일한 결과값을 얼마나 많이 얻을 수 있는지를 나타내는 지표로서 여러 번 반복 측정해서 얻은 측정 결과 값들의 분산으로 신뢰도를 판단할 수 있다(이훈영, 2008). 신뢰도를 정의하는 방법으로는 첫째, 여러 번 반복해서 측정한 조사결과나 실험결과들이 얼마나 일치하는가를 나타내는 일치성 정도에 따라 신뢰성을 판단하는 방법, 둘째, 하나의 측정도구나 방법을 이용하여 얻은 측정치가 측정하고자 하는 개념이나 속성을 충분히 잘 대변할 수 있는 진실된 측정인지를 판단하여 신뢰성을 파악하는 방법, 셋째, 측정한 결과로 얻은 값의 오차범위로 신뢰성을 확인하는 방법 등이 있다.

신뢰도를 측정하는 방법으로는 재검사법, 반분법, 내적 일관성 등이 있는데, 재검사법은 동일한 측정 대상에 대하여 동일한 측정도구를 통해 일정한 시간 간격을 두고 반복적으로 측정하여 그 결과값들을 서로 비교 분석하는 방법이고, 반분법은 집단 평균값들 간의 상관관계를 조사하여 상관계수값의 크기로 측정방법의 신뢰도를 측정하는 방법이며, 내적 일관성은 동일한 개념을 측정하기 위해 여러 개의 항목을 이용하는 경우에 신뢰도를 측정하는 방법으로 Cronbach' s alpha 계수가 대표적이다.

타당도는 측정을 위해 개발한 도구를 사용하여 측정하고자 하는 개념이나 속성을 얼마나 정확하게 측정할 수 있는가를 나타내는 지표로 아무리 정확한 측정대상을 선정했다 하더라도 잘못된 측정도구나 측정방법을 사용하여 측정하였다면 그 측정값들은 의미가 없다. 즉 측정된 값 자체가 전혀 다른 속성이나 다른 개념을 측정한 것이라면 측정된 값들은 아무런 의미가 없다는 것이다. 타당도는 측정도구와 측정방법이 측정하고자하는 것을 측정하기에 타당한가를 의미한다. 따라서 측정하려는 개념이나 속성을 정확하게 측정할 수 있는 측정 도구와 방법을 사용하여 측정하는 경우 이측정은 타당도가 높다고 할 수 있다.

타당도를 측정하는 방법으로는 내적 타당도(internal validity)와 외적 타당도(external validity)의 2가지 종류가 있다. 내적 타당도는 실험이나 연구에서 실제로 측정하고자 하는 것을 얼마나 정확하게 측정하였는가를 의미하고 외적 타당도는 이렇게 측정하여 얻은 실험이나 연구 결과를 실제 상황에 과연 어느 정도까지 적용할 수 있는가를 나타내는 타당도를 말한다.

산업인력개발의 평가에 있어서 평가도구가 신뢰도와 타당도를 갖추었다 하더라도 다음과 같은 5가지 특성을 간과해서는 안된다. 첫째, 집중 경향의 착오이다. 집중 경향의 착오는 평가자가 피평가자에 대한 평정시에 극단의 점수를 피하고 중간적인 평점을 주는 경향을 말한다. 둘째, 인상의 착오이다. 인상의 착오는 학습자에 대한 객관적인 평가가 아니라 인상이 평정에 영향을 주는 것을 말한다. 비슷한 개념으로는 Halo effect가 있다. 셋째, 표준의 착오이다. 이는 두 평가자가 동일한 대상에 대하여 평점이 다르게 나타나 어떠한 것을 표준으로 해야 하는지 판단할 수 없는 경우를 말한다. 넷째, 논리의 착오이다. 논리의 착오는 평가자가 평가지표에 대한 각각의 논리적 특성을 모르고 평정하는 경우를 말한다. 다섯째, 관대화의 착오이다. 이는 평가자가 피평가자에게 후한 점수를 줄려고 하는 성향으로 일어나는 착오이다. 산업인력개발 평가에 있어 이러한 5가지 착오는 평가 실행 단계에서 일어나는 것으로 평가자는 이에 대하여 정확히 인식하고 객관적인 입장에서 평가를 실행해야 한다.

2. 산업인력개발 평가의 원리

1) 산업인력개발 평가의 기본적 원리

산업인력개발 평가를 실시함에 있어 기본적으로 고려되어야 할 원리는 다음과 같다(Calfrey & Alton, 1982).

① 평가를 실시하려고 할 때에는 평가의 목적과 의의가 명확하게 설정되어 있어야 한다.

② 평가는 계속적이고 누가적이어야 한다.

③ 평가는 특정 사항에 대한 집중적인 분석보다는 모든 사항을 관심 대상으로 하여 분석하고, 이를 종합하여 최종 결론을 도출하도록 해야 한다.

④ 모든 평가의 근본적인 목적은 평가하려는 대상의 조건이나 활동을 개선하고 격려하는 데 있다.

⑤ 바람직한 평가는 평가과정에 평가 대상자들로부터의 자체 평가를 위해서 피평가자의 적극적인 참여를 유도하여야 한다.

⑥ 모든 평가는 다음의 세 가지 기본 절차가 포함되어야 한다.

- 평가의 의의와 목표 설정 및 승인
- 특수한 사실에 대한 증거 자료 확보
- 설정된 목표에 근거한 판단

2) 산업인력개발 평가 실행의 원리

산업인력개발 평가에 있어 중요한 것은 평가를 실시하는 사람이다. 평가 실시자는 평가가 무엇이며, 그 목적이 무엇인가를 분명하게 이해하여야 한다. 일반적으로 평가는 조직 또는 프로그램 생성, 개선 그리고 효과를 결정하기 위하여 활용될 수 있는 정보의 체계적인 산물이고, 훈련의 가치와 장점을 도와주는 일이며 프로그램이나 다른 평가의 가치를 공식적으로 결정해주는 과정이다. 평가는 프로그램을 직·간접적으로 사용했던 사람들의 기대와 결과가 얼마나 차이가 있는가를 결정하고 의사결정을 위해 필요한 정보를 제공하며, 효과적인 프로그램 운영을 통해 그 분야의 숙련모델을 개발하는 것이다(오영훈 외, 2006).

이를 위해서는 평가 관련 집단의 역할과 평가자 혹은 촉진자의 역할을 구분하여 고려해야 한다. 평가 관련 집단은 프로그램이나 평가에 직접 혹은 간접적으로 이해관계를 가지고 있는 사람들로서 평가 과정에 적극적으로 참여해야 한다. 또한 평가자와 촉진자는 제안된 평가 활동이 가능한지를 조사하는 평가의 타당성을 검토하며, 평가 관련 집단을 이해하고 그들의 역할과 활동을 기술하며, 훈련을 평가하는데 필요한 인적자원과 물적자원을 모니터링하고, 제공된 훈련의 개선을 위한 형성평가와 책임과 의사결정을 위한 총괄평가, 그리고 최종적으로 훈련 결과에 따른 변화와 그 변화가 프로그램의 효과인가를 평가하는 결과평가 혹은 영향력 평가를 실시해야 한다([그림 8-1] 참고).

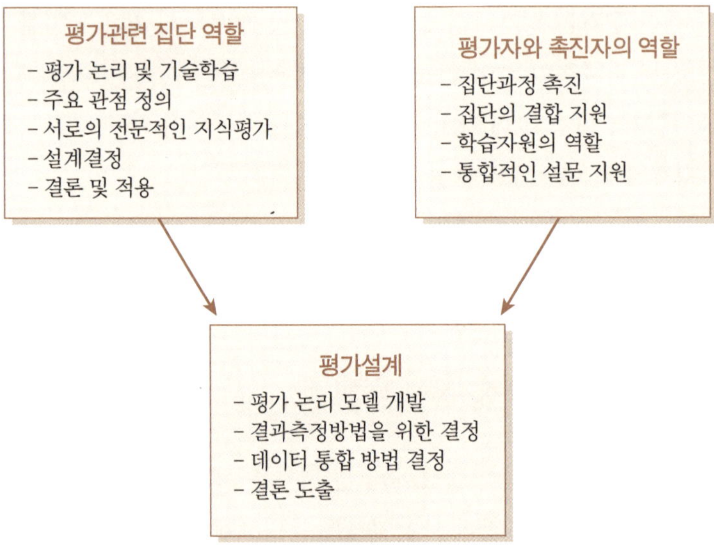

[그림 8-1] 평가관련 집단의 역할

3) 산업인력개발 프로그램 평가의 원리

김진화(2001)는 평생교육차원에서 프로그램 평가의 일반적 원리를 다음과 같이 제시하였다. 첫째, 평가는 교육의 과정 속에서 여러 가지 다양한 사상, 조건 또는 상태들에 대한 바람직성을 필연적으로 평가하게 된다. 일반적으로 평가는 상상, 조건, 상태에 관련된 정보를 수집하고, 조직하고, 분석하고, 해석하는 경험적 및 해석적 접근에 의해 이루어진다. 그러나 이러한 바람직성에 대한 평가는 가치체제의 수반을 필수적인 관건으로 한다. 그 평가 기준이 가치의 응결을 가장 핵심적인 요인으로 생각하기 때문에 가치를 인식하고 표현하는 가치화 또는 가치적 판단 행동이 평가자에게 끊임없이 요구된다.

둘째, 평가는 실험실의 제한된 상태, 또는 이론적으로 가설화된 상태에서 이루어지는 평가가 아니고 현장에서, 사실 세계에서, 지금 이루어지고 있는 실제 활동 상황 속에서 이루어지는 평가활동이다. 또한 단순히 가설에 대한 검증을 위해 꾸며진 실험이 아니라 지금 막 실천되고 있는 교육활동 상황속에서 문제를 발견하고, 진단하고, 치유책을 강구하고, 또 문제를 예방하는 활동이다. 한걸음 더 나아가서는 그 활동을 보다 더 승화시켜 발전시킬 수 있는 방책을 강구하기 위한 노력이다. 교육프로그램 평가는 결코 결과와 사실만을 발견해서 진부를 가리는데에서만 멈추는 것이 아니다.

셋째, 평가는 항상 의사결정 또는 정책수립을 촉진하기 위한 필수불가결의 활동이다. 교육프로그램 평가가 그 목적과 목표를 지향하는 과정에 관심이 있는 한 그것은 곧 차후의 의사결정과 정책수립을 위한 귀중한 출발점이 된다. 특히, 이를 위해서 교육프로그램 평가는 그 목적지향 진행과정이 어떻게, 언제, 어느 방향으로 이루어져 가고 있는지를 분명히 밝혀내야 할 것이다.

넷째, 프로그램 평가는 계속해서 종합적으로 전개되는 가운데 본래의 평가 목적을 성취할 수 있다. 교육프로그램 평가는 순환적, 재생적, 계속적인 활동이며, 모든 순간마다 다소의 차이는 있지만 평가는 언제고 필요한 계속적인 과정이다. 더불어 평가는 종합성을 띤 활동이다. 교육프로그램의 목적과 목표에 관련된 모든 각양각색의 활동들을 통합시키는 종합적인 활동인 것이다.

3. 산업인력개발 평가의 방법

1) 산업인력개발 평가의 절차

산업인력개발 평가의 절차는 다음의 6단계로 진행된다. 첫째, 평가의 설계이다. 설계는 정확한 분류와 계획을 하는 것으로, 이해관계자와 프로그램 목적, 프로그램 활동을 설명하고 정보 요구 등을 명확히 하며, 자료출처, 핵심 청중, 절차 등을 확인하여야 한다. 둘째, 계획 수립 단계이다. 이것은 핵심적인 평가 문제를 결정하고 자료 출처와 평가방법을 선택하며, 일정을 만들고 예산을 확보하며 정보를 활용할 시기를 결정한다. 셋째, 이행단계이다. 이 단계는 자료 수집을 위한 도구와 절차를 고안하고 자료를 수집하는 것이다. 자료의 재배열을 통해 필요한 평가 자료를 구성하고, 증빙 서류를 요구한다. 넷째, 데이터 분석 및 통합이다. 여기서는 자료를 부호화하고 포괄적인 자료 분석을 실시하며, 통합을 위해 자료를 조직하고, 피드백을 위해서 이해관계자에게 선행지식을 제시하며, 자료의 통합을 쉽게 할 수 있도록 한다. 다섯째는 보고이다. 보고는 이해관계자와 평가 결과를 공유해야 할 핵심적 인사들에게 평가 결과를 보고하는 것으로 이 보고를 통해 이해관계자의 의견을 취합하여 평가를 마무리 한다. 여섯째는 결과의 활용이다. 보고한 성과를 전달하고 전략을 용이하게 한 후 이 결과를 활용하는 것이다(오영훈 외, 2006).

[그림 8-2] 평가 실행 절차

2) 산업인력개발 평가의 모형

(1) CIRO 모형

Warr et al(1970)이 제안한 이 모형은 프로그램이 도입된 상황과 투입 및 후속되는 프로그램 전 과정을 포괄적으로 평가하는데 특징이 있다. 이를 위하여 상황평가(Context evaluation)-투입평가(Input evaluation)-반응평가(Reaction evaluation)-산출평가(Outcomes evaluation)의 4단계 평가를 실시한다.

상황평가(Context evaluation)에서는 교육 프로그램이 작동된 상황 및 여건에서 요청되는 요구와 추구할 목적이 무엇인가를 결정하기 위하여 자료를 수집하는 데 중점을 둔다. 성취 및 수행상의 결핍에 관한 정보를 수집하고 요구 설정에 필요한 자료를 사정하며 목표를 설정하는 일 등이 상황평가를 구성하는 활동이 된다. 즉 상황평가는 프로그램의 도입상황과 개발의 필요성에 대한 자료를 수집하며, 이 자료를 기초로 프로그램의 목표 설정, 프로그램 도입의 필요성 확인 등의 활동이 이루어진다.

투입평가(Input evaluation)는 여러 대안이 될 수 있는 투입변인들 중에서 가능한 것을 선택하는데 필요한 정보를 수집하고 활용하는 것을 의미한다. 바람직한 목표를 성취할 최대한의 가능성을 어떻게 확보할 것인가에 관한 가용한 자원을 분석하고 그것들을 전개 및 활용하는 방법을 결정하는 데 중점을 둔다.

반응평가(Reaction evaluation)는 교육 프로그램 참가자가 보인 반응에 관하여 정보를 수집하고 활용하는 것이다. 교육이 종료될 무렵이나 종료 직후에 교육생이 교육 프로그램에 대하여 어떤 견해를 가지고 있는가를 발견하고자 시도된다. 프로그램에 참가자들이 프로그램의 실시 과정에서 가지고 있었던 반응들을 수집하고 분석함으로써 프로그램의 교육효과나 차후 프로그램의 수정 및 보완에 활용하려는 목적으로 활용된다.

산출평가(Outcomes evaluation)는 프로그램의 목표에 얼마나 부합되는지를 평가하는 것이다. 이를 위해 목표에 적합한 측정 방법의 선정 및 개발, 프로그램의 측정시기, 산출물 평가결과의 프로그램 개선에 대한 활용방법 등이 신중히 고려되어야 한다.

(2) CIPP 모형

CIPP 모형은 교육 평가의 목적과 중요한 역할을 의사결정권자의 의사결정을 돕는데 있다고 보는 평가 관점의 대표적인 예가 된다. 이를 위하여 상황평가(Context evaluation)-투입평가(Input evaluation)-과정평가(Process evaluation)-성과평가(Product evaluation)의 4단계 평가를 실시한다.

상황평가(Context evaluation)는 가장 기본적인 평가유형으로 프로그램의 목표를 결정하기 위해 정당한 근거를 제공하려는 목적으로 수행된다. 적절한 환경의 규정, 바람직한 실제적 환경의 기술, 충족되지 않은 요구와 활용되지 않은 기회의 규정, 요구충족과 기회활용을 제한하는 문제점의 진단 등이 주된 내용을 이룬다. 여기서 문제점의 진단은 프로그램의 개선을 유도하는 성취목표를 개발하는데 핵심적 기초를 제공한다. 상황평가의 방법으로는 개선되어야 할 영역의 한계를 구체화하고 판단하기 위한 개념적 분석, 충족되지 않은 요구와 활용되지 않은 기회를 구체화시키기 위한 경험적 연구, 개념적 분석과 경험적 연구를 통한 문제진단 등이 있다.

투입평가(Input evaluation)의 목적은 프로그램의 목표를 달성하기 위해 어떻게 자원을 활용할 것인가를 결정하는데 필요한 정보의 제공이다. 평가의 내용에는 담당기관의 적절한 잠재력, 프로그램의 목표달성 전략, 전략의 실천방안 등에 대해 확인하고 사정하는 일 등이 포함된다. 투입평가에 있어 중요한 요소 중 하나는 프로그램 운영에 부정적 영향을 주는 환경 상의 장애 요인들을 확인해 내는 것이다. 즉, 특수한 요구와 부적절한 대안들을 탐색해 내고 이 대안들을 실행 계획으로 개발해 내는 것이 중요하다.

과정평가(Process evaluation)는 프로그램 실천단계에서 실천과정 및 절차 방안상의 문제점을 파악하고 교육 담당자에게 주기적인 피드백을 제공해 준다. 과정평가의 세 가지 목적은 첫째, 프로그램 실시단계에서 절차나 실시과정 상의 결점을 탐색, 예견하고, 둘째, 결정된 프로그램에 필요한 정보를 제공하며, 셋째, 시행절차에 대해 지속적으로 기록하고 판단하는 데 있다. 이러한 과정평가의 방법은 전일제 평가자에 의해 평가가 수행되어야 하고, 시행절차 및 과정을 기술하기 위한 도구가 필요하며 평가자와 프로그램 담당자간에 주기적인 모임이 있어야 하고 지속적으로 과정 평가 설계를 개선시켜 나가는데 중점을 두어야 한다.

성과평가(Product evaluation)의 목적은 프로그램 실시단계와 종료단계에 걸쳐 산출 및 획득 결과를 측정하고 해석하려는데 있다. 성과 평가의 일반적 방법은 목표에 관한 조작적 정의의 설정, 활동목표에 관련된 준거의 측정, 측정된 결과와 미리 결정된 기준과의 비교, 상황 · 투입 · 과정 정보와 관련지은 산출결과의 해석 등이다. 변화과정에서의 성과평가는 변화활동을 지속 · 종료 · 수정 · 재강조할 것인가를 결정하는데 필요한 정보를 제공해 준다. 아울러 참여자의 요구 충족도를 높이고 비용효과를 중단시키는데 기여한다. CIPP 모형의 유형별 목적 및 평가 방법을 요약하면 다음과 같다.

〈표 8-1〉 CIPP 모형의 유형별 목적 및 평가방법

구분	상황평가	투입평가	과정평가	성과평가
목적	- 기관의 상황에 대한 정의 - 목표집단의 확인과 요구사정 - 요구에 내재되어 있는 문제의 판단 - 제시된 목표가 사정된 요구를 충분히 반영하고 있는지의 판단	- 체제능력의 확인과 사정 - 전략 실행을 위한 절차 설계의 확인과 사정 - 예산 확인 - 스케줄 확인	- 절차설계나 실행과 정상의 결점에 대한 확인과 예견 - 사전에 프로그램화된 결정에 필요한 정보의 제공 - 절차상의 사건이나 활동에 관한 판단과 기록	- 산출결과에 대한 판단과 기술자료 수집 - 산출결과를 목표 및 상황·투입·과정 정보와 연결 - 산출결과의 가치와 장점해석
방법	- 체제분석 - 자료검토 - 의견조사 - 의견청취 - 면담	- 유용한 인적·물적 자원의 발견과 분석 - 해결 전략의 발견과 분석 - 적절성·실행가능성·경제성이 있는 절차 설계의 발견과 분석 - 문헌탐색 - 모범적 프로그램 탐방 - 예비실시 등의 방법 활용	- 활동의 잠재적 절차상의 장애요인 점검 - 예견되지 않은 장애요인에 대한 주의 - 프로그램화 된 결정을 위한 구체적 정보의 획득 - 실제적 과정에 대한 기술 - 프로그램 스탭들과의 계속적 상호작용 - 프로그램 스탭들의 활동에 대한 계속적 관찰	- 산출준거의 조작적 정의와 측정 - 핵심관련 집단으로부터 나온 산출판단 자료 수집 - 질적·양적 분석 수행

이상에서 논의된 CIPP 평가모형은 산업인력개발에 있어서 의사결정과 평가 간의 협력관계에 대한 하나의 개념구조를 제공해 준다. 즉 CIPP 모형은 프로그램에

대한 요구사정에서 시작하여 계획, 실시, 결과 등의 전 과정을 평가의 대상으로 삼음으로써 의사결정자들에게 가장 유용한 정보를 제공해 줄 수 있다. 아울러 교육기관에서 수행되는 교육훈련의 전 과정에 대해 평가를 실시함으로써 전체 교육활동에 관한 교육 담당자와 관리자들의 책무성을 강화시킬 수 있다.

(3) Kirkpatrick 모형

Kirkpatrick(1994)은 평가를 하는 가장 근본적인 이유는 프로그램의 효율성과 개선방법을 알아보려는데 있다고 하였다. Kirkpatrick 모형은 반응(Reaction)-학습(Learning)-행동(Behavior)-결과(Result)의 4단계로 이루어져 있는데, 앞의 3단계는 개인차원의 평가이고 마지막 4단계인 결과평가는 조직차원의 평가를 말한다.

반응평가(Reaction) 단계는 교육 참가자들이 프로그램에 어떻게 반응했는가를 측정하는 것으로써 '고객 만족도' 측정이라고 할 수 있다. 프로그램의 지속여부는 참가자의 긍정적 반응에 달려 있으며 긍정적 반응이 반드시 학습의 향성을 보장하는 것은 아니지만, 부정적 반응은 학습향상의 가능성을 감소시킨다.(Kirkpatrick, 1994; Phillips, 1991) 즉, 프로그램에 만족할수록 학습동기가 높아진다고 볼 수 있으며 이는 현업에 활용하고자 하는 동기도 높아질 가능성이 있다는 것을 의미한다. 또한, 반응평가는 교육 참가자의 프로그램에 대한 전반적인 반응을 평가수준으로 삼으며 프로그램 진행상의 학습분위기와 관련된 비교적 피상적인 효과 및 영향을 평가한다(배호순, 1994).

학습평가(learning)에 있어서 학습은 프로그램 참여의 결과 얻어진 참가자들의 태도변화, 지식증진, 기술 향상의 정도를 의미한다. 학습수준을 평가하기 위해서는 프로그램의 구체적 목적이 확정되어야 한다(Kirkpatrick, 1994). 학습수준은 프로그램을 통해 제시된 원리, 사실, 기술, 기능에 대한 이해 및 습득정도를 평가수준으로 삼으며 프로그램의 목적에 따라 평가내용이 좌우된다(배호순, 1994; Phillips, 1991). 학습평가는 교육목표 달성정도 평가를 통한 교육 프로그램의 효과성을 판단하기 위해서도 하지만 프로그램의 학습효과성을 측정하고 개선을 위한 기회를 위해서도 실시된다. 따라서 교육생 개개인의 학습성취 정도 파악 및 수료여부 결정과 교육과정의 효과성 검증 및 수정/보완 사항의 확인을 위해서 학습평가가 실시될 필요성이 있다.

학습평가를 설계할 때 고려해야하는 4가지 구성요건은 첫째, 가능하다면 통제집단을 활용할 것, 둘째, 프로그램 전후에 지식, 기술, 태도평가를 실시하고, 지식과 태도는 지필검사를 이용하며, 기술은 수행검사를 활용할 것, 셋째, 100% 반응 회수를 목표로 할 것, 넷째, 반응결과를 활용하여 적절한 후속조치를 할 것(Gredler, 1996) 등이다. Kirkpatrick 모형의 단계별 개념, 내용 및 평가 방법 등을 정리하면 다음과 같다.

〈표 8-2〉 Kirkpatrick 모형의 단계별 개념, 내용 및 평가 방법

단계구분	개념	평가내용	평가방법	평가조건
1단계 (반응평가)	참가자들이 프로그램에 어떻게 반응했는가를 측정하는 것으로 고객 만족도 측정이라 함	교육내용, 강사	- 질문지, 관찰, 인터뷰 등	- 교육목표
2단계 (학습평가)	프로그램 참여결과 얻어진 태도변화, 지식증진, 기술향상의 정도를 측정	교육목표 달성도	- 사전/사후 검사비교 - 통제/연수집단비교 - 지필검사, Checklist	- 반응검사 - 구체적 목표 - 교육내용과 목표의 일치
3단계 (행동평가)	프로그램 참여결과 얻어진 직무행동 변화를 측정	학습내용의 현업 적용도	- 통제/연수집단비교 - 실험계획, 질문지, 관찰, 인터뷰 등	- 반응, 성취도 평가의 긍정적 결과 - 습득한 기능에 대한 정확한 기술 - 필요한 시간, 자원
4단계 (결과평가)	교육결과가 조직의 개선에 기여한 정도를 투자회수율 에 근거하여 평가	교육으로 기업이 얻은 이익	- 사전/사후 검사비교 - 통제/연수집단 비교 - 비용/효과 고려	- 이전 3단계에서의 긍정적 결과

(4) ROI 모형

Kirkpatrick의 4단계 평가 모델에 ROI 평가 단계를 추가한 Phillips의 ROI 프로세스 모형은 [그림 8-3]과 같다. 평가계획 단계는 HR 프로그램 목표수립과 평가계획수립 두 과정으로 구성되어 있다. 첫 번째 과정은 HR 프로그램에 대한 궁극적인 목표를 수립하는 것이다. 예를 들면 학습자 반응을 높이기 위한 목표수립에서부터 ROI를 계산하기 위한 목표수립까지를 계획하는 것이다. 두 번째 과정은 두 가지의 세부적인 평가계획을 세운다. 하나는 수집할 자료의 유형, 자료수집 방법, 자료 출처, 자료수집 시기 등을 나타낸 자료수집계획이고 다른 하나는 자료의 금전적 가치로의 환산 방법, 적정한 비용유형, 무형의 측정 대상, 의견 청취 집단 등을 나타낸 ROI분석계획이다.

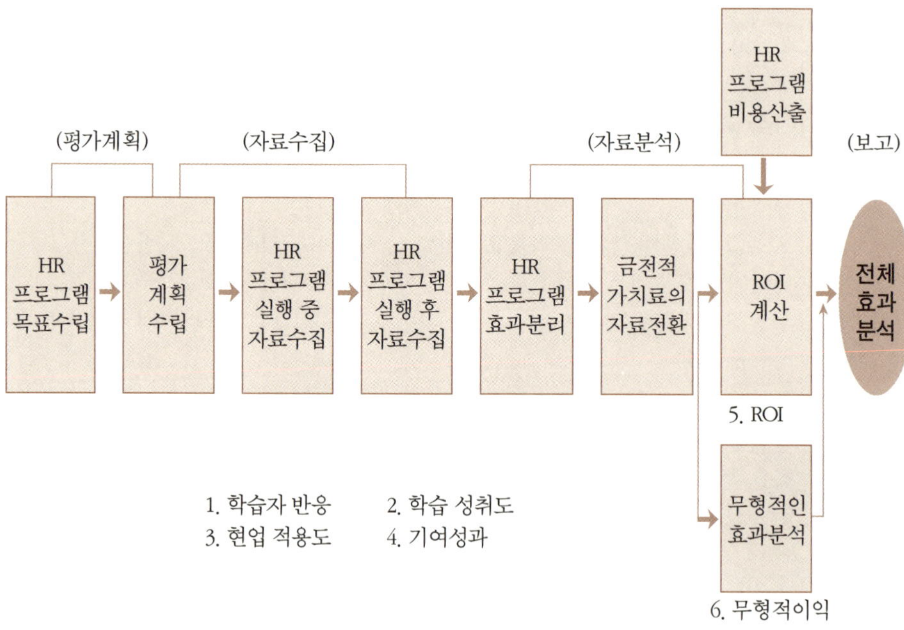

[그림 8-3] ROI 프로세스 모형

자료: Phillips, J. J., Stone. R. D., & Philips, P. P. (2005). HR 성공전략 ROI. 서울: 학지사.

자료수집 단계에서 1단계 학습자 반응과 2단계 학습 성취도 자료는 프로그램이 진행되는 동안에 수집하고 프로그램이 종료된 후에는 사후 자료를 수집하여 프로그램 시행전후의 효과를 도출하고 실험집단과 통제집단, 결과치와 기대치를 비교 분석한다. 프로그램의 효과분리는 측정된 경영성과에서 HR 프로그램이 기여한 경영성과만을 분리하기 위한 전략을 수립한다. 경영성과에 영향을 미친 여러 요인들 중에서 HR 프로그램이 직접적으로 기여한 정도를 정확히 분리해 ROI 계산의 정확성과 신뢰성을 확보하기 위함이다. ROI 평가의 마지막 단계는 HR 프로그램의 성과를 문서로 정리하여 관련된 사람들에게 보고하는 것이다. 보고대상이 많은 경우에는 보고대상자에 맞춰 다양한 형태의 보고서를 작성하여야 한다(고윤석, 2005). Phillips의 ROI 프로세스 모델은 계산하는 프로세스를 개괄적으로 제시하고 실제적 진행 방법에 대한 안내의 부족 등의 이유로 누구나 쉽게 따라할 수 없다는 단점이 있다.

3) 산업인력개발의 학습자, 교육과정 및 교육기관 평가

(1) 학습자 평가

학습자 평가는 산업인력개발에 있어 필요한 기초 자료를 제공하며 조직의 전략과 목표 수립 및 실천을 가능케 하는 매체가 되는 등 그 활용분야가 매우 넓고 미치는 영향이 커 그 중요성이 높다. 그러한 중요성을 요약하면 다음과 같다.

① 산업인력개발의 기초 활동과정이다.
② 학습자 평가의 결과자료는 다른 산업인력개발관련 기능들을 피드백 하는 자료로 사용된다.
③ 조직의 목표와 전략수립의 기초자료가 된다.
④ 조직의 목표와 전략의 실천 매체가 된다.
⑤ 기업에 있어서는 조직 구성원의 최대 관심사인 승진과 임금수준 결정의 기초자료로써 조직 구성원의 동기부여 정도와 노력에 영향을 미친다.

⑥ 장기적으로 조직 인력구성의 변화를 가져올 수 있다.

최근 산업인력개발에서는 경제 패러다임이 유형자산에서 무형자산 중심으로 변화하면서 다른 스킬을 요구하고 새로운 산업인력개발의 역할을 기대하게 되었다. 이는 경쟁우위와 지속적인 자기개선을 실현하기 위한 것으로써 이러한 성과주의 실현을 위하여 다양한 평가 방식을 도입하고 있다.

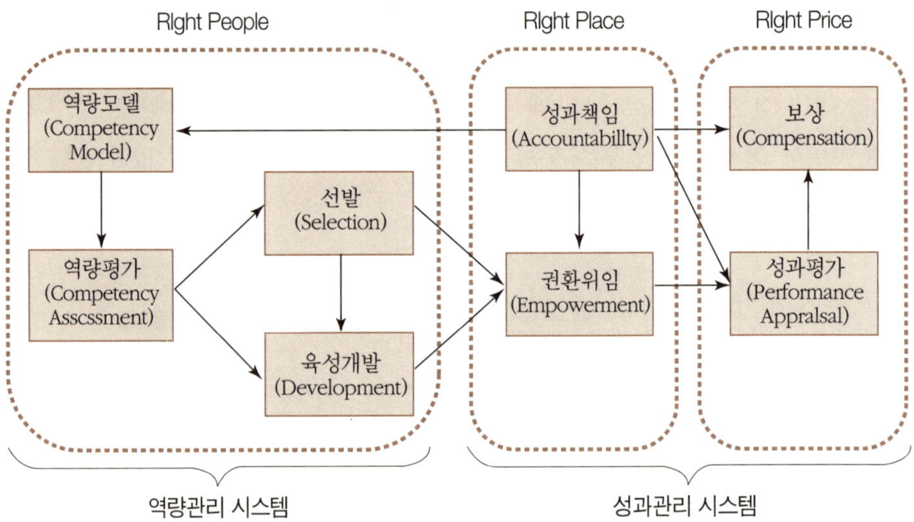

[그림 8-4] 성과주의 실현을 위한 개념적 틀

가. 성과평가

성과평가란 특정한 재정사업의 중요한 제반 측면과 그 가치를 체계적으로 분석하여 유용한 정보를 생산해내는 작업으로 각종 사업 즉, 프로그램 또는 프로젝트와 정책 등의 성과를 사후적으로 검토하는 것을 의미한다. 성과평가의 목적은 의사결정자에게 더 나은 정보를 제공하고 전략과 사업의 책임성을 제고함으로써 의사결정의 합리성을 향상시키는데 있다(오영훈 외, 2006). 성과평가는 성과관리의 한 요소이며, 관리자는 성과 개선과 역량 향상을 위해 성과 평가를 활용하여야 한다. 성과를 평가하기 위한 방법들은 개인이 한해 동안 수행해야 할 핵심과업(key task)을 강조하며, 이 가운데 주요성과영역(key performance area) 접근법은 성과계획 수립에 대한 목적으로 가장 적합하다. 여기에서 주요성과영역(key performance area)은 산업인력개발 학습자가 정해진 기간동안 수행해야할 중요한 기능들의 범주로 정의될 수 있으며, 이러한 기능들은 자신이 하고 있고 해야하는 것들을 중심으로 명기하여야 한다. 각 역할의 성과영역 및 역할과 관련된 사람의 KPA를 규명하는데 있어서는 정기적인 과정을 갖는 것이 바람직하다고 할 수 있다.

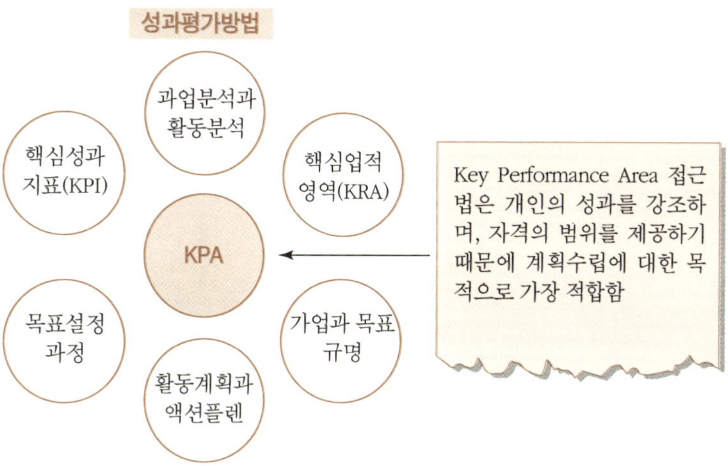

[그림 8-5] 성과평가 방법

나. 역량 평가

역량 평가란 직무를 수행하기 위한 역량 수준이 달성되었는지를 판단하기 위하여 역량 기준과 학습결과를 기준으로 성과 향상에 기여하였는지 여부에 대한 증거 수집 및 의사결정 과정이다. 교육과정 중심의 역량 평가는 교육훈련의 맥락에서 수행되며, 역량 기준이나 학습의 결과를 중심으로 이루어지며, 교육훈련 환경 내에서 제공자에 의하여 수행된다. 역량 평가는 역량기반사정(competency based assessment)과 유사한 의미로 사용되는데 역량기반사정은 역량기반훈련체계(competency based training)하에서 이루어진다고 할 수 있다. CBT+CBA의 개발 프로세스는 ① 요구분석, ② 전략수립, ③ 체계개발, ④ 교육과정 맞춤화, ⑤ 운영 및 평가, ⑥ 사후관리 등으로 구성된다.

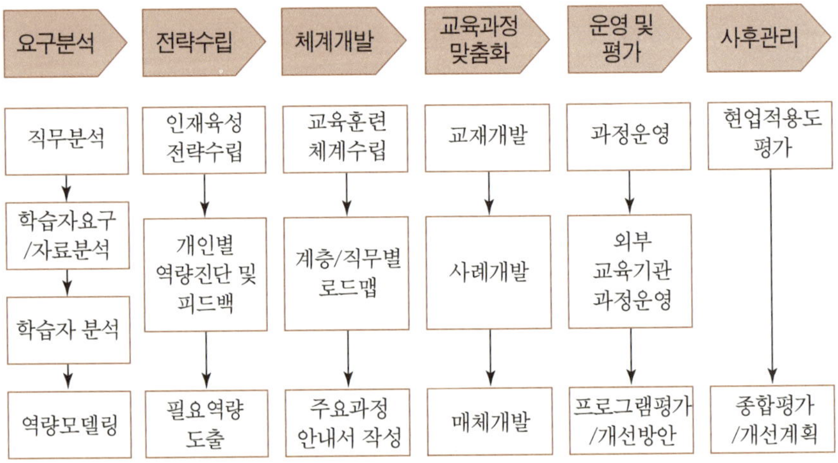

[그림 8-6] 역량기반훈련 및 사정(CBT+CBA) 개발 프로세스

학습자 측면에서 역량 평가를 실행하기 위해서는 역량을 측정할 수 있는 측정도구를 개발하여야 한다. 역량 측정도구를 구성하는 역량의 척도를 설정하는 방법은 크게 BOS(Behavior Observation Scales)방식과 BARS(Behaviorally Anchored Rating Scales)방식으로 나눌 수 있으며 구체적인 예시는 다음과 같다.

예시 고객지향성의 BOS방식 Scale

■ 고객지향성

	거의 그렇지 않다 1	2	3	4	항상 그렇다 5
1. 고객의 요구를 적극적으로 파악하고 피드백 한다.	1	2	3	4	5
2. 고객입장에서 고객의 불만을 처리한다.	1	2	3	4	5
3. 고객과의 접촉에서 친절하고 겸손하게 응대한다.	1	2	3	4	5

예시 특정 직무(윤활유 제조)에서의 BARS방식 Scale

■ 윤활유 제조 역량

1. P1 : - 제품명과 개략적인 용도, 포장단위를 알고 있다.
   - 제품제조가 관련된 용어를 인지한다.
2. P2 : - 윤활유의 구성요소/제조공정을 설명한다.
   - 경쟁사 제품과의 대비표를 작성할 수 있다.
3. P3/4 : · · ·
4. P5 : - 윤활유 전문가로서 내부/외부 관계자(고객/학회/협회)에게 교육을 시킬 수 있다.
   - 향후 윤활유제품기술동향을 파악하고 환경변화에 대비하여 새로운 규격 및 성능의 기준을 제시한다.

자료 : 김진모 외(2007). 역량중심 학습체계 구축 및 과정개발 매뉴얼. 뉴패러다임 센터.

다. 다면 평가

최근 산업인력개발 및 관리의 패러다임이 연공주의에서 능력 · 성과주의로 전환되면서 다면평가가 주목을 받고 있다. 다면평가란 종래 상사가 부하를 평가하는 기존의 개념에서 탈피하여 피고과자 한사람에 대해 다양한 각도에서 여러 사람이 평가하는 것을 뜻한다. 실무에서는 360도 평가라고도 부른다. 다면평가는 종래의 인사고과와 여러 가지 면에서 구분되는데 그 차이점은 표에서 보는 바와 같다.

〈표 8-3〉 다면평가와 인사고과의 차이점

구분	다면평가	인사고과
작업	평가자가 복수 존재하기 때문에 번잡함	간편
책임소재	익명으로 할 경우 불명확	명확
저항감	피평가자가 되는 관리자로서는 불안감, 저항감 느낌	어디서도 실시되고 있어 받아들이기 쉬움
객관성	다양한 관점에서 판단하기 때문에 왜곡된 부분의 수정과 더불어 객관성을 얻기 쉬움	상사와 부하라고 하는 입장에서 평가하기 때문에 평가자와 부서간의 편중 현상이 나타날 가능성이 있음
다면성	다양한 입장에서 관찰되기 때문에 특정한 측면만 가지고 말할 수 있는 부분이 적음	단면적이 될 가능성이 크고, Halo 효과 등의 오류도 발생하기 쉬움
情實	부분적으로 개입의 여지는 있으나 전체적인 경향을 파악한다면 주관적인 결과는 배제 가능	고과자 훈련으로 극복 가능하지만 처우와의 연계가 강하기 때문에 고의로 조작될 가능성을 포함함
피드백	여러 각도에서 평가한 결과를 피드백하는 것은 본인의 자기반성 자기성장에 유익	특정 개인이 평가한 고과 결과를 피고과자에게 피드백하는 것은 납득성 측면에서 다소 문제가 있음
교육효과	본인의 자기성장 기회로 삼을 수 있고 아울러 상사의 조언, 육성의 재료가 됨	평가자와 피평가자의 1대1 관계에서는 애써 피드백한 내용도 사견으로 비추어질 가능성이 있음. 감정적인 불쾌감을 남길 우려 있음

자료: 안희탁(1995). 인사관리. 서울: 한국인사관리협회.

다면평가제도에서는 그 조직의 특성에 따라 여러 가지 평가요소들을 포함하고 있는데 다면평가제도를 도입하고 있는 몇몇 기업의 사례를 통하여 평가요소들을 고찰하면 다음과 같다.

〈표 8-4〉 동료, 고객 및 부하사원 평가요소(L 기업)

항목	연구개발	관리	영업	생산
능력	프로젝트 기획력 선견예측력 부하육성지도력 관리통솔력 창의력 결단력	전략설정능력 관리통솔력 부하육성지도력 혁신능력 섭외력 결단력	전략설정능력 관리통솔력 부하육성지도력 결단력 커뮤니케이션 추진력	전략설정능력 관리통솔력 부하육성지도력 상황대처능력 혁신능력 결단력
태도 · 의욕	사업가의식 책임감 의구심 독창성 솔선수범	사업가의식 책임감 SVC정신 공정성 솔선수범	사업가의식 책임감 고객지향성 도전의식 솔선수범	사업가의식 책임감 품질의식 원가의식 솔선수범

자료: 안희탁(1995). 인사관리. 서울: 한국인사관리협회.

〈표 8-5〉 동료, 고객 및 부하사원 평가요소(L 기업)

항목	평가요소
기본인품	성격, 애사심, 협조성, 의욕, 진취성 등
업무능력	전문지식, 문제해결능력, 실천력, 조직관리 등
고객관리	부하육성 및 지도, 관련부서 고충 이해 및 지원

자료: 안희탁(1995). 인사관리. 서울: 한국인사관리협회.

학습자 평가 시스템이 어떻게 구성되고 운영되느냐에 따라 조직에 적합한 산업인력이 구성될 수 있다. 이처럼 학습자 평가는 위로는 조직의 목적과 산업인력개발과 관련된 다른 여러 기능과도 연결되어 있으며, 구성원들이 조직에 참여하는 주요 원인과도 연결되어 있는 매우 기초적인 활동이라고 할 수 있다.

(2) 교육과정(프로그램) 평가

가. 교육과정 평가의 설계

산업인력개발에서 교육과정 평가는 다음 네 가지의 의도로 이루어지고 있다. 첫째, 교육과정의 가치나 장점을 판단하거나 결정하는 것, 둘째, 교육과정의 효과 및 영향을 파악하고 판단하는 것, 셋째, 교육과정의 목적달성 정도를 확인하는 것, 넷째, 교육과정에 대한 의사결정을 보조하는 것 등이다(김진화, 2001).

교육과정 평가의 핵심 영역은 교육과정의 목적, 내용, 참여자, 운영 등의 4가지로 요약할 수 있는데 교육과정의 목적에 대한 평가는 교육과정이 궁극적으로 의도하는 바가 성취되었는가를 확인하는 것에 초점이 맞추어진다. 이것은 주로 목표지향 평가의 원리와 절차에 따라 수행된다. 교육과정 내용에 대한 평가는 질적인 측면에 관심을 가지고 교육과정의 혁신성, 현실성, 즉시성, 적용성, 요구반영정도 등에 초점이 맞추어진다. 이것은 탈목표 중심 평가의 원리와 절차에 따라 수행된다. 참여자의 반응에 대한 평가는 교육과정에 참여했던 사람들의 인식, 태도, 느낌, 호감도, 만족도 등을 파악하는데 초점이 맞추어진다. 이는 탈목표 중심 평가의 원리와 절차에 따라 수행된다. 교육과정 운영에 대한 평가는 교육과정이 매끄럽고 원활하게 수행되었는가, 혹은 운영과 관련된 제반 요인 즉, 시설, 매체, 수강료, 강사자질 등을 종합적으로 확인하고 점검하는데 초점이 맞추어 진다(김진화, 2001).

교육과정 평가를 설계할 때 우선적으로 결정해야할 사항은 어떤 평가모형으로 어느 수준까지평가할 것인가하는 문제이다. 이는 교수목표와 매우 밀접한 관계를 갖는데, 교수목표가 학습이라면 학습까지 평가하면 될 것이다. 그러나 교수목표가 기업의 성과향상이라면 교육과정을 통하여 향상된 조직의 성과를 평가하는 단계까지 평가하여야 한다(권대봉, 2006). 이때 평가에 활용되는 준거는 효과성, 효율성, 적정성, 형평성, 대응성, 적절성 등이 있다(〈표 8-6〉 참고).

나. 교육과정 평가의 절차

교육과정을 체계적으로 평가하기 위해서는 평가절차도 단계적으로 이루어져야 한다. 체계적인 교육과정 평가는 일반적으로 4단계에 걸쳐 이루어지는데, 첫째,

〈표 8-6〉 프로그램 평가의 준거와 질문

평가 준거	질문	예시적 준거
효과성 (effectiveness)	가치로운 산출이 성취되었는가?	교육효과 평가
효율성 (efficiency)	교육을 위해 어느 정도의 노력이 투입되었는가?	교육비용/수익률
적정성 (adequacy)	교육 결과에 의해 문제해결이 어느 정도 이루어졌는가?	문제해결능력 평가
형평성 (equity)	비용과 효율이 개인 혹은 집단간에 공평하게 배분되었는가?	교육기회 및 자원배분 준거 평가
대응성 (responsiveness)	조직의 목표, 집단의 필요 등을 교육과정을 통해 만족할 수준으로 달성했는가?	조직체의 교육목표 달성 여부
적절성 (appropriateness)	기대된 산출이 실제로 가치로운가?	적정성을 제외한 모든 준거 검증

자료: 김진화(2001). 평생교육 프로그램 개발론. 서울: 교육과학사.

평가대상의 설정, 둘째, 평가 계획 수립, 셋째, 자료의 수집과 분석, 넷째, 평가보고서 준비 등이다.

먼저 평가 대상의 선정을 위해서는 왜 교육과정을 평가하려고 하며, 평가 결과는 누가 어디에 활용하려고 하는지에 대해 명확히 설정하여야 한다. 평가의 대상은 일반적으로 교육과정을 개발하는 과정(상황평가), 교육내용과 교재(투입평가), 수업의 전개(과정평가), 학습자들의 성취도(결과평가) 등으로 구분하여 평가할 수 있다. 다음으로 평가계획을 수립할 때는 ① 평가목적의 명확한 진술, ② 평가에 필요한 정보 수집원 확정, ③ 정보수집 방법 구상, ④ 평가활동 계획 및 절차 수립, ⑤ 평가계획에 대한 상부기관이나 관리자로부터의 승인 획득 등과 같은 사항이 포함되어야 한다. 셋째로 평가자료를 수집하고 분석하기 위해서는 ① 평가도구의 개발, ② 평가실시, ③ 자료의 수집 등의 절차를 따르며, 마지막으로 평가보고서를 작성할 때는 ① 자료의 분석 및 해석, ② 결론 도출, ③ 관리자에게 건의안 제시, ④ 건의안의 수행을 위한 실행계획 수립, ⑤ 교육과정 개선 시도 등의 절차를 따른다(이무근, 원상봉, 2000).

(3) 교육기관 평가

IMF 관리체제의 등장과 함께 실업률이 크게 증가함에 따라 우리나라는 직업교육훈련이 양적으로 급격히 증가하였다. 또한, 1999년 근로자 직업훈련 촉진법의 시행 이후 직업훈련의 대상 및 영역을 확장시키고, 직업훈련의 질적 향상을 도모하며, 훈련기관의 자율적인 경쟁체제를 도입하고 있다. 직업교육훈련기관 평가가 체계적으로 이루어지기 시작한 것은 1999년부터였으며, 이후 매년 600~1,500여개의 훈련기관이 평가받았고, 평가결과에 따라 매년 10~100여개의 훈련과정이 우수훈련과정으로 선정되었다. 평가대상, 평가기관, 우수기관 선정을 연도별로 나타내면 다음과 같다.

〈표 8-7〉 우리나라 직업훈련기관 평가의 연도별 현황

구분	2002년	2003년	2004년	2005년
평가대상	- 실업자 훈련기관 및 과정평가 - 재직자 훈련기관 평가 - 정부 위탁 훈련기관 평가 - 실업자 훈련 정책 평가	- 실업자 훈련기관 및 과정평가 - 재직자 훈련기관 및 과정 평가 - 정부 위탁 훈련기관 평가 - 통신훈련기관 평가 - 실업자 훈련 정책 평가	- 실업자 훈련기관 및 과정평가 - 재직자 훈련기관 및 과정 평가 - 정부 위탁 훈련기관 평가 - 통신훈련기관 평가	- 실업자 훈련기관 및 과정평가 - 중소기업직업훈련 컨소시엄 기관 평가 - 정부 위탁 훈련기관 평가 - 통신훈련기관 평가
평가기관	한국직업능력개발원	한국직업능력개발원	집체훈련 : 한국산업인력공단 통신훈련 : 한국직업능력개발원	집체훈련 : 한국산업인력공단 통신훈련 : 한국직업능력개발원

우수 기관 선정	740개 훈련기관중 15개 우수기관 선정	1,391개 훈련기관, 1,385개 훈련과정 중, 5개 최우수기관, 7개 최우수 훈련과정 선정 ※ 83개 훈련기관 퇴출 (9.3%)	1,505개 훈련기관, 1,366개 훈련과정 중, 8개 최우수기관, 17개 최우수 훈련과정 선정 ※ 77개 훈련기관 퇴출 (7.9%)	910개 훈련기관, 244개 훈련과정 중, 10개 최우수기관, 31개 최우수 훈련과정 선정 ※ 58개 훈련기관 퇴출 (6.7%)

자료: 노동부, 한국산업인력공단(2006). 2006년 직업훈련기관 평가 설명회 자료집.

가. 집체훈련기관 평가

집체훈련기관 평가 방법은 기준 적용에 결과의 객관성과 형평성을 감안하여 방향을 설정하고 그에 따라 평가 방법을 적용하였다. 평가의 방향은 ① 다원적 평가를 통하여 평가의 타당성 및 신뢰성 확보, ② 현장평가, 실적평가, 지방노동관서 평가, 최종심의회 운영에 있어 객관성확보, ③ 모니터링 결과의 활용, 수요자 만족도 조사를 통한 1회성 평가의 한계보완 등이다. 평가 방법을 구체적으로 살펴보면 다음과 같다.

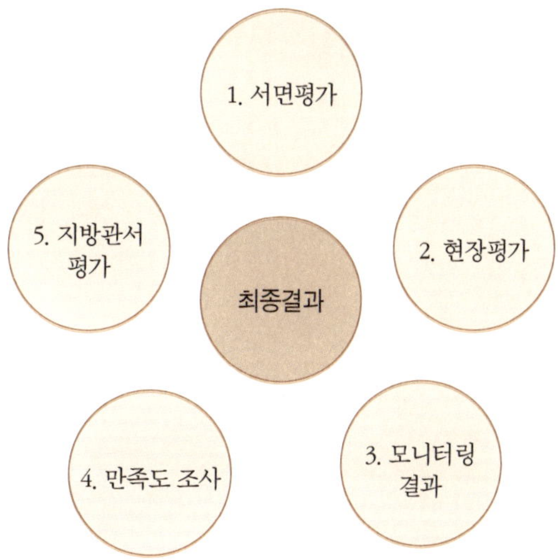

[그림 8-7] 직업훈련기관 평가방법 체계도

평가위원의 선정은 공모 및 추천을 통해 지원자를 모집하고 1차 자격심사를 통해 pool을 구축한 후 지역별, 직종별 평가위원 수요에 따른 후보자를 선정하며, 평가위원은 소정의 연수를 이수해야 한다. 또한 평가기준은 각 훈련 부문별로 차이가 있는데 이것은 대상별로 훈련을 실시하는 목적이 다르기 때문이다. 평가기준은 각 년도 평가 수행 후 의견을 수렴하여 수정, 보완되어진다. 실업자 훈련기관의 평가영역 및 평가항목 내용은 〈표 8-8〉과 같다.

〈표 8-8〉 실업자훈련기관 평가영역 및 평가항목

평가영역	평가항목
1. 기관 운영에 관한 비전과 전략(5점)	1.1 기관운영과 비전전략
	1.2 투자계획 및 현황(05년 추가)
2. 시설 및 장비(11점)	2.1 훈련시설
	2.2 훈련장비
	능력개발 및 경력관리(04년만 해당)
3. 인적여건(10점)	3.1 조직체계
	3.2 전문인력확보
	3.3 능력개발 및 경력관리
4. 훈련생 관리(11점)	4.1 훈련생 선발
	4.2 상담 및 중도탈락방지노력
	4.3 취업지도 및 사후관리
5. 훈련과정 개발(5점)	5.1 훈련과정개발의 적정성
6. 훈련과정 운영(12점)	6.1 훈련과정 운영의 적정성
	6.2 훈련과정 성과
7. 훈련실적(26점)	7.1 모집율
	7.2 중도탈락
	7.3 취업률
	7.4 취업후 근속기간
	7.5 만족도
8. 안정성(4점)	
9. 건전성(16점)	

자료: 오영훈, 김미숙, 김수원, 류장수(2006). 직업훈련기관 및 프로그램 평가의 혁신. 서울: 한국직업능력개발원.

평가결과는 훈련실적, 만족도 조사, 현장평가, 지방노동관서 평가점수를 최종 취합하고 평가등급선정 기준에 따라 평가등급을 결정하게 된다. 평가등급은 A, B, C, D, E의 5가지 등급으로 훈련기관에 평가등급을 부여하는 것을 원칙으로 한다. 평가배점은 총 100점 만점으로 2005년의 경우 실업자(정부위탁) 훈련평가(54점), 훈련실적(26점), 노동관서평가(20점)을 합산하였다. 이를 통해 도출된 평가결과는 법에 근거하여 구분 및 활용한다.

나. 원격훈련기관 평가

원격훈련기관은 크게 인터넷 통신훈련기관과 우편 통신훈련기관으로 대별되며, 이에 따라 원격훈련기관평가도 인터넷 및 통신기관으로 구분하고 있다. 원격훈련은 자체훈련과 위탁훈련으로 세분화하여 평가를 실시하고 있으나, 우편통신기관의 경우 자체훈련기관이 사실상 전무한 관계로 위탁훈련기관에 대해서만 평가를 실시하고 있다.

원격훈련기관의 평가방법 역시 집체훈련평가과 같이 다원적 평가를 통하여 평가의 타당성 및 신뢰성 확보에 중점을 두고 있다. 이에 따라 평가방법은 한국직업능력개발원의 전문가 평가, 지방노동관서의 건전성 평가, 수요자 평가, 그리고 한국산업인력공단의 현장 모니터링으로 구분된다. 평가사업의 수행체제 및 각 평가유형에 따른 평가주체, 목적, 영역, 방법, 대상, 결과활용 방법을 살펴보면 〈표 8-9〉와 같다.

〈표 8-9〉 평가형태별 구분

구분	전문가 평가	지방노동관서 평가	현장 모니터링	수요자 평가
평가 주체	전문가	관할 지방노동관서	한국산업인력공단	통신훈련 수요자
평가 목적	전문적 식견을 토대로 훈련 전반의 질적 수준 및 적정성 평가	훈련기관의 사회적·도덕적 건전성 여부와 법령·규정상의 의무 이행 여부	일회적 평가에 따른 문제점 완화	수요자 입장에서의 통신 훈련에 대한 만족도 평가
평가 영역	-훈련의 적정성 -훈련기관의 안정성	-훈련기관의 건전성 -훈련기관의 협력성	-훈련과정 운영의 적정성	- 훈련의 만족도

평가 방법	- 서면평가 - 현장평가	-서면평가	- 실제 훈련과정 운영 상황에 대해 연중 모니터링 실시	-서면평가
평가 대상	전체 훈련기관	전체 훈련기관	전체 훈련기관	전체 훈련기관
결과 활용	최종 점수에 반영	최종 점수에 반영	최종등급 결정시 참고	A등급 결정시 반영

자료: 이수경, 변숙영, 장혜정, 정란, 박재식(2006). 2006년도 직업능력개발훈련기관 및 훈련과정 평가. 한국직업능력개발원.

원격훈련기관 평가위원은 원격교육전문가와 훈련전문가로 구분된다. 원격교육전문가는 통신훈련 실시 직업훈련기관의 기관운영에 대한 평가를 담당하며, 훈련전문가는 직업훈련기관의 전반적인 운영에 관한 사항을 평가한다. 2005년도 원격통신훈련기관의 평가기준은 6개 평가영역에 17개 평가항목으로 총 200점 만점으로 구성되었다. 영역별로는 추진실적과 비전간의 연계성을 강화하도록 기존의 비전·전략 영역과 투자영역을 통합하였으며, 인터넷 통신훈련의 경우 e-Learning의 특성을 좀 더 부각시킬 수 있도록 e-Learning의 사회적 성과부분이 독립된 평가영역으로 구성되었고, 또한 우편통신훈련 역시 사회적 성과부분을 새롭게 신설하여 소외계층에 대한 관심과 전파노력을 기울일 수 있도록 유도하고 있다.

〈표 8-10〉 2005년도 통신훈련기관 평가 영역별 배점

평가영역	평가항목
1. 비전 · 전략 · 투자(20점)	1.1 이러닝 비전 및 전략
	1.2 이러닝 실천계획 및 추진 실적
2. 조직 및 인력(30점)	2.1 조직체계
	2.2 인력보유
	2.3 인력개발
3. 학습관리 및 지원시스템(20점)	3.1 학습관리시스템(LMS)
	3.2 학습지원도구 및 시스템
	3.3 유지 · 보수 · 보안
4. 과정개발(또는 과정도입)(40점)	4.1 전략
	4.2 절차
	4.3 질관리 체제
5. 과정운영 및 결과(60점)	5.1 전략
	5.2 절차
	5.3 질관리 체제
	5.4 결과분석 및 활용
6. 사회적 성과(30점)	6.1 이러닝 저변확대 노력
	6.2 이러닝 발전을 위한 기여

자료: 이수경, 변숙영, 장혜정, 정란, 박재식(2006). 2006년도 직업능력개발훈련기관 및 훈련과정 평가. 한국직업능력개발원.

요약

이 장에서는 산업인력개발의 평가에 대해서 살펴보았으며, 이를 위하여 산업인력개발 평가의 개념적 기초, 원리 및 방법에 대해 살펴보았다.

산업인력개발 평가는 학습자 평가와 교육과정(프로그램) 평가, 교육기관 평가 등을 포괄하는 개념으로 사용된다. 즉 직업을 준비하거나 직무를 수행하는 사람이 직업생활을 준비하고 영위하는데 필요한 직업적 소양 및 직무수행능력 대한 평가, 산업인력개발 학습자의 능력을 향상시키기 위해 개발된 교육과정(프로그램)의 효율성과 효과성에 대한 종합적이고 체계적인 평가, 이러한 교육과정(프로그램)을 실시하는 교육기관의 주요 업무 추진상황 및 성과와 각 기관의 역량, 학습자의 교육만족도 등에 대한 총체적인 평가 등을 포함한다. 또한 산업인력개발 평가의 유형은 목적에 따른 분류, 시기에 따른 분류, 평가내용에 따른 분류, 평가 기준에 따른 분류 등 크게 4가지로 구분할 수 있다. 또한 평가 시에는 책무성과 훈련에 대한 지속적인 개선을 고려해야 하며, 산업인력개발 평가 도구는 피평가자에게 평가 결과에 대한 불신을 야기할 수 있기 때문에 어떠한 형태의 평가 도구라도 신뢰도와 타당도를 확보하여야한다.

산업인력개발 평가의 원리는 기본적인 원리, 평가 실행에 있어서의 원리, 프로그램 평가에 있어서의 원리 등으로 나누어볼 수 있으며, 산업인력개발 평가의 절차는 설계, 실행, 분석, 보고, 활용 등의 5단계를 거치며, 평가의 모형으로는 전 과정을 평가하는 CIRO 모형, CIPP 모형과, 결과중심 평가모형인 Kirkpatrick 모형, ROI 모형 등이 있다.

또한, 산업인력개발 평가는 학습자 평가와 교육과정(프로그램) 평가, 교육기관 평가로 나누어볼 수 있는데 학습자평가는 성과평가, 역량평가, 다면평가 등으로 구분할 수 있다. 프로그램 평가의 준거는 효과성, 효율성, 적정성, 형평성, 대응성, 적절성 등으로 나누어볼 수 있으며, 일반적으로 평가대상의 설정, 평가 계획 수립, 자료의 수집과 분석, 평가보고서 준비 등의 4단계를 거친다. 또한 교육기관 평가는 집체훈련기관 평가와 원격훈련기관 평가로 나누어볼 수 있는데, 집체훈련 평가의 방향은 ① 다원적 평가를 통하여 평가의 타당성 및 신뢰성 확보, ② 현장평가, 실적평가, 지방노동관서 평가, 최종심의회 운영에 있어 객관성확보, ③ 모니터링 결과의 활용, 수요자 만족도 조사를 통한 1회성 평가의 한계보완 등이며, 원격훈련기관 평가의 방향은 전문가 평가, 지방노동관서의 건전성 평가, 수요자 평가, 그리고 한국산업인력공단의 현장 모니터링으로 구분될 수 있다.

참고문헌

강종훈 외(2000). 실업계 고등학교 평가 기준 개발. 한국직업능력개발원.

권대봉(2006). 성인교육방법론. 서울: 학지사.

김진화(2001). 평생교육 프로그램 개발론. 서울: 교육과학사.

김진모 외(2007). 역량중심 학습체계 구축 및 과정개발 매뉴얼. 뉴패러다임 센터.

노동부, 한국산업인력공단(2006). 2006년 직업훈련기관 평가 설명회 자료집.

박우순, 강제상, 고숙희, 김광주, 김병섭, 김상묵(2002). 정부조직진단. 서울: 대영문화사.

배호순(1994). 프로그램 평가론. 서울: 원미사.

안희탁(1995). 인사관리. 서울: 한국인사관리협회.

오영훈, 김미숙, 김수원, 류장수(2006). 직업훈련기관 및 프로그램 평가의 혁신. 한국직업능력개발원.

이무근(1999). 직업교육학 원론. 서울: 교육과학사.

이무근(2000). 직업교육과정과 평가. 서울: 교육과학사.

이수경, 변숙영, 장혜정, 정란, 박재식(2006). 2006년도 직업능력개발 훈련기관 및 훈련과정 평가. 한국직업능력개발원.

이훈영(2008). 이훈영교수의 연구조사방법론. 서울: 청람.

Calfrey, C. C., & Alton, F. V. (1982). *Vocational education: Concepts and operations. (2nd ed)*. Wadsworth.

Gredler, M. (1996). *Educational games and simulations: A technology in search of a research paradigm*. In Jonassen, D. H. (Ed.), Handbook of research for educational communications and technology, p. 521-539. New York: MacMillan.

Kirkpatrick, D. L. (1994). *Evaluating training programs: the four levels*. Berret-Koehler Publishers.

Oosterhof, A. (1994). *Classroom applications of educational measurement (2nd ed.)*. Columbus, OH: Merrill Publishing Co.

Phillips, J. J., Stone, R. D., & Pjillips, P. P. (2005). HR 성공전략 ROI. 서울: 학지사. (원저

2001 출판).

Rummler, G. A. & Brache, A. P. (1995). *Improving performance*. San Francisco: Jossey-Bass Publishers.

Wentling, T. L., & Lawson, T. E. (1980). *Evaluating occupational education and training program*. Allyn and Bacon.

09

산업인력개발의 전문가

학습개요

이 장에서는 산업인력개발의 전문가에 대해서 살펴보고자 한다. 이를 위하여 산업인력개발 전문가의 개념, 직종 및 유형을 살펴보도록 한다. 또한 이를 기초로 산업인력개발 전문가의 역할, 역량 및 양성에 대해 살펴보도록 한다.

학습목표

1. 산업인력개발 전문가의 개념과 직종 및 유형을 설명할 수 있다.
2. 산업인력개발 전문가의 역할과 역량을 설명할 수 있다.
3. 산업인력개발 전문가 양성을 설명할 수 있다.

1. 산업인력개발 전문가의 개념적 기초

1) 산업인력개발 전문가의 개념

산업인력개발 전문가란 국가적으로 필요한 산업인력을 체계적으로 육성하고, 개인적으로 특정 산업분야에 종사하기를 희망하거나 현재 재직 중인 사람들이 이에 적합한 능력과 자질을 개발하는 과정을 체계적으로 지원할 수 있는 전문성을 갖춘 자를 의미한다. 한편, 산업인력개발 전문가는 다양한 직종 및 기관에서 종사하고 있으며, 이에 따라 수행하는 역할 및 역량도 다소 차이가 있다. 이러한 산업인력개발 전문가들이 종사하고 있는 직종 및 기관, 산업인력개발 전문가의 유형, 역량 및 요건 등에 대한 개념적 모형은 [그림 9-1]과 같다.

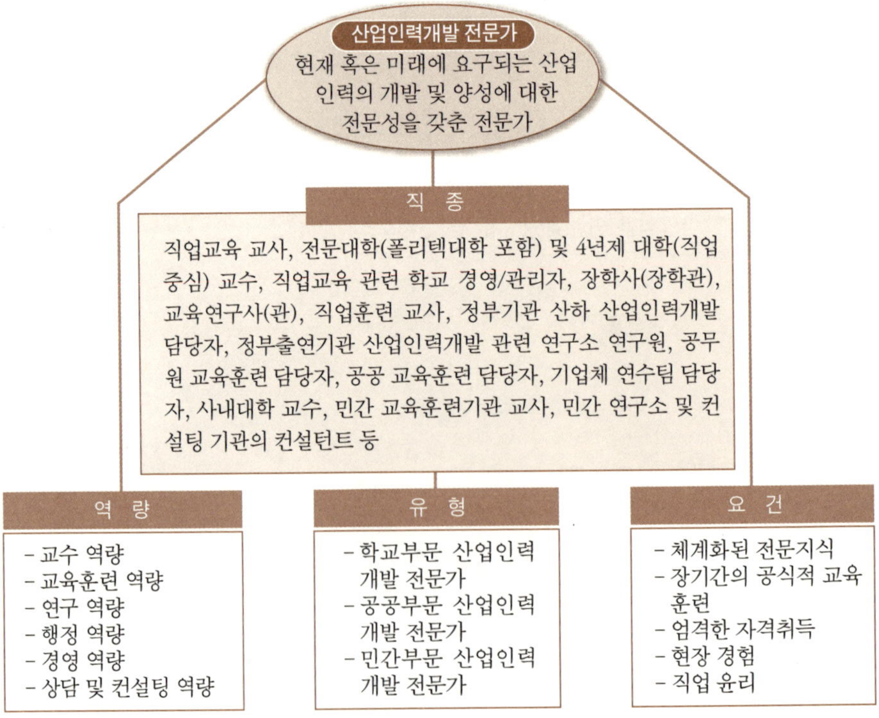

[그림 9-1] 산업인력개발 전문가에 대한 개념적 모형

산업인력개발에 있어서 전문가란 산업인력개발 분야를 연구하거나 그 일에 종사하여 해당 분야에 상당한 지식과 경험을 가진 사람을 말한다. 이는 산업인력개발 분야에서 전문성을 갖춘 자를 의미할 수도 있고, 전문직에 종사하는 자를 의미할 수도 있다. 전문성은 전문가가 지니고 있는 자질 및 특성에 초점을 둔 개념인 반면, 전문직은 사람이 종사하는 직업적 측면을 강조한 개념이다. 이와 같은 전문가가 되기 위해서는 체계화된 전문지식, 장기간의 공식적 교육과 훈련, 광범위한 자율성, 엄격한 자격취득, 직업윤리를 갖춘 자로서, 주어진 업무 상황에서 필요한 능력, 자질, 성향, 가치 기술, 행동양식 등의 전문성을 지니고, 이를 실질적으로 활용할 수 있는 자를 의미한다.

2) 산업인력개발 전문가의 직종 및 유형

산업인력개발 전문가들이 종사하는 직종은 매우 다양하다. 직업교육 교사, 직업훈련 교사, 전문대학(폴리텍 대학 포함) 및 일반대학 교수, 직업교육기관 교장(교감), 장학사(관), 교육연구사(관), 정부기관 인력개발 담당자, 정부출연기관 연구원, 공무원 교육훈련담당자, 공공 교육훈련기관 담당자, 기업교육 담당자, 사내대학 교수, 민간 교육훈련기관 교사, 민간 연구소 및 컨설팅 기관 컨설턴트 등이 산업인력개발 전문가들이 종사하고 있는 직종이라고 할 수 있다. 산업인력개발 전문가의 유형은 종사하는 직종에 따라 학교부문, 공공부문, 민간부문으로 구분할 수 있다.

학교부문에는 직업교육 교사, 전문대학(폴리텍 대학 포함) 및 4년제 대학 직업중심 학과의 교수, 직업교육기관 교장(교감) 등이 포함된다. 특히, '교원자격검정령 시행규칙' 의 표시과목을 담당하는 교사로서 산학연계 강화와 지역산업이 요구하는 맞춤형 직업교육을 위한 산업교수인력이 대표적이다.

그리고 공공부문의 경우 산업인력개발 관련 정책, 평가, 시스템, 프로그램 등과 관련된 업무와 연구 등을 담당하는 전문가로 장학사(관), 교육연구사(관), 정부기관 인력개발 담당자, 정부출연기관 산업인력개발 관련 연구원, 공무원 교육훈련 담당자, 폴리텍 대학 등에서 담당하는 공공직업훈련 교사 등이 포함된다.

한편, 민간부문에는 기업 내 신입사원 및 재직근로자를 위한 직무향상교육이나 전직교육을 담당하고, 기업교육 관련 프로그램 개발 및 평가 관련 연구를 담당하는 자로서 대표적으로 기업체 연수원 담당자, 사내대학 교수, 민간교육훈련기관 담당자, 민간 연구소 및 컨설팅기관 등에 종사하는 인력이 포함된다.

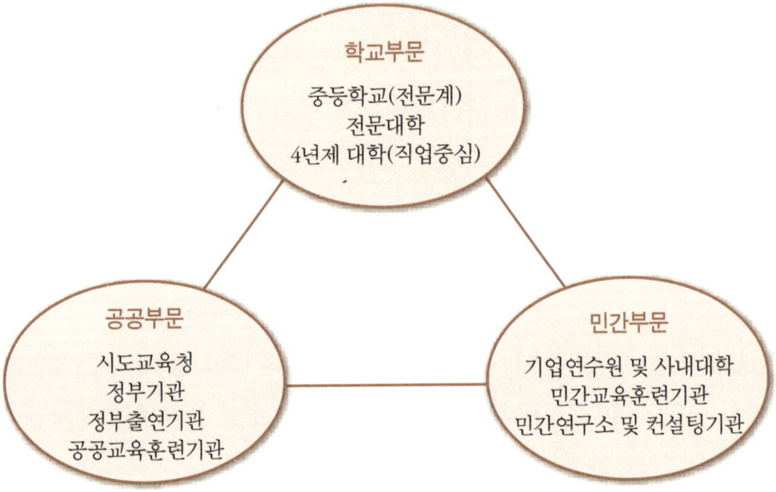

[그림 9-2] 산업인력개발 전문가 직종(기관)에 따른 유형 구분

이러한 산업인력개발 전문가의 유형에 따른 활동분야와 진출 기관은 〈표 9-1〉과 같다. 우선 학교부분 전문가는 산업인력개발 관련 직업계 중등학교, 전문대학, 4년제 대학 중 직업 중심 대학(예: 산업기술대학 등)에 진출하여 산업의 변화와 요구에 부합한 역량을 갖춘 산업인력의 개발, 교육 및 연구 활동과 산업인력개발 기관의 행정에 관한 활동 분야에 종사한다. 그리고 공공부문 전문가는 산업인력개발 관련 정부기관 및 정부출연기관, 공공 교육훈련기관(폴리텍대학 직업훈련과정 포함) 등에 진출하여, 공무원 교육훈련 및 공공 교육훈련 등의 교육활동, 산업인력개발 시스템, 정책, 평가, 프로그램 등 관련 연구 등의 분야에서 활동하고 있다. 반면, 민간부문 산업인력개발 전문가는 기업체 연수원, 사내대학, 민간 교육훈련기관(KCCI 산

하 인력개발원, 기타 인력개발원 포함), 민간 연구소 및 컨설팅 기관 등에 진출하여 기업교육 관련 프로그램 개발, 운영, 평가 관련 업무, 신입사원 및 재직근로자를 위한 직무향상 교육, 구직자교육 및 전직교육 등 민간 교육훈련, 기업체 산업인력개발 관련 컨설팅 등의 활동을 한다.

〈표 9-1〉 산업인력개발 전문가의 활동분야 및 기관

산업인력개발 전문가	활동분야	기관
학교부문	• 산업의 변화와 요구에 부합한 역량을 갖춘 산업인력 개발 교육 및 연구 • 산업인력개발 기관의 행정	중등학교(전문계) 전문대학 4년제 대학(직업 중심)
공공부문	• 시 · 도교육의 발전을 위한 전략적 행정 • 공무원 교육훈련, 공공 직업교육훈련 • 산업인력개발 시스템, 정책, 평가, 프로그램 등 관련 연구	시 · 도교육청 정부기관 정부출연기관 공공 교육훈련기관
민간부문	• 기업교육 관련 프로그램 개발, 운영, 평가 관련 업무 • 신입사원 및 재직근로자를 위한 직무향상교육 • 구직자교육 및 전직교육 등 민간 교육훈련 • 기업체 산업인력개발 관련 컨설팅	기업체 연수원 사내 대학 민간교육훈련기관 민간연구소 및 컨설팅 기관

2. 산업인력개발 전문가의 역할과 역량

역할은 개인이 사회에서 차지하는 특정한 위치를 결정하는 수단으로서 사회에서 인정되는 포괄적인 행동 유형을 의미하며, 이러한 역할을 수행하는데 요구되는 지식, 기술, 태도의 총체를 역량이라고 한다. 일반적으로 역량은 자질과 능력, 전문성과 같은 의미로 활용되지만, 역량은 역할을 성공적으로 수행하기 위해 필요한 지식, 기술, 태도 등이라고 한다면, 자질은 인간의 특정 영역에 대해 가지고 있는 능력이나 가능성을 의미하되, 잠재된 상태라기보다는 실제로 나타나는 상태를 강조한다. 즉, 자질은 바람직한 역할을 수행하는데 필요하거나 필수적인 요건을 의미한다.

산업인력개발 전문가는 주로 하는 역할에 따라 〈표 9-2〉와 같이 교수자, 교육훈련 운영자, 연구자, 행정가, 경영자, 상담사 및 컨설턴트로 구분할 수 있다. 또한 각 유형별 역할에 따라 요구되는 역량은 교수 역량, 교육훈련 역량, 연구 역량, 행정 역량, 경영 역량, 상담 및 컨설팅 역량으로 구분할 수 있다. 관련 직업으로는 교수자의 경우 직업교육 교사, 직업훈련 교사, 전문대학 및 4년제 대학(직업 중심) 교수, 전문 강사 등이 있고, 교육훈련 운영자는 공공 및 민간 교육훈련기관 담당자, 직업훈련 운영자, 평생교육사, 기업체 교육훈련 담당자 등이 있다. 그리고 연구자는 교육연구사(관), 정부출연 및 민간 연구소의 연구원이 있고, 행정가는 산업인력개발 관련 장학사(관), 정부부처 산업인력개발 관련 담당관 등이 있으며, 경영자는 직업교육과 관련 중등학교 교장(감), 인재개발원장, 전문계 중등교육연수원장 등이 있다. 마지막으로 상담 및 컨설턴트의 경우 직업상담사, 진로상담사, 경력 설계사 및 각종 컨설팅 기관의 컨설턴트 등이 있다.

〈표 9-2〉 산업인력개발 전문가의 주요 역량 및 관련 직업

전문가	주요 역량	관련 직업
교수자	교수 역량	직업교육 교사, 직업훈련 교사, 전문대학 및 4년제 대학(직업 중심) 교수, 산업인력개발 관련 전문 강사 등
교육훈련 운영자	교육훈련 역량	공공 및 민간 교육훈련기관 담당자, 직업훈련 운영자, 평생교육사, 기업체 교육훈련 담당자 등
연구자	연구 역량	교육연구사(관), 정부출연 연구소 연구원, 민간 연구소 연구원 등
행정가	행정 역량	장학사(관), 정부부처 산업인력개발 관련 담당관 등
경영자	경영 역량	중등학교 교장(감), 기업체 인재개발원장, 전문계 중등교육연수원장
상담사 및 컨설턴트	상담 및 컨설팅 역량	직업상담사, 진로상담사, 경력 설계사, 공공 및 민간 컨설팅 기관 소속 컨설턴트 등

교수자로서의 역할을 수행하기 위해 필요한 교수 역량은 크게 지식, 기술, 자격, 경험, 개성의 다섯 가지로 구분할 수 있다(Powers & Rothwell, 2002). 지식은 교과(주제)에 대한 지식, 조직에 대한 지식, 학습자에 대한 지식, 교수학습(교수학습방법 및 전략 등에 대한 다양한 지식) 등에 대한 지식으로 구분할 수 있다. 한편 기술은 강의능력(눈맞춤, 제스추어, 움직임, 억양조정 등), 피드백(동기 부여 및 피드백 제공 능력), 질문능력, 참여유도능력 등이 요구된다. 그리고 자격에는 교수자 양성과정, 학위(대학에서 인증한 학위), 면허(공식적이거나 법적으로 인증하는 자격), 자격(시험을 통해 인정된 자격) 등이 있으며, 경험에는 교수내용관련 경험(교수내용을 실제 사용해본 경험), 전문분야관련 경험(교수자의 전문 분야에 대한 경험) 등이 있다. 마지막으로 개성은 일반적으로 교수자에게 필요한 개성을 의미하며, 에너지, 의욕, 책임감, 성실, 자기표현, 자기관리, 자기객관화 등이 요구된다.

교육훈련 역량은 교육훈련 담당자로서 필요한 교육훈련 요구를 분석하고, 이에 따라 조직의 목적과 방향에 맞는 교육훈련 목적과 전략을 수립하고 교육훈련 프로그램을 기획 및 운영하며, 이에 필요한 제반 사항들을 준비하는 능력이다. 이를 위해서는 성인학습자에 대한 이해가 선행되어야 하며 요구분석 능력, 프로그램 개발 능력, 학습 대상자 설정 및 접수 능력, 강사 섭외능력, 프로그램 운영 능력, 문제해결능력 등이 요구된다.

연구 역량은 교육훈련 과정 및 프로그램을 개선하고, 시스템 및 프로세스를 개선하며, 학습자의 능력 신장을 위한 산업인력개발 교육훈련 효과성을 제고하는 데 필요한 연구능력을 말한다. 또한 새로운 시대적 요청 및 정부의 정책적 방향과 맞는 산업인력개발이 이루어질 수 있도록 하기 위하여 학문을 탐구하는 연구자로서의 역할 등이 요구된다.

행정 역량은 산업인력개발을 위한 교육훈련 이외에 이를 지원하기 위한 행정처리나 제반 활동을 지원하고, 상급기관의 행정업무 처리 및 하급기관의 행정업무를 지원하는 능력, 산업인력개발 행정가로서 관리능력 등을 의미한다. 한편, 경영 역량은 산업인력개발 관련 기관의 경영자로서 산업인력개발과 관련된 정책적 방향에 따른 기관 및 단체의 목적과 방향을 설정하며, 경영 계획을 수립하고, 산업인력개발 경영자로서 방향을 제시하는 능력 등을 의미한다.

마지막으로 상담 및 컨설팅 역량은 교육훈련 개선을 위해 프로그램 단위에 대한 컨설팅 뿐 아니라 전체 시스템적 체제, 평가, 피드백 등에 대한 전반적인 컨설팅, 고객의 요구를 파악하고 문제에 대한 이해와 해결을 위한 컨설팅, 교육훈련가로서 학습환경 구축, 자기주도적 학습을 위한 환경 조성, 학습자에 대한 진로지도 및 경력개발 지원을 위한 상담 등의 능력을 의미한다.

1) 학교부문 산업인력개발 전문가 역량

학교부문 산업인력개발 전문가는 산업의 변화와 요구에 부합한 역량을 갖춘 산업인력 개발을 담당하는 자로서 대표적으로 직업교육 교사, 전문대학(폴리텍 대학 포함) 및 4년제 대학(직업 중심)의 교수인력, 직업 중심 학교교육 기관의 관리/경영자 등을 의미한다.

전문계 고등학교 교사와 같은 직업교육 교사에게는 교수 역량과 교육훈련 역량이 매우 중요하며, 연구 역량, 행정 역량, 상담 및 컨설팅 역량이 비교적 중요하다. 반면, 경영 역량은 그렇게 많이 요구되지 않았다. 교수자로서의 역할은 담당과목에 대한 수업, 실험 · 실습지도, 현장실습 지도 및 평가 등이며 이를 수행하기 위해서는 담당교과 관련 전공지식 및 기술, 수업능력, 실험실습 지도 능력, 현장실습 지도 및 평가 능력 등이 필요하다. 교육훈련가로서의 역할은 교육과정 및 담당과목의 계획 및 운영, 현장실습 계획 등이며 이를 수행하기 위해서는 교육과정 개발 및 수업 계획능력, 운영 및 평가능력, 현장실습 계획 능력 등이 필요하다. 연구자로서 역할은 수업 교재 연구 및 개발, 수업연구 등이며 이를 수행하기 위해서는 수업 관련 전공지식, 교재연구 및 개발 관련 지식, 현장연구 능력 등이 필요하다. 상담가 및 컨설턴트로서의 역할은 학생상담, 진로지도, 생활지도 등이며, 이를 수행하기 위해서는 상담역량, 진로 관련 지식과 지도역량, 생활지도 능력 등이 필요하다.

〈표 9-3〉 학교부문 산업인력개발 전문가 역량

역량	학교부문		
	직업교육 교사	전문대학/4년제 대학 (직업 중심) 교수	직업 중심 학교교육 기관 관리/경영자
교수 역량	매우 중요	매우 중요	보통
교육훈련 역량	매우 중요	매우 중요	보통
연구 역량	중요	매우 중요	중요
행정 역량	중요	중요	매우 중요
경영 역량	보통	보통	매우 중요
상담 및 컨설팅 역량	중요	중요	중요

전문대학 및 4년제 대학(직업 중심) 교수에게는 교수 역량, 교육훈련 역량, 연구 역량이 매우 중요하며, 행정 역량과 상담 및 컨설팅 역량이 비교적 중요하다. 교수자로서의 역할은 담당 과목 강의, 실험실습 지도, 현장실습 지도 및 평가 등이며, 이를 수행하기 위해서는 학습 관리 전문성, 산업현장 전문성, 교수법적인 전문성 등이 필요하다. 교육훈련가로서 역할은 학과 교육과정 구성, 전공교과 강의 설계, 실험실습 지도 프로그램 설계, 현장실습 계획 등이며, 이를 수행하기 위해서는 교육과정 구성 능력, 강의 설계 능력, 프로그램 설계 능력, 현장실습 계획 능력 등이 필요하다. 연구자로서의 역할은 전공교과 연구, 산학협동교육, 주문식 교육과정, 성인학습 프로그램, 산업체 근로자 직무능력향상 프로그램, 공학교육인증 등과 관련된 연구 등이며, 이를 수행하기 위해서는 학자적 전문성, 산업체 수요 및 환경 이해능력, 연구역량, 학회 운영 및 인적네트워크 역량 등이 필요하다.

전문계 고등학교, 전문대학 및 4년제 대학(직업 중심) 등의 직업 중심 학교기관의 관리/경영자에게는 행정 역량과 경영 역량이 매우 중요하며, 연구 역량과 상담 및 컨설팅 역량이 비교적 중요하다. 행정 및 경영자로서의 역할은 학교행정 및 경영, 상급기관의 정책 실현 등이고, 이를 수행하기 위해서는 행정 및 경영 역량, 갈등관리 역량, 변화 대응 경영 역량, 리더십 등이 필요하다.

2) 공공부문 산업인력개발 전문가 역량

공공부문 산업인력개발 전문가는 시·도 직업교육 발전을 위한 행정 및 장학 등을 담당하고, 공무원 교육훈련, 공공 교육훈련 등의 교육과 산업인력개발 시스템, 정책, 평가, 프로그램 등 관련 연구 및 행정 등을 담당하는 자로서 대표적으로 시·도교육청 장학사(관), 정부기관과 정부출연기관에 종사하는 연구원 및 인력개발 담당자, 폴리텍 대학 및 공공 교육훈련기관 등의 교육훈련 담당자 등을 의미한다.

장학사(관) 및 교육연구사(관)에게는 행정 역량, 경영 역량, 연구 역량이 매우 중요하며, 상담 및 컨설팅 역량이 비교적 중요하다. 행정 및 경영자로서의 역할은 지역사회의 학교행정 및 경영과, 상급기관의 행정업무 처리 및 하급기관의 행정업무 지원 등이고, 이를 수행하기 위해서는 행정 및 경영능력, 리더십, 정책이해능력 및 집행능력이 필요하다. 연구자로서의 역할은 지역사회 직업교육의 개선을 위한 현장연구 및 전략적 연구, 직업교육 CEO 연수 참여 등이고, 이를 수행하기 위해서는 연구능력, 대인관계능력, 학회 및 연수 참여능력 등이 필요하다. 상담가 및 컨설턴트로서의 역할은 단위학교 행정 및 장학, 학교컨설팅, 지역사회와 학교 및 학교간 갈등 중재 등이며, 이를 수행하기 위해서는 장학능력, 학교컨설팅 능력, 문제해결 능력 등이 필요하다.

〈표 9-4〉 공공부문 산업인력개발 전문가 역량

역량	공공부문			
	장학사(관) 및 연구사(관)	정부기관 산하 인력개발 담당자	정부출연기관 연구소 연구원	공공교육훈련기관 담당자
교수 역량	보통	보통	보통	보통
교육훈련 역량	보통	매우 중요	중요	매우 중요
연구 역량	매우 중요	보통	매우 중요	보통
행정 역량	매우 중요	중요	중요	중요
경영 역량	매우 중요	보통	보통	보통
상담 및 컨설팅 역량	중요	중요	매우 중요	중요

정부기관 산하 인력개발 담당자에게는 교육훈련 역량이 매우 중요하며, 행정 역량과 상담 및 컨설팅 역량이 비교적 중요하다. 교육훈련가로서의 역할은 교육과정 개발, 프로그램 개발, 교수설계, 교수전략 등이고 이를 수행하기 위해서는 교육훈련 분석능력, 교육훈련 설계 및 개발능력, 교육훈련 관리 능력 등이 필요하다. 행정가로서의 역할은 교육훈련 운영 지원, 프로그램 감독, 시설 및 기자재 담당 등이고, 이를 수행하기 위해서는 행정능력, 운영능력, 의사소통능력, 대인관계능력 등이 필요하다.

한국직업능력개발원과 같은 정부출연기관 연구소의 연구원에게는 연구 역량과 상담 및 컨설팅 역량이 매우 중요하며, 교육훈련 역량 및 행정 역량이 비교적 중요하다. 연구자로서의 역할은 교육문제의 개선과 발전을 위한 체계적인 조사연구 활동, 산업인력개발 시스템, 정책, 평가, 프로그램 관련 연구, 교육자료 조사 수집 분석 등이고, 이를 수행하기 위해서는 자료수집 및 분석능력, 연구능력, 연구방법 및 절차 개발능력, 교육환경 이해능력, 전략적 정책연구능력이 필요하다. 상담가 및 컨설턴트로서의 역할은 공공 교육훈련 과정 및 프로그램 컨설팅, 공무원 교육훈련 컨설팅, 공공 교육훈련 담당자 전문성 개발 등이며, 이를 수행하기 위해서는 프로그램 컨설팅 능력, 교육훈련 전문성 개발 능력 등이 필요하다.

각종 인력개발원과 같은 공공교육훈련기관에 있는 담당자에게 요구되는 역량은 교육훈련 역량이 매우 중요하며, 행정 역량과 상담 및 컨설팅 역량이 비교적 중요하다. 교육훈련가로서의 역할은 구직 및 전직자를 위한 직업훈련 및 전직훈련 프로그램 개발 및 설계 등으로 이를 수행하기 위해서는 프로그램 개발능력, 평가능력, 관리 감독능력 등이 필요하다.

3) 민간부문 산업인력개발 전문가 역량

민간부문 산업인력개발 전문가는 기업 내 신입사원 및 재직근로자를 위한 직무향상교육 및 전직교육을 담당하고, 기업교육 관련 프로그램 개발 및 평가 관련 연구를 담당하는 자로서 대표적으로 기업체 인력개발 담당자, 사내대학 교수, 민간 교육훈련 기관 담당자, 민간 연구소 및 컨설팅기관 담당자 등을 의미한다.

〈표 9-5〉 민간부문 산업인력개발 전문가 역량

역량	민간부문			
	기업체 연수원 인력개발 담당자	사내대학 교수	민간교육훈련 기관 담당자	민간연구소 및 컨설팅기관 담당자
교수 역량	보통	매우 중요	보통	보통
교육훈련 역량	매우 중요	중요	매우 중요	중요
연구 역량	보통	중요	보통	매우 중요
행정 역량	중요	보통	중요	보통
경영 역량	보통	보통	보통	보통
상담 및 컨설팅 역량	중요	중요	중요	매우 중요

기업체 연수원 인력개발 담당자에게는 교육훈련 역량이 매우 중요하며, 행정 역량, 상담 및 컨설팅 역량이 비교적 중요하다. 교육훈련가로서의 역할은 학습관리, 학습촉진, 교육과정 개발, 교수설계, 교수전략 등이고, 이를 수행하기 위해서는 교육훈련 분석능력, 교육훈련 설계 및 개발능력, 교육훈련능력, 교육훈련 평가능력, 교육훈련 관리능력, 교육훈련 담당자의 자기 개발능력 등이 필요하다. 행정가로서의 역할은 운영자, 프로그램 감독자, 인사개발자, 시설 및 재정 조정자, 조직 내의 관계유지자 등이고, 이를 위해서는 신뢰구축능력, 대인관계능력, 의사소통능력, 행정능력, 리더십이 필요하다. 상담가 및 컨설턴트로서의 역할은 전문상담자, 조언자, 격려자, 변화촉진자 등이고, 이를 위해서는 컨설팅능력, 전달매체활용능력, 의사소통능력이 필요하다.

사내대학 교수에게는 교수 역량이 매우 중요하며, 교육훈련 역량, 연구 역량, 상담 및 컨설팅 역량이 비교적 중요하다. 교수자로서의 역할은 사업체 내 대학의 담당 과목 강의, 실험실습 지도, 평가 등이며, 이를 수행하기 위해서는 산업현장 전문성, 교수법, 학습 관리의 전문성 등이 필요하다. 교육훈련가로서의 역할은 교육과정의 구성, 전공교과 강의 설계, 프로그램 설계, 현장 연계 등이며, 이를 수행하기 위해서는 교육과정에 대한 전문성, 담당 과목에 대한 전문 능력, 프로그램 설계능력 등이 필요하다.

민간 교육훈련기관 담당자에게는 교육훈련 역량이 매우 중요하며, 행정 역량과 상담 및 컨설팅 역량이 비교적 중요하다. 교육훈련가로서의 역할은 교육훈련 과정 설계, E-Learning 학습환경 구축, 자기주도형 학습환경 조성 등이며, 이를 수행하기 위해서는 학습관리능력, 문제해결능력, 정보수집능력 등이 필요하다. 행정가로서의 역할은 비즈니스 운영, 조직 내 관계유지 등이고, 이를 위해서는 행정능력, 경영능력, 리더십 등이 필요하다. 또한 상담 및 컨설팅을 위해서는 고객의 니즈파악, 문제이해 및 해결 컨설팅 등의 능력이 중요하다.

민간연구소 및 컨설팅기관 담당자에게는 연구 역량과 상담 및 컨설팅 역량이 매우 중요하며, 교육훈련 역량이 비교적 중요하다. 연구자로서의 역할은 담당 기관 및 프로그램의 개선을 위한 연구, 교육훈련 개선을 위한 자료수집 및 분석 등이고 이를 수행하기 위해서는 프로그램 분석 능력, 교육기관 시스템 분석 및 평가능력, 교육환경 이해능력 등이 필요하다. 상담가 및 컨설턴트로서의 역할은 교육훈련 기관 및 프로그램에 대한 컨설팅, 전문 상담가, 변화촉진자 등이며 이를 수행하기 위해서는 컨설팅 능력, 대인관계능력, 의사소통능력, 전문 상담능력, 리더십 등이 필요하다.

3. 산업인력개발 전문가의 양성

1) 산업인력개발 전문가 양성의 중요성

산업인력개발 전문가의 양성은 지식기반사회의 도래로 인하여 대내외적으로 인적자원개발 전략 변화, 21세기 산업인력 자질의 속성 변화에 대한 요구가 높아지고 있고, 직업능력개발을 위한 교육훈련이 강조되고 있는 시점에서 매우 중요하다. 또한 정부 차원에서도 인적자원개발에 대한 관심이 고조되고 있어 산업인력개발 전문가의 양성은 더욱 중요하다고 할 수 있다.

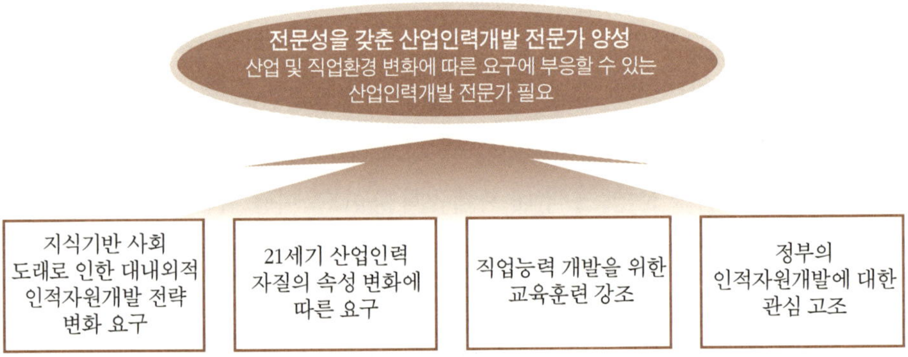

[그림 9-3] 산업인력개발 전문가 양성의 중요성

(1) 지식기반사회의 도래로 인한 대내외적 인적자원개발 전략 변화 요구

국가 차원에서 '지식'과 '인적 자원'의 창조 및 활용을 위한 체계적인 정책이 추진되고 있다. 즉, 지식기반사회의 도래에 따라 지식의 창출 및 확산이 개인, 기업, 국가의 경쟁력을 결정짓는 핵심적 요소로 부상하고 있고, 지식기반사회에서 경제성장의 원동력은 인간에 내재한 역량에 있으며, 이러한 역량은 학습과 지식의 축적에 의존하고 있다. 그동안 한국경제는 정부주도 하의 노동과 자본의 양적 투입에 의한 성장을 해왔으나 21세기에는 민간이 주축이 되는 인적자본 축적이 경제성장을 좌우할 것이다. 따라서 세계 각국은 교육, 훈련, 과학, 고용 등의 인적자원개발 관련 국가전략 기능을 강화하고, 미래 전략계획을 수립하여 '지식'과 '인적 자원'의 창조 및 활용을 위한 체계적인 정책을 추진하고 있다.

(2) 21세기 산업인력 자질의 속성 변화에 따른 요구

21세기 산업인력 자질의 속성 변화에 따른 요구가 증가되고 있다. 이를 구체적으로 살펴보면, 첫째, 생산시스템이 자동화에 의한 대량생산체제에서 유연생산체제로 변화되고 있다. 이에 따라 한 가지 기술만을 습득한 인력보다는 다양한 기술을 습득하고 있는 다기능산업인력(multi-skilled workforce)의 필요성이 급속히 증가되고 있다.

둘째, 기술발전의 가속화, 소비자 기호의 수시 변화 등 환경의 변동성 확대에 따른 노동시장의 양적, 질적 유연화가 급속도로 진행되고 있고, 정보화와 기술, 지식 집약화에 따라 정보처리능력과 고급 지식 · 기술을 갖춘 근로자의 수요가 증대되고 있으며, 세계화의 진전에 따른 국가 간 경쟁이 치열해짐에 따라 경쟁력 강화를 위한 기업구조조정이 상시화 되고 있다.

셋째, 효율적이고 생산적인 평생직업인이 갖춰야 할 직업능력에 대한 요구가 증가되고 있다. 21세기 산업인력은 '효율적이고 생산적인 직업인', '생활인으로서의 평생직업인' 에게 필요한 직업능력이 요구되고 있고, 근로자에게 요구되는 교육수준 등 최소기준이 상향조정되고 있으며, 평생직장에서 평생직업으로 패러다임이 변화함에 따라 새로운 지식 및 기술 습득에 필요한 직업기초능력의 중요성이 증가되었다. 이밖에, 자기주도적 학습능력의 대한 요구가 증대하고 있다. 과거의 산업인력에 대한 자질이 전문기술에 초점을 맞춘 Know-What, Know-How의 내용에 초점을 맞추었다면, 미래의 산업사회에서는 변화하는 정보의 바다 속에서 필요한 정보나 지식을 자기주도적으로 학습하고, 이를 창의적으로 응용할 수 있는 능력이 요구되고 있다.

(3) 직업능력개발을 위한 교육훈련 강조

최근 산업 및 직업 환경의 빠른 변화에 대응할 수 있는 직업능력을 개발하기 위한 교육훈련이 강조되고 있다. 이러한 경향은 최근 노동부에서 실시하고 있는 직업능력개발사업에 대한 지원에서 파악할 수 있다. 구체적으로 재직자를 대상으로 한 직업훈련에 대한 지원은 2003년에 1,725천명을 대상으로 2,695억원이 지원되었으나, 2007년에는 3,601천명에 5,694억원으로 증가하였다. 그리고 실업대책 직업훈련의 경우 2003년 113천명을 대상으로 2,663억원을 지원하였지만, 2007년에는 127천명 대상의 3,935억원이 지원되어 증가하는 등 직업훈련에 대한 정부의 관심 및 지원이 지속적으로 증가하고 있다. 이처럼 현재 산업체에서 재직하고 있는 근로자 및 미래의 직업인을 위한 직업훈련 즉 교육훈련에 대한 공급이 증가함으로 인해 전문성을 갖춘 산업인력개발 전문가를 양성하는 것이 필요해졌다. 이는 직업능력개발에 대한 정부의 관심 및 투자가 성과를 내기 위해서는 교육훈련을 체계적으로 구성하고 전달할 수 있는 산업인력개발 전문가의 필요성이 커졌다는 것을 의미한다.

(4) 정부의 인적자원개발에 대한 관심 고조

정부에서는 선진일류국가 건설을 위한 5대 국정지표 중 인재대국이라는 국정지표를 설정함으로써 인적자원개발에 대한 관심과 의지를 보이고 있다. 또한 이를 위한 주요 정책과제로 ① 수요자 중심의 교육경쟁력 강화, ② 미래대비 인력양성 시스템 구축, ③ 일생 동안 능력개발이 가능한 평생학습 인프라 확충 등을 설정하고 있다. 이를 통해 전문지식근로자, 연구개발인력 등 고급인력 등을 양성하고, 평생학습 유인을 강화하며 산업계 수요에 부합하는 기술인력을 양성하는 것을 목적으로 하고 있다. 이러한 맥락에서 볼 때 정부는 산업분야의 적합한 인력을 양성하기 위한 수단으로써 산업인력개발의 가치에 관심을 가지고 있고 이에 대한 투자가 점차 늘어날 것이다.

한편, 2001년부터 추진되어 오던 국가인적자원개발 기본계획 역시 정부의 인적자원개발에 대한 관심이 높다는 것을 나타내 준다. 특히, 2006년에는 '제2차 국가인적자원개발 기본계획' 을 확정하고, 2010년까지 향후 5년간 20개 정부부처 청이 공동으로 추진하게 될 인적자원개발계획을 수립하여 국고와 지방비 민간투자 등 51조원을 투자할 계획을 가지고 있다.

2) 산업인력개발 전문가 수요의 전망

지식기반사회의 도래로 인하여 대내외적으로 인적자원개발 전략 변화, 21세기 산업인력 자질의 속성 변화에 대한 요구 증대, 직업능력개발을 위한 교육훈련 강조, 정부의 인적자원개발에 대한 관심이 고조되어 산업인력개발 전문가의 양성이 중요해진 시점에서, 과연 산업인력개발 전문가의 수요는 어떠한지 살펴볼 필요가 있다.

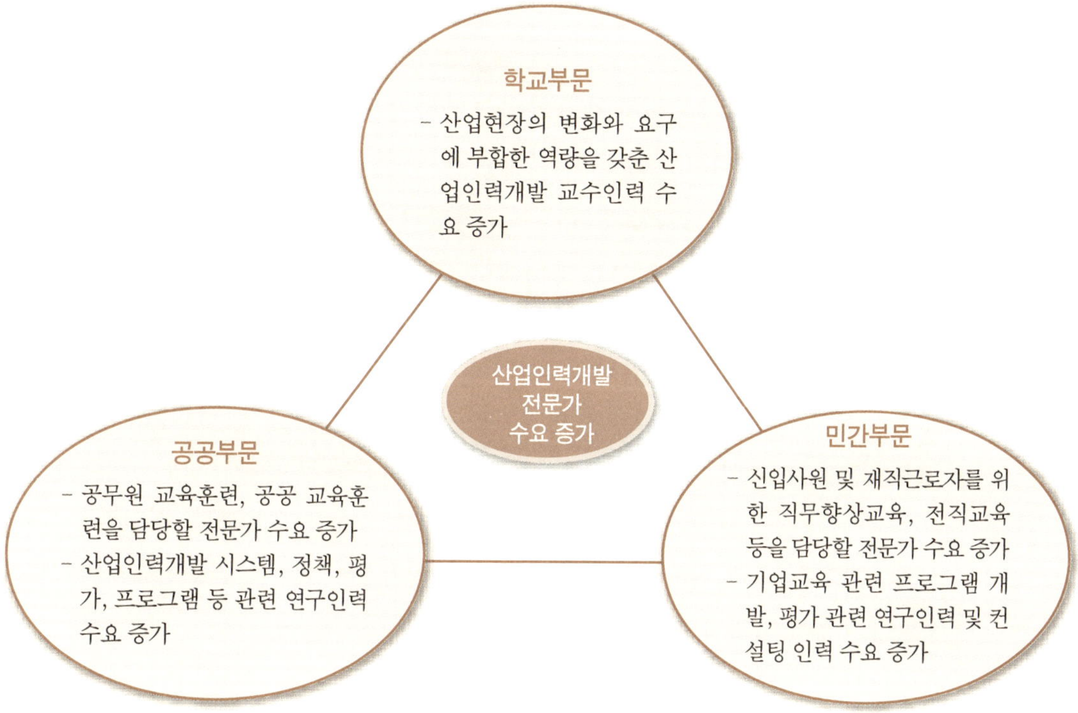

[그림 9-4] 산업인력개발 전문가 수요 전망

(1) 학교부문 산업인력개발 전문가

산업의 변화와 요구에 부합한 역량을 갖춘 잠재적 산업인력개발을 위한 교수인력 수요가 증가됨에 따라 학교부문 인력개발 전문가의 수요가 증가될 것으로 전망된다. 즉, 산학연계 강화와 지역산업이 요구하는 맞춤형 직업교육을 위한 산업교수인력의 수요가 점진적으로 증가할 전망이다. 2008년 현재, 중등학교의 산업인력개발 전문가(전문교과 교원)의 수는 약 16,000여명이 있다. 하지만 직업교육체제혁신방안(교육인적자원부, 2005)을 통해 기존의 실업계 고등학교를 전문계고 및 특성화고로 개편하는 등 중등단계에서의 직업교육혁신체제를 구축해 나갈 전문가 수요가 급증할 전망이다. 2004년 64개인 특성화고를 2010년까지 200개로 확대할 계획에 있으며, 2008년부터는 전국 전문계고 가운데 20개교를 선정하여 '한국형 마이스터고’를 육성하고 추가적인 선정을 거쳐 향후 50개교 까지 확대할 계획이다.

또한 전문대학과 4년제 대학은 변화하는 산업구조에 부합하고, 신기술 · 지식을 습득한 우수한 산업인력 육성을 위해 고등직업교육의 질적 개선을 위한 투자가 지속적으로 이루어지고 있으며, 이에 대한 산업인력개발을 위한 교원확보에 대한 수요는 지속적으로 증가할 전망이다. 교육인적자원부의 전문대학 발전방안에 따른 전문대학 교원 수요는 2008년 현재 14,000여명(폴리텍대학 약 1,900여명 포함)이 재직하고 있으나, 향후 2010년 약 22,276여 명일 것으로 전망되며, 4년제 대학의 교원수요는 2008년 현재, 약 54,300여명이 재직하고 있으나, OECD의 교수 1인당 학생 수를 감안할 경우 85,293여 명의 수요가 발생할 것으로 전망된다(교육인적자원부, 2005). 더욱이 대학의 특성화, 전문화에 부합하는 교육과정 개발을 위한 직업교육 관련 전문가 수요가 증가될 전망이다. 특히, 주문식 교육과정, 성인학습프로그램, 산업체근로자 직무능력 향상 프로그램, 공학교육인증 등 고등직업교육의 질 개선을 위한 산업인력개발 전문가가 더욱 필요하다.

(2) 공공부문 산업인력개발 전문가

정부는 정부혁신과 정책품질향상 활동의 성공적 추진을 위하여 지속적인 학습활동의 중요성에 대한 정부 내 · 외의 인식확산 및 공감대 형성을 위해 공무원 직무능력 제고를 위한 노력을 추진해 오고 있어 공공부문 인력개발을 위한 산업인력개발전문가 수요 증가가 전망된다.

2005년 현재 사이버 교육 확대로 정부 14개 기관에서 176개 과정을 설치 · 운영하여 38,928명의 공무원을 교육하였고, 조직 내 학습 분위기 확산을 위한 연구모임 활동 지원을 위해 매년 6,500만원을 지원하고 있다. 정부는 공무원의 상시학습체제를 제도화하고, 공무원의 교육훈련예산을 2006년에는 500백만 원을, 그리고 2007년부터 2010년까지 100백만 원을 연차적으로 확대할 계획에 있고, 직업능력개발원, 한국고용정보원, 한국농촌경제연구원 등 산업인력개발에 대한 영역이 확대되어 가면서 산업인력개발 프로그램 개발 및 정책 연구를 수행할 전문가의 수요가 늘어가고 있다.

3) 민간부문 산업인력개발 전문가

우리나라 산업체의 전체 노동비용 대비 교육훈련비는 1.5 정도 수준으로 선진국에 비해 인적 자원에 대한 교육훈련이 부족한 형편이다. 하지만 종업원의 생산성 증대를 위한 사업장내 교육훈련이 강조되면서 교육훈련에 대한 사업주의 투자는 지속적으로 증가할 것으로 예상되고 있으며, 신입사원 및 재직근로자를 위한 직무향상훈련, 전직교육 등을 담당할 산업인력전문가 수요가 증가될 전망이다. 또한 정부의 승인 및 지원을 통해 민간 기관에서 운영하는 직업훈련 과정이 증가함에 따라, 이러한 과정을 개발하고 운영하기 위한 산업인력개발 전문가에 대한 수요도 지속적으로 증가할 것으로 예상된다. 즉, 민간부문에서의 인력개발의 중요성에 대한 인식이 공유됨에 따라 산업인력개발 전문가에 대한 수요는 점점 커져갈 것이다.

3) 산업인력개발 전문가 양성의 실제

산업인력개발 전문가 양성의 방법을 유형별로 살펴보면, 학교부문 산업인력개발 전문가는 공무원법제정(1953)에 근거하여 교원자격 조건에 부합되어야 한다. 최근에는 현장경험을 중요시하여 교사경력자를 교원양성기관 교수로 채용하고, 현장교사를 겸임교수 또는 초청강사로 활용토록 권장 유도한다(교육인적자원부, 2003). 공공부문 산업인력개발 전문가는 관련학과의 학위를 지닌 사람을 우선적으로 채용하고, 오랫동안 관련기관에 경력이 있는 사람을 채용하여, 체계적인 양성 제도는 부족한 편이다. 민간부문 산업인력개발 전문가 역시 대학의 관련학과의 학위를 지닌 사람을 우선적으로 채용하고, 자체적으로 민간단체(HRD) 협회나 부정기적인 워크숍을 통해서 양성하고 있는 실정이다.

(1) 학교부문 산업인력개발 전문가

산업인력개발 관련 교원자격을 취득하는 방법은 '교원자격검정령' 에 따라 무시험검정과 시험검정으로 구분된다. 그런데 중등학교의 경우 교원충원이 필요할 때 시행하는 준교사 시험에 합격하는 자만이 시험검정의 대상에 해당되기 때문에, 대부분의 중등교원 자격의 검정은 무시험검정에 의하게 된다고 볼 수 있다. 그 동안 준교사 시험의 주종을 이룬 것은 대학에서 거의 양성이 이루어지지 않은 교련교과였다. 산업교육 관련 분야에서는 1980년대 초반까지 상업교사의 극심한 부족으로 인해 준교사 시험이 시행되기도 하였으나, 현재는 과원을 걱정해야 되는 상태로 변하였기 때문에 유명무실한 상태이다.

산업인력개발 관련 교원자격의 무시험검정의 방법과 합격기준은 '교원자격검정령' 제 19조에 규정되어 있다. 교사의 무시험검정은 '초 · 중등교육법' 별표 2의 자격기준에 따라 수시로 서류심사에 의하여 행하여진다. 산업인력개발 관련 부문에서 가장 많은 비중을 차지하는 중등학교 2급 정교사의 경우, 자격을 취득할 수 있는 경우는 다음의 8가지 유형이 있다.

① 산업인력개발 관련 사범대학 및 사범계 학과 졸업자
② 교육대학원/교육부장관이 지정하는 대학원 산업인력개발 관련 교육과에서 석사학위 취득자
③ 산업인력개발 관련 임시교원양성기관을 수료한 자
④ 대학에 설치하는 산업인력개발 관련 교육과 졸업자
⑤ 산업인력개발 관련 대학졸업자로서 재학 중 소정의 교직과정 학점을 취득한 자
⑥ 중등학교 준교사 자격증 소지자로서 2년 이상의 교육경력을 가지고 소정의 재교육을 받은 자
⑦ 초등학교 준교사 이상의 자격증을 가지고 산업인력개발 관련 대학을 졸업한 자
⑧ 교육대학, 전문대학의 조교수, 전임강사로서 2년 이상의 교육경력이 있는 자

위의 유형 중에서 ⑤ 교직과정 이수자와 ② 교육대학원 졸업자에 대해서만 보다 구체적인 기준을 규정하고 있다. 교직과정을 이수한 경우에는 표시과목과 관련

된 전공과목을 42학점이상, 교직과목을 20학점 이상 이수해야 하며, 전공과목과 교직과목의 성적 평균이 각각 80점 이상이어야 한다. 교육대학원에서 석사학위를 받은 자에 대한 자격검정에 있어서는 교육과학기술부 장관이 정하는 소정의 학점을 취득한 자를 합격으로 한다. 소정의 학점이란 교육대학원과 학부에서 교원자격증 전공과목 42학점이상(기본이수영역 14학점 포함)과 교직과목 20학점이상을 이수하여야 함을 의미한다. 이 경우 학부에서 이수한 전공과목 학점에는 일반대학, 교육대학, 사범대학, 방송통신대학, 산업대학, 전문대학, 대학에 준하는 각종학교 또는 특별법에 의하여 설립되고 대학졸업의 학력이 인정되는 교육기관에서 이수한 학점이 포함된다. 여기에서 전공과목은 교육과학기술부 고시로 정하는 기본 이수 영역의 과목을 포함해야 하는데, 종전의 규정에서는 9학점 이상 이수해야 했으나, 개정된 규정에서는 5과목(14학점 이상)이상 이수해야 한다. 교직과정은 '교원자격검정령시행규칙' 에 이수과목과 학점이 규정되어 있다.

산업인력개발 관련 전문대학 교수는 중등교육기관의 교원과 달리 정부주도의 형식적인 양성기관이나 그에 관련된 체계화된 제도나 규정이 없기 때문에 주로 소속 '전문대학' 이나 '전문대학 교육협의회' 등을 통해 교육을 받고 있다. 전문대학에서 이루어지는 산업교원 양성은 주로 신입교원에 대한 오리엔테이션, 사설 인력개발원이나 유사한 성격을 지닌 기관과 함께 이루어지는 교육, 사이버 강좌를 이용한 교육, 교직원 연수를 통한 교육 등을 통해 이루어지고 있다. 그리고 전문대학의 교육 관련 협의회 등에서는 국제교류 사업, 연수 및 세미나 사업, 연구 및 정책 개발사업, 국제정보자료의 수입 보급, 교육과정 및 교재 개발, 산학협동 추진사업을 통해 전문대교원의 교육을 실시한다.

한편 학교부문 산업인력개발 관련 전문가 양성의 질을 높이기 위해서는, 관련기관과 지속적인 협력을 유지할 필요가 있다. 서울, 경기, 인천 지역의 수도권 교육청과 교육청교육연구원, 전문계 고등학교, 전문대/산업대/대학교와 인력개발 목표 및 내용 체계에 대한 검토, 연구를 위한 협력(공동연구를 위한 인적, 물적 교류 등), 교육을 위한 협력(강사초빙, 팀티칭 등)을 지속적으로 하여서 학교부문 인력개발 전문가의 현장적응력을 제고하기 위한 노력을 지속적으로 제고할 필요가 있다.

(2) 공공부문 산업인력개발 전문가

공공부문 산업인력개발 전문가 중 장학사(관) 및 교육연구사(관)의 경우에는 공무원시험을 통과하거나 현장교사 중 경력 및 시험을 통한 자격 요건을 갖춘 후 선발 과정을 거쳐 근무하게 된다. 반면, 일반적인 공공부문의 인력개발 전문가의 경우 대학의 산업인력개발학을 전공하거나 직업교육학, 교육학, 경영학, 심리학, 사회학, 행정학, 교육공학 등의 학위를 지닌 사람 위주로 각 학문적인 배경을 갖춘 사람들을 선발하여, 자체적으로 이루어지는 교육을 통해 양성하고 있다. 또한 정부기관이나 정부출연기관 및 관련기관에서 오랫동안 경력(career)을 지닌 사람 위주로 채용하는 실정이다.

공공 직업능력개발훈련 교사는 근로자직업훈련촉진법 제9조 및 동법시행령 제5조에 의해 노동부장관으로부터 자격증을 취득하고 훈련 기관에서 훈련생에게 직업훈련을 가르치는 사람으로 최근 직업훈련의 중점이 기능인력 양성에서 근로자의 평생 직업능력개발로 확대 발전되고 있다. 직업능력개발훈련 교사의 양성은 대체로 한국기술교육대학의 4년제 과정을 통해 양성되고 있다.

(3) 민간부문 산업인력개발 전문가

민간부분의 산업인력개발 전문가 역시 산업인력개발학을 전공하였거나, 직업교육, 산업교육, 기업교육 등 산업인력개발 관련 학과의 학위를 지닌 자를 위주로 선발하여, 기업 및 민간 기관 내에서 자체적으로 교육훈련을 제공하고 있거나, 대학에 위탁하여 양성하고 있는 실정이다.

또한 자체적으로 민간 인력개발단체나 부정기적인 워크숍을 통해서 자기개발을 하고 있고, 민간 직업훈련교사는 한국기술교육대학교에 위탁교육을 통해 전문성을 개발하고 있다. 기업 내에서 자체적으로 이루어지는 산업인력개발 관련 전문가 양성과정을 예로 들면 다음과 같다.

① L 기업 : 사내강사 양성과정, CS 강사양성, HRD 기본과정 등

② H 기업 : 사내강사 능력개발과정

③ K 기업 : 사내강사 양성 과정, HRD 전문가 과정 등
④ N 기업 : 교육담당자 육성 미팅 등
⑤ S 기업 : Facilitatior 양성과정, 학습리더 양성과정 등
⑥ 기타 : 이 외의 여러 기업에서 이루어지고 있음.

또한, 기업체 인력개발 담당자의 전문성을 개발하기 위하여, 대학원 위탁교육을 통해 향상교육을 실시하고 있는데, 기업체 연수원 및 인재개발원의 담당자들은 산업인력개발 관련 대학의 대학원과정을 이수함으로서 관련 전문성을 향상시키고 있으며, 연구를 위한 공동협력, 대학원 교육을 위한 초빙강사 및 팀티칭 등의 산학협동을 하고 있다.

요약

이 장에서는 산업인력개발의 전문가에 대해 살펴보았으며, 이를 위하여 산업인력개발 전문가의 개념적 기초, 역할과 역량 및 양성에 관하여 살펴보았다.

산업인력개발 전문가란 국가적으로 필요한 산업인력을 체계적으로 육성하고, 개인적으로 특정 산업분야에 종사하기를 희망하거나 현재의 종사하고 있는 사람들이 이에 적합한 능력과 자질을 개발하는 과정을 체계적으로 지원할 수 있는 전문성을 갖춘 자를 의미한다. 산업인력개발 전문가들이 종사하는 직종은 직업교육 교사, 직업훈련 교사, 전문대학(폴리텍 대학 포함) 및 일반대학 교수, 직업교육기관 교장(교감), 장학사(관), 교육연구사(관), 정부기관, 각종 공공 및 민간 교육훈련기관의 담당자 및 컨설턴트 등 매우 다양하며, 크게 학교부문, 공공부문 및 민간부문으로 구분될 수 있다.

산업인력개발 전문가에게는 교수자, 교육훈련가, 연구자, 행정가, 경영자, 상담자 및 컨설턴트 등의 역할 수행이 요구되며, 이를 위해서는 교수 역량, 교육훈련 역량, 연구 역량, 행정 역량, 경영 역량, 상담 및 컨설팅 역량이 요구된다. 하지만 산업인력개발 전문가가 종사하는 직종 및 유형에 따라 강조되는 역할과 역량은 다소 차이가 있다.

산업인력개발 전문가의 양성은 지식기반사회의 도래로 인하여 대내외적으로 인적자원개발 전략 변화, 21세기 산업인력 자질의 속성 변화에 대한 요구가 높아지고 있고, 직업능력개발을 위한 교육훈련이 강조되고 있는 시점에서 매우 중요하다. 또한, 정부 차원에서도 인적자원개발에 대한 관심이 고조되고 있어 산업인력개발 전문가의 양성은 더욱 중요하다고 할 수 있고, 이에 따른 수요 역시 증가할 전망이다.

실제적인 산업인력개발 전문가가 양성되는 체제를 살펴보면, 학교부문 인력개발 전문가는 공무원법제정(1953)에 근거하여 교원자격 조건에 부합되어야 한다. 최근에는 현장경험을 중요시하여 교사경력자를 교원양성기관 교수로 채용하고, 현장교사를 겸임교수 또는 초청강사로 활용토록 권장 유도하고 있다. 공공부문 인력개발 전문가는 관련학과의 학위를 지닌 사람을 우선적으로 채용하고, 오랫동안 관련기관에 경력이 있는 사람을 채용하여, 체계적인 양성 제도는 부족한 편이다. 민간부문 인력개발 전문가 역시 대학의 관련학과의 학위를 지닌 사람을 우선적으로 채용하고, 자체적으로 민간단체(HRD) 협회나 부정기적인 워크숍을 통해서 양성하고 있는 실정이다.

참고문헌

교육인적자원부(2005a). 국가인력수급 중장기 계획 정책보고서. 교육인적자원부.

교육인적자원부(2005b). 제2차 국가인적자원개발기본계획. 교육인적자원부.

김기홍(2000). 직업교육에서 교사의 전문성과 자질에 관한 연구, 한독교육학연구, 5(1), 99-113.

김재식, 이용환, 정남용(2001). 실업교원의 양성, 임용 및 재교육 체제의 개선방안. 한국농업교육학회, 33(4), 83-99

나승일(2004). 대학에서의 효과적인 교수법 가이드. 서울: 서울대학교출판부.

나승일, 강인수, 정철영, 허종렬(2002). 교육인적자원 관련 직업교육 법제 정비방안 연구. 교육인적자원부.

나승일, 이명훈, 한홍진, 마상진, 김진실(2002). 산업교육실습 이해와 실제. 서울: 교육과학사.

나승일, 정철영, 김주섭(2007). 기초직업능력표준 제도화 방안. 노동부 · 한국산업인력공단.

전영욱(2005). 기업체 인적자원개발 담당자의 핵심직무역량모델 개발. 서울대학교 미출판 석사학위 논문.

이무근(2000). 인적자원개발 : 다학문적 접근. 한국직업능력개발원.

이무근(2003). 직업교육학원론(제3판). 서울: 교육과학사

장명희, 박은희(2001). 전문대학 교원의 직무능력 향상을 위한 교원 연수 프로그램 개발(I). 한국직업능력개발원.

Dean, J. (1996). *Beginning teaching in the secondary school*. Philadelphia: Open University Press.

Fowler, F. C. (2000). *Policy studies for educational leaders*. Columbus, Ohio: MERRILL.

Hartley, N. K., & Wentling, T. L. (1996). *Beyond tradition : Preparing the teachers of tomorrow' s workforce*. University Council for Vocational Education.

Heron, T. E. & Harris, K. (2001). *The educational consultant: helping professionals, parents, and students in inclusive classrooms(4th)*. Austin, Texas: Pro · ed.

Millman J. & Darling-Hammond, L.(ed.) (1990). *The new handbook of teacher evaluation: assessing elementary and secondary school teachers*. California:

SAGE Publications.

Newble, D. & Cannon, R. (1989). *A handbook for teachers in universities & colleges: a guide to improving teaching methods(3rd.)*. London: Kogan Page Limited.

Palmer, J., & Finney, M. I. (2004). *The human resource professional s career guide*. San Francisco: Pfeiffer.

Powers, B., & Rothwell, W. J. (1992). *Instructor excellence :mastering the delivery of training*. California: Jossey-Bass.

Rummler, G. A., & Brache, A. P. (1990). *Improving performance: how to manage the white space on the organization chart*. San Francisco: Jossey-Bass.

Soled, S. W. (Ed.) (1995). *Assessment, testing, and evaluation in teacher education*. New Jersey: Ablex Publishing Corporation.

Tickle, L. (2000). *Teacher induction: The way ahead*. Philadelphia: Open University Press.

10

산업인력개발의 행정 및 관련법

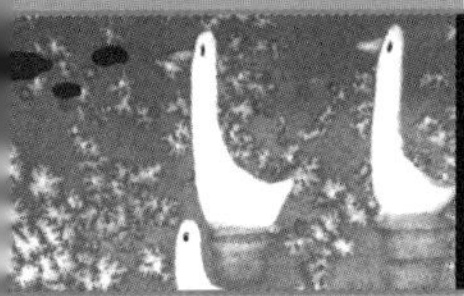

학습개요

이 장에서는 산업인력개발의 행정 및 관련법에 대해서 살펴보고자 한다. 이를 위하여 산업인력개발 행정의 개념, 과정 및 영역을 살펴보도록 하고, 이를 기초로 우리나라의 산업인력개발 행정조직에 대해 살펴보도록 하겠다. 또한 우리나라의 산업인력개발 관련 주요 법령에 대해서도 살펴보도록 하겠다.

학습목표

1. 산업인력개발 행정의 개념, 과정, 영역 및 행정가의 역할을 설명할 수 있다.
2. 우리나라의 산업인력개발 행정조직을 설명할 수 있다.
3. 우리나라의 산업인력개발 관련 주요 법령을 설명할 수 있다.

1. 산업인력개발 행정의 개념적 기초

1) 산업인력개발 행정의 개념

산업인력개발 행정이란 산업인력개발에 관한 행정과 산업인력개발을 위한 행정으로 구분할 수도 있다. 이는 산업인력개발 행정과 일반 행정의 상호 관계에 따라 정의한 것이다. 우선 산업인력개발에 관한 행정이란 국가의 통치 작용을 입법, 사법, 행정의 삼권분립에 의해 전체 행정 분야의 하나로서 보는 입장이다. 이러한 개념에서는 산업인력개발 행정을 산업인력개발 관련법을 해석하고, 정책을 집행해 나가는 것에 중점을 두며, 행정작용에 있어 권력적 · 통제적 · 강제적 요소를 강조한다. 이로 인해 산업인력개발이라는 특수한 영역에 대한 행정을 일반행정의 과정 속에 포함시킴으로서 산업인력개발 행정이 지니는 전문성 · 독자성 · 특수성이 희석되어 과거 전통적인 행정과 유사하게 된다. 따라서 행정은 그 자체가 중앙집권적이고 관료통제적일뿐만 아니라 산업인력개발의 성격까지도 중앙단위 행정 과정 속에서 결정하게 되고, 산업인력개발의 실천 측면에서도 국가가 정한 법규나 중앙부서의 명령과 지시에 하위 행정조직이 충실히 따르는 것에만 관심을 가지게 된다.

반면, 산업인력개발을 위한 행정은 산업인력개발이라는 목표를 효과적이고 효율적으로 달성될 수 있도록 지원하는 활동으로서의 행정을 의미한다. 산업인력개발에 관한 행정이 권력을 통해 위에서 밑으로 통제하는 행정이라면, 산업인력개발을 위한 행정은 자율성을 가지고 밑에서 위로 조성하고 지원하는 행정이라고 할 수 있다. 즉, 산업인력개발을 위한 행정의 개념에서는 지방분권적이고 자율적인 행정으로서 국가 권력으로부터 출발하지 않고, 산업인력개발의 실제적인 필요에 입각하여 기능적으로 수행되어 진다. 이러한 개념 하에 산업인력개발 행정은 행정 그 자체가 목적이 아니라 수단의 의미를 지니며, 따라서 행정은 산업인력개발에 필요한 인적 · 물적 조건을 정비 확립시켜 보조적인 제반 서비스 활동의 의미를 지닌다.

하지만 실제 산업인력개발 행정은 산업인력개발에 관한 행정과 산업인력개발을 위한 행정의 두 가지 측면이 모두 포함된 개념으로 이해되어야 한다. 왜냐하면, 산업인력개발 행정이 정책을 실현하는 과정이라고 할 때 권력적인 요소를 배제할 수 없으며, 또한 산업인력개발 행정조직의 공동목표를 달성하기 위한 합리적인 행위라고 할 때 행정의 분권적이고 자율적인 측면을 간과할 수 없기 때문이다.

한편 산업인력개발의 주체 단위 또는 영역 측면에서 광의와 협의적 개념으로도 정의할 수 있다. 광의의 개념에서 산업인력개발 행정은 인력개발과 관련한 모든 행정조직 단위를 모두 포함한 것이며, 협의의 개념은 국가 및 공공단체에 한정한 것이다. 하지만, 최근에는 과거의 정부 중심의 행정보다는 특정 조직에서 공동의 목표를 달성하기 위한 합리적인 협동행위 자체를 행정으로 보는 경향이 강하다. 따라서 행정조직을 단지 정부조직에 국한하지 않고 노동조합, 기업체, 학교 등에까지 확대하여 해석하는 것이 일반적이다. 행정조직에 대한 이러한 광의적 해석은 산업인력개발의 영역에서 나타난다. 산업인력개발은 인력의 양성뿐만 아니라 배분 · 활용, 그리고 인프라까지를 포함한 개념으로 해석해야 한다. 따라서 산업인력개발 행정은 정부부처 및 지방행정기관에서의 인력개발 정책을 실행하는 과정뿐만 아니라 학교, 산업체, 사회교육훈련기관 등 인력개발의 목표를 지닌 모든 조직에서 행해지는 인력양성 · 배분 · 활용 · 인프라 구축에 관한 제반 활동과 관련한 인적 · 물적 조건을 정비 · 확립하고, 지도 · 감독하는 것이라고 할 수 있다.

2) 산업인력개발 행정가와 행정의 과정

산업인력개발 행정과정은 산업인력개발 행정가의 주요 활동이며, 그 결과에 대한 책무까지를 포함하고 있다. 앞서 산업인력개발 행정의 범위에서 볼 수 있듯이 산업인력개발 행정가는 공무원을 포함하여 학교 교장 · 교감, 산업체의 HRD 담당자, 사회교육훈련 담당자 등을 모두 포함할 수 있으며, 이들을 산업인력개발 전문가로 통칭할 수 있다. 이들 산업인력개발 행정가는 소속 조직에 적합한 인력개발 목표를 설정하고, 이를 달성하기 위해 모든 필요 자원을 활용해야 하며, 조직 내외의 환경 변화에 긴밀하게 대응하여 그 변화내용을 산업인력개발 프로그램, 시설 및 재정, 조직 구조 등에 반영해야 하는 책임을 지닌다. 이를 위해 산업인력개발 행정가는 그에 맞는 리더십을 갖추고 있어야 한다. 일반적으로 산업인력개발 행정가의 리더십은 환경차원, 인간차원, 과업차원으로 구분되며, 이들 각각의 상황에 따라 리더로서의 행위가 결정되게 된다([그림 10-1] 참고).

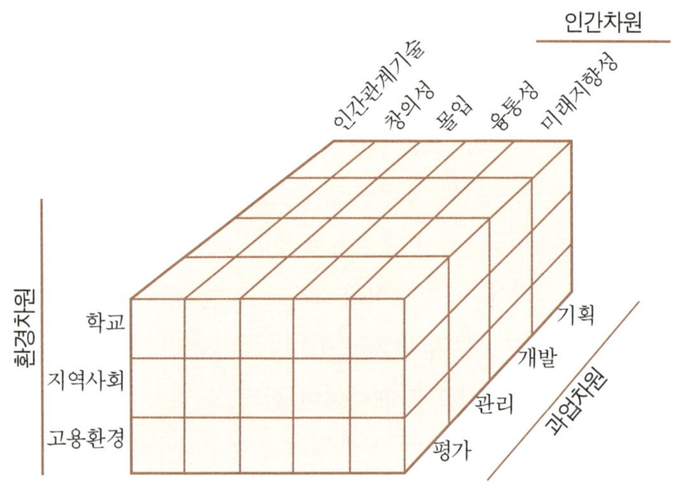

[그림 10-1] 산업인력개발 리더십의 차원

[그림 10-1]에서와 같이 산업인력개발 행정가는 성공적인 행정업무를 수행하기 위해 인간관계기술, 창의성, 몰입, 융통성, 미래지향성을 지니고 있어야 한다. 먼저 인간관계기술은 조직의 구성원들과의 의미있는 관계를 형성하는데 필요한 능력이다. 창의성은 행정과정에서 발생하는 문제해결을 위한 새로운 방법이나 프로세스를 개선하는 능력이다. 몰입은 산업인력개발 관련 문제에 대해 직무에 관계없이 몰입하고 산업인력개발에 관한 철학을 갖는 것을 말한다. 융통성은 자신의 생각이나 흥미에 얽매이지 않고 다른 사람과 함께 일을 하며 조언을 받아들일 수 있는 능력을 말한다. 마지막으로 미래지향성은 미래를 예견하고 그에 맞춰 비전 및 목적을 설정하는 능력을 말한다.

또한 산업인력개발 행정가는 이러한 특성을 지니고, 기획, 개발, 관리, 평가에 대한 과업을 수행하게 되며, 이러한 일련의 과업은 행정의 과정이 된다. 첫 번째로 기획은 산업인력개발과 관련된 다양한 변화와 문제들에 대한 해결책을 찾기 위한 과정으로 행정과정에서 가장 강조되는 요소이다. 또한 기획은 산업인력개발을 위한 목적이나 목표를 명확히 설정하는 과정이다. 기획은 목표의 산출이며, 행정가는 모든 산업인력개발 관련 조직 활동의 방향을 제시하는 기획업무에 종사해야 하고, 아울러 모든 조직이 나아가야 할 방향을 구체적으로 제시하고 공유해야 한다. 두 번째로 개발은 산업인력개발에서 계속적으로 일어나는 과정으로 학습자에 대한 역량개발, 프로그램 개발 등 다양한 활동을 말한다. 세 번째로 관리는 산업인력개발의 진행 상황이나 제반여건에 대한 관리로서 과업의 분담, 인적 · 물적자원의 배분 등을 포함한다. 마지막으로 평가는 산업인력개발의 효과성 혹은 효율성을 평가하는 것으로서 산업인력개발 목적의 성취정도뿐만 아니라 그 목적의 성취절차가 서로 모순 없이 일치하고 있는가를 검토하기 위한 것이다.

3) 산업인력개발 행정의 영역

산업인력개발 행정은 인문 · 사회과학 분야의 하나인 산업인력개발학의 주요 영역 중 하나의 영역이다. 그리고 산업인력개발 행정은 다시 산업인력개발 행정이 기반하고 있는 이론, 행정기능, 대상에 따라 세부 영역을 구분할 수 있다. 이를 도식화 하면 [그림 10-2]와 같다.

산업인력개발 행정의 영역에서 이론 영역은 산업인력개발 행정의 제반 사항을 이해하는데 필요한 이론과 관련한 것으로서 산업인력개발 리더십, 산업인력개발 행정과정론, 산업인력개발 조직론, 산업인력개발 정책론, 산업인력개발 법규론 등으로 나눌 수 있다. 이러한 이론 분야들은 세부적으로 과학적 관리, 의사결정, 역할, 제도, 기회, 교육지도행위, 조직풍토 및 조직문화, 조직발전, 갈등, 체제 등에 관한 이론의 기반이 된다. 산업인력개발 행정의 기능 측면은 산업인력인력개발 행정 실무와 관련되는 기획, 내용, 장학, 인사, 재정, 시설, 평가 등을 대상으로 한다. 대상 측면에서는 산업인력개발을 담당하는 기관 또는 교육의 대상에 따라 초중등 교육에서 인력개발, 고등교육에서 인력개발, 공공부문에서 인력개발, 민간 및 산업체에서 인력개발로 구분된다.

이와 같이 산업인력개발 행정의 영역을 크게 세 가지 측면으로 나누어 볼 수 있으나, 이 세 가지 측면은 서로 독립적이라기보다는 서로 밀접하게 연관되어 산업인력개발 행정의 전체적인 활동 속에서 나타나게 된다.

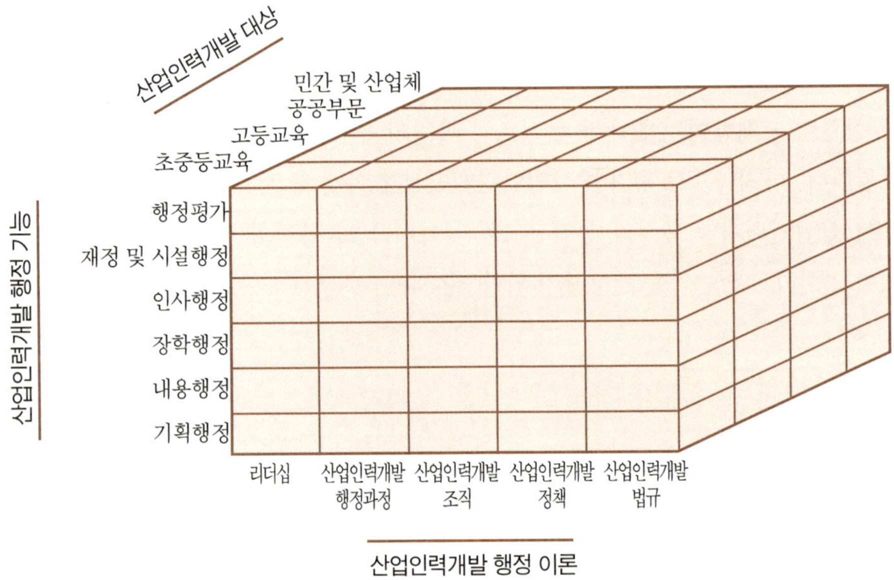

[그림 10-2] 산업인력개발 행정의 영역

2. 산업인력개발 행정조직

산업인력개발 행정은 산업인력개발을 직·간접적으로 담당 또는 지원하는 조직이 과업을 효과적으로 수행하기 위하여 어떻게 구성·운영 발전되어야 하며, 조직구성원 상호간이나 여러 조직 상호간의 협동적 노력을 어떻게 조성·통제·지도야 하는가와 관련되는 것이기 때문에 행정조직에 관한 이해는 필수적인 부분이다.

일반적으로 조직이란 어떤 공동의 목적을 달성하기 위해 두 사람 이상이 과업을 분담하여 협동하는 사회체제(social system)라고 할 수 있다. 따라서 조직은 ① 어떤 공통 목표를 달성하기 위해 존재하고, ② 목표를 합리적으로 달성하기 위해 여러 사람들의 협력적 관계가 필요하며, ③ 조직의 구조는 기능적인 분업화의 원리에 따라 횡적분화와 종적 계층화의 형태를 띄고, ④ 조직 내 · 외의 환경과 상호 역동적인 관계 속에서 유지 · 발전하는 개방체제이며, ⑤ 각자의 요구를 지닌 구성들의 행동을 조직의 요구에 따라 행동하도록 조정 · 통제하기 위한 규범을 가지고 있다는 특징을 가지고 있다. 이 절에서는 산업인력개발 행정조직의 구조와 기능에 대해 살펴보고, 구체적으로 우리나라 산업인력개발 행정조직과 기관에 대해 알아보기로 한다.

1) 산업인력개발 행정조직의 구조 및 기능

정부중심의 산업인력개발 행정조직은 크게 세 가지 유형으로 구분할 수 있다. 첫 번째는 중앙집권적인 구조로서 인력개발의 목표설정, 재정배분, 고용 등 제반 행정활동을 정부에서 관할한다. 그리고 지방 행정조직 및 실질적 인력개발 단위조직에서는 해당조직에서 이루어지는 프로그램들을 실행하는 것을 제외하고는 행정기능이 거의 없이 단순히 정부의 행정기능을 집행하는 형태이다. 대부분 개발도상국들이 이에 속한다. 두 번째는 여러 정부수준, 즉 중앙부처 및 지역행정기관들이 산업인력개발에 관련한 행정기능을 분담하는 형태이며, 한 예로 브라질의 경우 이러한 조직구조를 띠고 있다. 마지막으로 지방분권화 된 형태로서 프랑스의 경우처럼 일부 행정기능을 하위 정부조직 수준에 전담하도록 하는 것과 미국의 경우처럼 모든 행정기능을 하위 정부조직에 분권화 한 형태가 있다. 한편, 노동시장에서 형성된 산업인력개발 조직이 있다. 이들 조직은 정부가 직접 관리하는 공공기관 조직(예: 덴마크의 National/Regional Labour Market Authority), 정부지원 또는 부문별 산업체들의 공동출자 하에 운영되는 단체나 협의체 조직(예: 영국의 ITOs: Industry Training Organizations), 그리고 정부의 개입이 전혀 없이 산업체 내에서 운영되는 조직구조로 구분할 수 있다.

우리나라는 앞서 살펴본 다양한 조직구조 중 어느 하나의 형태를 띠고 있지는 않다. 정부와 지방자치단체간의 산업인력개발의 행정기능이 분담되어 있는 형태와 지방자치단체에 분권화된 형태가 복합적으로 띠고 있으며, 정부수준에서는 특정 부처가 산업인력개발을 총괄하는 것이 아닌 여러 부처가 산업인력개발과 관련한 행정기능을 지니고 있고, 이를 위해 각 부처별로 산업인력개발을 위한 사업집행 또는 교육훈련기관을 설치 · 운영하고 있는 형태를 띠고 있다. 과거 우리나라의 산업인력개발 행정은 국가의 책무 중 하나로서 중앙집권적 형태의 조직구조를 띠었다. 이는 제한된 재정과 전문가 집단의 문제를 해소하기 위해 중앙정부 수준에서 산업인력개발 위한 교육 체계를 총괄적으로 관리하고, 지방 행정조직은 중앙정부가 수립한 계획을 집행하는 역할만을 담당하였기 때문이다. 하지만 정부주도의 산업인력개발 행정은 국가 차원에서 정해진 교육과정에 의해 이루어짐으로써 산업구조 변화에 대한 역동성이 부족하였고, 노동시장의 요구에 밀접하게 반응하지 못하였다.

지방분권화 행정 구조로 변화하게 되면서 정부 주도의 산업인력개발 행정은 수직적으로 중앙정부–지방정부–단위 기관 등 각 계층화 된 기관들이 지역 산업 특성을 고려한 행정을 수행하게 된다. 즉 정부 수준에 따라 구분된 산업인력개발 행정조직 구조가 형성되었다. 이 경우 산업인력개발을 담당하는 기관의 일부는 중앙정부로부터 재정 및 기술적인 지원을 받는 경우가 있고, 또 다른 일부는 지방정부 수준의 재정 및 기술적 지원을 받아 운영될 수 있다. 이를 위해 산업인력개발과 관련한 법령에서는 중앙정부와 지방정부 수준간의 산업인력개발의 효율적인 운영을 위하여 위원회를 설치 · 운영하도록 하고 있다. 우리나라의 경우, 예를 들어 직업교육훈련촉진법에서는 중앙에 직업교육훈련정책심의회를 설치하고, 지방에는 직업교육훈련협의회를 설치 · 운영하도록 함으로써 정부 수준별 산업인력개발 행정의 자문을 수행하도록 하고 있다.

한편 정부수준별 산업인력개발 행정조직과 관련하여 최근 지방분권화로 인해 지방자치단체와 지방수준의 행정조직 간의 산업인력개발과 관련한 중복적 업무가 늘어나는 문제가 발생하기도 한다. 특별지방행정기관의 경우 수행사무의 전문성이나 관할구역의 광역성 등 극히 필요한 경우에 한하여 예외적으로 설치하는 것을 원칙으로 하고 있으나, 그동안 중앙부처들이 경쟁적으로 부처 산하의 특별지방행정기관을 설치해 온 경향이 있다. 이는 중앙부처의 입장에서 사무를 지방자치단체에 맡기지 않고 자체의 산하 조직에 의존하는 것이 유리하였기 때문이며, 업무추진, 인력 및 예산증액이 용이하고 인사행정 및 조직 확대가 가능하였기 때문이다.

또한 수평적으로는 각 정부부처별로 관장하고 있는 산업특성에 부합하는 산업인력개발 행정을 담당하게 된다. 교육과학기술부, 노동부, 지식경제부 등 각 정부부처에서 관장하는 산업인력개발 행정을 위한 예산이 지원된다. 또한 정부부처에 따라 각각 산업인력개발을 위한 교육훈련기관을 설립하고, 별도의 자격체계를 마련하기도 한다. 따라서 정부부처별 산업인력개발을 위한 예산 확보에 대해 부처별로 첨예한 경쟁이 나타나기도 하고, 또는 상호 유사한 프로그램을 운영하는 경우가 발생하기도 한다. 이로 인해 정부부처별로 지원하는 산업인력개발 사업에 대해 대규모의 예산이 투입됨에도 불구하고 상호 중복적인 사업 추진으로 국가차원의 산업인력개발의 효율성을 저해하는 요인이 되기도 한다. 이러한 문제를 해결하기 위해 일부 국가에서는 산업인력개발에 관한 행정업무를 특정 부처에 부여하거나, 또는 대통령 직속기관과 같은 상위 조직을 설치하여 운영함으로써 산업인력개발과 관련한 사업을 평가 · 지도하고 공식적인 승인하는 기능을 담당하도록 하고 있다. 우리나라 역시 정부부처별로 산재한 산업인력개발 행정업무를 총괄 · 조정할 수 있도록 국가인적자원개발회의를 설치하여 운영하고 있다.

우리나라의 산업인력개발 행정조직은 [그림 10-3]과 같이 수평적으로는 정부부처별 산업인력개발 행정업무가 편재되어 있으며, 각 부처별로 산업인력개발 정책 수립 · 조정, 산업인력개발 계획 수립 및 예산편성 등의 기능을 담당하고 있다. 그리고 수직적으로는 지방행정기관을 설치하여 중앙부처의 산업인력개발 정책을 집행하고, 아울러 지방행정조직으로서 관장하는 특별 기능을 담당하며, 관할 지역의 산업인력개발 계획을 수립하여 추진하는 기능을 담당한다. 직접적으로 산업인력개발 업무를 집행하는 행정조직은 단위 학교 또는 산업체 등으로서 이들 조직은 중앙부처 또는 지방 행정조직의 재정 및 기술적 지원을 얻어 각 조직의 산업인력개발 목적

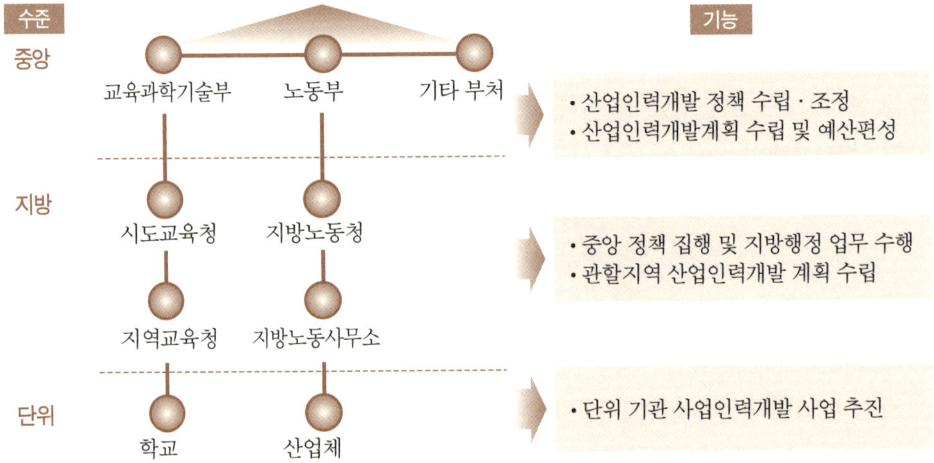

[그림 10-3] 산업인력개발 행정조직의 구조 및 기능

에 따라 사업을 추진하는 기능을 하게 된다.

2) 산업인력개발 행정조직과 기관

산업인력개발학의 대상은 전 국민이다. 따라서 산업인력개발과 관련한 기능은 모든 행정부처에 걸쳐 광범위하게 이루어지고 있으나 주된 역할은 교육과학기술부(구, 교육인적자원부)와 노동부가 담당하고 있다. 교육과학기술부는 2008년 2월 정부조직 개편에 따라 교육인적자원부와 과학기술부의 기능이 통합되어 출범되었으며, 전문계 고교, 전문대학 등 학교 중심의 인력개발을 관장하면서 인력개발과 관련한 여러 부처의 정책을 총괄 · 조정하는 역할을 하고 있다. 노동부는 취업 희망자, 재직근로자, 실업자의 직업능력개발에 관련된 정책을 수립 · 집행한다. 행정부처별로 규정되어 있는 산업인력개발은 정부가 학교나 직업교육훈련기관을 설립하여 직접 운영하거나 또는 정부 산하기관이나 민간전문기관에 위탁 · 시행하거나 민간의 교육훈련기관의 참여를 지원하는 경우로 나눌 수 있다. 정부 부처별 산업인력개발과 관련한 관장 사항을 정리하면 〈표 10-1〉과 같다.

〈표 10-1〉 정부 부처별 산업인력개발 관련 관장사항

정부부처	산업인력개발 관련 관장사항
교육과학기술부	청소년 및 일반 성인대상 직업교육, 과학기술인력 양성 및 향상교육
노동부	양성훈련, 향상훈련, 전직훈련
농림수산식품부	농수산 분야 직업인의 직무능력향상과 직업안정을 위한 교육훈련
지식경제부	산업, 무역 · 투자, 정보통신 분야 인력양성 및 향상교육, 소비자 교육 및 일반 경제교육
국토해양부	건설 및 해양산업 기술자에 대한 재교육
문화체육관광부	문화예술 인력양성 및 향상교육, 학교 및 사회체육교육
법무부	재소자 및 수용자의 교화 및 사회복귀를 위한 직업훈련
보건복지가족부	여성, 노인, 장애자, 저소득층의 사회참여를 위한 직업교육훈련
통일부	북한 이탈 주민의 보호 및 정착 지원을 위한 직업교육훈련
환경부	학교환경 및 사회환경 교육훈련
행정안전부	행정부처 공무원 교육훈련 총괄
국방부	군인대상 직업교육훈련
외교통상부	외교공무원의 직무능력 향상을 위한 교육훈련 및 보수교육
여성부	여성의 사회참여 확대와 능력개발 향상을 위한 교육훈련

(1) 교육과학기술부의 산업인력개발 행정조직

2001년 1월 교육부가 부총리 부서인 교육인적자원부로 승격되어 여러 부처의 국가인적자원개발(NHRD) 정책을 총괄 · 조정하는 권한을 갖게 되었으며, 2008년 2월에는 정부조직 개편에 따라 과학기술부와 하나로 통합되어 교육과학기술부로 출범하였다. 교육과학기술부는 우리나라의 교육에 관한 정책을 수립하고 조정하는 중앙행정기관으로서 [그림 10-4]와 같이 2명의 차관이 있어 제 1차관은 학교교육, 평생교육 및 학술에 관한 사무를 관장하고 제 2차관은 과학기술에 관한 사무를 총괄한다. 이 중 교육관련 업무는 제 1차관의 관리 · 감독 하에 기획조정실, 인재정책실, 평생직업교육국, 학교정책국, 교육복지지원국에서 담당하고 있으며, 소속 기관, 산하단체 및 지방교육 행정기관의 운영 및 지원, 대학의 육성 · 발전을 위한 지원을 주

요 업무로 하고 있다. 특히, 산업인력개발과 관련한 업무는 평생직업교육국에서 담당하며 정보화정책관(이러닝지원과, 지식정보기반과), 평생학습정책과, 직업교육정책과, 전문대학지원과, 잠재인력정책과로 구성되어 있다.

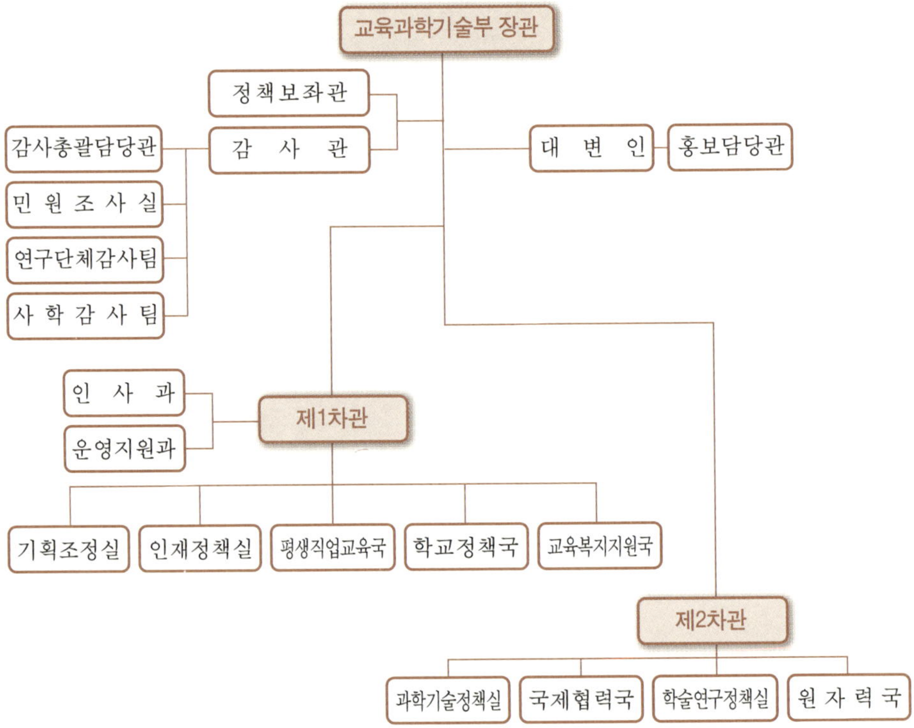

[그림 10-4] 교육과학기술부 조직도의 일부

학교에서의 인력개발과 관련한 지방조직으로서 시·도교육청이 전국에 16개가 있으며, 시·도교육청은 주로 집행기관의 역할을 담당한다. 시·도교육청의 조직은 일반적으로 교육국과 기획관리국으로 구성되며, 산업인력개발과 관련한 업무는 교육국에서 담당하고 있다. 교육국은 시·도에 따라 평생교육국, 교육정책국, 교육국으로 명칭이 다소 다르게 편제되어 있다.

한편, 지방교육자체에관한법률 제36조에는 시·도의 학예에 관한 사무를 분장하게 하기 위하여 1개 혹은 2개 이상의 시군 및 자치구를 관할구역으로 하는 하급 교육행정기관을 두도록 규정하고 있으며, 이것이 지역교육청이다. 지역교육청은 전국에 총 162개가 설치되어 있다. 교육과학기술부 및 시·도교육청과는 달리 인력개발을 담당하는 기능이 구체적으로 제시되어 있지는 않지만 대체로 평생교육 또는 평생교육체육담당과에서 관련 업무를 담당하고 있다.

(2) 노동부의 산업인력개발 행정조직

노동부에서는 산업인력개발과 관련한 주요 기능을 수행하는 부서는 고용정책실의 직업능력정책관이다. 고용정책실은 고용정책관, 고용평등정책관, 직업능력정책관, 고용서비스기획관으로 구성되어 있으며, 이 중 직업능력정책관은 직업능력정책과, 기업인력개발지원과, 직업능력지원과, 자격정책과로 구성되어 산업인력개발, 직업교육훈련 및 자격에 관한 업무를 관장하고 있다. 직업능력정책과는 직업능력개발훈련 사업을 조정·총괄하고 관련 정책개발 및 평가에 대한 업무를 수행하며 공공직업능력개발훈련에 대한 사업계획을 수립하고 집행한다. 기업인력개발지원과는 기업의 직업능력개발촉진정책을 수립하고 지원하며, 인적자원개발 담당자 연수, 직업능력개발과정의 개발 및 보급 등과 같은 업무를 수행한다. 직업능력개발지

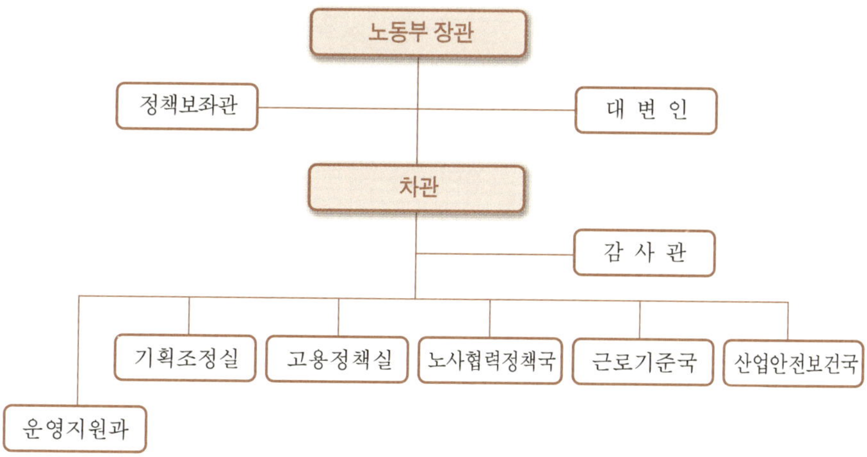

[그림 10-5] 노동부 조직도의 일부

원과는 실업자, 영세자영업자 등에 대한 훈련, 훈련기관에 대한 지도 · 점검 및 평가, 직업능력개발과정의 심사 및 인정 등의 업무를 수행하며, 자격정책과는 국가기술자격제도의 개선과 운영에 대한 정책, 자격검정에 대한 관리, 자격취득자 지원 등을 통한 자격 활성화를 위한 업무를 총괄한다.

한편 노동부 산하에는 소속기관으로서 서울지방노동청(서울 · 강원지역), 부산지방노동청(부산 · 경남지역), 대구지방노동청(대구 · 경북지역), 경인지방노동청(경기 · 인천지역), 광주지방노동청(광주 · 전라지역), 대전지방노동청(대전 · 충청지역) 등 6개 지방청(지방노동관서)과 40개 지청(지방노동사무소), 1개 출장소가 설치되어 있다. 예로 서울지방노동청은 크게 서울종합고용지원센터, 노사지원과, 근로감독 1 · 2과, 산업안전과, 고용평등과, 관리과로 구성되어 있으며, 서울종합고용지원센터는 기획총괄과, 취업지원과, 기업지원과, 직업능력개발과가 있으며, 이 중 직업능력개발과가 직업능력개발훈련시설 지정 변경 및 지도 감독, 직업능력개발훈련과정 인정 지정 및 비용지원업무, 직업능력개발훈련교사 자격관리에 관한 업무, 기능장려사업 및 국가기술자격검정관련 업무, 근로자학자금대부업무 등 산업인력개발과 관련한 업무를 담당하고 있다.

아울러 노동부 산하에는 근로복지공단, 한국산업인력공단, 한국산업안정공단, 한국장애인고용촉진공단, 한국노동교육원, 한국고용정보원, 산재의료관리원, 한국폴리텍대학, 한국기술교육대학교 등의 기관이 있으며, 산업인력개발과 관련하여 각 기관의 주요 기능을 살펴보면 다음과 같다. 먼저 한국산업인력공단은 자격검정, 외국인 고용지원, 기능장려, 고용촉진 등 인적자원 개발 및 양성에 관한 사업을 수행하고 있다. 한국노동교육원은 노사정이 공동 출연하여 설립한 단체로서 노동 교육 프로그램 지원 및 연구, 출판, 재정지원, 국제협력 사업 등을 수행하고 있다. 한국고용정보원은 구인 · 구직정보를 제공하는 취업정보 전문기관으로 고용동향의 수집 분석, 노동시장 인력수급 지원, 각종 고용구조조사와 직업조사 등 직업 · 진로지도 기능을 수행하고 있다. 한국폴리텍대학은 기능대학법 및 한국산업인력공단법에 의하여 공공직업훈련을 전담해 온 기능대학과 직업전문학교 총 43개 기관이 7개 지역거점대학, 4개 특성화 대학으로 통 폐합한 직업교육훈련기관이다. 한국기술교육

대학교는 전액 정부출연에 의하여 설립된 전문화된 특수대학으로서 직업능력개발 훈련 교사 및 직업능력개발담당자를 양성하는 기능을 담당하고 있다.

(3) 기타 부처의 산업인력개발 행정조직

교육과학기술부와 노동부 외의 기획재정부, 국토해양부, 농림수산식품부, 보건복지가족부, 문화체육관광부, 국방부 등에서도 각 분야별 산업인력개발과 관련한 기능을 수행하고 있다(〈표 10-2〉 참고). 예를 들어 농림수산식품부의 경우 농업 분야와 관련해서는 농업인력육성, 교육훈련, 컨설팅 등에 대한 업무를 농업정책국 경영인력과에서 담당하고 있으며, 수산전문인력 및 어업인 교육훈련에 대해서는 수산정책실 수산정책관 어선인력과에서 담당하고 있다. 기획재정부에서는 실업문제 해소를 위한 고용창출 관련 조사, 정책기획 등의 업무를 수행하고 있으며, 국토해양부에서는 건설분야 인력에 대한 지원 · 관리 업무를 담당하고 있다. 문화체육관광부는 문화예술 분야의 학교 및 사회교육 프로그램 지원을 담당하고 있으며, 보건복지가족부는 세부분야별로 보건산업, 노인, 장애인, 아동청소년에 대한 인력개발 및 일자리 지원, 교육프로그램 지원 등의 업무를 수행하고 있다. 마지막으로 국방부는 부사관 및 신병 교육훈련뿐만 아니라 군간부 등 군 인적자원개발을 위한 평생교육 지원업무를 담당하고 있다.

〈표 10-2〉 기타 정부부처별 산업인력개발 관련 부서 및 기능 예시

부처	부서	기능
농림수산식품부	농업정책국 경영인력과	• 농업인력육성 관련 기획 • 농업인교육훈련 프로그램 운영 • 농업경영컨설팅 지원 • 후계농업인력육성사업 • 농업교육종합평가 • 농업법인제도, 벤처농업육성
	수산정책실 수산정책관 어선인력과	• 수산전문인력 양성 및 수산계학교 특성화 • 어촌 · 어업인 정보화 • 어업인 교육훈련 • 어업인 후계자 육성
기획재정부	경제정책국 미래전략정책관 인력정책과	• 일자리 창출 및 인적자원개발 관련 조사/계획/실행(고용동향, 일자리창출, 외국인력, 사회적일자리 창출/인적자원개발, 청년고용, 노사정책, 노사정위원회, 고령자고용)
국토해양부	건설수자원정책실 건설정책관 건설인력기재과	• 건설인력지원, 건설기계조종사 경력관리, 외국인 고용지원
문화체육관광부	예술국 문화예술교육과	• 문화예술교육정책에 관한 종합계획의 수립 · 조정 및 시행 • 문화예술과 관련된 학교 교육의 지원 • 문화예술과 관련된 사회교육에 관한 사항 • 문화예술 수요확충에 관한 사항 • 문화예술 창작 및 기획 · 경영 등 분야별 전문인력 양성에 관한 사항 등
보건복지가족부	보건산업정책국 보건산업정책과	• 보건의료산업 관련 인력개발 업무
	저출산고령사회정책국 노인지원과	• 노인 일자리 및 사회활동 지원
	장애인정책국 장애인소득보장과	• 장애인의 직업재활 및 소득보장에 관한 계획의 수립 및 조정 • 장애인의 일자리 창출 관련 사항 • 장애인의 창업 지원 • 장애인 직업재활 전문인력제도의 운영 및 지원

보건복지 가족부	아동청소년정책실 아동청소년활동정책관	• 아동청소년 역량개발 및 향상 • 방과 후 활동프로그램 개발 및 지원 • 청소년지도자 양성에 관한 사항
국방부	국방정책실 국방교육정책관 교육정책과	• 부사관 및 신병 양성교육관련 정책 수립 · 조정 및 통제 • 국방부 직할교육 기관 및 각 군 교육사령부 등의 교육계획에 대한 조정 및 통제 등
	인사복지실 인사기획관 인적자원개발과	• 평생학습과 연계한 군 인적자원개발정책 추진 (병 학습계좌제, 간부 상시학습체제 구축) • 간부 전문능력 개발 (전문인력 육성교육체계 개선, 간부능력개발 위탁교육, 국외 군사교육 계획 수립 및 조정.통제, 국외 군사교육 교류업무 조정.통제) • 목표에 의한 자기개발 여건 조성(병영내 학습인프라 구축, 사이버지식정보방 운영 활성화, 학점 취득대학 확대 및 학습콘텐츠 질 관리, 군 교육관련 학점인정 확대, 영어능력 향상지원, 간부 e-지식복지 프로그램 개발, 운영) • 군 경력의 사회 인정 체계 정립(국가자격 검정면제 확대, 군 자격제도 개선) • 산 · 학 · 군 기술인력 협력 육성 추진(전문계고 기술인력 맞춤식 양성 지원, 전문학사 학위취득 지원(e-Military U) 제도 도입)

3. 산업인력개발 관련법

일반적으로 법령의 입법절차는 ① 입법계획수립, ② 법령안 입안, ③ 관계부처 협의, ④ 입법예고, ⑤ 당정협의, ⑥ 규제개혁위원회의 규제심사, ⑦ 법제처 심사, ⑧ 차관회의 · 국무회의 심의, ⑨ 대통령 재가와 국무총리 및 관계 국무위원의 부서, ⑩ 국회제출, ⑪ 국회 심의 · 의결, ⑫ 법률안의 정부이송, ⑬ 법률공포안 국무회의 상정, ⑭ 공포 및 법령의 효력 발생, ⑮ 행정입법 내용의 국회제출의 순서로 이루어진다. 이러한 절차들은 법제업무운영규정, 행정절차법, 당정협조업무운영규정, 행정규제기본법, 차관회의규정, 국무회의 규정, 국회법에 근거하고 있다. 산업인력개발 관련법을 고찰함에 앞서 입법계획수립과 법령안 입안의 단계에 초점을 둘 필요가 있다. 왜냐하면 산업인력개발이라는 목적을 위해 입법계획과 법령안 입안 단계에서는 입법의 필요성, 입법내용의 정당성 및 법적합성, 입법내용의 통일성 및 조화성 등을 고려하기 때문이다. 특히 입법내용의 통일성 및 조화성에서는 입법하고자 하는 법령이 타 법령과 중복 및 상치되는 내용이 없는지를 판단하게 된다. 하지만, 산업인력개발과 관련한 소관부처별 법령들은 아직까지도 중복조항 및 상치조항이 잔재해 있고, 이로 인해 이해당사자간의 유권해석에 있어 문제가 발생하는 경우가 있다. 이 절에서는 소관부처별 인력개발 관련법과 인력개발주체에 따른 관련법의 입법취지와 주요내용을 고찰한 후, 대상별 인력개발 관련법의 문제점을 살펴보고자 한다.

1) 소관 부처별 관련법

산업인력개발 관련법이란 국가 차원에서 산업인력개발 정책을 지원하고 촉진하는 법령들을 말한다. 여기서 산업인력개발 정책은 국가경쟁력과 사회경제적 발전을 위해 다양한 산업분야에서 필요로 하는 인력을 종합적으로 강화 · 발전시키는 정부의 계획과 행동이다. 따라서 산업인력개발 관련법은 지식, 기능, 태도 등 산업인력의 종합적 능력을 개발시키고, 그 산업인력을 배분하여 활용하는 것을 효과적으로 지원하고 촉진하기 위한 모든 법들을 의미한다고 할 수 있다. 산업인력개발과 유사한 사례로서 우리나라는 '인적자원개발기본법' 에 근거하여 정부 각 부처[1]의 장으로 구성된 인적자원개발회의를 통해 인적자원개발 정책에 대한 심의 · 조정하도록 하고 있다. 이와 같이 인적자원개발법은 인적자원개발 정책과 관련한 실질적인 정부부처를 법령 상에 명시해 두고 있다. 이러한 관점에서 볼 때, 산업인력개발 관련법은 정부 부처가 관리하고 있는 법 중 산업인력의 지식, 기능, 태도 등의 능력을 개발하는 사항과 연관된 모든 법들이라고 할 수 있다.

산업인력개발 관련법은 국가 최고규범인 헌법을 정점으로 하여 교육 및 인적자원개발에 관한 준 헌법적 성격을 가진 교육기본법 아래 각 부처별 관련법령이 있다. 이들 부처별 산업인력개발 관련법의 체계를 도식화 하면 [그림 10-6]과 같다. 헌법은 직업선택의 자유(제15조), 교육을 받을 권리, 의무교육, 교육의 자주성, 전문성, 중립성, 교육제도법정주의, 국가의 평생교육진흥의무(제31조), 과학기술의 혁신과 정보 및 인력의 개발(제127조) 등 모든 교육에 관한 최고 규범을 규정하고 있다. 그리고 교육기본법은 학교교육 및 사회교육, 직업교육, 과학 · 기술교육 등 모든 교육에 대한 기본적인 규정을 한 기본법으로서 모든 부처의 산업인력개발을 위한 법령의 기본법이라는 것이 입법취지이다. 따라서 교육기본법은 헌법의 정신을 구현하기 위한 모든 산업인력개발 관련법의 상위법으로 인정될 수 있다.

한편 인적자원개발기본법은 2002년에 제정된 법으로 인적자원개발정책의 수립 · 총괄 · 조정 등에 관하여 필요한 사항을 정하여 인적자원개발을 효율적으로 추진하도록 함으로써 국민의 삶의 질 향상과 국가경쟁력강화에 이바지함을 목적으로 하며(제1조), 인적자원개발에 관한 다른 법률에 우선하여 적용하도록 하고 있다(제3조). 이 법에서 사용되는 "인적자원" 이라 함은 국민 개개인 · 사회 및 국가의 발전에 필요한 지식 · 기술 · 태도 등 인간이 지니는 능력과 품성을 의미하며, "인적자원

1) 교육인적자원부장관, 재정경제부장관, 행정자치부장관, 과학기술부장관, 문화관광부장관, 산업자원부장관, 정보통신부장관, 보건복지부장관, 노동부장관, 여성가족부장관, 기획예산처장관, 중앙인사위원회위원장, 국무조정실장 및 국정홍보처장

헌법 — 교육기본법 — 인적자원개발기본법

소관부처	관련법령
교육과학기술부	• 학교교육 관련법: 초 · 중등교육법, 고등교육법, 지방교육자치에관한법률, 도서 · 벽지교육진흥법, 영재교육진흥법, 사립학교법, 한국사학진흥재단법 • 과학 · 기술 · 직업교육 관련법: 산업교육진흥법, 과학교육진흥법, 직업교육훈련촉진법, 자격기본법 • 평생 · 유아 · 특수 · 체육교육 관련법: 평생교육법, 독학에의한학위취득에관한법률, 학점인정등에관한법률, 학원의설립 · 운영및과외교습에관한법률, 공익법인의설립 · 운영에관한법률, 유아교육진흥법, 특수교육진흥법, 국민체육진흥법, 학교보건법, 학교급식법, 체육시설의설치 · 이용에관한법률 • 교원 관련법: 국가공무원법, 공무원교육훈련법, 교육공무원법, 교원지위향상을위한특별법, 교원의 노동조합설립운영등에관한법률, 지방공무원법, 지방공무원교육훈련법 • 기초과학기술 연구지원/진흥사무 관련법: 기초과학연구진흥법, 과학기술기본법, 기술개발촉진법, 국제과학기술협력규정 • 과학기술인력양성 관련법: 특정연구기관육성법, 한국과학기술원법, 한국과학기술원학사규정, 과학영재선발위원회규칙, 정부출연연구기관등의설립운영및육성에관한법률
노동부	• 직업교육훈련 관련법: 직업교육훈련촉진법, 근로자직업훈련촉진법, 한국산업인력공단법, 기능대학법, 기능장려법 • 자격 관련법: 국가기술자격법, 자격기본법 • 고용 관련법: 고용정책기본법, 직업안정법, 근로자의생활향상과고용안정지원에관한법률, 남녀고용평등법, 장애인고용촉진및직업재활법, 고령자고용촉진법, 고용보험법, 건설근로자의고용개선등에관한법률
지식경제부	• 정보화촉진기본법, 전기통신기본법, 정보통신공사업법, 정보통신망이용촉진등에관한법률, 지식정보자원관리법
지식경제부	• 기술혁신체계구축/기술인력양성 관련법: 국가표준기본법, 산업표준화법, 계량에관한법률, 기술이전촉진법, 산업기술연구조합육성법, 대체에너지개발및이용 · 보급촉진법, 전력기술관리법, 항공우주산업개발촉진법, 산업디자인진흥법 • 산업기술기반조성 관련법:산업기술기반조성에관한법률, 산업기술단지지원에관한특례법, 산업발전법, 공업배치및공장설립에관한법률
문화체육관광부	• 문화 · 도서관 관련법: 문화재보호법, 도서관및독서진흥법, 박물관및미술관진흥법 • 청소년지도 관련법: 청소년기본법, 한국청소년연맹육성에관한법률
여성부	• 여성인력양성활용 관련법: 여성발전기본법, 여성기업지원에관한법률,여성특별위원회규정 • 남녀차별적인력운영제도정비 관련법: 남녀차별금지및구제에관한법률, 남녀평등교육심의회규정
국토해양부	• 해양과학교육진흥/연구인력양성활용 관련법: 해양과학조사법, 해양오염방지법 • 기능전문인력육성관리/자격 관련법: 한국해양수산연수원법, 선박직원법, 도선법, 항만운송사업법, 선원법, 한국해양소년단연맹육성에관한법률
농림수산식품부	• 농업기술개발/농업교육 관련법: 농업 · 농촌기본법, 농촌진흥법, 농업기계화촉진법, 환경농업육성법, 농업정책심의회규정 • 해양과학교육진흥 및 연구인력양성 관련법: 해양수산발전기본법 • 농업계 학교교육지원 관련법: 시범농업고등학교육성에관한규정, 한국농업전문학교 · 한국임업전문학교및한국수산전문학교설치령, 농업산 · 학협동심의회규정
통일부	• 통일교육지원법, 북한이탈주민의보호및정착지원에관한법률
법무부	• 행형법, 사회보호법, 소년원법, 수형자등교육규칙, 법무부와그소속기관직제
보건복지가족부	• 보건의료기술인력육성 관련법: 보건의료기술진흥법, 한국보건산업진흥원법, 보건환경연구원법, 천연물신약연구개발촉진법, 공중보건장학을위한특례법 • 국민사회복지증진차원의 교육훈련/취업알선 관련법: 국민기초생활보장법, 영유아보육법, 모자복지법, 노인복지법
환경부	• 환경관리공단법, 한국자원재생공사법, 환경부와그소속기관직제

[그림 10-6] 산업인력개발 관련 법령체계

개발"이라 함은 국가 · 지방자치단체 · 교육기관 · 연구기관 · 기업 등이 인적자원을 양성 · 배분 · 활용하고, 이와 관련되는 사회적 규범과 네트워크를 형성하기 위하여 행하는 제반활동을 말한다(제2조). 이 법에서는 인적자원개발을 위해 국가 및 지방자치단체의 책무를 명시하고 있고(제4조), 5년마다 정부 차원에서 인적자원개발에 관한 기본계획을 세우도록 명시하고 있으며, 이러한 인적자원개발정책의 수립 · 총괄 · 조정업무의 원활한 수행을 위하여 "국가인적자원위원회"를 설치하도록 규정하고 있다(제5조).

2) 인력개발 주체별 관련법

(1) 학교교육기관에서의 인력개발 관련법

학교교육 분야에서 산업인력개발과 관련한 법으로는 초중등교육법, 고등교육법, 직업교육훈련촉진법, 산업교육진흥및산학협력에관한법률 등이 있다.

가. 초중등교육법

초중등교육법은 교육기본법 제9조의 규정에 의해 유아교육 및 초중등교육에 관한 사항을 정하기 위해 1997년에 제정된 법이다. 이 법은 초중등교육분야에 관하여 국민의 교육받을 권리를 강화하고 국민중심의 교육으로의 변화를 지향하는 많은 방안 및 초중등 교육개혁방안의 제도화를 위한 법적기반을 마련하기 위해 입법되었다. 초중등교육법은 산업인력개발을 위한 직업교육이 초 · 중등교육의 중요한 교육활동 중에 하나라는 점에서 모든 조항이 관련되어 있다. 직업교육과 특히 밀접한 관련 조항을 보면 제22조의 산학겸임교사등에 관한 규정과 제55조 특수학교의 교육목적관련 규정, 제56조 전공과의 설치에 관한 규정 등은 직업교육을 직접적으로 규정한 조항이 있다.

그럼에도 불구하고, 현행 초중등교육법은 학교교육을 통한 산업인력개발의 측면에서 몇 가지 문제점을 지니고 있다. 첫째, 초중등교육법에는 고등학교 교육기관 중 40%이상을 차지하고 있고 대표적인 직업교육기관인 전문계 고등학교에 관한 규정이 없다. 전문계 고등학교와 관련하여 산업교육진흥및산학협력촉진에관한법률이나 직업교육훈련촉진법과 같은 특별법 유형의 법령에서 규정하고는 있으나 실제로 전문계고와 관련한 정책수립에서는 초·중등교육법을 참고하고 있어 일반계고등학교와 큰 차이 없이 다루는 문제가 있다. 둘째, 인적자원개발기본법을 통해 전국민의 기본역량 강화라는 측면에서 진로교육이 강조되고 있으나, 초중등교육법에서는 이와 관련한 규정이 없다.

나. 고등교육법

고등교육법은 교육기본법 제9조에 따라 고등교육에 관한 사항을 정하기 위해 1997년에 제정되었다. 고등교육분야에 관하여 국민에게 고등교육을 받을 기회를 확대하고 대학의 자율성 신장과 질적 수준의 향상을 지향하는 많은 방안들이 발표·시행됨에 따라 이의 제도화를 위해 입법되었다. 이 법은 4년제 대학, 전문대학뿐만 아니라 산업대학 등 모든 고등교육 학교의 목적, 수업연한, 입학자격, 학생 선발 방법, 학위 수여 등에 대한 규정을 명시하고 있다. 예를 들어 고등교육법 제36조에는 대학(산업대학, 전문대학 포함)은 입학자격이 있는 자에게 시간제로 등록하여 당해 대학의 수업을 받게 할 수 있음을 명시하고 있고, 제40조는 산업체 위탁교육과 관련된 것으로 산업대학(전문대학 포함)은 산업체로부터 위탁받아 교육을 실시하거나 산업체에 위탁하여 교육을 실시할 수 있음을 명시하고 있다. 한편 제49조와 제50조의2는 전공심화과정과 관련된 것으로 전문대학에 전문대학을 졸업한 자의 계속교육을 위하여 전공심화과정을 설치·운영할 수 있으며, 전공심화과정에 입학할 수 있는 자는 동일계열의 전문대학을 졸업한 자로서 관련 분야에서 재직한 경력이 있는 자로 함을 명시하고 있다.

다. 직업교육훈련촉진법

직업교육훈련촉진법은 1996년 신직업교육체제를 구축하기 위한 제3차 교육개혁안을 기초로 직업교육훈련을 촉진하는데 필요한 사항을 정하여 모든 국민에게 소질과 적성에 맞는 다양한 직업교육훈련의 기회를 제공하고 직업교육훈련의 효율성과 질을 제고하는데 목적을 두고 1997년에 제정되었다. 이를 위해 직업교육훈련촉진법은 당시 산업교육진흥법(현, 산학교육진흥 및 산학협력촉진에 관한 법률)을 개편함과 동시에 직업교육훈련기관의 연계, 산학협동의 촉진, 평가, 제정지원 등의 사항을 규정하여 직업교육개혁을 전체적으로 지원하며, 각 직업교육기관 간 공동사업 형태로 직업교육 프로그램을 운영할 수 있도록 관련 사항들을 규정하고 있다. 또한 직업교육훈련촉진법은 종래 교육부와 노동부가 각각 운영하여 왔던 직업교육과 직업훈련을 연계하여 운영하고[2], 직업교육훈련을 촉진함으로써 직업교육훈련의 질을 높이며 산업계의 다양한 요구에 부응하는 인력을 양성하기 위한 사항들을 규정하고 있다.

이 법에서는 직업교육훈련의 촉진을 위해 국가 및 지방자치단체가 직업교육훈련기관의 시설·설비의 확충 및 실험실습의 실시, 경제적·시간적 여유가 부족한 자에 대한 직업교육훈련의 실시, 직업교육훈련교원의 양성 및 자질향상을 위한 연수, 법인으로 전환한 직업교육훈련기관, 산업체가 실시하는 현장실습, 산학협동의 실시, 원격직업교육훈련체제의 구축, 직업교육훈련생의 수강료 등 직업교육훈련 비용부담에 대한 행정·재정상의 지원시책을 강구하도록 하고 있다(제3조).

특히 직업교육훈련촉진법은 산업인력개발과 관련하여 다음과 같은 특징이 있다. 첫째, 직업교육훈련촉진법은 직업교육훈련의 촉진을 위한 각종 사업이나 수단을 제시하는 직업교육에 관한 특별법이다. 둘째, 일반교육주의에 대비한 직업교육주의를 확립하고 직업교육훈련 전반에 대한 기본적인 사항을 규정한 기본법이다. 셋째, 직업교육훈련에 관련된 인적·물적·정보 자산의 활용도를 제고하기 위하여 직업교육훈련 주체들 사이의 협력 강화와 이해관계를 조정하는 법의 성격을 지니고 있다.

2) 직업교육훈련촉진법 제2조에는 직업교육훈련을 '산업교육진흥및산학협력촉진에관한법률 및 근로자직업능력개발법, 기타 다른 법령에 의하여 학생 및 근로자등에게 취업 또는 직무수행에 필요한 지식 기술 및 태도를 습득 향상시키기 위하여 실시하는 직업교육 및 훈련(직업능력개발훈련을 포함한다)' 으로 정의하고 있으며, 아울러 직업교육훈련기관을 직업교육훈련을 실시하는 모든 기관 또는 시설로 정의하고 있어 학교뿐만 아니라 학교 외에서 이루어지는 직업교육훈련을 모두 포괄하고 있다.

라. 산업교육진흥및산학협력촉진에관한법률

산업교육진흥및산학협력촉진에관한법률은 기존의 산업교육진흥법이 2003년 명칭변경된 법으로서 기존의 산업교육진흥과 관련한 규정에 산학협력 관련 조항을 추가 · 강화한 법이다. 산업교육진흥및산학협력촉진에관한법률은 산업교육을 진흥하고 산학협력을 촉진함으로써 산업사회의 요구에 부응하는 창의력 있는 산업인력을 양성하고 산업발전에 필요한 새로운 지식 · 기술을 개발 · 보급 · 확산하는데 목적을 두고 있다.

1963년 제정 당시 산업교육진흥법은 산업교육을 실시하는데 있어 산업계와의 밀접한 협조에 의한 현장실습 계획의 수립, 졸업생의 취업, 기술향상을 위한 보충교육 계획 수립 실시 보장 등을 규정함으로써 산학협동을 처음 법적으로 명문화하여 산업협동교육을 실시할 수 있는 계기를 마련하였다. 이를 기반으로 1969년에 산업교육진흥법시행령이 제정 · 공포됨에 따라 실업 관련 학과의 현장실습 기간이 일정기간 규정되었고, 현장실습 산업체의 지정 · 공고 등이 규정되었으나 당시 현장실습은 법적으로 의무화되지는 않았다.

우리나라에서 산학협동이 강조된 것은 산업교육진흥법의 개정과 함께 이루어졌다. 특히 1973년 개정을 통해 산업교육을 실시하는 학교의 학생은 재학 중 일정기간 동안에 의무적으로 현장실습을 이수해야 하는 등 산학협동 강화내용을 삽입하였고, 시행령에 현장실습을 이수해야 할 학과와 재학 중 이수해야 할 학과별 현장실습 기간을 의무화하는 규정이 별표로 명시되어 산업교육을 실시하는 고등학교, 전문대학 및 대학들에서 현장실습이 의무적으로 실시되게 되었다. 하지만 1997년 개정 시 산학협동, 특히 현장실습에 관한 사항이 대부분 직업교육훈련촉진법에 명시하도록 함으로써 산업교원의 산업자문 등에 관한 사항을 제외하고는 산학협동과 관련한 규정이 제시되지 않았다.

현재 산업교육진흥및산학협력촉진에관한법률에서는 산학협동이라는 용어 대신 산학협력이라는 용어를 사용하고 있으며, 이는 2003년 국가균형발전위원회를 중심으로 한 신산학협력 체계 구축을 위한 정책추진을 뒷받침하기 위한 것이다. 이를 위해 산업교육진흥및산학협력촉진에관한법률 제5장에는 산학협력의 촉진에 관한 규정을 확대하여 산학협력계약, 산학협력단의 설치, 산학협력에 따른 회계 처리, 인적 · 물적 교류 등의 조항을 규정하고 있다. 특히 제12조(산학협력 실적 등의 평가 · 반영)에는 산업교원이 산학협력에 참여한 실적과 그 성과를 교원의 평가 · 승진 · 부수 등에 반영하도록 하고 있다.

(2) 사회교육기관에서의 인력개발 관련법

사회교육 분야에서의 산업인력개발 관련법은 평생교육법, 학점인정등에관한 법률 등을 들 수 있으며, 아울러 자격과 관련한 법으로서 자격기본법과 국가기술자격법을 제시할 수 있다. 여기서는 사회교육을 통한 산업인력개발의 핵심적인 법률로서 평생교육법을 살펴보고, 자격관련 법으로서 자격기본법을 살펴보기로 한다.

가. 평생교육법

평생교육법은 모든 국민에게 평생을 통한 사회교육의 기회를 부여하여 국민의 자질을 향상하는데 목적을 두고 1982년에 제정된 사회교육법을 1999년에 평생교육에 관한 사항을 정하기 위해 개명한 법이다. 이러한 명칭 변경은 급변하는 사회 환경 및 21세기 지식기반사회로의 전환에 따라 날로 중요성이 증가하고 있는 평생학습에 초점을 맞춘 새로운 틀의 법령을 마련하고, 공급자 중심의 닫힌 사회교육체제를 수요자 중심의 열린 평생학습체제로 개편하기 위함이었다. 기존의 사회교육법의 전문개정을 통해 제정된 평생교육법의 취지는 ① 교육개혁위원회에서 제시한 교육관계법의 기본체제 구축, ② 교육개혁의 비전인 21세기의 지식기반사회를 주도하는 신교육체제의 '열린교육사회 · 평생학습사회' 건설, ③ 국민의 학습권과 학습자의 선택권을 최대한 보장하여 평생 학습분위기 조성, ④ 평생교육과정 이수자의 사회적 대우와 평생학습의욕 고취, ⑤ 형식적 학력위주 사회를 실질적 능력위주 사회로 변화 유도, ⑥ 성인교육기회 확대와 고등교육 수준으로 국민의 능력향상에 중점, ⑦ 국가 및 지방자치단체의 평생교육정책지원 강화, ⑧ 지식 · 인력개발사업과 교육훈련산업 육성에 있었다.

평생교육법은 학교의 정규교육을 제외한 평생교육에 관련된 기본적인 사항을 규정하여 평생교육관계 법령의 지원 · 육성에 초점을 두고 있다. 평생교육법에서 규정하고 있는 주요 내용을 정리하면 다음과 같다.

첫째, 직장인들의 계속교육 및 재교육 등을 통한 자아실현과 안정적인 교육기회 확대를 위해 각 직장의 실정에 따라 유급 또는 무급으로 학습휴가를 실시하거나 학습비를 지원할 수 있는 유 · 무급학습휴가제를 도입하였다.

둘째, 평생교육의 종합연수, 연구 및 정보센터의 기능 등을 수행하기 위하여 민간교육, 연구기관 및 단체를 지정하여 중앙단위의 평생교육원을 운영하고, 기존의 평생교육시설을 활용하여 시 · 도 단위의 지역평생교육정보센터와 시군구 · 읍면동 단위 평생학습관을 운영하도록 하였으며, 국민의 학습권과 학습자의 선택권을 최대한 보장하기 위해 국가 및 지방자치단체는 기관중심보다는 학습자에게 공공학습비를 지원할 수 있도록 규정하고 있다.

셋째, 사업장에 고용된 종업원을 대상으로 고용주의 경비부담을 원칙으로 사내대학을 양성화하여 전문대 및 대학의 학력 · 학위인정을 부여하고, 방송, 케이블 TV, 정보통신매체센터 등을 통한 방송통신교육의 민간인 참여를 확대하여 다양한 원격교육을 실시하고, 이를 산학연관 협동체제와 연계하여 직장 내 학습과 재택학습기회를 확대하였다. 특히 원격대학, 원격연수원, 원격학원 등을 통한 21세기형의 다양한 학위과정과 비학위과정을 개설하고, 국내외 학교 및 평생교육기관 간에 원격교육을 통해서 전문대 및 대학과정의 학점 및 학위 등을 상호 인정하여 원격교육기회를 확대토록 규정하고 있다.

넷째, 도자기(청자, 백자), 소리(창) 등 우리 민족 전래의 전통문화예술 등에 있어 인간문화재로 지정된 명인 등으로부터 일정한 교육을 받은 자에게 그에 상응하는 학력을 인정하는 문하생 학력인정제도를 도입하였다.

다섯째, 민간자본의 교육훈련, 연구용역, 프로그램 개발, 평생교육기관의 경영진단 및 평가, 지식정보제공 등 교육훈련사업에 투자를 촉진하여 지식 · 인력개발사업을 진흥 · 육성토록 규정하고 있다.

여섯째, 교육 전문 인적자원 등을 대학의 시간강사, 각종 연수기관의 강사요원, 특기적성교육 활동의 강사 등으로 활용하기 위하여 강사정보은행제를 신설하고 있으며, 국민의 평생학습을 촉진시키기 위하여 개인의 학습경험을 종합적으로 누적관리하는 교육구좌제를 운영하여 효율적인 인적자원을 개발 · 관리하도록 규정하고 있다.

일곱째, 종전의 사회교육법에 의한 '사회교육전문요원' 을 '평생교육사' 로 그 명칭을 변경하고, 역할과 기능도 평생교육의 기획, 진행, 분석 및 평가 업무 전담과 교수역할을 추가하여 전문성과 능력 있는 평생교육담당자를 양성하여 양질의 평생교육을 실시토록 하고 있다.

나. 자격기본법

급변하는 산업 및 직업세계에서 자격에 대한 수요가 다양해지고 증대됨에 따라 국가적 차원에서 산업인력개발 체제를 발전시켜 국제 경쟁력을 갖춘 인력에 대한 신호기제로서 자격과 교육훈련을 연계시키기 위해 제정된 법이 자격기본법이다. 자격기본법은 우리나라 자격제도의 틀을 새롭게 마련하는 노력의 일환으로 산업구조의 변화 및 직업세계의 변화에 대응하여 자격제도가 국민의 직업능력을 향상시키는데 기여하도록 개편하고, 민간자격을 도입할 것 등을 기본 취지로 총 5장 35조로 구성되어 있다.

자격기본법은 평생 직업교육훈련 체제의 구축을 주 내용으로 하는 '신교육 체제 수립을 위한 교육개혁 방안' 의 후속조치로서 직업교육훈련촉진법, 한국직업능력개발원법과 함께 소위 '직업교육 3법' 의 하나로서 제정되었다. 자격기본법은 산업사회의 발전에 따른 다양한 자격수요에 부응하여 자격제도에 관한 기본적인 사항을 정함으로써 자격제도의 관리 및 운영을 체계화 · 효율화하고, 자격제도의 공신력을 높여 국민의 직업능력개발을 촉진하고, 사회경제적 지위향상에 이바지함을 목적으로 제정되었다.

자격기본법 제2조의 규정에 의하면 자격은 '일정한 기준과 절차에 따라 평가 · 인정된 지식 · 기술의 습득정도로서 직무수행에 필요한 능력' 으로 규정하고 있지만, 협의의 의미로 볼 때에는 구체적인 직무수행에 필요한 능력을 일정한 기준과 절차에 따라 평가 · 인증한 증명서, 즉 자격증을 의미한다고 볼 수 있으며, 이와 같은 의미의 자격은 누가 운영 · 관리하느냐에 따라 국가자격과 민간자격으로 구분된다. 국가자격은 국가가 관리 · 운영하는 자격으로서 당해 국가자격을 규정하고 있는 법령(국가기술자격법)이 정하는 것이며, 민간자격은 국가 외의 법인, 단체 또는 개인이 관리 · 운영하는 자격으로서 자격관리자(당해 민간자격을 관리 · 운영하는 자)가 일정한 기준과 절차에 따르는 것을 말한다.

특히 자격기본법의 제정 · 시행에 따라 민간자격제도의 활성화가 이루어졌다. 과거 일부 기업이나 학교, 혹은 사회교육기관이 자체적인 필요에 의해 민간자격을 운영해 왔으나 제도 운영에 필요한 법적 장치가 지원되지 않아 민간자격의 공신력과 효용성이 문제시되었었다. 하지만 자격기본법의 제정으로 민간자격제도가 국가의 지원을 받으면서 운영될 수 있게 되었고, 이에 따라 자격제도에도 시장원리가 도입됨으로써 활성화와 질 제고를 위한 계기가 마련되게 되었다. 한편, 자격기본법 제3조 규정에 의하면, 자격제도는 ① 직업교육훈련과정과의 연계, ② 산업계 수요에의 부응, ③ 직업교육훈련의 다양성과 창의성의 반영, ④ 평생학습 및 능력중심사회 정착에의 기여, ⑤ 자격간의 호환성과 국제적 통용성의 확보 등의 사항을 반영하여 운영해야 하며, 이를 위해 교육부 장관은 직무수행의 효율성을 높이기 위해 언어능력, 문제해결능력 등 여러 직종에 공통적으로 요구되는 중요한 직업기초소양과 직무수행능력을 평가하여 인정하는 자격제도가 도입될 수 있도록 필요한 방안을 강구하도록 규정하고 있다.

(3) 산업체에서의 인력개발 관련법

과거 기능인력 양성 위주의 직업훈련체제가 1990년대 들어 청소년 인구의 감소, 노령화의 진전, 고학력화 등의 사회 환경에 따라 양성훈련 대상자는 감소한 반면 비진학자, 실업자, 중고령자 등 취약계층을 대상으로 한 직업훈련의 수요는 증가하게 되었다. 또한 세계화 · 정보화시대를 맞이하여 이를 주도해 나갈 기술 인력의 양성 · 개발 · 관리가 핵심과제로 등장하게 되었으며, 산업구조의 고도화와 생산기술의 발전 등으로 인하여 재직근로자에 대한 재교육의 필요성이 높아졌다.

이러한 사회 경제적 변화에 적극적으로 대처하고자 1995년 7월 고용보험법에 의한 직업능력개발사업이 도입되었으며, 직업훈련의 중점도 기능인력 양성에서 근로자의 평생직업능력개발로 확대 발전되었다. 그리고 1995년 이후 이원화로 운영 중이던 직업능력개발사업과 직업훈련의무제를 일원화할 필요성이 있었고 직업능력의 개발 · 향상에 관한 새로운 직업훈련제도의 틀이 필요하게 됨에 따라 근로자의 평생직업능력개발을 지원하는 새로운 직업능력개발체제를 구축하고자 종전의 직업훈련기본법을 폐지하고 근로자직업훈련촉진법을 제정하여 1999년부터 시행하게 되었다. 또한 중소기업 및 비정규 근로자 등 취약계층에 대한 훈련지원 강화, 국가경제의 기간이 되는 산업, 정보통신산업 · 자동차 산업 등 국가전략산업 중 인력이 부족한 직종으로 구성되는 우선선정직종의 선정기준 및 훈련대상의 근거 마련 등을 위해 2004년 근로자직업훈련촉진법을 근로자직업능력개발법으로 전면 개정하여 2005년부터 시행하고 있다.

현행 근로자직업능력개발법 제1조에는 근로자의 생애에 걸친 직업능력개발을 촉진 지원함으로써 근로자의 고용안정 및 사회 경제적 지위 향상과 기업의 생산성 향상을 도모함을 목적으로 두고 있어 기존의 근로자직업훈련촉진법의 입법취지를 그대로 유지하고 있다. 또한 제2조 4호에는 직업능력개발 훈련의 대상으로서 근로자를 사업주에 고용된 자와 취업할 의사를 지닌 자까지로 규정하고 있어 직업능력개발훈련을 산업체에서 고용주가 근로자에게 제공하는 협의의 산업인력개발 사업으로 국한시키지 않았다는 것이 특징이다. 또한 제3조 5항에는 직업능력개발훈련은 교육관계법에 의한 학교교육 및 산업현장과 긴밀하게 연계되어 실시되도록 함으로써 학교교육을 통한 산업인력개발과 밀접한 연계를 두도록 하고 있다. 특히 근로자직업능력개발법은 기업과 근로자의 직업능력개발 참여 확대, 훈련시장의 개방과 평가체제 구축, 공공직업훈련의 내실화 등을 골자로 하여 사업주에 대한 지원, 근로자에 대한 지원, 실업자에 대한 지원 등 근로자를 위한 직업능력개발 사업 활성화와 관련한 다양한 내용을 규정하고 있다. 한편, 기타 현재 시행되고 있는 산업체에서의 인력개발 관련 주요 법령을 살펴보면, 근로자직업능력개발법, 고용정책기본법, 고용보험법, 한국산업인력공단법, 국가기술자격법, 기능장려법, 기능대학법 등이 있다(〈표 10-4〉 참고).

〈표 10-4〉 산업체에서의 인력개발 관련 주요 법령 및 목적

법명	목적
근로자직업능력개발법	근로자의 생애에 걸친 직업능력개발을 촉진·지원함으로써 근로자의 고용안정 및 사회 경제적 지위 향상과 기업의 생산성 향상을 도모하고 사회 경제의 발전에 이바지함을 목적으로 함
고용정책기본법	국가가 고용에 관한 정책을 종합적으로 수립·시행함으로써 국민 개개인이 그 능력을 최대한 개발 발휘할 수 있도록 하고, 노동시장의 효율성의 제고와 인력의 수급균형을 도모하여 고용의 안정, 근로자의 경제적 사회적 지위의 향상 및 국민경제 사회의 균형 있는 발전에 이바지함을 목적으로 함
고용보험법	고용보험의 시행을 통하여 실업의 예방, 고용의 촉진 및 근로자의 직업능력의 개발 향상을 도모하고, 국가의 직업지도 직업소개기능을 강화하며, 근로자가 실업한 경우에 생활에 필요한 급여를 실시함으로써, 근로자의 생활의 안정과 구직활동을 촉진하여 경제·사회발전에 이바지함을 목적으로 함
한국산업인력공단법	한국산업인력공단을 설립하여 근로자 평생학습의 지원, 직업능력개발훈련의 실시, 자격검정, 기능장려사업 및 고용촉진 등에 관한 사업을 수행하게 함으로써 산업인력의 양성 및 수급의 효율화를 도모하고 국민경제의 건전한 발전과 국민복지 증진에 이바지함을 목적으로 함
국가기술자격법	국가기술자격제도의 운영을 효율화하여 산업현장의 수요에 적합한 자격제도를 확립함으로써 기술인력의 직업능력을 개발하고, 기술인력의 사회적 지위의 향상과 국가의 경제발전에 이바지함을 목적으로 함
기능장려법	국민에게 기능습득을 장려하고 기능의 향상을 촉진하는 동시에 기능인이 긍지와 자부심을 가지고 맡은 분야에 정진하도록 하며, 기능인의 경제적·사회적 지위향상에 이바지함을 목적으로 함
기능대학법	기능대학을 설립하여 산업현장에서 필요로 하는 다기능기술자·기능장 등 기술 기능 인력을 양성하고 근로자의 평생직업능력개발, 산학협력사업 및 지역산업인력개발 등에 관한 사업을 수행하게 함으로써 국가인적자원개발에 이바지함을 목적으로 함

3) 인력개발 대상별 관련법

우리나라는 인적자원개발회의를 통해 국가인적자원개발 정책에 관련한 주요 사항을 심의 · 조정하고 있지만, 아직도 소관부처별로 산업인력개발에 관한 법령이 상당 수 중복되어 있는 문제가 잔재해 있다. 특히 인력개발 대상에 따른 법령들에서 적지 않은 부처별 소관법령이 대상별 산업인력개발 규정상의 중복적인 문제를 가지고 있는데 여기서는 이에 초점을 두고 살펴보기로 한다.

각 행정부처간 산업인력개발 관련법은 그 대상과 방법에 차이가 있지만 궁극적인 산업인력개발의 목적에 비추어 봤을 때 상호 공통적인 요소를 내포하고 있다. 예를 들어 고령자의 고용촉진을 위한 인력개발의 경우 보건복지가족부 소관법인 노인복지법 제23조에서 '국가와 지방자치단체는 노인의 사회참여 확대를 위해 노인에게 적합한 직종의 개발과 그 보급을 위한 시책을 강구하며, 근로 능력이 있는 노인에게 일할 기회를 먼저 제공해야 한다' 라고 규정하고 있다. 또한, 노동부 소관법인 고령자고용촉진법 제6조에는 '고령자의 고용을 촉진하기 위하여 필요하다고 인정하는 때에는 노동부장관이 고령자에게 직업능력개발훈련을 실시하도록 하고, 고령자가 작업환경에 쉽게 적응할 수 있도록 하기 위하여 필요한 경우 취업 전에 적응훈련을 실시해야 한다' 라고 규정하고 있어 상호 동일 대상에 관한 교육훈련 규정을 중복되게 규정하고 있다. 이는 사회보장적 관점의 보건복지가족부와 고용촉진의 관점에서 보는 노동부의 시각차에 의한 것이라 할 수 있으나, 근본적으로 고령자의 고용 활성화를 위한 인력개발의 필요성을 강조하고 있다고 볼 수 있다.

이와 같이 해당 부처의 고유 업무상 또는 관점상 그 내용을 서로 달리 표현하고 있으나 학생, 근로자, 노령자, 여성 등 다양한 대상에 대한 산업인력개발의 근본 목적에 있어 서로 유사한 조항들이 상존해 있다. 〈표 10-5〉는 공무원, 여성, 고령자, 농업인, 군인, 장애인, 산업체 근로자에 대한 관련법과 소관부처를 제시한 것으로 산업인력 대상별 관련법들이 소관부처별로 상치되어 있음을 나타낸 것이다.

〈표 10-5〉 산업인력 대상별 관련법 및 소관부처

대상	내용	관련법	소관부처
공무원	해당 공무원의 직무능력향상을 위한 교육훈련 규정	국가공무원법, 지방공무원법, 공무원교육훈련법 등	행정안전부
		외무공무원법 등	외교통상부
		해양수산발전기본법 등	농림수산식품부
		한국해양수산연수원법 등	국토해양부
여성	여성의 권위향상 및 사회참여 제고를 위한 정부 및 지자체의 역할 규정	남녀고용평등법 등	노동부
		여성발전기본법	여성부
고령자	고령자를 위한 직종개발 및 교육훈련 시행 규정	고령자고용촉진법 등	노동부
		노인복지법 등	보건복지가족부
농업인	전업농업인의 고용촉진을 위한 교육훈련 제공 규정	농업·농촌기본법, 농어촌발전특별법 등	농림수산식품부
		근로자훈련촉진법 등	노동부
군인	군인에 대한 직업능력개발 훈련 우선 실시 규정	제대군인지원에관한법률, 군인사법 등	국방부
		근로자훈련촉진법 등	노동부
장애인	장애인의 직업지도, 직업훈련 및 재활교육 규정	장애인고용촉진및직업재활법 등	노동부
		장애인 복지법 등	보건복지가족부
산업체 근로자	해당 부처 공무원 및 소속 기관 근로자 교육훈련 규정	해양수산발전기본법	농림수산식품부
		기초과학연구진흥법 등	교육과학기술부
		정보화촉진기본법 등	행정안전부 및 지식경제부
		국방대학교설치법, 공군기술고등학교설치법 등	국방부
		청소년기본법 등	문화관광부

요약

이 장에서는 산업인력개발의 행정 및 관련법에 대해서 살펴보았으며, 이를 위하여 산업인력개발 행정의 개념적 기초, 행정조직 및 관련법에 관하여 살펴보았다.

산업인력개발 행정은 정부기관이 산업인력개발 정책을 실행하는 과정으로서 산업인력양성 · 배분 · 활용의 목표달성에 필요한 인적 · 물적 조건을 정비 · 확립하고, 그 목표달성에 필요한 제반활동을 지도 · 감독하는 것을 의미한다. 산업인력개발 행정과정은 행정가의 중요 활동으로서 크게 인간관계기술 · 창의성 · 몰입 · 융통성 · 미래지향성 등의 특성을 지니고, 학교 · 지역사회 · 고용환경에서 기획, 개발, 관리, 평가의 행정과정을 수행하게 된다. 산업인력개발 행정의 영역은 이론영역, 행정기능영역, 대상영역으로 구분할 수 있으나, 이 세 가지 영역은 서로 독립적이라기보다는 밀접하게 연관되어 산업인력개발 행정의 전반적인 활동 내에서 다루어지게 된다.

산업인력개발 행정조직은 수평적 · 수직적인 구조를 지니고 있다. 산업인력개발 행정조직의 수평적 구조는 정부부처별 산업인력개발을 위한 정책 수립의 기능을 담당하고 있으며, 수직적으로는 중앙, 지방, 단위기관의 행정조직 수준으로 구분되고 각 행정조직 수준별로 산업인력개발 계획의 수립 및 집행의 기능을 담당한다. 우리나라의 산업인력행정조직은 정부수준에서 각 정부부처별 산업인력개발을 위한 교육훈련 정책을 관장하고 있으며, 산하에 지방 행정조직을 설치하여 운영하는 권역별 행정기능을 담당하도록 하는 형태를 띠고 있다. 대표적으로 교육과학기술부는 지방에 시도교육청 및 지역교육청을 설치 · 운영하고 있고, 노동부는 지방노동청 및 지방노동사무소를 설치 · 운영하고 있다.

산업인력개발 관련법은 헌법, 교육기본법, 인적자원개발기본법을 근간으로 하여 여러 정부부처별로 시행되고 있다. 산업인력개발 관련법을 학교교육기관, 사회교육기관, 산업체 분야로 구분하여 주요 법령을 소개하면, 학교교육기관에서의 산업인력개발 관련법으로는 초중등교육법, 고등교육법, 직업교육훈련촉진법, 산업교육진흥및산학협력에관한법률 등이 있고, 사회교육기관에서의 산업인력개발 관련법으로는 평생교육법, 자격기본법 등이 있다. 산업체에서의 산업인력개발 관련법 중 대표적으로는 근로자직업능력개발법이 있으며, 성인 혹은 근로자의 직업능력개발을 지원하기 위한 기타 관련법들이 시행되고 있다.

참고문헌

강기주(1998). 산업기술인력과 고교단계 직업기술교육의 과제: 공업고등학교를 중심으로. 직업능력개발연구, 1(1), 219-246.

강무섭(2003). 국가균형발전을 위한 직업교육훈련 정책의 방향과 과제. 국가균형발전을 위한 직업교육훈련 정책방향. 2003년도 직업교육훈련 공동학술대회 자료집, 1-23.

교육부(1998). 평생교육백서 제2호. 교육부.

교육부(1999). 평생교육법 공포 보도자료. 교육부.

국가균형발전위원회(2004). 주요 국가균형발전정책과 지역혁신협의회의 과제. 국가균형발전위원회.

김종철(1982). 교육행정의 이론과 실제. 서울: 교육과학사.

나승일(1998). 우리나라 직업교육행정 조직의 발전방안에 관한 연구. 한국농업교육학회지, 30(4), 89-112

나승일, 강인수, 정철영, 허종렬(2002). 교육 · 인적자원 관련 직업교육 법제 정비방안 연구. 교육인적자원부.

나승일, 김주섭, 김주일, 정연앙(2006). 국가직업능력표준 실용화를 위한 제도화 방안. 노동부.

나승일, 정철영, 김재식(1999). 산업인력구조 고도화 지원촉진법 제정방안 연구. 교육부.

신명훈 외(1998). 자격제도의 종합적인 실태분석과 개선방안 연구. 한국직업능력개발원

신황호(2004). 직업교육 개혁을 위한 실천적 방안. 2004년도 직업교육관련학회 및 단체 공동학술대회 자료집, 29-52.

이무근(2003). 직업교육학 원론(제3판). 서울: 교육과학사.

이병희(2005). 노동시장 여건변화와 인적자원개발 정책. 노동리뷰 2월호, 13-22.

이재강(2004). 실업교육의 혁신방향. 산업인력 양성의 효율성 제고를 위한 실업교육방안. 2004년도 직업교육관련학회 및 단체 공동학술대회 자료집, 1-26.

최규남(2003). 한국 직업교육정책 연구. 서울: 문음사.

한국교육행정학회(1996). 교육정책론. 한국교육행정학회.

Finch, C. R., & McGough, R. (1982). *Administrating and supervision occupational education*. Prentice-Hill.

Gasskov, V. (2000). *Managing vocational training systems*. Geneva: International Labour Office.

Wenrich, R. C., Wenrich, J. W., & Galloway, J. D. (1988). *Administration of vocational education*. American Technical Publishers, Inc.

제3부
대상별 산업인력개발

11

초 · 중등교육 단계의 산업인력개발

학습개요

이 장에서는 우리나라의 초 · 중등교육 단계에서 이루어지고 있는 산업인력개발에 대해서 살펴보고자 한다. 이를 위하여 초 · 중등교육 단계 산업인력개발의 개념 및 현황을 살펴보도록 한다. 또한 이를 바탕으로 우리나라 초 · 중등교육 단계 산업인력개발의 문제점 및 개선방안을 살펴보도록 하겠다.

학습목표

1. 우리나라 초 · 중등교육 단계 산업인력개발의 개념을 설명할 수 있다.
2. 우리나라 초 · 중등교육 단계 산업인력개발의 현황 및 문제점을 설명할 수 있다.
3. 우리나라 초 · 중등교육 단계 산업인력개발의 개선방안을 설명할 수 있다.

1. 초 · 중등교육 단계 산업인력개발의 개념

초 · 중등교육 단계의 산업인력개발은 미래 산업인력의 근간이 되는 청소년을 대상으로 산업분야에서 필요로 하는 인력으로 육성하기 위하여 초 · 중등 교육과정을 이수하는 청소년에게 제공되는 다양한 유형의 직업교육으로 정의할 수 있다.

일반적으로 직업교육이란 개인이 일의 세계를 탐색하고, 자기의 적성, 흥미, 능력, 신체적 특성, 가치관 등에 맞는 일을 선택하며, 그 일에 필요한 지식, 기능, 태도 등을 개발하거나, 현직에 종사하고 있는 근로자가 자신의 일을 개선 유지할 수 있도록 학교교육, 사회교육, 그리고 일의 현장을 통해서 평생 동안 능력을 개발하는 교육으로 정의되며(이무근, 2003). 이러한 직업교육은 학교교육과 사회교육으로 구분되며, 학교교육에서도 교육 단계에 따라 초등학교, 중등교육기관, 고등교육기관 등으로 구분된다. 이런 맥락에서 직업교육 중 초등학교 및 중등교육기관에서 청소년을 대상으로 이루어지는 직업교육을 초 · 중등교육 단계 산업인력개발이라고 할 수 있다.

초 · 중등교육 단계 산업인력개발은 크게 교양직업교육과 전문직업교육으로 구분할 수 있다(김기홍, 김나라, 송병국, 2006). 이때 교양직업교육은 초 · 중등학교에서 실과, 기술, 가정, 실업 과목 등을 통하여 직업적 소양을 길러주는 보통교육으로서의 직업교육을 말하고, 전문직업교육은 전문계 고등학교, 전문대학 및 대학교에서 직업생활에 필요한 지식, 기능, 태도를 길러주는 교육을 말하는데 일반적으로 직업교육이라 함은 전문직업교육을 나타낸다(이종성, 2005).

이러한 교양직업교육과 전문직업교육의 차이는 '수준'과 '직업능력'이라는 두 가지 관점에서 비교가 가능하다. 우선 수준의 관점에서 교양직업교육과 전문직업교육을 구분하면 다음과 같다. 교양직업교육은 전문직업교육에 비해 기초적 · 예비적(preliminary) 수준을 갖는데, 이는 교양(culture)이 일반적으로 고도의 지적인 요소나 전문가적인 능력보다는 보편적이고 기초적인 의미의 수양을 뜻한다는 측면에서 이해될 수 있다. 따라서 이러한 관점에서 교양직업교육은 교양적 성격 차원에서 직업을 선택하기 이전에 일과 직업세계에 대한 이해, 일과 직업세계에 대한 태도와 습관 형성, 직업세계와 관련한 학교 학습의 중요성 이해, 자아의 이해와 직업진로계획 등을 다루는 포괄적인 교양교육으로 일과 직업 세계에 대한 포괄적인 이해와 인식을 습득하도록 하는 데 그 목적이 있다고 볼 수 있다. 또한 이에 반해 전문직업교육은 학습자가 특정한 직업을 갖기 위하여 준비하거나 현직에 있는 근로자들이 직무 수행상 필요한 능력과 자질을 향상시키기 위한 전문화된 교육의 성격을 가지고 있다.

둘째, 직업능력의 관점에서 비교해보면, 교양직업교육은 일과 직업세계와 관련한 초보적인 직업능력의 함양에 목적을 가지고 있다. 이는 직업기초능력의 하위영역인 의사소통능력, 수리능력, 문제해결능력, 자기관리 및 개발능력, 자원활용능력, 대인관계능력, 정보능력, 기술능력, 조직이해능력 등으로 이해할 수 있다. 이에 반해 전문직업교육은 특정한 직업이나 직업군에 종사하는데 필요한 지식, 기술, 태도 등을 함양하는데 그 목적을 가지고 있기 때문에 보다 특수적인 직업능력을 향상시키는데 중점을 둔다.

이와 같은 논의를 토대로 교양직업교육과 전문직업교육을 개념, 내용, 조직방법, 강조점 등의 측면에서 비교하면 다음의 〈표 11-1〉과 같다. 따라서 이 장에서는 초 · 중등단계의 교양직업교육은 실과, 기술 · 가정의 교과목이나 재량 · 특별활동 등을 통해 초 · 중등학교에서 이루어지는 교양수준의 직업교육을 중심을 살펴볼 예정이며, 전문직업교육은 전문계 고등학교에서 이루어지는 직업교육을 중심으로 살펴보도록 하겠다.

〈표 11-1〉 교양직업교육과 전문직업교육의 비교

구분	교양직업교육	전문직업교육
개념	• 일과 직업세계에 대한 이해, 일과 직업세계에 대한 태도와 습관 형성, 직업세계와 관련한 학교 학습의 중요성 이해, 자아의 이해와 직업진로계획 등을 다루는 포괄적인 교양교육	• 학습자가 특정한 직업을 갖기 위하여 준비하거나 현직에 있는 근로자들이 직무수행상 필요한 능력과 자질을 향상시키기 위한 전문화된 교육

내용	• 모든 사람이 일과 직업세계 및 자신의 직업진로 등에 대해서 일반적으로 무엇을 알아야 할 과정에서 얻어진 내용	• 특정 분야에서 필요한 기능 · 전문적 지식을 함양할 수 있는 내용
조직방법	• 일반적인 학교 단계의 교과에 포괄적으로 반영되어 교수할 수 있으며, 일부 과목은 별개의 교과목(직업과 진로, 실과 및 기술 · 가정)으로 조직이 가능	• 특정한 직업이나 직업군에 종사하기 위해 준비하는 데 목적을 두고 과목을 계열화
강조점	• 모든 사람에게 올바른 일과 직업세계 이해 및 자신의 직업진로에 대한 체험 중심의 인식과 탐색 등에 중점	• 직업준비와 근로자들의 능력 향상에 중점

자료 : 김기홍, 김나라, 송병국(2006). 평생학습사회의 직업교육. 한국직업능력개발원.

2. 초 · 중등교육 단계 산업인력개발의 현황 및 문제점

1) 초 · 중등교육 단계 교양직업교육의 현황 및 문제점

교양직업교육이 기초적인 직업능력, 즉 의사소통능력, 문제해결능력, 자원활용능력, 대인관계능력 등을 함양시킨다는 관점에서 살펴보면 현재 초 · 중등학교에서 이루어지고 있는 모든 교과목이 교양직업교육의 범주에 포함된다고 볼 수 있다. 그러나 보다 집중적으로 교양직업교육이 이루어지고 있는 과목을 살펴보면 초등학교의 경우 '실과' 교과목, 중등학교의 경우 '기술 · 가정' 교과목이라고 볼 수 있다. 따라서 여기서는 초 · 중등교육 단계 교양직업교육의 현황 및 문제점을 실과 및 기술 · 가정 교과목을 통해 이루어지고 있는 교양직업교육을 중심으로 살펴보도록 하겠다.

(1) 초등학교 단계의 교양직업교육

가. 현황

현행 제7차 교육과정에서는 추구하는 인간상의 하나로 '폭넓은 교양을 바탕으로 진로를 개척하는 사람' 을 제시하고 교육과정의 구성방침을 6가지로 제시하면서 제4항에서 '학생이 능력, 적성, 진로를 고려하여 교육 내용과 방법을 다양화한다' 라고 기술하고 있어 교양직업교육에 대한 큰 관심을 보여주고 있으며, 이러한 관심을 초등학교 교육목표와 연결시키고 있다. 즉, '다양한 일의 세계를 이해할 수 있는 폭넓은 학습 경험을 가진다' 라는 것이 초등학교 교육목표 중의 하나이다. 이는 제7차 교육과정이 추구하는 인간상인 '폭넓은 교양을 바탕으로 진로를 개척하는 사람' 을 초등학교 교육과정에서 어느 정도까지 도달해야 하는가를 밝힌 좀 더 구체적이고 실천적인 목표라 할 수 있다.

그럼에도 불구하고, 초등학교 단계의 교양직업교육은 매우 미비한 형편이다. 이는 초등학교에서의 교양직업교육이 독립교과를 개설하지 않고 각 교과의 관련단원을 설정하거나 단원의 소재로 교양직업교육 내용을 반영하는 소위 '분산적 접근' 을 통하여 교육이 실시되고 있기 때문이다. 따라서 초등학교 교육과정에 교양직업교육과 관련한 교육내용이 어느 정도 반영은 되어 있지만, 교양직업교육의 영역별 주요 내용이 체계적으로 반영되어 있다고 보기에는 어려운 형편이다.

한편, 초등학교 5, 6학년에 각 학년당 주당 2시간씩 이수하게끔 되어 있는 '실과' 교과목은 초등학교 단계에서 가장 집중적으로 이루어지는 교양직업교육이라고 볼 수 있다. 실과는 실천적인 학습을 통하여 생활의 적응 능력을 기르게 하는 과목으로서, 개인과 가족의 생활에 필요한 기본적인 일의 의미와 상호 관련성을 이해하고 이에 대한 기초 지식과 기능에 대한 체험 활동을 통하여 건전한 생활 태도를 내면화하게 하는 것이 주 목표이다. 실과에서 제공하는 교육적 경험은 학습자의 통합적인 지적 능력을 증진시키고, 인내심과 협동심을 길러 주며 자신과 타인, 환경, 사물과의 관계를 긍정적으로 인식하고 관리하는 능력, 삶에 대한 이해력, 통찰력, 감수성과 적응력 등 전인적인 인간으로 성장하는 데 필요한 기본적인 생활 능력을 길러 준다.

실과의 지도 내용은 크게 가정생활과 기술의 세계의 2개 영역으로 구분되는데, 5학년에서는 나의 성장과 가족, 나의 영양과 식사, 옷입기와 관리하기, 쾌적한 주거환경, 생활 속의 목제품, 식물과 함께 하는 생활, 정보기기와 사이버 공간 등의 단원으로 구성되어 있고, 6학년에서는 간단한 음식 만들기, 간단한 생활 용품 만들기, 생활자원과 소비, 생활 속의 전기 전자, 동물과 함께하는 생활, 인터넷과 정보, 일과 진로 등의 단원으로 구성되어 있다(〈표 11-2〉 참고).

〈표 11-2〉 초등학교 실과 과목 내용체계

영역 \ 학년	5	6
가정생활	• 나의 성장과 가족 - 나와 가족 - 가정의 일과 가족원의 역할 • 나의 영양과 식사 - 영양과 식품 - 간단한 조리 • 옷 입기와 관리하기 - 나의 생활과 옷차림 - 나의 옷 관리 • 쾌적한 주거 환경 - 정리 정돈과 청소 - 쓰레기 처리와 재활용	• 간단한 음식 만들기 - 건강한 먹거리의 마련 - 음식 만들기 • 간단한 생활 용품 만들기 - 손바느질로 용품 만들기 - 바느질 도구를 이용한 용품 만들기 • 생활 자원과 소비 - 생활 자원의 이용과 관리 - 생활 시간과 용돈의 활용
기술의 세 계	• 생활 속의 목제품 - 생활 속의 목재 이용 - 목제품 구상과 만들기 • 식물과 함께하는 생활 - 생활 속의 식물 - 꽃이나 채소 가꾸기 • 정보 기기와 사이버 공간 - 정보 기기의 특성과 활용 - 사이버 공간의 특성과 윤리	• 생활 속의 전기 · 전자 - 전기 · 전자 용품의 사용과 관리 - 간단한 전자회로 꾸미기 • 동물과 함께하는 생활 - 생활 속의 동물 - 애완동물이나 경제동물 기르기 • 인터넷과 정보 - 정보의 탐색과 선택 - 정보를 활용한 생활 • 일과 진로 - 일과 직업의 중요성 - 나의 미래와 진로

나. 문제점

이처럼 초등학교 교육과정에 교양직업교육과 관련한 교육 내용이 어느 정도 반영되어 있음에도 불구하고 초등학교에서 교양직업교육은 아직까지 많은 문제점을 가지고 있는 것으로 지적되고 있다.

첫째, 교육에 대한 사회적 인식 측면의 문제로 모든 교육이 대학입시위주의 형태로 이루어지고 있다는 점이다. 초등학교 단계에서 일과 직업세계나 자신의 직업진로에 대한 폭넓은 인성교육과 가치관이 중요함에도 불구하고, 입시에 대비한 교육만을 강조하기 때문에 상대적으로 교양직업교육을 소홀하게 다루는 경향이 있다.

둘째, 학교교육적 측면에서 교양직업교육과 관련된 독립 교과가 실과를 제외하고는 없다는 점이다. 특히 실과의 경우 초등학교 고학년(5, 6학년)을 대상으로만 이수하도록 되어 있기 때문에 다른 시기의 교양직업교육이 체계적으로 이루어지기에는 많은 한계를 가지고 있다.

셋째, 교원제도의 측면에서의 문제로서 초등학교에서는 한 교사가 10여 개의 교과를 모두 가르쳐야 한다는 점에서 특정한 교육에 대한 관심이 미약할 수밖에 없다는 점이다. 또한, 교양직업교육이나 현실적으로 학교에서 이루어지고 있는 진로교육 및 진로상담을 전문적으로 담당하여 지도할 수 있는 교사가 부족하다는 점이다. 이와 함께 교원의 양성과 연수 과정에서 이들 교육과 관련된 강좌가 개설되어있지 않아 교사들이 관련 내용의 연수나 강습을 받을 수 없다는 점도 문제점으로 작용한다.

넷째, 교양직업교육을 위한 적절한 교육과정과 프로그램의 개발이 미비하다는 점이다. 특히 초등학교에서 교양직업교육을 위한 교육과정과 프로그램 개발 및 이를 뒷받침하는 기초 연구는 간접적으로 진로교육 외에는 거의 이루어지지 않고 있다.

다섯째, 각 교과별로 반영되어 있는 교양직업교육의 내용을 교과 시간에 다룰 때, 실제적인 경험이 요구되는데도 불구하고 학교의 시설 등 여건의 미비로 직접 경험하기보다는 이론적으로만 이루어지고 있는 실정이다. 이로 인해 교사에 의한 간접적 정보의 획득 수준에 머무는 경우가 많아 소기의 목적을 달성하기가 어려워져 실질적인 효과를 거두기 어렵다는 한계를 가진다.

(2) 중학교 단계의 교양직업교육

가. 현황

제7차 교육과정이 추구하는 인간상의 하나인 "폭넓은 교양을 바탕으로 진로를 개척하는 사람"을 기르기 위해 중학교 수준에서는 "다양한 분야의 지식과 기능을 익혀 적극적으로 진로를 탐색하는 경험을 갖는 것"을 교육 목표의 하나로 삼고 있다. 제7차 교육과정에서는 학생의 능력, 적성, 진로를 고려하고 교육내용과 방법을 다양화하여 학습자 자신에게 적합한 교과를 학생 스스로 선택할 수 있게 함으로써 교과목 자체에 대한 심화 학습이 자신의 특기와 적성을 살리는 교양직업교육을 강조하고 있다. 이런 점에서 교양직업교육은 전 교과 과정을 통하여 이루어지는 탈 교과적인 특징을 지닌다(이영대, 2002). 그러나 현재 중학교 단계에서는 교양직업교육을 위한 시간이 따로 배정되어 있지 않고 있으며 진로교육을 포함한 민주시민교육, 성교육, 환경교육, 근로정신 함양 교육, 세계 이해 교육 등과 같은 범 교과 학습 내용을 단일 교과로 구성하기에는 현실적으로 어려움이 있어 산발적인 교육이 이루어지고 있는 실정이다. 무엇보다도 제7차 교육과정의 특징인 국민공통기본교육과정의 기본교과에 교양직업교육을 위한 독립된 교과가 설치되어 있지 않기 때문에, 전 교과에서 교양직업교육을 시도하려고 노력한 흔적은 있으나 사실상 교양직업교육은 도덕과, 사회과, 기술·가정과 재량시간 등으로 국한되어 있다고 볼수 있다.

이 가운데 기술·가정 과목은 초등학교의 실과 과목과 연계되는 과목으로서, 가정생활과 산업 기술의 세계에 관한 다양한 경험을 제공하여 실생활에 필요한 능력을 기르고 삶의 질을 향상시키며, 미래 생활을 설계하는 진로 탐색의 기회를 제공하는 것을 목적으로 한다. 이 가운데 가정 분야는 학습자 자신과 가족이 전 생애에서 접하는 생활 문제를 자주적으로 해결할 수 있는 생활 역량을 함양하게 한다. 즉, 가정생활과 일에 대한 건전한 가치관을 확립하고 문제 해결 능력, 창의력, 의사 결정 능력 등과 같은 사고 활동을 통해 지식, 기능과 가치 판단력을 실생활에 적용하여 삶의 문제를 해결하는 능력을 길러준다. 이를 위해 청소년기의 발달 단계에서 요구되는 자아 정체감을 형성하고 자주적인 생활 능력을 체계적으로 기르게 하며, 현대 사회에서 개인과 가족이 직면하는 다양한 문제를 해결할 수 있는 능력을 길러 주는 교육적 경험을 제공한다.

한편, 기술 · 가정의 기술 분야는 학습자가 실천적이고 생산적인 학습 경험을 통하여 인간 본래의 조작적 욕구를 충족시키며 기술적 소양인으로서 갖추어야 할 기술에 대한 지식, 창의적인 사고 능력과 문제 해결 능력을 길러 준다. 이를 통하여 기술의 개념과 원리, 기술의 특성과 중요성, 산업 기술의 발전과 변화 등을 이해하게 하고 실생활에서의 문제를 해결하도록 하며 산업 기술에 대한 지식을 활용하는 능력을 함양시킨다. 또, 산업 기술에 대한 올바른 태도와 기술이 개인과 사회에 미치는 영향을 평가할 수 있는 능력을 길러 준다(〈표 11-3〉 참고).

나. 문제점

앞서 살펴본 것과 같이 중학교 단계에서의 교양직업교육 역시 독립된 교과가 아닌 여러 교과목에 분산된 형태로 이루어지고 있는 것을 볼 수 있다. 따라서 교과에서 다루는 내용의 수준도 기초적이고 설명위주여서 사실상 자신의 진로계획을 세우고 직업을 탐색하며, 자신의 적성과 흥미, 능력을 고려하여 직업에 대한 구체적인 사항을 설계하는 데는 다소 미흡한 점이 있다. 따라서 학생들로 하여금 진로에 대한 성숙도를 높임으로써 자신의 진로에 대한 관심을 갖고 선택 · 준비할 수 있는 실질적인 교양직업교육이 필요하다. 특히 진로탐색기에 해당되는 중학교 단계와 구체적인 진로의 방향을 결정해야 하는 고등학교에서는 이러한 교양직업교육이 절실히 요구된다. 초등학교의 경우와 마찬가지로 중학교에서 교양직업교육이 제대로 시행되지 않고 있는 이유는 다음과 같이 살펴 볼 수 있다.

첫째, 학교교육에 반영이 미흡하다. 이는 개인적인 측면과 사회적 측면에서 볼 수 있는데, 먼저 개인적인 측면에서 학교교육이 학생들의 소질과 적성을 발견하고 육성해 주는 데 충분한 역할을 하지 못하고 있다. 또한, 일과 직업에 대한 이해와 적극적인 가치관 및 태도를 제대로 형성시켜 주지 못하며 학생들로 하여금 바람직한 인생의 목표설정과 직업선택을 위한 프로그램이 부족하다는 것이다. 또한 사회적 측면에서는 학교교육이 사회발전에 필요한 다양한 인력의 균형적 발전을 유도하지

〈표 11-3〉 중학교 기술 · 가정 과목의 내용체계

영역 \ 학년	7	8	9
가정 생활	• 청소년의 이해 - 청소년의 발달 - 청소년의 성과 친구 관계 - 청소년의 자기 관리	• 가족의 이해 - 변화하는 가족 - 가족 관계	• 생애 설계와 진로 탐색 - 생애 설계의 실제 - 가정생활과 직업 생활
	• 청소년의 생활 - 청소년의 영양과 식사 - 옷차림과 자기 표현 - 청소년의 소비 생활	• 가족의 생활 - 식단과 식품 선택 - 의복의 선택과 관리 - 주거와 거주 환경	• 가정생활과 복지 - 생애 단계와 가족 복지 - 가족 복지 서비스
		• 가정생활의 실제 - 식사 준비와 예절 - 옷 만들기와 고쳐 입기 - 주거 공간 활용	
기술의 세계	• 기술의 발달과 미래 사회 - 기술의 발달과 생활 - 전통 기술의 이해 - 미래의 기술	• 정보 통신 기술 - 정보 통신 기술과 생활 - 정보 통신 기술의 활용 - 정보 보호와 공유	• 전자 기계 기술 - 전기 · 전자의 이해 - 기계 운동의 원리 - 운동 장치 만들기
	• 기술과 발명 - 아이디어의 구상 - 발명 기법과 실제	• 제조 기술 - 제조 기술의 이해 - 제품의 구상과 설계 - 제품 만들기	• 건설 기술 - 건설 기술의 이해 - 건설 구조물의 이용 - 건설 구조물 모형 만들기
			• 생명 기술 - 생활과 생명 기술 - 생명 기술의 활용

못하고 있으며 교양직업교육 관점에 서의 교과내용 구성과 교육활동 조직 · 운영이 매우 미흡하다는 점이다.

둘째, 교양직업교육과 관련 교육활동 및 프로그램의 개발 · 보급이 미흡한 실정이다. 특히 독립된 교과목이 존재하고 있지 않기 때문에 일선학교에서의 교사들은 교양직업교육의 필요성을 인지하고 있더라도, 이를 구체적으로 실천하기에는 많은 어려움을 느끼고 있는 실정이다. 특히 학교의 각종 행사 특히 진로의 날이나 진로주간 같은 행사를 통한 교양직업교육 활동이 충분히 가능함에도 불구하고, 여기에 활용할 수 있는 효과적인 프로그램이나 교수 학습방법 등이 충분히 개발되어 있지 않은 실정이다.

셋째, 입시위주의 학교교육으로 인해 진정한 의미의 교양직업교육이 거의 불가능한 상황이라고 할 수 있다. 과열된 입시경쟁으로 인해 제한된 교육 시간내에 많은 양의 내용을 가르쳐야 하는 상황에서 교양직업교육과 관련된 교육시간을 확보하기란 사실상 어려운 형편이다. 특히 재량활동 및 특별활동 등과 같이 교양직업교육이 가능한 시간조차도 입시활동에 할애되고 있는 상황에서 교양직업교육을 위한 시수 확보가 어려운 형편이다.

2) 전문계 고등학교의 전문직업교육의 현황 및 문제점

(1) 현황

전문계 고등학교는 초등교육법 제80조 1항에 의하면, "농업, 공업, 상업, 임업, 정보 · 통신, 수산 · 해운, 가사 · 실업 등의 전문교육을 주로 하는 고등학교" 로 정의할 수 있다. 전문계 고등학교의 전문직업교육의 현황을 살펴보기 위하여 크게 학교수 및 학생수 등의 전문계 고등학교의 규모와 전문계 고등학교의 교육과정, 그리고 전문계 고등학교의 운영지원 사업으로 구분하여 살펴보면 다음과 같다.

가. 전문계 고등학교의 규모

전문계 고등학교의 규모를 살펴보기 위하여 우선 학교수를 기준으로 이를 살펴보면 다음과 같다. 전체 고등학교 중 전문계 고등학교가 차지하는 비율은 1970년대에는 과반수 이상(54.1%)을 차지하였으나, 1980년 44.7%, 1990년 34.9%로 지속적으로 감소추세에 있다. 특히 2000년대에 들어서도 2000년 39.0%, 2005년 34.0%, 2008년 31.8%로 계속해서 감소하고 있는 상황이다(〈표 11-4〉 참고).

〈표 11-4〉 연도별 전문계 고등학교 학교수 변화 추이

(단위: 개교, %)

구분	1999	2000	2001	2002	2003	2004	2005	2006	2007	2008
일반계고	1,181	1,193	1,210	1,254	1,297	1,351	1,382	1,437	1,457	1,493
전문계고(B)	762	764	759	741	734	729	713	707	702	697
전체(A)	1.943	1.957	1.969	1.995	2.031	2.080	2.095	2.144	2,159	2,190
전문계고 비율(B/A)	39.2	39.0	38.5	37.1	36.1	35.0	34.0	33.0	32.5	31.8

자료: 국가교육통계 정보센터(각년도). 교육통계연보.

2008년 현재 전문계 고등학교 수는 697개교로서, 전체 고등학교의 31.8%를 차지하고 있다. 계열별로는 공업고가 30.0%(209개교)로 가장 높은 비율을 보이며, 상업고 27.7%(193개교), 종합고 27.4%(191개교), 가사 및 실업고 9.9%(69개교), 농업고 4.0%(28개교), 수해양고 1.0%(7개교)의 순으로 비율을 보이고 있다(〈표 11-5〉 참고).

〈표 11-5〉 전문계 고등학교 계열별 학교수 (2008년)

(단위: 개교, %)

전체 고등학교 수	전문계 고등학교 학교 수							전문계고 비율(B/A)
	계(B)	농업고	공업고	상업고	수해양고	가사/실업고	종합고	
2,190	697 (100.0)	28 (4.0)	209 (30.0)	193 (27.7)	7 (1.0)	69 (9.9)	191 (27.4)	31.8

자료: 국가교육통계 정보센터(2008). 2008년 교육통계연보

한편, 학생수의 관점에서 전문계 고등학교의 규모를 살펴보면 다음과 같다. 전체 고등학생 중 전문계고 학생 수가 차지하는 비율은 1970년대에는 46.6%를 차지하였으나, 1980년 45.0%, 1990년 35.5%로 지속적으로 감소추세에 있다. 특히 2000년대에 들어서도 2000년 36.1%, 2005년 28.5%, 2008년 25.6%로 큰 폭으로 감소하고 있다(〈표 11-6〉 참고).

〈표 11-6〉 연도별 전문계 고등학교 학생수 변화 추이

(단위: 천명, %)

구분	1999	2000	2001	2002	2003	2004	2005	2006	2007	2008
일반계고	1,399	1,324	1,259	1,220	1,224	1,232	1,259	1,281	1,347	1,419
전문계고(B)	851	746	651	575	542	514	503	494	494	487
전체(A)	2,251	2,071	1,911	1,795	1,766	1,746	1,762	1,775	1,841	1,906
전문계고 비율(B/A)	37.8	36.1	34.1	32.0	30.7	29.5	28.5	27.8	26.8	25.6

자료: 국가교육통계 정보센터(각년도). 교육통계연보.

2008년 현재 전문계 고등학교 학생수는 487,492명으로서, 전체 고등학교 학생수의 25.6%를 차지하고 있다. 계열별로는 공업고가 37.0%(180,580명)로 가장 높은 비율을 보이며, 상업고 32.0%(156,055명), 종합고 19.0%(92,780명), 가사 및 실업고 7.9%(38,537명), 농업고 3.2%(15,547명), 수해양고 0.8%(3,993)의 순으로 비율을 보이고 있다(〈표 11-7〉 참고).

〈표 11-7〉 전문계 고등학교 계열별 학생수 (2008년)

(단위: 명, %)

전체 고등학교 학생 수	전문계 고등학교 학생 수							전문계고 비율(B/A)
	계(B)	농업고	공업고	상업고	수해양고	가사/실업고	종합고	
1,906,978	487,492 (100.0)	15,547 (3.2)	180,580 (37.0)	156,055 (32.0)	3,993 (0.8)	38,537 (7.9)	92,780 (19.0)	25.6

자료: 국가교육통계 정보센터(2008). 2008년 교육통계연보

나. 전문계 고등학교의 교육과정

전문계 고등학교에서 이루어지고 있는 전문직업교육을 교육과정의 측면에서 살펴보면 다음과 같다. 제7차 교육과정 상에서 전문계 고등학교는 제6차 교육과정의 204단위보다 12단위가 증가한 216단위을 이수하도록 되어 있으며, 이중에서 전문 과목을 82단위 이상 이수하도록 되어 있다. 고등학교 선택 중심 교육과정의 총 이수 단위는 144단위로, 선택 과목에 136단위, 특별 활동에 8단위로 나누어 편성하도록 하고 있는데, 선택 과목에 배당된 136단위 중에서 시 · 도 교육청과 단위 학교는 각각 28단위 이상을 지정할 수 있다. 이 때, 학생의 선택 비율은 최대 50%까지 가능하게 편성함으로써 학교의 재량권과 학생의 선택권이 크게 강화되었음을 알 수 있다.

고등학교 직업교육의 기초 직업교육과 전문 직업교육의 교과는 계열별로 제시되어 있다. 농업에 관한 교과는 기초 이론 중심 교과목, 기초 기술 교과목, 심화 기술 교과목으로 나누어져 있으며, 마찬가지로 공업에 관한 교과는 공통 전문 교과목과 기초 전문 교과목, 응용 전문 교과목으로 나누어져 있다. 상업에 관한 교과는 기초 이론 교과목, 실무 기본 교과목, 실무 심화 교과목의 영역으로 나누어져 학습자들의 단계적 성취도와 전문 교과목 간 연계성에 중점을 두어 구성되었다. 그러나 수산 · 해운과 가사 · 실업 계열은 명확히 구분되어 있지 않다.

제7차 교육과정에 의한 기준 학과는 제6차 교육과정보다 5개의 학과가 증가하였다. 구체적으로 살펴보면, 공업계열은 환경공업과가 신설되었고, 수산 · 해운계열은 수산물유통과, 해양환경과, 해양토목과가 신설되었으며, 양식과는 학과 명칭이 수산양식과로 변경되었다. 가사 · 실업계열은 미용과, 노인복지 · 간호과가 신설되었다. 상업계열은 사무자동화과, 유통경영과가 신설되었고, 상업과는 경영정보과로, 회계과는 회계정보과로, 무역과는 통상정보과로 학과 명칭이 변경되었다. 또, 농업계열은 농업과, 임업과, 원예과를 식물자원과로 통합하였고, 축산과와 잠업과를 동물자원과로 통합하였다. 자영농과는 농업경영과로 학과 명칭을 변경하였으며, 생활과학과는 폐지되었고 환경보전과는 신설되었다. 이러한 변화는 사회 및 인력시장의 변화가 교육과정에 반영되어 계열별 기준 학과에 대한 조정이 이루어졌음을

〈표 11-8〉 제7차 교육과정 상의 전문계 고등학교 계열별 기준학과

계열	기준학과
계	58개 학과
농업계 (9개학과)	식물자원과, 동물자원과, 농업경영과, 농업토목과, 식품가공과, 농업기계과, 조경과, 농산물유통과, 환경보전과
공업계 (20개 학과)	기계과, 전자기계과, 금속과, 자원과, 전기과, 전자과, 통신과, 전자계산과, 토목과, 건축과, 산업디자인과, 화학공업과, 세라믹과, 식품공업과, 섬유과, 인쇄과, 자동차과, 조선과, 항공과, 환경공업과
상업계 (9개 학과)	경영정보과, 회계정보과, 통상정보과, 정보처리과, 시각디자인가, 관광경영과, 비서과, 사무자동화과, 유통경영과
수산 · 해양계 (12개 학과)	어업과, 수산양식과, 자영수산과, 수산식품과, 수산물유통과, 해양환경과, 냉동기계과, 동력기계과, 해양토목과, 항해과, 선박운항과, 전자통신과
가사 · 실업계 (8개 학과)	조리과, 의상과, 자수과, 실내디자인과, 유아교육과, 관광과, 노인복지 · 간호과, 미용과

자료: 교육부(1997). 제7차 고등학교 교육과정. 교육인적자원부.

시사하고 있다(〈표 〈11-8〉 참고).

다. 전문계 고등학교의 운영 지원

최근 주변 환경의 급속한 변화 속에서 전문계 고등학교는 많은 도전을 받아왔는데, 이에 따라 전문계 고등학교의 운영을 지원하는 다양한 사업들이 수립 추진되어 왔다(정철영, 2008). 전문계 고등학교의 운영지원은 크게 산학협력 취업약정제(협약학과 사업), 정부부처에 의한 특성화 전문계 고교 육성사업, 산업체 협약에 의한 특성화고 지원사업, 농고 현장체험교육 지원사업, 산학협력 우수실업고 지원사업, 기업-공고 연계 맞춤형 인력양성사업, 학교기업 지원사업, 전문계 고교 취업지원 가능 확충사업, 첨단학과 개편 등의 9개로 구분할 수 있으며, 이들의 기본개념은 다음의 〈표 11-9〉와 같다.

〈표 11-9〉 전문계 고등학교에 대한 주요 운영지원사업

구분	주관부처	시작년도	주요내용
1. 산학협력 취업약정제 (협약학과 사업)	교육인적자원부	2006	• "전문계고-전문대-산업체-지자체-시 · 도"가 협약을 통해 컨소시엄을 구성하여, 공동으로 인력을 양성하여 취업과 연계 • 제1모형[취업-진학 병렬형], 제2모형[진학-취업 순차형]이 있음
2. 정부부처에 의한 특성화 전문계 고교 육성사업	교육인적자원부	2007	• 소관 중앙부처가 직접 특성화 고등학교 지원 및 육성에 참여하는 것 • 제1모형[일괄위탁운영], 제2모형[공동운영], 제3모형[프로그램 지원]이 있음
3. 산업체 협약에 의한 특성화 고교지원사업	교육인적자원부	2006	• 지역전략산업 및 지역연고산업 등과 관련하여 특성화 고교로 전환을 유도하고 해당분야 산업체와 인력양성 및 취업에 관한 협약 체결을 통해 산학협력을 강화하기 위한것
4. 농고 현장체험교육 지원사업	농림부	2006	• 전국의 농업계 고등학교를 대상으로 현장체험교육 과정을 신설 · 지원하는 것
5. 산학협력 우수실업고 지원사업	산업자원부 (교육인적자원부, 노동부)	2005	• 차세대 성장동력 분야 관련학과를 운영 중인 전문계고를 대상으로 하여 정규 교육과정으로서의 현장체험학습을 지원하는 사업
6. 기업-공고 연계 맞춤형 인력양성사업	중소기업청 (병무청, 노동부, 교육인적자원부)	2005	• 관련 부처 협약에 의한 명문 특성화 고등학교 확대 정책을 실행하기 위한 것으로 중소기업의 기능인력 부족 해소를 위하여 공고를 통한 기능인력 양성을 하기위한 사업 • 공고생은 재학중(3학년) 프로그램에 의한 훈련을 받고 졸업 후, 2년간 해당기업에 협약에 따라 취업
7. 학교기업 지원사업	교육인적자원부	2004	• 학교의 장이 기업주가 되어 교원과 학생들을 고용하여 교육활동을 통한 상품이나 서비스를 생산 · 판매하는 학교기업(school-based enterprise)를 지원하는 사업
8. 실업계고교 취업지원 기능확충사업	노동부	2007	• 전문계 고교의 직업진로지도 및 취업지원 기능의 강화에 소요비용을 지원하는 사업
9. 첨단학과 개편사업	교육인적자원부	2000	• 새로운 산업수요에 부응하고 학생들이 선호하는 첨단학과로의 개편에 소요되는 기자재 지원 • 2005년부터는 시도교육청으로 이관됨

자료: 정철영(2008). 중등직업교육의 과제와 발전방향: 전문계 고등학교를 중심으로. 서울대학교 직업교육 CEO과정.

(2) 문제점

그동안 전문계 고등학교는 산업의 기능인력을 양성하는 중추적인 직업교육기관으로서 그 위상을 확고히 하여 왔으나, 산업구조 및 노동시장의 변화, 지식정보사회의 도래, 고등교육의 대중화 추세 등 사회의 급격한 변화에 대응하여 역할과 위상을 새롭게 재정립하고 교육체제 개편을 제대로 하지 않아 학생과 학부모들이 기피하는 학교, 어쩔 수 없이 가는 학교로 인식되고 있다. 더욱이, 최근 몇 년에 걸쳐 학령인구의 감소로 전문계 고등학교에 입학하려고 지원하는 학생 수가 더욱 줄어들어 신입생 미달 사태를 겪고 있고, 주로 학습 능력과 의욕이 낮은 학생들이 입학하는 등 여러 가지 어려움에 직면해 있다.

전문계 고등학교의 문제점들을 학생, 교육과정 편성 · 운영, 교원, 교육시설 및 연계, 정부의 정책 및 재정 등의 측면에서 살펴보면 다음과 같다.

가. 학생 측면

첫째, 전문계 고등학교 입학자원이 계속해서 감소하고 있다는 문제점이 있다. 전문계 고등학교에 대한 기피 현상과 전체적인 학령인구의 감소로 인해 1995년 이후 신입생 입학 지원자 수가 계속해서 감소하고 있다. 그 결과, 학생 정원을 매년 감축 조정해 오고 있으나, 최근 몇 년에 걸쳐 신입생 미달 사태가 더욱 심각한 상황이다. 이러한 신입생 미달 사태는 비정상적인 반 편성 및 학사운영 등을 초래하고 있다.

둘째, 전문계 고등학교 학생들의 기초학력이 부진하다는 문제점이 있다. 입학생들은 기초학력 부진으로 학습능력이 매우 낮고, 전문교과 부문의 지식습득의 성취가 낮은 실정이다. 학생들의 전반적인 기초학력 부진은 전문계 고등학교 자체의 정상적인 교육과정 운영을 어렵게 할 뿐만 아니라, 졸업생들의 특별전형 입학으로 인해 전문대학 및 산업대학, 대학 전반에 있어 기초학력 부진을 초래하고 있다. 이와 함께 산업현장에서 요구하는 지식 및 기술습득에 큰 장애요인으로 작용하고 있다.

셋째, 재학생들조차 소속 학교에 대한 부정적인 인식이 내재되어 있어 학교생활 부적응 등 중도탈락률이 높은 실정이다. 전문계 고등학교 학생들은 '일반계 고등학교에 진학하지 못한 낙오자가 다니는 학교' 라는 인식을 갖고 학교생활을 하는 경향이 높아 그에 따른 부정적인 태도와 행동이 나타나고 낮은 자아정체감과 낮은 성취 욕구를 갖고 있다. 또한, 학업능력이 낮은 학생들이 입학하여 학업내용에 대한 관심이 적으며, 학습의욕이 낮고 학교생활에 보람을 갖지 못하고 부적응하는 학생들이 많다. 그로 인해 학생들은 학습에 대한 무력감을 경험하게 되고, 지각과 결석이 증가하여 학교수업의 붕괴현상이 나타난다. 학교부적응을 나타내는 지표 중의 하나가 중도탈락율인데, 2005년 중도탈락율이 일반계고등학교는 0.75%임에 비해 전문계 고등학교는 2.90%로 월등히 높음을 알 수 있다.[1] 또한, 전문계 고등학교 학생과 관련하여 제기되는 또 다른 문제는 이들의 출발점 행동이 매우 낮아 현재의 전문계 고등학교의 교육과정에 적절하지 못하다는 점이다(정철영, 2006).

넷째, 다수의 전문계 고등학교 학생들이 취업보다 대학진학을 원하고 있지만, 여전히 전문계 고등학교 졸업생들의 계속교육 기회가 제도적으로 보장되어 있지 못하다. 또한 졸업생의 취업에 있어서도 3D 직종이나 단순노무직, 단순 서비스직 등으로 전공과 직업의 일치가 이루어지고 있지 않다. 통계청 조사에 의하면(통계청, 2001), 전문계 고교 졸업생의 직업과 전공의 일치도는 약 17.4%에 불과한 것으로 나타나 인력 활용의 심각성을 보여주고 있다.

나. 교육과정 편성 및 운영의 측면

제7차 교육과정을 계기로 하여 전문계 고등학교 교육과정의 목표는 대폭 변화하였지만, 전문계 고등학교의 교육과정은 기본적으로 직업교육 기관의 성격을 가지고 있기에 여전히 일반계 고등학교와는 차이가 있다(이무근, 2003).

전문계 고등학교의 교육과정은 학교에서의 학업성취와 졸업 후 산업현장에서의 직무능력을 모두 중요시하고, 직업준비에 역점을 둔 교육과정을 계획 · 운영하며, 산학협동을 강조한다. 또한, 국가로부터의 지원과 참여가 많으며, 학교와 산업

1) 전문계고 학생들의 탈락율이 일반계 고등학교 학생들 보다 높은 이유가 전문계 고등학교 교육의 문제점보다는 상대적으로 열악한 학생들이 전문계 고등학교에 입학하였기 때문이며, 그나마 전문계 고등학교에 입학하였기 때문에 중도탈락율이 그 정도에 불과한 측면도 있다.

사회의 객관적 자료를 근거로 하고, 여러 교육과정의 유형을 종합적으로 고려한다는 점 등에서 차별성을 가진다(마상진, 2004).

이러한 교육과정의 문제로는 ① 전공계열과 학과의 지나친 세분화와 타당성의 미흡, ② 교과편성의 불균형과 비정상적인 교육과정 운영, ③ 학교 중심의 교육과정 운영 자율권 및 운영능력 부족, ④ 학생들의 인지적, 정의적, 심리적 특성을 반영한 교육내용 선정과 교수 · 학습 활동의 전개 부족, ⑤ 이론 위주의 교육과정 편성과 현장성이 부족한 교육과정, ⑥ 현장중심(work-based learning) 프로그램 운영에 대한 노력부족 등이 제기되고 있다(강경종 외, 2005).

다. 교원의 측면

전문계 고등학교는 국민공통기본교육과 같은 보통교육과 더불어 특정 직업 및 직업군과 관련한 전문교육을 실시하는 고등학교이기에 교사들의 업무특성이 일반계 고등학교와는 다소 다른 특징을 보인다. 즉, 전문계 고등학교에는 실습기획부, 공동실습소 관리부, 기능부, 취업지도부 등과 같이 일반계 고등학교에서 볼 수 없는 업무 부서들이 존재하며, 이는 실제 업무에 있어서 전문계 고등학교 교사들로 하여금 학교경영, 학급경영, 생활지도, 교과지도, 특별활동지도, 재량활동지도 이외에도 기능대회 지도 및 실습장 관리와 같은 추가적 업무를 담당하게 하고 있다(나승일, 2004). 이에 따라 동일한 전문계 고등학교 교사라도 전문교과 교사들은 보통교과 교사들보다 교과 특성상 대체로 더 많은 업무를 수행하고 있다(이무근, 2003). 특히 전문교과 교사의 경우 실험 · 실습을 비롯한 다양한 업무로 인하여 보통교과 교사들에 비해 주당 수업시수가 높은 것으로 알려져 있다(장명희, 2001). 이러한 전문계 고등학교의 교사들의 독특한 특징에 따라 이와 관련한 여러 가지 문제점들이 지적되고 있는데, 이를 재직 교원과 교원 양성 및 자격, 임용의 두 가지 측면으로 구분하여 살펴보면 다음과 같다.

(가) 재직 교원

첫째, 전문계 고등학교 교원의 산업체 현장 경험 부족에 따른 실험 · 실습지도 등의 전문성이 결여되어 있으며, 이를 추가적으로 개발할 수 있는 직무연수 기회 등이 부족하다. 또한, 직무연수 방식도 이론중심으로 실험 · 실습을 다룰 수 있는 기회가 부족한 실정이며, 전문계 교원 전용의 특별연수 시설이 없다.

둘째, 교육과정 운영에서 통합교과 운영이 시도되면서 과원교사가 계속 발생하고 있으며, 과원교사의 신분 불안이 가중되고 있다. 그러나 정보(IT), 애니메이션, 복지 · 간호 등의 분야는 전문교과 교원이 오히려 부족한 실정으로 교원 인력수급 상의 문제가 초래되고 있다. 그동안 정부의 직업교육 정책 수립 · 추진 과정에서 일반계와 전문계 고등학교 교육과정의 통합 · 운영과 통합형 고등학교 체제의 도입 운영으로 전문계 고교 교원 체제에 큰 변화가 일어났다. 특히 산업체 전 · 현직 산학겸임교사 활용에 따라 교원의 신분 불안이 가중되고 있다. 이와 함께 과목상치 교원 수가 많아 교과지도의 전문성에 문제가 제기될 뿐만 아니라 과원교사의 해결 방안으로 시행되는 부전공자격연수 과정상에서도 전문성의 확보가 어려운 실정이다.

셋째, 학생지도에 있어서도 일반계 고등학교 교원들에 비해 많은 어려움을 갖고 있다. 즉, 보통교과의 경우는 기초학력이 부족한 상황에서 수업이 운영되고 있고, 과다한 행정업무로 인해 교수 · 학습 및 진로지도에 어려움이 많은 형편이다. 특히, 학생들의 가사형편과 품행 상의 문제 등으로 인해 생활지도에 많은 어려움을 갖고 있다. 따라서, 전문계 고등학교 학생들을 대상으로 체계적인 직업 · 진로지도가 필수적으로 이루어져야 함에도 불구하고, 진로지도 담당교사의 부족과 체계적인 진로교육 프로그램 개발이 이루어지지 않고 있다. 또한, 개발 · 보급된 진로검사도구 역시 효과적으로 활용되고 있지 못한 실정이다.

넷째, 교원의 처우 문제와 관련하여 수당이나 승진 문제에 있어서 일반계열 교원에 비해 여건이 불리하여 교원의 사기가 매우 저하되고 있다. 또한, 임용전 산업체 경력이 있는 전문교과 교원들의 경우도 해당 경력을 50~70% 정도밖에 인정해주지 않고 있어 매우 불만이 큰 실정이다.

(나) 교원 양성 및 자격, 임용

우선, 전문계 고등학교 교원 양성과 관련하여 안고 있는 문제점을 살펴보면 다음과 같다.

첫째, 교원의 수급 불일치와 교원양성의 양적 과다 및 질적 저하의 문제점이 상존하고 있다. 즉, 직업교육의 경시 풍조 등에 기인하여 우수한 전문교과 교사 후보자를 확보하지 못하고 있을 뿐만 아니라 전문적인 교육과정의 운영이 미흡한 실정이다. 둘째, 전문계 고등학교의 수는 감소 추세이지만, 교원들의 적체는 심화된 채 전문계 고교 교원들의 승진 적체와 노령화가 문제로 제기되고 있다. 셋째, 사범대학과 일반대학의 교직과정 설치학과에서 전문계 교원이 양성되고 있지만 전문성과 현장적응 능력을 배양할 수 있는 교육과정 등이 미비한 상황이다. 넷째, 전문교과 교사 양성 교육과정에 있어서 직업교육의 특성 이해 및 인식을 함양할 수 있는 교직과목이 부재하고 산업체 현장 실습 등이 부족한 상황이다. 다섯째, 교직과정 이수 가능 분야가 표시과목에 한정되어 있어 원활한 교사 양성과 공급이 어려운 상황이다. 특히, 최근의 해당 특수 전공 분야의 경우, 직종과 직무를 반영한 전문 교원 양성이 제대로 이루어지지 못하고 있다.

다음으로, 전문계 고등학교 교원의 자격제도와 관련한 문제점을 제시하면, 첫째, 제7차 교육과정의 적용 등에 따라 교육과정과 내용이 변화되어져야 함에도 불구하고, 전문교과 교사 자격 표시 과목을 조정하는 연구 및 정책 등은 상대적으로 미흡하게 이루어지고 있다. 이와 함께 교사 양성 과정도 기본 이수 과목의 개편 등 검토 작업이 연계되지 못하고 있다. 둘째, 교사의 자격제도가 경직되어 있어 직업 · 직무 분야의 다양화에 따른 전문교과 자격의 유연성이 미흡한 실정이다.

마지막으로 교원 임용상의 문제를 살펴보면, 첫째, 기존 교사의 과원문제를 부전공 연수 등으로 충당하고 있어 신규 임용기회가 매우 제한적으로 이루어지고 있다. 둘째, 전문계 고등학교 출신자, 산업체 경력자 등에 대한 교직 유인가가 미흡한 수준이며, 임용시험이 지필고사 중심으로 운영되고 있어서 현장 실기능력 등을 검증하는 데 한계가 있다. 특히, 사립학교 교원의 경우는 평가 및 자질 검증 등의 객관적인 임용 절차가 분명하게 이루어지고 있지 않다.

라. 교육시설 및 연계교육 측면

현재 우리나라 직업교육과 직업훈련 정책이 이원화된 체제로 분리 · 운영됨으로써 전문계 고등학교와 기술계 학원, 직업 전문학교 간에 상호협력 및 연계가 제대로 이루어지지 못하고 있다. 최근 경기침체 등으로 인하여 지역내 현장실습 기업체가 부족할 뿐만 아니라 산업체에서도 학생들의 현장실습에 대한 협조가 미흡하여 산학협동 및 현장실습이 활성화되지 못하고 있다. 또한 학생들의 대학진학 선호 경향과 현장실습 기간 동안 학생관리의 어려움 등으로 현장실습 운영에 어려움을 겪고 있다. 한편, 전문계 고등학교의 실험 · 실습 기자재가 양적으로 부족하며, 노후화되어 있다.

마. 정부의 행 · 재정 지원 측면

첫째, 전문계 고등학교가 전체 고등학교의 큰 비중을 차지하고 있음에도 불구하고 교육행정기관의 담당 부서 확보나 전담 전문인력의 배치가 미흡한 실정이다. 이와 같은 전담 행정조직 및 인력의 부족은 최근 다양하게 도입 · 추진되고 있는 전문계 고등학교 교육 정책을 적극 도입 · 수용하고, 현장에서 이에 대한 적극적인 지원 체제를 마련하는 데 어려움을 주고 있다.

둘째, 현행 전문계 고등학교의 계열 구분이 지식기반사회의 수요를 적절하게 반영하지 못하고 있다. 특히, 공업계 고등학교 위주의 직업교육 정책으로 인해 농 · 상업계열, 수산 · 해양계열, 가사 · 실업계열 등의 고등학교 교육 여건이 여전히 개선되지 못한 채 운영되고 있다.

셋째, 학교간 특성화를 추진하고 있으나, 학생들의 학교 및 학과 선택의 폭은 매우 좁은 실정이다. 이와 함께, 전문계 고등학교의 특성을 보다 다양화하기 위해 도입된 특성화고, 특수목적고등학교에서 학교 운영에 따른 자율성이 확보되지 못하고 있다.

넷째, 전문계 고등학교 교육에 대한 재정지원 규모가 최근 들어 계속 감소 추세를 보이고 있으며, 지방재정교부금 중 전문계 고등학교 지원 재정이 절대적으로 부족한 상황이다. 특히, 학생유치에 필요한 재정지원과 실험 · 실습에 대한 투자의 절실함에도 불구하고, 재정이 매우 미흡한 실정이다. 또한 특성화고로 전환시 지속적인 지원이 필요함에도 초기의 지원에 비해 지속적인 행 · 재정적 지원이 이루어지지 않고 있다(이용환 외, 2007)

다섯째, 직업교육 관련 정책의 부처간 연계 운영이 부족하다. 예를 들어, 산학협동 등과 같은 전문계 고등학교 육성 정책들은 산업체와의 유기적인 협조체제와 지역사회와의 관계 등을 고려하여 여러 관련 부처와 연계하여 정책들이 입안 · 추진되어야 함에도 불구하고, 부처간 상호연계 없이 교육과학기술부 중심으로 추진됨으로써 사업의 실효성을 거두지 못하고 있다.

3. 초 · 중등교육 단계 산업인력개발의 개선방안

1) 초 · 중등교육 단계 교양직업교육의 개선방안

초 · 중등교육 단계에서의 교양직업교육을 강화하고 내실화하기 위한 개선방안을 크게 교육제도, 교원, 교육과정 및 교육방법의 4가지 측면에서 제시하면 다음과 같다(김기홍, 김나라, 송병국, 2006).

첫째, 교육제도 측면에서의 개선방안은 다음과 같다. 우선 교양직업교육의 중요성에 대한 인식 전환과 이와 관련한 초 · 중등교육에서 교육의 체계화가 가능하도록 정책적인 지원이 필요하다. 우선적으로 조기 교양직업교육제도를 구축하고, 교양직업교육에 대한 의무 조항을 규정하여 교양직업교육 프로그램을 초등학교부터 의무적으로 부과할 필요가 있다. 이와 관련하여 진로판단 권고에 대한 학교장의 권한이 강화되어야 할 것이다.

둘째, 교원의 측면에서의 개선방안은 다음과 같다. 우선 교양직업교육의 중요성에 대한 교사의 인식의 전환과, 교양직업교육의 이해, 내용 선정 및 조직, 교수-학습 등에 대한 연수 프로그램 개발 및 실행이 선행되어야한다. 또한 담당 교과를 통한 교양직업교육 방법의 개선, 교양직업교육 전달을 위한 교수 방법의 이해와 더불어 교사들에게 산업현장의 체험이나 기업 체험의 과정이 필요하다. 이를 위해서는 교사 양성 및 연수에서 교양직업교육과 관련한 충분한 교육을 제공해야 한다는 점도 간과해서는 안된다. 특히, 교양직업교육은 전문적인 교육활동이므로 전문성을 갖춘 교사나 전문가가 가르치는 것이 바람직하다. 만일 교양직업교육이 독립교과로 되어 있을 경우는별도의 교사 자격을 두는 것이 바람직하며, 현재와 같이 모든 교과교육에서 가르칠 경우 교사 양성이나 교사 연수 단계에서 이와 관련한 교육을 강화하는 것이 바람직하다.

셋째, 교육과정 측면에서의 개선방안은 다음과 같다. 우선, 초 · 중학교에서 교양직업교육과 관련한 교과를 보완하거나 독립교과로 개설되는 것이 바람직하다. 교양직업교육이 실효성을 거두고 실천적인 교육이 되기 위해서는 우선적으로 교양직업교육을 다루는 독립된 교과가 개설되어야 한다. 현 제7차 교육과정의 경우 초등학교와 중학교는 교양직업교육과 직접 관련이 있는 교과는 초등학교의 '실과' 와 중등학교의 '기술 · 가정' 이며, 또한 고등학교에 '진로와 직업' 이라는 일반선택 과목이 있을 뿐이다. 교양직업교육은 전 생애에 걸친 교육이다. 특히 일과 직업세계 에 대한 가치관이나 직업윤리 및 태도와 편견 등은 어려서 형성되기 때문에 학교에서 조기에 올바른 교육을 제공해야 한다. 이런 의미에서 초등학교에서 부터 고등학교에 이르기까지 독립된 연계 교과로 학생들에게 제공하여 일과 직업세계에 대한 이해, 올바른 직업가치관 형성, 합리적인 직업진로선택을 할 수 있도록 해야 한다. 둘째, 모든 교과활동에서 교양직업교육이 반영되어야 한다. 또한 교양직업교육이 독립교과로 개설된다고 하더라도 독립된 교과를 통해서만 교육하는 것은 매우 제한적일 수밖에 없다. 따라서 모든 교과를 통해서 습득된 지식과 기술을 일과 직업세계와 연결시킬 수 있을 때 그 교과를 이수한 의미를 찾을 수 있게 된다. 이런 점에서 교과를 교양직업교육과 연계하여 가르치는 것이 바람직하다. 마지막으로 초 · 중등교육에서 교과활동 이외에 특별활동이나 재량활동 및 학교행사를 통해 교양직업교육에 적극 활용해야 한다. 교양직업교육은 정규 교과활동만으로는 수행될 수 없다. 교과활동 이외에 학급활동, 클럽활동, 학교행사, 특별활동을 통해 극대화하는 것이 바람직하다. 교양직업교육은 다양한 실천 활동을 통해 학생 자신의 직업진로 선택과 관련한 적성과 소질을 발견하고 일과 직업세계를 탐색하게 해야 한다. 이를 위해 다양한 형태의 특별활동과 재량활동을 활용해야 하며, 이에 따른 학교 단계별 교양직업교육과 관련한 다양한 프로그램도 개발해야 한다.

넷째, 교육방법의 측면에서의 개선방안은 다음과 같다. 우선 교양직업교육을 실시함에 있어서 이론보다는 실기 위주의 교육에 비중을 더 두고, 직업탐구능력과 가치관, 자아이해 능력 배양을 위한 체험교육을 강화할 필요가 있다. 또한, 교양직업교육 내용 및 학생의 특성을 고려한 다양한 교육방법을 개발하고, 자기주도적 학습이 가능한 모듈식 프로그램 교재의 개발, e-learning 활성화, 다양한 직업세계에 대한 영상 자료 투입과 교과 내용과의 연계, 체험중심의 교양직업교육 강화, 교과서, 교재 중심보다 현장체험, 탐색, 탐방 등의 방법과 초 · 중학교와 인근 전문계고교와의 연계교육이 필요하다.

2) 전문계 고등학교의 전문직업교육의 개선방안

전문계 고등학교에서의 전문직업교육의 개선방안을 논의하기 위해서는 우선 국가수준에서 이루어지고 있는 전문계 고등학교 관련 정책을 살펴볼 필요가 있다. 최근 정부에서는 전문계 고등학교가 갖고 있는 여러 가지 한계점을 극복하기 위하여, 2000년대 이후 「직업교육체제 혁신방안(2005.5)」,「희망을 실현하는 전문계고 육성전략(2007.2)」등을 추진하여 왔으며, 새 정부에서도 전문계 고등학교의 발전적인 모델로서 「마이스터고 50개교 육성전략」을 발표하여 추진하고 있다.

먼저 「직업교육체제 혁신방안(2005)」에서는 전문계 고등학교에서의 직업교육을 포함한 우리나라 전체 직업교육의 문제점에 대한 주요 원인을 첫째, 직업교육 정책의 주된 관심이 사회 변화 및 학생과 학부모의 다양한 요구를 수용할 수 있는 교육내용 및 방법 등 교육의 질적 체질 개선보다는 직업교육기관의 양적 확충에 치중했고, 둘째, 그동안의 주요 직업교육 정책이 현실에 대한 면밀한 분석 없이 당시 경제상황의 필요에 의해 대증요법식으로 도입됨으로써 직업교육 전반의 문제를 개선하기보다는 상황을 악화시켰으며, 셋째, 과거 국가 인력수급전망에 의한 인력양성

시스템의 한계와 국가균형발전 차원에서 지방산업 육성전략과 맞물린 지역산업의 인력양성에 대한 인식이 부족한 데에서 찾고 있다.

따라서 고등학교 단계 직업교육의 혁신을 위한 추진 방향으로 첫째, 2010년까지 특성화고를 200개교로 확대하고, 둘째, 특성화고로 전환하지 않는 기존의 전문계고는 직업기초능력에 중점을 두는 것으로 설정하였다. 이를 위한 추진과제로 ① 명문 특성화 고등학교 육성, ② 일반 전문계고의 기초직업교육 내실화, ③ 단위학교 중심의 변화 지원 등을 제시한 바 있다(〈표 11-10〉 참고).

〈표 11-10〉 「직업교육체제 혁신방안(2005. 5)」의 중등단계 직업교육 혁신 관련 추진과제

추진과제	관련대책	
산업수요와 직결되는 '명문 특성화고' 확대	지방자치단체에 의한 전문고 특성화	• 지역별 핵심산업, 특성화 산업 및 전통산업과 연계
	산업체 및 직능단체에 의한 전문고 특성화	• 해당 직종별 개별 산업체, 직능단체에서 필요한 인력 양성
	각 정부부처에 의한 전문고 특성화	• 국가차원의 육성산업 및 첨단산업과 연계
	농어촌 전문고를 위한 지역종합문화센터	• 농어촌 전문고 지역주민을 위한 영화관, 문화예술공연 시설, 사회교육시설을 집적화
일반 전문고의 기초직업교육 내실화	일반 전문고의 교육과정 전면 개편	• 보통교과-전문교과 최저이수기준 규제 완화 • 직업훈련기관 · 기술계학원과의 교육과정 연계 강화 • 직업기초능력 중시 교수학습 프로그램의 개발 및 운영 • 직업세계의 변화를 수용할 수 있는 새로운 계열 구분의 도입
	통합형고 제도의 본격 도입	• 한 학교에 일반과정과 직업과정을 동시에 개설 • 학생의 소질과 적성에 따라 진학과 취업과정을 스스로 선택할 수 있는 통합형고의 본격 도입
	일반 전문고의 기초학력책임지도제 도입	• 직업생활 및 평생학습에 필요한 최소한의 기초능력을 학교에서 책임지고 지도하여 기초 · 기본 학력이 부족한 학생에 대한 읽기, 쓰기, 말하기 등의 기초학력지도 강화
	전문고 학급당 학생수 하향 조정	• 학급당 35명 기준을 학급당 30명 이하 기준으로 개선

단위학교 중심의 변화 지원	학교 컨설팅 활성화	• 학교 운영을 외부전문기관에 의하여 주기적으로 컨설팅을 수행함으로써 학교운영개선에 활용
	직업교육 최고경영자과정 설치 · 운영 지원	• 직업교육기관 CEO들의 경영능력을 제고하기 위하여 직업교육기관 최고경영자과정 운영 지원 • 대기업 연수원 등 다양한 연수프로그램 활용
	교육수급의 유연성 제고	• 전문계 고교 체제개편 및 일반고로의 전환에 따라 전문교과 교원의 효과적인 재교육과 산학겸임교원의 활용
	산업 · 사회 수요 예측에 근거한 전문고의 일반고 전환 검토	• 산업인력 수요 예측과 지역사회 및 재정 여건에 따라 시 · 도교육청별로 교원수급대착 수립 후 자체 실정에 맞게 추진
	일반고의 교양직업교육 강화	• 진로와 직업 교과목 이수 강화

자료 : 대통령자문 교육혁신위원회(2005). 직업교육체제 혁신방안. 재구성

다음으로, 교육인적자원부의 「희망을 실현하는 전문계고 육성 전략(2007)」에서는 전문계고 육성을 위한 추진 방향으로 2020년까지 산업분야별로 500개의 전문계고를 육성함으로써, 전문계고의 내실화를 통해 계속교육을 통한 능력발전을 지원하여 실무를 겸비한 핵심기술 인력양성을 제시하였다. 이를 위한 추진과제로 ① 정부부처/지자체/산업체가 참여하는 전문계고 특성화 추진, ② 졸업 후 취업 및 학사학위 취득까지 가능한 경로 구축, ③ 학습-일 연계를 통한 능력개발 기회 확대, ④ 전문계고 교원의 전문성 신장, ⑤ 직업교육과정 혁신 및 운영 내실화 등을 제시하였다(〈표 11-11〉 참고).

최근 새 정부에서는 「고교다양화 300 프로젝트」를 발표하였는데, 그 주요 내용을 보면 교육청의 획일적인 통제를 벗어나 교육과정, 교원인사, 학사운영 등을 학교가 자유롭게 운영하고, 그 책무성을 학생 · 학부모의 선택에 의하여 묻는 자율형 사립학교 100개를 설립하며, 농촌, 중소도시, 대도시 낙후지역에 150개의 기숙형 공립고교를 지정하여 해당지역 학생들을 우선 입학시키고, 학생의 80%정도가 기숙사에 입주하도록 한다는 것, 그리고 학생의 특성과 기회를 살리는 직업분야 마이스터고교 50개를 집중 육성한다는 것이다(〈표 11-12〉 참고).

〈표 11-11〉『희망을 실현하는 전문계고 육성전략(2007. 2)』의 주요내용

추진과제	주요내용
정부부처/지자체/산업체가 참여하는 전문계고 특성화 추진	• 산업별 핵심기술인력을 양성하기 위하여 수요부처, 지자체 및 산업체가 산업수요와 연계하여 직접 특성화 지원 · 육성에 참여 • 2007년부터 정부부처에서 위탁 · 지원 특성화고를 육성 • 2009년부터 지자체, 산업체와 공동으로 운영하는 특성화고 100개교를 신규로 육성
졸업 후 취업 및 학사학위 취득까지 가능한 경로구축	• 산학협력 취업약정제(협약학과) 활성화 • 전문계고 졸업생의 우선 취업기회 확대 • 조기입직자에 대한 전문대학 입학 문호 확대 • 전문계고 졸업자의 계속직업교육 완성과정으로 전문대에 전공심화과정(학사학위 수여) 도입 • 산업체 위탁교육 활성화
학습-일 연계를 통한 능력개발 기회 확대	• 시간제 등록생 제도 활성화 • 일터학습 강화 • 직장에서 학위 취득하는 사내대학 활성화
전문계고 교원의 전문성 신장	• 교원의 산업체 현장적응연수 의무화 • 공동실습소의 교원직무연수 기능 강화 • 직업교육 혁신 연수를 통한 교원의 변화 촉진
직업교육과정 혁신 및 운영 내실화	• 전문계고 교육과정 혁신 • 직업 · 진로교육 강화 • 장학금 비율 확대 및 학급당 인원수 감축

자료 : 나승일 외(2007). 정부부처에 의한 특성화고 육성 · 지원 프로그램 개발. 교육인적자원부.

「고교다양화 300 프로젝트」에서 전문계고 육성정책의 핵심으로 제시한 한국형 마이스터고 육성사업은 2009년까지 30개교를 지정(2008년 20개교 이내)하고 운영성과를 평가하여 50개교까지 확대하며, 지역 전략산업 등 유망분야의 특화된 영 마이스터(Young Meister) 양성을 위하여 학비 면제, 외국어 교육과 해외연수 등 집중 지원을 계획하고 있다. 마이스터고의 선정절차는 시 도 교육감이 지역 전략산업과 마이스터 분야의 적합성, 학교 기본여건 등을 고려하여 2개교 이상을 추천하면 정부 및 산업계가 공동으로 마이스터고 심의위원회 심의를 거쳐 교육과학기술부에

〈표 11-12〉「고교다양화 300 프로젝트」의 주요 내용

구분	주요 내용
기숙형 공립고 150교 설치	• 농산어촌과 중소도시 저소득층 밀집지역에 소재한 공립고교로서 지역 교육에 대한 기여도가 높고 향후 발전 가능성이 높은 학교를 선정하여 기숙사 설립 등을 지원 • 기숙사 설립 · 확충을 지원하고, 기타 도서실 · 어학실 · 다목적실 등 교육여건 개선 및 원어민 강사 등 다양한 프로그램 운영 지원
자율형 사립고 100교 설립	• 설립이념이 뚜렷하고 자율적으로 다양한 프로그램을 운영할 수 있는 학교로서 학교 교육비를 자체조달할 수 있는 재정이 건실한 학교를 대상으로 선정하여 자율적 운영 보장 • 교육감과 학교운영에 관한 협약을 체결하여 학교운영을 자율화 • 학교에서 다양한 선발방식으로 학생을 선발하되 지필고사를 금하는 것을 원칙적으로 하고 세부적안 방안을 추후 검토하도록 함
마이스터고 50교 육성	• 기업체 혹은 지자체 등이 학교 설립 절차에 따라 신설하거나 기존 특성화고 중 50개교를 인증을 거쳐 마이스터고로 전환 • 교육감과 학교운영에 관한 협약을 체결하여 학교 운영을 자율화 하며 해당 분야의 마이스터가 공모교장, 교사가 될 수 있도록 교사자격과 보수체계를 유연함

자료: 대통령직 인수위원회(2008). 이명박 정부 국정과제 보고. 재구성

서 선정하도록 하고 있다(〈표 11-13〉 참고).

마이스터고의 운영의 핵심은 학생들의 경력개발 트랙을 명확하게 설정하여 졸업 후 소질과 적성에 따라 원하는 분야의 마이스터로 성장할 수 있도록 산업계와 유기적으로 연계한 교육과정과 명확한 비전을 제시해 주는 데 있다(장명희, 강경종, 이병욱, 2008). 따라서 마이스터고 정책이 기존의 전문계고 문제점들을 해소하고, 정책적 효과를 거두기 위해서는 충분한 준비기간을 확보하여 단위학교, 산업계, 학부모 및 학생으로부터 공감대를 형성하는 것이 필수적이라고 할 수 있다.

이상과 같이 국가 수준에서 뿐 아니라, 시 · 도 교육청 단위에서도 전문계 고등

〈표 11-13〉「마이스터고 육성사업」 추진전략

추진전략	추진과제	관련대책
마이스터 성장경로 (career path) 확립	산업체 조기정착을 위한 병역 이행 방안 개선	• 전문계고 졸업 후 취업 시, 대학 진학 시에 준하여 입영을 연기(최대 4년)
		• 마이스터고 졸업생의 군 복무(18개월) 시 특기분야로 근무할 수 있도록 특기분야 확대(기존 첨단장비 운용 · 정비) 및 신설
	취업 후 계속교육을 통한 학위취득 기회 확대	• 사내대학, 계약학과 규제완화 및 고용보험기금 지원 확대로 기업의 부담을 경감함. • 근로자 학자금 대부(고용보험기금)를 활성화를 통해 사이버대학, 시간제 등록생 별도반 구성 등 재직 중 학위취득 기회를 확대 • 군 복무 중 전문학사학위 취득 지원(e-military University)을 활성화
	해외 진출 촉진	• 실무영어 중심의 외국어(영어) 능력제고 및 국제자격증 취득을 지원하고, 국제교류 확대 • 해외취업(한국산업인력공단) 사업에 마이스터고 졸업생을 연계
마이스터고 인재 육성을 위한 규제개혁	맞춤형 교육 실시	• 국민공통기본교육과정을 1/2로 감축, 과목의 신설 및 폐지, 실습 및 계절학기 등 가능 • 전문교과 교과서 · 교재를 상시 개발 및 활용
	마이스터 교원 채용	• 교장의 경우 공모제로 임용하고(산업계 인사 임용 가능), 학교장 책임 및 권한을 강화 • 기존 교원의 역량제고를 위한 연수강화 및 인센티브 • 영재학교에 준하여 시 · 도별 마이스터고 교원정원 별도기준 마련 • 우수 마이스터 확보를 위해 명인 · 명장, 협약된 산업체 · 직능단체 추천 현장 전문가 등을 활용
	입학전형을 다양화 및 자율화	• 소질, 적성검사, 중학교 추천, 자격증, 입상경력 등의 성장가능성으로 선발 • 학교장이 전국단위로 모집(특차모집)
	산업계 맞춤형 학교운영	• 지역 전략산업 등 산업수요가 적합한 유망분야에 집중하고 소규모 학급으로 운영(급당 20명 내외)하여 교육의 질을 확보 • 산업계가 학교운영위원회 및 교육과정위원회 등에 참여하여 학교 운영 및 교육과정 개발, 수업 등에 참여 유도 • 산업계와 학교장이 공동으로 졸업생 기술 · 능력을 인증

자료 : 교육인적자원부(2008). "고교 다양화 300 프로젝트" 한국형 마이스터고 육성전략. 재구성.

학교 발전을 위한 여러 가지 노력을 기울이고 있다. 정철영 외(2007)는 경상북도 직업교육 종합발전방안 연구(2008~2010)를 수행하면서 전국의 16개 시도교육청에서 제시한 직업교육 발전방안을 ① 운영체제 개편, ② 학생 관련 사항, ③ 교원 관련 사항, ④ 교육과정 운영, ⑤ 산학협동, ⑥ 실험 · 실습 기자재 등의 교육시설 관련 사항, ⑦ 진로지도, ⑧ 행 · 재정적 지원 등으로 구분하여 분석하였다(〈표 11-14〉, 〈표 11-15〉 참고).

〈표 11-14〉와 〈표 11-15〉을 통해서 우리나라 전문계고 발전을 위한 개선방안을 도출하면 다음과 같다.

〈표 11-14〉 16개 시 · 도 교육청의 전문계 고등학교 관련 정책 종합(1)

구분	서울특별시 교육청 (2007)	부산광역시 교육청 (2005)	대구광역시 교육청 (2006)	인천광역시 교육청 (2006)	광주광역시 교육청 (2007)	대전광역시 교육청 (2007)	울산광역시 교육청 (2002)	경기도 교육청 (2005)
체제 개편	• 특성화고확대 • 학과개편	• 운영 다양화 • 학과개편	• 교육체제 개편 • 첨단학과로 개편	• 특성화고교 중심체제 구축 • 통합형고 전환 • 특성화학과 개편	• 특성화고 체제 개편 • 특성화고 신설 • 학교재배치를 통한 특성화	• 특성화고확대	• 고등학교체제 재구조화 • 통합형 고등학교 • 특성화고등학교 육성 • 학과 통폐합 및 신설	• 체제 다양화 · 특성화
학생	• 우수학생 유치	• 중학생 진로 지도 강화 • 교양직업 교육 강화 • 홍보강화	• 중학생, 교사 진로 지도강화 • 직업교육 홍보 • 학생수 감축	• 교양직업 교육 강화 • 홍보활동 강화	• 학생선발 방법 개선 • 우수신입생 유치방안개선 • 학교생활 지원 강화 • 기초학력신장 인성교육프로그램 운영	-	• 대학문호 확대 • 졸업생병역 특례 • 학생수감축 • 중학생, 학부모 홍보	• 학급당 학생수 축소 • 국외직업교육 연수
교원	• 직업교육 CEO연수 • 교과연구회 지원 • 수업방법 개선 연수	• 조직문화 개선 • 교사전문성 향상 • 우수교원 확보, 산학 겸임교사활용 • 교직안정성 확보	-	• 전문교과 교원의 전문성 향상 • 근무여건 개선 • 교직의 안정성 • 산학겸임 교사 활용	• 교원의 연수 지원강화 • 혁신마인드 제고 및 참여 유인책 마련 • 교과연구회 활동지원 • 순환근무제의 예외 인정	• 역량강화를 위한 연수	• 교원관리 대책	• 산업체연수 • 국외연수 • 연구회 운영 • 교원수급 유연화

교육과정	• 기초교과 학력신장 • 직업윤리 교육 강화 • 인정도서 개발	• 교육과정 운영 유연성 확보	• 다양한 교육과정운영 • 취업창업교육 진학교육병행 • 자율적 교육과정개발 • 자격기반인증형교육과정도입	• 코스제	• 특성화 적합 교육과정 개편 • 교과목신설, 변경 • 전공심화 과정 운영	• 연계교육체제 강화 • 맞춤식 교육과정운영 • 교육과정 다양화 • 기초학력책임지도사업 추진	• 교육과정 개발	• 전문성강화 프로그램 운영 • 전문교과 도서 개발·보급
산학협동	• 협약학과 운영 • 정부위탁지원특성화고 지원 • 창업교육, 비즈쿨운영 • 학교기업운영	• 산학협동 내실화 • 학교기업 내실화	-	• 산학협동 내실화 • 학교기업 운영	• 현장실습 운영 내실화 • 전공동아리, 창업동아리 운영 활성화	• 협의체 구성, 운영 • 청소년창업 교육프로그램 • 학교기업 확대	• 산학협동 강화	• 현장실습 내실화 • 연계협약 학과 운영 • 학교기업 확대
시설 및 설비	• 실험실습 기자재, 실습비 지원확대	-	-	• 교육여건 개선	• 기자재 확충 • 유휴기자재 관리전환 • 공동실습소 운영내실화 • 기자재관리 내실화	• 기자재확충 및 대체비 지원	-	• 시설확충 및 환경개선 • 공동실습소 확충
진로지도	• 직업교육정보 센터구축 운영 • 실업계고 졸업생 진로지도	• 취업지도 강화 • 진학지도 강화	• 취업능력 향상 • 체계적인 진로지도 • 직업능력개발진로교육	• 진로지도 강화 • 진로교육 센터 운영 • 취업, 진학 지도 강화	• 취업지도개선 • 진학지도개선 • 진로지도지원 인프라구축 • 상담교사역할 기능 재정립	• 다양한 프로그램운영 • 진로정보제공 및 홍보	• 진로지도 강화	• 진로교육 활성화 기반 조성
행·재정지원	• 경영컨설팅 • 기술영재 교육 강화	• 체제, 학과 개편 지원 • 교육여건 개선 • 재정지원 시스템 구축 • 우수 졸업생 준공무원특채	• 주기적 수요조사 분석 • 행정지원강화 및 자율권 부여 • 직업교육여건개선	• 체제 및 학과개편 지원 • 재정지원및 평가체제구축 • 법제도적지원 • 사회인식제고	• 단위학교 예산지원 형평성 제고 • 학교별 예산 지원지침의 개정 • 지자체, 대학, 산업체, 지역주민과 연계 강화	• 학교경영혁신 컨설팅지원	• 직업교육여건조성을 위한 투자확대 • 실고에 대한 편견 극복	• 교육컨설팅 지원 • 교육복지 확충

자료: 정철영 외(2008). 울산광역시 전문계 고등학교 종합발전방안. 울산광역시 교육청.

〈표 11-15〉 16개 시 · 도 교육청의 전문계 고등학교 관련 정책 종합(2)

구분	강원도 교육청 (2006)	충청북도 교육청 (2005)	충청남도 교육청 (2007)	전라북도 교육청 (2001)	전라남도 교육청 (2007)	경상북도 교육청 (2007)	경상남도 교육청 (2006)	제주도 교육청 (2006)
체제 개편	• 학교, 학과, 학급 개편	–	• 학교 및 학과 체제 개편	• 통합형고등학교체제로 전환 • 특성화고등학교 확대	• 명문특성화고 확대 • 학과개편 • 운영체제의 다양화	• 학교 체제개편 • 학과 체제개편 • 학급 체제개편	• 체제 개편 • 학교 및 학과 개편	• 학과특성화 전문화 • 학교구조 조정
학생	• 신입생 유치 개선 • 재학생 학교 생활지원	–	• 신입생 유치 방안 개선 • 학생생활 지도 강화	–	–	• 중학교 교사, 학생, 교사 홍보 • 홍보자료 제작	• 학생생활 지도 강화 • 학생유치강화	• 우수학생 확보
교원	• 의식 전환 • 교원 역량 강화 • 근무여건 개선	–	• 교직문화 조성 • 교원교육 강화 • 교원근무 여건 개선	• 교원연수 개선	• 연수강화 • 직업교육 CEO 과정운영	• 학교장의 리더십제고 • 교원의 역량 개발 • 교직문화조성 • 지원확대	• 교원역량 강화 • 교원근무 여건 개선 • 조직개발	• 교원신분 보장 강화 • 교원의 전문성 신장
교육 과정	• 기초학력 강화 • 교육과정 운영 내실화 • 취업 및 진학 고려	• 수능의 직업탐구영역 학력제고 • 직업기초능력 신장 교육	• 교육과정 개선	• 직업교육과 자격증 연계	• 연구학교 운영 • 체험교육 강화 • 직업기초소양교육강화	• 진학과 취업을 고려한 교육과정 • 산업체 수요 반영한 교육과정 • 교육과정 운영 내실화	• 교육과정 개선 • 교수학습 방법 개선	• 교육과정 운영 자율화 확대 • 교과서 개발
산학 협동	• 지역 산업체와의 연계 강화	–	• 지역 산업체와의 연계 강화	• 산학연계 강화	• 공동실습소 운영 • 산학연계교육 • 학교기업확대	• 지역산업과의 연계강화	• 지역산업체와 협력 • 지역사회 서비스	• 산학협동 확대 • 학교기업 운영
시설 및 설비	• 교원 복지 시설 확충 • 기숙사 확충 • 실험 · 실습 기자재 확충	• 공동 실습소 운영 내실화	• 교육여건 개선 • 시설 및 기자재 관리 강화	–	• 실험 · 실습 기자재 확충 및 운영관리	• 시설 및 기자재 확충 • 확보방안 마련 • 관리방법 개선	• 시설 및 기자재 관리	–
진로 지도	• 재학생 취업 및 진로지도 강화	• 진로교육 내실화	• 학생 진로지도 강화	–	–	• 기본생활습관 지도 강화 • 취업 및 진학 지도 강화	• 재학생 취업 및 진로지도 강화	• 취업상담 강화 • 취업지도 독립 교과운영
행 · 재정 지원	• 행 · 재정적 지원	• 인정도서 개발 행 · 재정 지원	• 경영 리더십 제고 • 학교경영의 체계화	–	• 장학금지원 • 기숙사운영 • 학과설명회 지원	• 학교경영 체계화 • 홍보기능 강화	• 경영리더십 • 성과관리	• 우수졸업생 준공무원 특채

자료: 정철영 외(2008). 울산광역시 전문계 고등학교 종합발전방안. 울산광역시 교육청.

첫째, 현재 지속적인 학교수 및 학과수 조정을 통해 구조조정이 이루어지고 있을 뿐 아니라 특성화고교로의 체제 개편 및 특성화 학과로의 개편을 통해 전문계 고등학교의 정예화와 전문화가 이루어지고 있듯이, 전문계 고등학교의 운영 체제는 환경변화에 대응할 수 있도록 지속적으로 개편될 필요가 있다. 또한, 전문계 고등학교 학생들의 상급학교 진학 수요가 점점 늘어나고 있기 때문에 상급학교 진학 수요를 충족시키면서도 직업교육이 충실하게 이루어질 수 있는 방향으로 전문계 고등학교의 운영체제가 변화되어야 한다.

둘째, 학생 자원에 대한 유인책 및 안정적 확보 방안을 마련하여야 한다. 이를 위해 중학교 학생 및 학부모, 교사를 대상으로 한 진로지도 체제를 강화하고, 지역사회 기관과 밀접한 관계를 유지하며 학교행사에 지역사회 인사의 참여를 적극 유도하는 등 직업교육에 대한 홍보를 강화하고, 산업체의 고등학교 졸업생에 대한 주기적인 수요조사 분석을 실시하여 그 결과를 반영해야 나가는 노력 등을 계속해야 한다.

셋째, 교원의 전문성 향상이 지속적으로 이루어져야 한다. 전문계 고등학교 교육체제 관련 정책의 성공 여부는 교원들의 능력과 의지에 크게 좌우된다는 점을 인식하여 전문계 고등학교 교원들의 능력 향상과 사기 제고에 힘을 쏟아야 한다.

넷째, 다양한 교육과정을 운영해야 한다. 교육과정 운영체제 개편, 취업 및 창업, 진학 병행의 진로선택이 가능한 열린 교육과정 운영(과정 선택제, 학과 선택제, 전공 선택 코스제 등), 전문대학과의 교육과정 연계, 교수-학습 방법 개선, 교과서 및 교재 개발 확대 등을 통하여 교육과정을 다양하게 운영해야 한다. 또한 교육과정 운영의 자율성 및 현장 적합성 제고를 위해 첨단기술교육을 추진하고 현장과의 상호인정 프로그램을 운영해야 한다.

다섯째, 산학협력이 중요하게 대두되고 있으므로 산학 연계 체제 구축과 현장실습의 내실화를 기할 수 있도록 협약학과 운영, 학교기업 운영, 창업 프로그램 운영 등을 통해 다양한 연계망을 형성해야 한다.

여섯째, 물적 · 제도적 인프라가 갖추어져야 한다. 전문계 고등학교의 일반적인 교육여건은 일반계 고등학교와 비교해 큰 차이가 없다. 그러나 전문계 고등학교에 정작 필요한 직업교육 여건은 갈수록 어려운 실정이다. 이동식 수업을 위한 시설이나 전문 직업교육을 하는데 필요한 기자재는 양적으로나 질적으로 아직 미흡한 실정이다. 현재 전문계 고등학교 지원 예산은 지방교육 재정으로 이양됨에 따라 지역별 편차가 크다. 따라서 전문계 고등학교에서 실질적인 교육 여건 개선을 위해 정부 단위나 지역 단위에서 안정적인 재원 확보책이 마련되어야 한다.

일곱째, 전문계 고등학교 직업교육 발전을 위해서는 진로지도에 대한 정책적 관심이 중요하다. 최근에 전국적으로 진학률이 취업률에 비해 높기 때문에 전문계 고등학교가 취업과 진학을 병행하는 것을 통해 교육 정체성에 혼란을 가져오고 있다. 따라서 전문계 고등학교 체제 개편과 우수 학생 모집을 위한 방안과 재학생의 취업 및 진학지도에서 이전과 달리 전문성 있는 진로지도가 요구된다.

여덟째, 지속적인 행 · 재정적 지원이 요구된다. 따라서 전문계 고등학교 교육 활성화를 위해 정부는 거시적 차원에서 행 · 재정적 지원책을 마련해야 하고, 각 시 · 도교육청은 지역 산업과 연계한 특성화고교와 특성화학과 개편을 위한 장 · 단기적인 지원책을 마련해야 한다.

요약

이 장에서는 초·중등교육 단계의 산업인력개발에 대해서 살펴보았으며, 이를 위하여 초·중등교육 단계 산업인력개발의 개념, 현황, 문제점 및 개선방안에 대해서 살펴보았다.

초·중등교육 단계의 산업인력개발은 미래 산업인력의 근간이 되는 청소년을 대상으로 산업분야에서 필요로 하는 인력으로 육성하기 위하여 초·중등 교육과정을 이수하는 청소년에게 제공되는 다양한 유형의 직업교육으로 정의할 수 있다.

이때 초·중등교육 단계의 산업인력개발은 크게 교양직업교육과 전문직업교육으로 구분할 수 있다. 이때 초·중등교육 단계의 교양직업교육은 초등학교 실과교육과정과 중학교 기술·가정 교육과정 등이 포함되며, 전문직업교육은 전문계 고등학교에서 이루어지는 전문직업교육을 의미한다고 할 수 있다. 특히, 전문계 고등학교에서 이루어지는 전문직업교육은 초·중등단계의 산업인력개발의 중추적인 역할을 수행하고 있으며, 이에 따라 현재 우리나라의 전문계 고등학교의 현황을 중점적으로 살펴보았다.

마지막으로 초·중등교육 단계의 산업인력개발의 개선방안은 전문계고 직업교육의 개선방안을 중심으로 살펴보았다. 이를 위해 국가 수준의 전문계고 정책과 시도교육청 수준의 전문계고 발전방안을 종합하여, 이를 토대로 첫째, 전문계 고등학교의 운영 체제는 환경변화에 대응할 수 있도록 지속적으로 개편, 둘째, 학생 자원에 대한 유인책 및 안정적 확보 방안을 마련, 셋째, 교원의 지속적인 전문성 향상, 넷째, 다양한 교육과정의 운영, 다섯째, 협약학과 운영, 학교기업 운영, 창업 프로그램 운영 등을 통해 다양한 산학협력 연계망을 형성, 여섯째, 물적·제도적 인프라 구축, 일곱째, 진로지도에 관한 정책적 관심의 증대의 측면에서 개선방안을 구체적으로 제시하였다.

참고문헌

강경종, 이광호, 나승일, 김기홍, 이병욱, 김종우(2005). 실업계고 평가 프로그램 개발 및 시범적용 평가사업. 교육인적자원부.

경기도교육청(2005). 실업계고등학교 경쟁력 강화를 위한 경기 직업교육 발전방안(2006~2011). 경기도 교육청.

교육부(1999). 초등학교 교육과정 해설(I): 총론, 재량활동. 교육부.

교육부(2000). 고등학교 교육과정 해설: I. 총론. 교육부.

교육인적자원부(2000. 1). 실업계 고등학교 육성 대책. 교육인적자원부.

교육인적자원부(2001. 11). 실업교육 육성방안. 교육인적자원부.

교육인적자원부(2007. 2). 희망실현 전문계고 육성전략. 교육인적자원부.

교육인적자원부(2008). "고교 다양화 300 프로젝트" 한국형 마이스터고 육성전략. 교육인적자원부.

김기홍, 김나라, 송병국(2006). 평생학습사회의 직업교육. 한국직업능력개발원.

김기홍, 이용순, 이상돈, 김태민, 윤미경, 안명환(2005). 인천 실업계고교 직업교육 발전 방안. 인천광역시교육청. 한국직업능력개발원.

김기홍, 이용순, 전형중, 문대영, 이상엽, 김태국, 배동윤(2005). 부산광역시 실업계고교 활성화 방안 연구. 한국직업능력개발원.

김기홍, 이정표, 박동열, 이광호, 김성봉(2006). 제주도 실업계고교 운영체제 개편 및 발전방안 연구. 한국직업능력개발원.

김진수, 오승균, 우상호, 은태욱, 김진권, 인식환, 한석일(2005). 충청북도 직업교육중장기 발전방안. 충청북도 교육청.

나승일(2004). 실업계 고등학교 본질과 성격. 2004년도 실업계 고등학교 교육과정 개편을 위한 방향탐색 세미나 자료집.

나승일, 장명희, 조용, 송달용(2007). 정부부처에 의한 특성화고 육성 · 지원 프로그램 개발. 교육인적자원부.

나승일, 정철영, 김진모, 안강현, 한홍진(2007). 광주광역시 전문계 고등학교 특성화 및 종합발전방안. 광주광역시교육청.

노상우, 박세훈, 유평수(2001). 실업계 고등학교 발전방안 연구-전라북도를 중심으로. 교육행정학연구, 19(4), 81-108.

대전광역시교육청(2007). 2007년도 직업교육추진계획. 대전광역시교육청.

대통령자문 교육혁신위원회(2005). 직업교육체제 혁신방안. 대통령자문 교육혁신위원회.

대통령직 인수위원회(2008). 이명박 정부 국정과제 보고서. 대통령직 인수위원회.

마상진(2004). 실업계 고등학교 교사의 직업교육 가치성향과 조직몰입의 관계. 서울대학교 미출판 박사학위논문.

서울특별시교육청(2007.3.1). 서울직업교육 발전 계획(안). 서울특별시교육청.

송달용(2007). 특성화 고등학교 평가준거 개발. 서울대학교 미출판 박사학위 논문.

송달용, 장명희, 최동선(2008). 특성화 고등학교 성과분석 및 운영 활성화 방안. 교육인적자원부.

실업교육발전위원회(2001.4). 실업교육 발전을 위한 실천방안. 실업교육발전위원회.

울산대학교 사회과학연구소(2002). 울산광역시 실업계 고등학교 발전방안. 울산광역시 교육청.

이무근(2003). 직업교육학원론(제3판). 서울: 교육과학사.

이무근, 정철영, 안강현, 이광호, 이종성, 정남용, 최계호(2007). 대구광역시교육청 직업교육 종합발전방안(2007-2010). 대구광역시교육청.

이용환, 금지헌, 안선영(2007). 교사가 인식하는 특성화 고등학교 교육의 문제점. 농업교육과 인적자원개발, 39(4), 59-81.

이종성(2000). 인천광역시 실업계 고등학교 진흥 계획 수립 연구보고서. 인천광역시교육청.

이종성(2005). 직업교육과정의 종합적 고찰. 한국직업능력개발원.

장기원, 정철영, 이정표(2004). 직업교육 발전방안에 관한 연구(미출판). 교육인적자원부.

장명희(2001). 실업계 고등학교 전문교과 교사의 직무수행 기준 개발. 한국직업능력개발원.

장명희, 강경종, 이병욱(2008). 한국형 마이스터고 도입 및 육성 방안. 교육과학기술부 공청회 자료.

전라남도교육청(2007). 2007학년도 실업교육 추진 계획. 전라남도교육청

정철영(2000). 직업교육체제 개편안. 대통령자문 새교육공동체위원회 발표 논문.

정철영(2008). 직업교육 발전을 위한 종합적 탐색: 전문계 고등학교를 중심으로. 서울대학교 직업교육 CEO 과정.

정철영, 나승일, 이광호, 안강현, 이종범(2006). 강원도 실업계고교 종합발전방안(2006~2008). 강원도교육청.

정철영, 이광호, 안강현, 김재호(2007). 충청남도 지역실정에 부합하는 전문계 고등학교 육성방안. 충청남도교육청.

정철영, 최홍영, 이광호, 김재호(2007). 경상북도 직업교육 종합 발전방안 연구 (2008~2010). 경상북도교육청.

정철영, 김진모, 최홍영, 이광호, 장영, 이명훈(2008). 울산광역시 전문계 고등학교 종합발전방안. 울산광역시 교육청.

한국직업능력개발원(2006). 평생학습사회의 직업교육. KRIVET Research Series, 3.

12

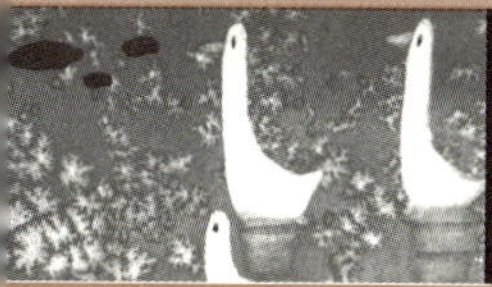

고등교육 단계의 산업인력개발

학습개요

이 장에서는 우리나라의 고등교육 단계에서 이루어지고 있는 산업인력개발에 대해서 살펴보고자 한다. 이를 위하여 고등교육 단계 산업인력개발의 개념 및 현황을 살펴보도록 한다. 또한 이를 바탕으로 우리나라 고등교육 단계 산업인력개발의 문제점 및 개선방안을 살펴보도록 하겠다.

학습목표

1. 우리나라 고등교육 단계 산업인력개발의 개념을 설명할 수 있다.
2. 우리나라 고등교육 단계 산업인력개발의 현황 및 문제점을 설명할 수 있다.
3. 우리나라 고등교육 단계 산업인력개발의 개선방안을 설명할 수 있다.

1. 고등교육 단계 산업인력개발의 개념

고등교육 단계의 산업인력개발은 산업분야에 필요로 하는 전문적인 지식과 기능을 갖춘 중견직업인 양성 및 교양인을 양성하기 위하여 전문대학과 대학에서 실시되는 다양한 유형의 직업교육으로 정의할 수 있다.

이때 전문대학은 단기 직업교육을 위한 고등교육기관으로서 고도 산업사회에 대비하여 사회의 각 직업분야에서 필요로 하는 중견 직업인의 양성 · 공급을 그 목적으로 하고 있다. 교육법에 규정된 전문대학의 설치 목적을 보면 '전문대학은 사회 각 분야에 관한 전문적인 지식과 이론을 교수 · 연구하고 재능을 연마하여 국가사회의 발전에 필요한 중견직업인을 양성함을 목적으로 한다' 라고 명시되어 있다(이무근, 2003). 한편, 대학은 교육과 연구 두 역할을 목적으로 하고 있으며 대학에 따라 두 분야의 비중이 달라진다. 교육대학, 산업대학 등은 교육을 중점에 두고 관련 분야 직업인 양성이 목적이며, 일반 대학은 전공에 따라 다소 차이가 있으나 전공분야의 전문가 양성 및 전공 분야 외에도 두루 교양을 갖춘 인력을 양성하고 있으며, 최근에는 실무를 강조하는 등 직업교육 성격이 강조되고 있는 추세이다.

이러한 고등교육 단계의 산업인력개발을 이해하기 위해서는 먼저 고등교육기관을 살펴볼 필요가 있다. 고등교육법(일부개정 2008. 3. 28 법률 제8988호) 제2조에 따르면 고등교육을 실시하는 학교의 종류는 대학, 산업대학, 교육대학, 전문대학, 방송대학 · 통신대학 · 방송통신대학 및 사이버대학(원격대학), 기술대학, 각종학교로 구분된다. 이 가운데 전문대학은 사회 각 분야에 관한 전문적인 지식과 이론을 교수 · 연구하고 재능을 연마하여 국가사회의 발전에 필요한 전문직업인을 양성함을 목적(고등교육법 제47조)으로 하는 교육기관으로 정의되며, 2008년 현재 147개의 전문대학이 설립 운영되고 있다.

한편 대학은 인격을 도야하고, 국가와 인류사회의 발전에 필요한 학술의 심오한 이론과 그 응용방법을 교수 · 연구하며, 국가와 인류사회에 공헌함을 목적으로 하는 교육기관이며(고등교육법 제28조), 산업대학은 산업사회에서 필요로 하는 학술 또는 전문적인 지식 · 기술의 연구와 연마를 위한 교육을 계속하여 받고자 하는 자에게 고등교육의 기회를 제공하여 국가와 사회의 발전에 기여할 산업인력을 양성하는 것을 목적으로 하는 교육기관이라고 할 수 있다(고등교육법 제37조). 산업대학은 고등교육법과 대학설치령 및 설립운영규정 등에서 대학, 교육대학과 분리하여 1982년 설립 당시에는 '개방대학' 으로 별도의 규정으로 관리하여 오다 1996년 이후에는 '산업대학' 으로 그 명칭이 바뀌었으며, 설립 목적으로 본다면 일반 대학보다는 산업대학이 산업인력개발의 성격이 더욱 강한 고등교육기관이라고 볼 수 있다. 2008년 현재 일반 대학은 174개교이며, 1990년대 이후 지속적으로 학생 수가 증가하고 있음을 알 수 있다. 그리고 산업대학은 2008년 현재 13개교이며, 학생 수는 일반 대학의 8% 정도를 차지하고 있다.

2. 고등교육 단계 산업인력개발의 현황 및 문제점

고등직업교육 기관의 하나인 전문대학에서 이루어지고 있는 대부분의 교육 활동은 산업인력개발과 직접적으로 관련되어 있다고 할 수 있다. 하지만 학문 탐구, 인격 도야 등을 기본 목적으로 하는 대학의 경우 대부분의 교육 활동이 산업인력개발과 직결되지는 않는다. 특히 이러한 경향은 4년제 일반대학의 경우 강하다고 할 수 있다. 따라서 전문대학 및 대학에서 이루어지고 있는 다양한 교육 활동 가운데 산업인력의 양성이라는 측면에서 의미가 있는 사항들을 중심으로 살펴보도록 하겠다. 이에 따라 전문대학은 주문식 교육, 협약학과 등의 산업인력개발 관련 프로그램을 중심으로 현황 및 문제점을 살펴보고, 대학은 국가인적자원개발 계획과 일반대학 및 산업대학의 산학협력을 중심으로 현황 및 문제점을 살펴보도록 하겠다.

1) 전문대학의 산업인력개발의 현황 및 문제점

(1) 전문대학의 산업인력개발 현황

전문대학은 전문직업인 양성이라는 교육목적을 가지고 산업인력개발을 실시하는 고등교육기관이라고 할 수 있다. 이는 제조업의 축소와 서비스 경제의 대두, 지식기반경제와 지식산업 비중의 강화, 평생학습에 의한 지속적인 능력개발 사회의 도래 등과 같은 사회경제적 환경의 변화를 반영한 것이다. 전문대학의 전문직업인 양성이라는 교육목적을 달성하기 위해서는 현장적합성이 높은 전문인력을 양성하기 위한 노력들이 요구된다. 여기서는 전문대학에서의 산업인력개발 현황을 중심으로 주문식교육, 협약학과, 산학협력 등을 중심으로 살펴보도록 한다.

가. 주문식 교육

주문식 교육이란 산업체의 주문에 따른 맞춤형 전문인력을 양성하는 교육을 의미한다. 이러한 주문식 교육은 1996년에 우리나라 전문대학에 도입되었으며, 이는 1960년대부터 미국 및 캐나다에서 운영해 왔던 주문식 훈련 프로그램에 그 기원을 두고 있다. 이러한 주문식 교육의 유형은 교육내용 및 대상, 활동형태 및 활동 주체, 프로그램의 개발 유형 등에 따라 〈표 12-1〉과 같이 분류할 수 있다.

〈표 12-1〉 주문식 교육의 유형

구분	유형	내용
교육내용 및 대상	정규교육과정(양성교육)	산업체의 주문 및 요구에 따라 재학생을 대상으로 실시
	특별과정(향상교육)	재직 근로자를 대상으로 실시
	정규교육과정+특별과정	재직 근로자를 대상으로 하면서 정규교육의 형태를 가미
활동형태 및 활동 주체	계약 프로그램	교육수요자와 계약하여 운영
	산학협동 프로그램	산업체와 대학간 공동으로 운영
	특화 프로그램	특정한 영역에 대한 대학 자체에서 운영
프로그램 개발 유형	주문설계형 교육훈련과정	주문식 교육프로그램의 개발을 고객의 요구 및 주문에 따라 새롭게 개발
	수정형 교육훈련과정	현재의 교육과정에서 특정 고객의 요구 및 주문에 따라 일정부분 수정
	대안형 교육훈련과정	주문설계형 및 수정형일지라도 교육방법 및 교육장소를 차별화하여 접근

전문대학에서 이루어지고 있는 주문식 교육의 실제적인 운영 과정은 ① 교육환경 분석, ② 산업체 주문에 따른 전공코스 선정, ③ 교육과정 개발, ④학생 모집, ⑤ 교육 운영 등의 절차를 따르게 된다. 이때 주문식 교육의 성공을 위해 가장 중요하게 고려해야 하는 교육과정 개발 절차는 다음의 [그림 12-1]과 같이 나타낼 수 있다. 특히, 이때 주의해야 할 점은 해당 전공 및 계열에 대한 체계적인 직무분석 및 요구조사를 토대로 적절한 교육내용을 선택하여 이를 교육과정에 반영해야 한다는 점이다. 이때 직무분석을 위한 기법으로는 DACUM 등이 일반적으로 활용되고 있다.

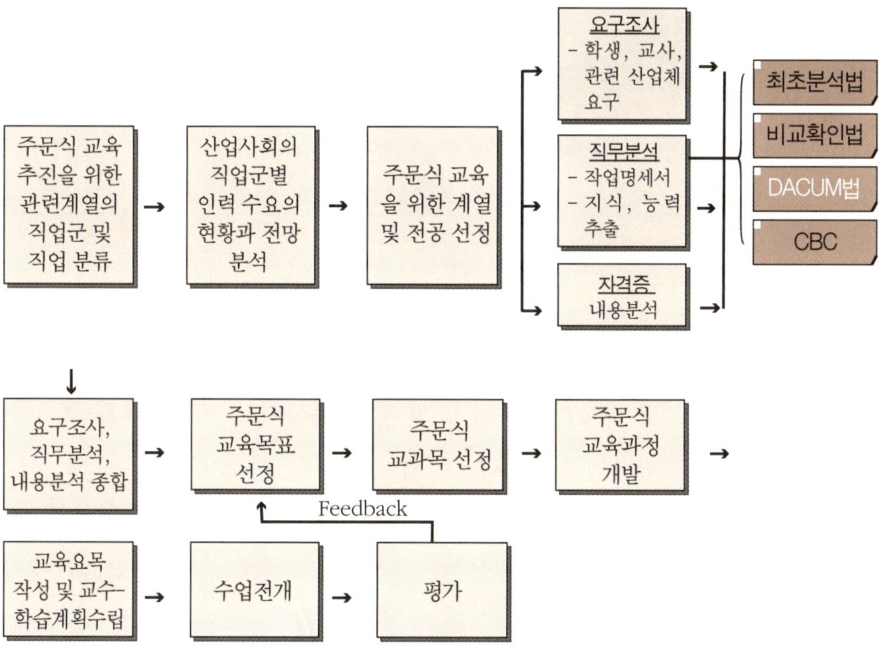

[그림 12-1] 주문식 교육과정 개발 절차

이와 같은 주문식 교육은 산업체 측면에서는 해당 산업체에 부합하는 우수한 인재의 양성, 학생 학부모 측면에서는 취업 보장으로 인한 안정감, 학교 교수 측면에서는 교육 효과의 극대화, 사회 국가적 측면에서는 산업인력 수급의 균형 등의 장점을 가지고 있다(〈표 12-2〉 참고).

〈표 12-2〉 주문식 교육의 장점

구분	장점
산업체 측면	• 산업체가 원하며 산업체 실정과 기술수준에 맞는 교육 실시 • 산업체가 요구하는 우수한 인재 양성 • 신입사원의 현장 실무교육이나 재교육에 따르는 시간 경비 절감 • 산학연계를 통해 학교로부터 새로운 지식과 기술 습득
학생 · 학부모 측면	• 자신의 적성과 소질을 고려한 전공코스 선택을 통해 학업에 대한 동기 유발 • 첨단의 시설과 교육여건 속에서 양질의 교육을 통해 우수 전문인력으로 양성됨 • 취업 보장으로 인해 안정감을 가지고 학업에 전념함 • 학업 중 산업체로부터 장학금을 받는 경우 학비부담을 덜 수 있음
학교 · 교수 측면	• 사회 변화에 따른 탄력적 교육과정 운영을 통해 교육 효과의 극대화 • 산업체의 각종 시설과 장비 활용 및 산업체 인사 교육 참여를 통한 효율적 교육 • 기술 및 정보 교환, 공동연구 등을 통해 산학협동을 내실화함
사회 · 국가 측면	• 인재양성을 통한 기업경쟁력 확보 및 국가경쟁력 향상에 이바지 • 지역사회에 대한 다양한 프로그램 개발 및 제공을 통한 지역사회 봉사 및 평생교육 체제 실현

나. 협약학과

협약학과란 전문계고-전문대-산업체-지자체(교육청 포함)가 협약을 통해 컨소시엄을 구성하고, 공동으로 인력을 양성 및 취업시키는 프로그램을 의미한다. 협약학과는 졸업 후 경로에 따라 제1모형과 제2모형으로 구분되는데, 제1모형의 경우 전문계고를 졸업한 후 산업체에 취업과 동시에 전문대학에 진학(야간, 주말 과정 등)하는 형태를 띤다. 따라서 전문계고에서 선호하는 모형이며 교육과학기술부 재정지원 사업에서 더 많은 예산이 배정된 형태이다([그림 12-2] 참고).

한편 제2모형은 전문계고를 졸업한 후 전문대학에 진학하고 졸업과 동시에 산업체에 취업하는 형태로서, 전문계고 2~3학년과 전문대 2년 과정을 하나의 교육과정으로 운영하게 된다. 이러한 제2모형은 학생과 전문대에서 주로 선호하는 형태이다([그림 12-3] 참고).

협약학과 사업을 통해 전문대학의 경우는 전공분야의 수학능력을 겸비한 입학자원의 확보 방안을 마련할 수 있으며, 청년실업자는 많으나 기업에서는 이들

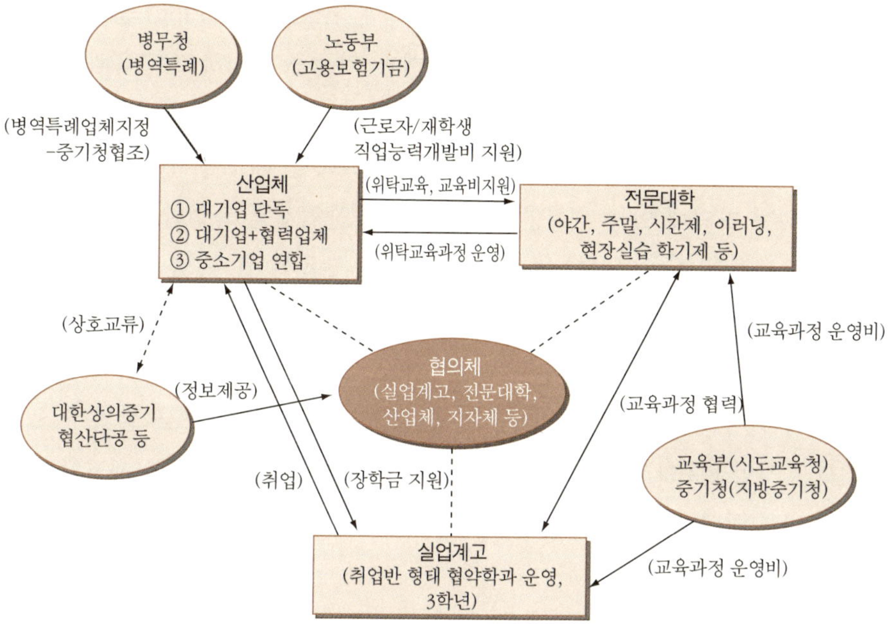

[그림 12-2] 협약학과 제1모형: 취업-진학 병렬형

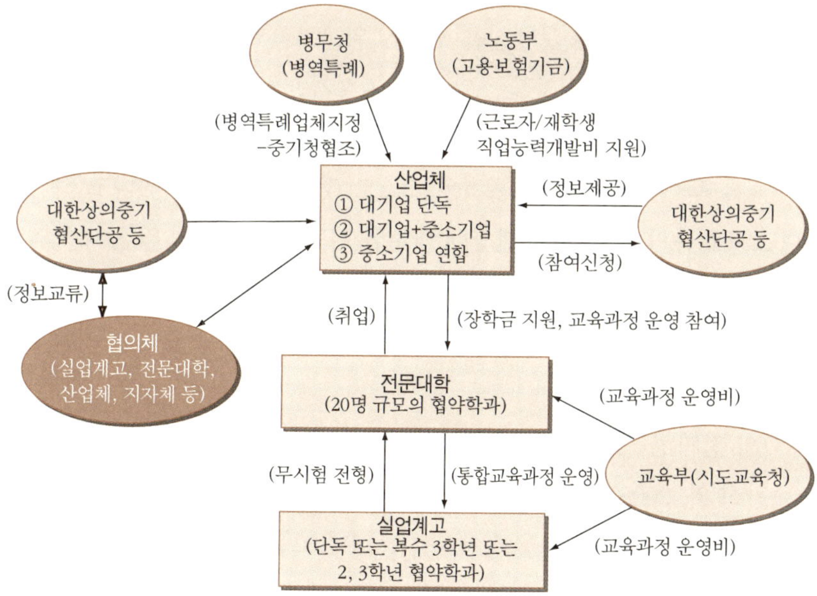

[그림 12-3] 협약학과 제2모형: 진학-취업 순차형

의 능력을 신뢰하지 않는 인재수급구조의 미스매칭(miss matching) 문제를 해결할 수 있게 될 것으로 기대되며, 산업체는 선발 기준을 제시하고 교육과정 개발 과정에 참여하여 각 기업에서 필요로 하는 요구 및 주문을 할 수 있으며, 이를 통하여 우수한 인재를 선발하고 초기 교육비 부담 문제를 해소할 수 있게 되고, 지자체의 경우는 지역에 있는 전문계고, 전문대학, 산업체를 육성하여 지역경제의 핵심인력을 육성하고 지역산업 발전 계획 추진에 도움이 될 수 있을 것으로 기대된다(나승일 외, 2006).

이러한 산학협력 중심 전문대학 육성사업을 통해 정부는 전문대학의 산학협력 교육 활성화에 대한 파급효과를 기대할 수 있고, 지역균형발전을 도모할 수 있으며, 전문대학은 직업교육의 현장지향성 강화를 통해 학생의 고용가능성을 제고할 수 있다는 장점이 기대된다(정지선 외, 2006).

(2) 전문대학의 산업인력개발 문제점

가. 정체성 차원의 문제점

전문대학의 정체성 차원의 문제점을 주광신 외(2003)의 연구에서는 위기의 본질은 출산율 감소로 인한 학령인구 감소와 함께 지식기반 사회의 도래, 산업구조 개편, 직업세계와 가치관의 변화 등 다양하면서도 복합적인 사회구조 변동에의 적응을 위한 개별 대학들이 차별화된 경쟁력을 스스로 갖추지 못한 데 있다고 하였다. 다시 말하면 고등교육의 초과 수요 현상에 의존한 이념이 명확하지 않은 대학의 설립으로 인해 대학 정원이 급증한데 비해 전문대학들이 고유의 차별화된 경쟁력을 갖추기 위한 혁신 노력이 제대로 추진되지 못하였고 결국 현재와 같은 위기를 맞고 있다는 것이다.

전문대학의 정체성 위기의 본질과 원인을 역사 · 구조적 인식에서 살펴보면 다음과 같다(주광신 외, 2003).

첫째, 양적 팽창에 주력한 성장 정책은 전문대학 고유의 정체성을 확립하지 못하게 된 근본 원인이다. 일찍이 전문대학은 그 태동에서부터 국가경제개발에 필요한 중견기술인력 양성이라는 국가적 인적자원개발 요구에 부응하여 발전하여 왔다. 그러나 이 같은 요구는 자연히 전문대학의 양적 팽창을 부추기게 되었고, 그 결과 고등직업교육기관으로서의 교육내용과 질의 확보에 소홀하게 되었다는 점이다. 이로 인해 4년제 대학과 유사한 학과의 백화점식 설치와, 차별화되지 않는 교육과정의 운영을 지속함으로써 전문대학은 고등직업교육기관으로서의 정체성을 확립에 있어 사회적 인식 기반을 공고히 하는 데 실패했으며, 교육 과정과 내용에 있어서도 특화된 성격을 갖게 되지 못하였다.

둘째, 직업교육에 대한 이론적 편견과 편협한 사회의식은 고등직업교육기관인 전문대학의 정체성을 확립해 나아가는 데 있어서 장애요소로 작용해 왔다는 점이다. 4년제 선호의식이 팽배, 직업교육에 대한 편향적 사회 인식("직업교육은 낮은 계층의 자녀들이 받는 교육이라는 인식" 등)과 편협한 개념정의("학사학위 미만의 학력을 요구하는 직업에 종사할 수 있도록") 등 사회 전반이 직업교육을 홀대하거나 부정적으로 바라보는 풍토의 만연 속에서 성장하여 왔다. 이런 사회적 풍토와 토양 속에서는 무엇 하나 제대로 성장할 수 없으며 왜곡될 수밖에 없다. 직업교육에 대한 편협한 개념정의와 사회의식은 또 다른 왜곡된 개념을 생산하고(예, 직업교육을 단순히 기술과 훈련에 고착하거나 종국개념으로 파악하는 것 등), 나아가 직업교육 정책이나 법에 반영됨으로써 그 결과 전문대학의 정체성은 혼미를 거듭할 수밖에 없었다.

셋째, 전문대학은 그 동안 경제개발과 같은 외적 논리에 의해 변화와 발전이 좌우됨으로써 고유의 내재적 발전론을 갖지 못한 제한적 특성과 한계를 내포하게 된 것이 오늘의 위기를 초래한 원인으로 분석된다. 주지하다시피, 오늘날 고등직업교육기관은 해방 후 많은 유형별 변화를 겪어왔다. 우리나라 고등직업교육은 초급대학, 고등실업전문학교, 전문학교, 그리고 오늘의 전문대학에 이르기까지 여러 차례 걸친 교육체제와 성격 변화 속에서 성장하여 왔다. 그런데 이와 같은 변화와 성장을 추동한 동력과 배경이 고등직업교육의 내재적 발전논리에 의한 것이 아니라 경제성장논리와 같은 외적 논리가 강하게 작용하였다는 점이다. 경제개발에 따른 전문인력 양성이라는 국가적 · 사회적 요구를 직업교육기관이 외면할 수 없는 것은 사실이다. 그러나 외적 논리에 내포되어 있듯 국가 통제와 개입에 기반한 고등교육단계의 전문인력 양성 의도는 결국 대학설립 및 정원의 팽창으로 연결되고, 종국에는 오늘의 경쟁력 약화로 이어지게 된 직접적인 동인이 되었다고 할 수 있다.

나. 정부 정책 차원의 문제점

전문대학 산업인력개발의 문제점 가운데 정부 정책 차원의 문제점을 윤여송 외(2005)의 연구에서는 현실적이지 못한 정부의 재정지원, 전문대학 공업계 특성화 정책의 포기, 대학 구조개혁방안에서 전문대학 정책의 일관성 결여, 전문대학 3년제 학과 운영의 자율성 부재 등을 지적하였다.

정부 정책의 문제점에 대해 좀 더 살펴보면 현실적이지 못한 정부의 재정지원의 경우 대학진학자의 약 40%가 전문대학에 입학함에도 불구하고 교육인적자원부의 재정지원은 4년제 대학의 1/10도 못 미치는 실정이며, 전문대학 공업계 특성화 정책의 포기의 경우 4년제 대학은 공학교육인증원 등을 통하여 국제적인 수준의 공학도 양성을 추구하고 있는데 반해 전문대학은 수업연한의 제한으로 참여조차 할 수 없는 실정이다. 또한 대학 구조개혁방안에서 전문대학 관련 정책의 일관성 결여의 경우, 전문대학의 교육목표가 중견직업인 양성에서 전문직업인 양성으로 전환되었으나 전문직업인을 양성할 수 있는 체제적 지원이 없어서 실제로 전문직업인 양성이 불가능한 상태이다. 그리고 전문대학 3년제 학과 운영의 자율성 부재의 문제점의 경우, 전문대학 교육 현실화를 위해 허락된 전문대학 3년제 학과 운영이 본 취지에 맞지 않게 많은 제약을 받고 있는 실정이다.

2) 대학의 산업인력개발의 현황과 문제점

(1) 대학의 산업인력개발 현황

대학의 산업인력개발은 전문대학과는 범위나 접근 방식이 차이가 있다. 이는 전문대학의 경우 설립 목적 자체가 전문 직업인 양성을 위한 것이지만 대학의 경우는 학문의 탐구나 인격의 도야 등을 목적으로 하고 있기 때문이다. 그러나 최근 들어 인적자원개발의 중요성이 대두되면서 대학의 산업인력개발에 대한 역할도 매우 중요시 되고 있다. 여기서는 대학의 산업인력개발 현황을 국가 차원 인적자원개발 계획에서의 대학 관련 분야, 일반대학의 산학협력, 그리고 산업대학의 산업인력개발을 중심으로 살펴보도록 한다.

가. 국가인적자원개발계획

국가인적자원개발(National Human Resource Development)이란 '국가의 기초인 국민과 거주자를 국가경쟁력과 사회경제적 발전을 위한 핵심역량, 즉 인적자원으로 간주하고 이를 종합적으로 강화 발전시키기 위한 모든 계획과 활동' 을 의미한다(NHRD-NET, 2006). 국가인적자원개발이 대두된 배경은 세계화에 따른 자본 · 기술 · 정보의 빠른 이동, 평생에 걸쳐 학습해야만 하는 평생학습사회의 도래 등으로 국가경쟁력 강화와 사회경제적 구조조정은 궁극적으로 인력구조의 조정으로 뒷받침되며, 전 정부부처의 공동노력에 의한 개인의 지속적인 학습과 교육훈련에 대한 지원의 필요성이 증대되었기 때문이다. 특히 우리나라의 경우 부존자원의 한계로 인해 인적자원이 무엇보다도 중요한 국가 경쟁력의 핵심 요소가 될 수밖에 없기 때문에 국가적 차원의 인적자원개발이 절실히 요구된다.

국가인적자원개발을 위해 정부는 교육인적자원부 장관을 의장으로 하고 14개 부처 장관들을 위원으로 하는 '인적자원개발회의' 를 설립하여 국가 인적자원개발 정책 의제를 개발하고, 부처와 정책간의 조정과 연계를 강화하고 있다. 인적자원개발회의는 국가 인적자원개발계획을 작성하고 심의를 하게 되는데, 1차 국가인적자원개발 기본계획이 2001년부터 2005년까지 시행되었으며, 2차 기본계획은 2006년부터 2010년까지 시행될 예정이다.

2006년부터 시행되는 2차 국가인적자원개발 기본계획의 내용 중 대학의 산업인력개발과 관련된 계획들을 살펴보면, '대학교육의 산업현장 적합성 제고' 라는 정책 과제 아래 이공계 교육과정 개선, 대학 특성화 추진, 산학협력 중심대학 육성, 현장실습학점제 사업, 산학협력 기술인력 양성기반 구축사업, 대학 IT교육 경쟁력 강화 등의 17개 세부과제를 수립하였다. 이러한 계획들은 공급자 위주의 인적자원개발로 인한 산업계와의 인력 수요 불일치를 해소하고 산학연간 협력 체계로 산업현장에서 필요로 하는 충분한 양질의 인력을 공급하기 위한 것이다.

나. 일반대학의 산학협력

산학협력이란 산업체와 학교가 일정한 목표를 달성하기 위해 상호 협력 하에 거래하는 작용 또는 양자간의 연계 활동을 말한다. 산학협력은 1899년 미국의 하버드 대학교와 1906년 신시내티 대학교가 학생들을 2개 반으로 나누어 공장실습을 시작한 데서 비롯된 것으로 우리나라는 1973년 산업교육진흥법시행령이 개정되면서 처음으로 등장하였다.

대학의 고유 기능인 교육을 독자적으로 수행하지 않고 산업체와 협력하여야 하는 이유는 바로 학교의 이론 · 실험교육과 산업체에서의 실습교육을 연계함으로써 학생이 능력을 향상시키고 나아가서 기업체 요구에 부응하는 인력양성을 하고자 함에 있다. 또한 근로자의 직무능력을 향상시키거나 직업전환에 필요한 직업능력을 배양시키는 데 목적이 있다. 즉, 학생이나 근로자가 학교와 직업 세계 사이에서 원활하게 이동할 수 있도록 지원하는 것과 관련되어 있는 것이다. 산학협력의 구체적인 예로는 현장실습, 주문식 교육, 산업체 인사의 학교 강의, 교수의 산업체 강의, 교원의 기업 자문, 인턴십, 교원의 현장 연수 등을 들 수 있다(김환식, 나승일, 2001).

한편, 최근 들어 정부는 '신산학협력' 이라는 명칭으로 기존의 공급자 중심의 산학협력에서 수요자 중심의 산학협력으로 전환하기 위한 노력을 시도하고 있다. 신산학협력에서는 기업과 이를 둘러싼 주체별(대학, 기업, 정부, 경제단체) 협력적 네트워크를 구축하는 것이 핵심 관건이라고 할 수 있다. 이러한 정부의 신산학협력의 핵심은 기술혁신, 확산과 융합, 그리고 사업화의 연계를 이끌어 갈 수 있는 창의적 인재 육성, 즉 인자원자원 개발에 모아진다고 할 수 있다(이종선, 주용국, 2005).

대학의 산학협력을 촉진하기 위해 2003년 9월에 개정된 '산업교육진흥 및 산학협력 촉진에 관한 법률' 에서는 창의력 있는 인력양성과 새로운 지식 · 기술을 개발 · 보급 · 확산하기 위해 '산학협력단'을 설치하게 하였다. 산학협력단은 주된 사무소가 위치한 소재지에 설립 등기를 함으로써 그 설립이 완료된다.

이 밖에도 대학의 산학협력과 관련된 것들로 지방대학 혁신역량 강화를 위한 누리(NURI)사업, 각 대학이 비교 우위에 있는 분야들을 특성화하고 대학교육의 질적 향상을 위한 대학 특성화 사업, 21세기 지식기반시대를 대비하여 고등인력양성을 위한 BK21 사업 등을 들 수 있다. 이와 같은 대학의 산학협력은 산업인력개발 양성의 측면에서 본다면 산업체와의 교류와 협력을 통해 새로운 지식과 기술을 공유하고 나아가서는 실제 현장에서 요구하는 고급인력을 양성할 수 있다는 데 의의를 둘 수 있다.

다. 산업대학의 산업인력개발

산업대학은 1982년 당시 교육개혁조치에 따라 "개방대학"이라는 명칭으로 출발하였으며, 평생교육과 계속교육의 기회를 열어주기 위해 설립되었다(맹희영, 2002). 즉 산업기술인력이 부족한 상황 속에서 기능인력 수준의 산업체 근무자들에게 평생교육 또는 재교육의 기회를 열어주고, 전문대학 졸업자들과 실업계 고교 출신자들에게도 계속교육의 기회를 제공하기 위해 설립되었다.

이를 위해 전문계 고교 졸업생의 진학기회 확대, 직장인의 재교육, 직장근로자의 대학교육 기회 부여, 전문대 졸업생의 편입기회 확대 등 계속교육의 기회를 제공하고 있다. 주간중심의 일반전형은 일반 대학과 동일하게 인문계 고교를 대상으로 하여 운영되고 있으나, 야간중심의 특별전형에서는 산업체 경력자, 자격증 소지자, 산업체 위탁자, 전문계 고교 출신자, 인문고 직업과정 이수자들에게 입학이 수월한 특별한 기회를 열어주고 있다. 또한 학년제에서 학점제로 등록 방법을 변경하였고, 수업연한을 폐지하였으며, 수업형태의 융통성과 편의성을 지향하고 있다. 그리고 직업교육의 본래 취지에 맞추어 산학협력과 실험실습 전담부서를 필수적으로 두게 하여 산업체와의 연계성을 강화하고 다양한 실무중심의 교육지원을 도모하고 있다.

산업대학이 출범한 초창기에는 사회적 여건과 제도상의 장점으로 설립 목적에 맞는 교육기관으로서 충실한 역할을 수행하였으나, 산업대학의 고유 기능이었던 편입학제도, 위탁교육제도, 평생교육, 특별전형제도 등을 일반 대학과 공유함에 따라 산업대학의 독점적 직업교육 영역은 점차 쇠퇴하고 있다.

(2) 대학의 산업인력개발 문제점

가. 산업현장과 괴리된 산업인력개발

지난 30여년 간 대학교육 기회의 대폭 확대에 따른 인적자원의 양적인 팽창에 비해 우리나라의 현행 고등교육은 여전히 교육의 질을 담보하기에는 문제가 있으며, 특히 현행 고등교육은 전문인력 양성 측면에서 여전히 문제가 많다. 이처럼 전문인력 양성 측면에서 대학교육의 문제가 발생하는 이유는 산업현장의 수요와 대학교육의 내용이 일치하지 않기 때문이다. 예를 들어, 2002년 전국경제인연합회가 회원사 인사담당 책임자 300명을 대상으로 실시한 '기업에서 본 한국교육의 문제점 및 과제' 에 대한 설문조사에 의하면 기업들의 대학교육 만족도가 평균 26점에 그쳤으며, 10점 이하라는 견해도 25%에 달하는 것으로 나타났다. 또한 스위스 국제경영개발원(IMD)이 발표한 '2008년 세계 경쟁력 연차보고서' 에 의하면 우리나라의 국가경쟁력은 조사대상 55개국 중 31위였으나, 대학 경쟁력은 최하위권인 53위로 나타났다.

2003년 교육인적자원부의 보고서에 따르면 독일, 핀란드, 캐나다 등이 국민소득 2만불 달성을 위해 산학협력 활성화를 통한 인력 양성과 기술개발을 중시했던 것을 감안한다면, 우리나라의 경우에도 자본과 노동력 투입 위주의 성장 전략에서 벗어나 지식과 기술을 체화한 인적자원 중심의 성장 전략으로의 전환이 필요하다(박태준, 신익현, 김형만, 2004). 특히 고등교육에 있어서도 산업수요에 맞는 기술인력 양성이 어느 때보다도 심각하게 요구된다고 볼 수 있다.

나. 산업인력개발과 관련된 자격체제의 미흡

산업인력개발의 성과는 주로 졸업생들의 전공관련 분야의 취업률, 산업현장에서의 직무능력, 자격증 취득률, 그리고 직무만족 등에 의해 평가된다. 이 가운데 졸업생들의 직무능력을 객관적으로 평가할 수 있는 하나의 방법이 공신력 있는 자격검정제도이다. 선진국의 경우 산업인력개발 질 관리의 하나로 자격검정제도를 철저히 시행하고 있다(이무근, 2003).

자격검정 종목은 현재보다 좀 더 큰 영역으로 통합되고 있는 추세이지만 자격검정의 종류는 이공계열뿐만 아니라 인문사회계열을 위시해서 모든 직종에 걸쳐 필요에 따라 확대되고 있다. 특히 영국의 경우는 학교교육과 고용 간 연계를 위하여 교육과 자격을 연계하기 위한 자격교육과정원(Qualification and Curriculum Authority, QCA)을 1997년에 설립하여 운영하고 있다. 이러한 교육과 자격과의 연계는 이미 많은 선진국에서 활발하게 논의되고 있으며, 실제로 이를 교육현장에 적용하고 있다.

그러나 우리나라의 경우는 아직까지 다양한 분야에 대한 자격검정제도나 체제가 미비한 실정이거나 논의 단계에 있다. 대학에서의 효과적인 산업인력개발은 결국 직업세계와의 효율적인 연계에 의해 가능하며, 이를 위해서는 산업인력개발과 관련된 적절한 국가 자격체제를 마련해야 할 것이다.

3. 고등교육 단계 산업인력개발의 개선방안

이 부분에서는 전문대학 및 대학에서 이루어지고 있는 산업인력개발 현황과 문제점을 바탕으로 이에 대한 개선방안을 모색하고자 한다. 전문대학에서 평생교육기관으로서의 체제 구축, 산업인력개발 다양한 정책 수립, 3년제 학과의 활성화, 사회적 수요에 부응하는 학과 신설을 살펴보고, 대학에서 대학과 산업체의 연계강화, 교육과 자격의 연계를 개선방안으로 살펴보도록 한다.

1) 전문대학의 산업인력개발 개선방안

(1) 평생교육기관으로의 체제 구축

지식기반사회의 도래로 인해 지식과 기술의 변화 속도가 빨라져 학교 교육 이후에도 새로운 지식과 기술을 습득해야 할 필요성이 높아지고 있다. 이로 인해 학령기 학생 중심의 종국교육 체제에서 성인에 대한 평생교육과 재교육이 이루어질 수 있는 평생학습체제로의 전환이 요구되고 있다. 이러한 변화는 전문대학이 졸업생뿐만 아니라 지역사회 성인들을 대상으로 한 평생교육기관으로써의 역할을 수행하는 데 있어 유리한 환경이 조성되고 있음을 의미한다.

전문대학이 평생교육기관의 역할을 수행하고 있는 예를 영국에서 살펴보면 '계속교육대학(FEC: Further Education Colleges)'을 들 수 있다. 영국의 FEC는 대부분 정부의 보조를 받는 공립이며, 이 학교에 입학하는 학생들은 그 배경이 매우 다양하다. 특히 학업 적응에 어려움이 따르는 성인들에게는 별도의 입학 자격시험이 없고, 직장에 종사하면서 그 직장에서의 승진을 위한 자격증을 원하는 사람에게 그에 맞는 교육을 제공한다(정지선 외, 2002).

영국의 FEC 가운데 Newham College의 경우는 총 400여 개의 과정을 운영하고 있으며, 고등교육으로 진학을 원하는 학생들을 위해서는 다른 4년제 대학들과 연계를 맺고 있으며, 전공영역의 경우는 8개 전공영역에 있어 별도의 세부 과정들을 운영하고 있다. Newham College의 설립 취지는 학생들이 자신의 미래 직업세계에 대한 무한한 발전을 이루며, 각자의 능력에 따라 교육의 속도를 조절할 수 있도록 하고, 학생들의 직업선택에 있어서도 적절한 교육과 지침을 제공하기 위한 것이다.

(2) 산업인력개발 다양화 정책 수립

전문대학에서의 산업인력개발 다양화란 종전의 획일적이고 경직된 산업인력개발에서 벗어나 전문대학이 자율적이고 창의적인 방법을 추구하는 것을 의미한다. 이러한 다양화 정책을 위해서는 교육 대상, 교육과정 및 프로그램, 학사 운영을 포함한 교육제도를 다양화하고, 이를 통해 참여자의 직업능력 확대, 지역사회가 필요로 하는 인적자원 공급, 국가가 필요로 하는 인적자원 공급, 성인에게 평생학습 기회를 제공해 줄 수 있도록 해야 할 것이다.

전문대학의 산업인력개발 다양화 정책에 대한 예를 미국의 지역사회대학

(community college)에서 찾을 수 있다. 미국에서 직업교육을 주로 담당하는 기관은 2~3년의 준학사 학위 과정을 운영하는 지역사회대학이다. 지역사회대학은 설립 당초에는 대학의 편입학 기능과 취업을 위한 종국 직업교육 기능을 수행하였다. 그러나 정치 및 사회경제적인 변화에 대응한 각종 성인교육 관련법과 제도의 영향으로 점차 성인계속교육 및 지역사회교육을 담당하게 되었다(정태화 외, 2000).

지역사회대학의 교육 대상은 주로 성인이라고 할 수 있는데, 1990년대 지역사회대학의 연령을 살펴보면 25~40세가 56.2%로 절반을 넘고 있으며, 특히 40세 이상이 15.5%를 차지하고 있고, 2050년에는 평균 연령이 39세까지 높아질 것으로 예상하고 있다. 그리고 지역사회대학의 교육과정을 살펴보면 크게 학위 과정과 비학위 과정으로 구분할 수 있다. 학위 과정으로는 2년제 전문대학에서 소정의 과정을 이수하는 준학사 학위(associate degree) 과정, 준학사 과정의 5분의 3 정도의 교육시간과 이수학점을 요구하는 디플로마(diploma) 과정, 4년제 대학으로 편입학할 수 있는 편입학 과정을 들 수 있다. 또한 입학자격의 제한이 없는 비학위 과정으로는 교양 과정, 직업 과정, 성인교육 과정을 들 수 있다.

지역사회대학의 학사 운영을 살펴보면, 일반적으로 준학사 학위 과정의 경우 전일제로 등록하면 졸업까지 2년이 소요되며, 학위 과정을 빨리 마칠 수 있도록 특정 시험이나 검사 또는 능력인정을 통해 일정한 학점을 인정해 주고 있다. 그리고 입학 후의 전과에는 제한이 없으며, 대학 간의 협정에 따라 12학점 이내에서 추가 부담 없이 협정을 맺은 대학에서 학점을 이수 할 수 있다.

미국의 지역사회대학과 마찬가지로 우리나라 전문대학의 경우에도 다양한 교육 대상, 교육과정 및 프로그램을 개발하고, 학사 운영에 있어서 자율성을 보장할 수 있는 정책적 지원을 통해 보다 효과적인 산업인력개발을 가능토록 해야 할 것이다.

(3) 3년제 학과의 활성화

전문대학에서 운영 중인 3년제 학과의 수가 2002년도를 기점으로 전면 증가하고 있다. 전문대학에 승인된 3년제 학과는 크게 간호 · 보건 계열, 유아교육계열, 이공계열, 철도 · 어업 계열 등이다. 이러한 분야들 중 이공계 학과는 다른 분야들에 비해 국내 이공계 산업의 변화 폭이 커지면서 학생들이 이공계 기피 현상을 보이고 있다. 특히 공업계 특성화에 부응하여 3년제로 전환한 전문대학 이공계 학과들이 급격한 등록미달 사태를 빚고 있는 실정이다. 이로 인해 각 전문대학에서는 3년제로 승인받은 이공계 학과들에 대해 최근 다시 2년제로 전환하는 사례도 나타나고 있다. 처음 전공 교육과정에 대해 수학연한을 늘려 심화된 내용의 직업교육을 목적했던 전문대학들이 당면한 입학생 미충원 현상을 타개하지 못해 다시 수학연한의 축소를 환원한다는 것이 전문대학 스스로의 모순이라 할 수 있으나, 이는 전문대학만의 문제로 보기보다는 국가적인 산업의 특성으로 봐야 할 것이다(한승동 외, 2005).

전문대학의 3년제 학과 활성화를 위해서는 3년제 학과 졸업 후 학사학위 취득을 연계시켜 계속 교육의 기회를 제공해 줄 수 있어야 하며, 우리나라도 많은 외국의 사례처럼 자격증 취득을 위한 응시 자격을 수학연한에 의해서가 아니라 일정한 학점을 취득하면 응시 자격을 부여하는 제도를 마련하여 전문대학 3년제 졸업자가 학제에 의한 불이익을 받지 않도록 해야 할 것이다.

(4) 사회적 수요에 부응하는 학과 신설

세계 어느 국가를 막론하고 전문대학 수준의 교육은 해당 국가의 중등교육 이후의 직업교육 및 훈련을 총괄하고 있다. 따라서 전문대학의 교육과정 및 학과는 산업구조 및 직업구조의 변화, 그리고 그에 따른 직종 및 직업의 변화에 따라 직접적인 변화를 가져오게 된다. 또한 최근 들어 전문대학의 교육훈련이 산업체 혹은 기업체와 연계가 더욱 강화되고 있다. 이에 따라 전문대학의 학과 설치 및 폐지는 전문대학 교육의 소비자인 학생과 학부모, 산업체 등 사회적 수요에 따라 민감하게 영향을 받고 있다(최지희, 정완섭, 2001).

선진국들의 전문대학 학과는 나름대로의 특성을 가지고 있으면서도 기술의 발달과 사회구조의 변화에 따라 전문대학 학과의 성격 및 신설이 크게 영향을 받고 있다. 미국, 호주, 일본의 전문대학 신설학과들은 해당 국가의 직업구조 및 전망, 시대 변화에 따른 사회적 수요에 의해 결정되고 있다. 예를 들어 미국의 컴퓨터정보시스템과, 일본의 정보처리공학, 국제정보통신, 호주의 소프트웨어개발학 등은 정보기술의 발전으로 인한 IT 분야의 시대 변화 및 사회적 수요를 반영한 것이다. 또한 외국 전문대학의 신설학과들은 기존의 학과보다 더 세분화 되거나 전문화 되고 있다. 이는 생산 시스템이 다품종 소량생산으로 변하고 있듯이 전문의 대학의 교육과정 또한 점차 세분화, 전문화되어 가고 있음을 의미한다.

우리나라의 산업구조도 미국이나 일본 등과 같은 선진국의 산업구조로 변화하고 있다는 점을 감안한다면 산업구조나 사회적 수요에 부응할 수 있는 새로운 학과를 개발하고 신설해야 할 것이다.

2) 대학의 산업인력개발 개선방안

(1) 대학과 산업체의 연계 강화

대학과 산업체의 연계를 강화하는 것은 대학의 산업인력개발을 위해 반드시 필요한 일이다. 대학을 졸업한 인력이 현장에서 요구하는 기술과 능력을 가지고 있다면 그만큼 고용 가능성을 높일 수 있으며, 산업체의 입장에서도 자신들이 원하는 인력을 쉽게 채용할 수 있다는 장점을 가진다.

최근 들어 대학과 산업체와의 연계 강화를 위해 정부는 신산학협력 정책을 추진하고 있는데, 그 핵심은 지역혁신체계 구축과 혁신 클러스터(innovation cluster) 형성에 있다. 이는 지역의 대학, 산업체, 연구소 등이 협력하여 혁신 네트워크를 구축하고 이를 통해 기술혁신의 선순환 구조를 만들어 가기 위한 것이다. 대학과 산업체 간의 선순환 구조 형성을 위한 혁신 클러스터 구축의 대표적인 사례로 미국의 리서치 트라이앵글, 핀란드 오울루 테크노폴리스 등을 들 수 있다.

미국 노스캐롤라이나에 위치한 리서치 트라이앵글(research triangle park)은 노스캐롤라이나 대학(UNC), 듀크 대학, 노스캐롤라이나 주립대학(NCSU)과 IMB, 시스코 시스템(Cisco System) 등의 기업들이 혁신 클러스터를 형성하여 137개 정보, 의약, 바이오 관련 기업들이 집중되어 있다. 리서치 트라이앵글 지역이 혁신 클러스터로 성공할 수 있었던 요인은 경제몰락과 지역 인재고갈의 문제에 대한 지역 내 리더들의 공감대가 형성되었고, 대학과 기업 간의 긴밀한 산학협력 관계가 형성되었으며, 주정부의 과감한 지원 등을 들 수 있다. 핀란드의 오울루 테크노폴리스의 경우는 오울루 대학(University of Oulu)과 핀란드의 대표적인 기업 노키아를 포함하여 HP, 후지쯔 등 250여개의 세계적 첨단기업들이 입주해 있다. 스칸디나비아 최초의 사이언스 파크로 건설된 오울루 테크노폴리스는 중앙 및 지방정부의 긴밀하고 유기적인 협력체제 구축, 밀접한 산학연계 확립, 그리고 이를 위한 정책적 노력 등을 통해 성공할 수 있었다. 이와 같은 선진국 혁신 클러스터가 성공한 이유로 우수한 인재를 양성·배출하는 연구중심대학, 기업체, 그리고 정부, 지자체의 산학연관 혁신 네트워크와 상호학습 기제가 원활하게 작동하고 있다는 점과 혁신 클러스터 형성과정에서 중앙 또는 지방 정부의 역할이 매우 중요한 기능을 담당하고 있다는 점 등을 들 수 있다(이종선, 2005). 이처럼 대학과 산업체의 협력체제 강화는 현장과 분리되지 않은 산업인력개발 교육을 통해 이론과 실무를 겸비한 유능한 인적자원을 양성해 낼 수 있을 것이다.

(2) 교육과 자격의 연계

자격은 학위와 더불어 교육훈련의 결과, 혹은 인적자원개발의 결과를 외부적으로 표시할 수 있는 지표로서 교육훈련시장과 노동시장을 연계하는 가장 대표적인 신호기제라고 할 수 있다. 따라서 자격제도는 단순히 노동시장만의 문제가 아니라 교육훈련과 직접적으로 관련되어 있는 인적자원개발의 핵심적인 인프라로 볼 수 있다. 또한 자격은 교육과 학습 차원에서 개인의 경제적 가치를 상승시키고, 노동시장에서 인력의 이동을 촉진시켜 인력 수급이 효과적으로 이루어지게 할 수 있는 기능을 가지고 있다(이영현 외, 2002).

따라서 교육과 자격제도의 연계는 국가인적자원개발의 측면에서 볼 때 인적자원의 질을 관리하는 인프라로 볼 수 있으며, 평생학습사회를 구현할 수 있는 중요한 요소라고 할 수 있다. 이와 관련하여 외국의 경우는 자격의 범주에 교육자격도 포함시킴으로써 자격의 개념을 확대하고 있으며, 교육자격과 직업자격의 호환을 통해 평생학습사회를 촉진하고 있다.

영국의 경우 전통적으로 자격제도 운영에 정부가 개입하지 않았으나, EU 국가

중에서 영국의 경쟁력이 떨어지게 되자 숙련 노동력의 확보를 위해 자격제도를 개혁하였다. 이를 위해 1986년 국가직업자격위원회(NCVQ: National Council for Vocational Qualification)를 설립하여 새로운 국가직업자격체계를 개발하였다. 영국에서 자격의 의미는 직업자격만을 의미하지 않고, 중등 이후의 학교교육과 직업준비를 위한 자격을 모두 포함하고 있다. 이는 교육훈련-자격-일의 연계를 통해 자격의 현장성과 활용성을 강화시키기 위한 것이라고 볼 수 있다. 영국뿐만 아니라 독일이나 호주 역시 직업자격과 교육자격 등을 포함하여 자격을 정의하고 있으며, 교육훈련과정과 자격 검정은 대부분 통합과정으로 운영되고 있다. 또한 국가 자격틀(National Qualification Framework)을 구축하여 교육자격과 직업자격을 등가치화 하려는 노력으로 국민의 평생학습을 촉진시키고 있다(이동임, 박동열, 김환식, 2005).

대학의 산업인력개발을 위해 산업체와의 연계뿐만 아니라 교육과 자격의 연계를 통해 교육훈련-자격-일의 연계성을 강화하여 교육훈련시장과 노동시장을 연계할 수 있도록 해야 할 것이며, 이를 위해 국가적 차원의 국가자격체계를 하루 빨리 수립해야 할 것이다.

요약

이 장에서는 고등교육 단계의 산업인력개발에 대해서 살펴보았으며, 이를 위하여 고등교육 단계 산업인력개발의 개념, 현황, 문제점 및 개선방안에 대해서 살펴보았다.

고등교육 단계의 산업인력개발은 산업분야에 필요로 하는 전문적인 지식과 기능을 갖춘 중견직업인 양성 및 교양인을 양성하기 위하여 전문대학과 대학에서 실시되는 다양한 유형의 직업교육으로 정의할 수 있다. 따라서 이 장에서는 전문대학 및 대학에서 이루어지고 있는 산업인력개발을 중심으로 현황 및 문제점을 살펴보았으며, 이를 바탕으로 개선방안을 도출하였다.

우선 전문대학에서 이루어지고 있는 산업인력개발의 현황은 주문식교육, 협약학과 등의 측면에서 살펴보았으며, 이를 토대로 정체성차원 및 정부 정책차원에서의 문제점등이 도출되었다.

또한 대학에서 이루어지고 있는 산업인력개발의 현황은 국가인적자원개발계획에서의 대학 관련 정책, 일반대학의 산학협력, 그리고 산업대학의 산업인력개발 등을 중심으로 살펴보았으며, 이를 토대로 산업현장과 괴리된 산업인력개발, 산업인력개발과 관련된 자격체제의 미흡 등의 문제점이 도출되었다.

한편 이와 같은 고등교육단계의 산업인력개발의 현황 및 문제점을 토대로 개선방안이 논의되었다. 우선 전문대학의 경우 평생교육기관으로의 체제 구축, 산업인력개발 다양화 정책 수립, 3년제 학과의 활성화, 사회적 수요에 부응하는 학과 신설 등의 개선방안이 제안되었다. 또한 대학의 경우 대학과 산업체의 연계 강화, 교육과 자격의 연계 등의 개선방안이 제안되었다.

참고문헌

교육인적자원부(2006). 전문대학 특성화지원사업 세부시행계획. 교육인적자원부.

교육인적자원부(각년도). 교육통계연보. 교육인적자원부.

김환식, 나승일(2001). 대학중심의 산학협력 활성화 방안. 한국직업능력개발원.

나승일 외(2006). 협약학과 운영 매뉴얼. 교육인적자원부.

맹희영(2002). 직업교육 활성화를 위한 산업대학의 역할과 발전 방향: 산업인력 양성을 위한 직업교육훈련 정책 발전 방안. 2002년 직업교육관련 학회 및 단체 공동학술대회 자료집.

박태준, 신익현, 김형만(2004). 산업 현장성 강화를 위한 고등교육체제 개편. 한국직업능력개발원.

윤여송 외(2005). 전문대학 교육혁신을 위한 실천 방안 연구. 한국전문대학교육협의회.

이동임, 박동열, 김환식(2005). 학력주의 해소 및 평생학습사회 조성을 위한 자격제도 혁신방안 연구. 한국직업능력개발원.

이무근(2003). 직업교육학원론(제3판). 서울: 교육과학사.

이영현 외(2002). 능력중심사회 구현을 위한 자격제도의 방향과 과제. 한국직업능력개발원

이종선(2005). 선진국의 혁신 클러스터 성공 사례와 시사점. 직업과 인력개발, 8(4), 24-39.

이종선, 주용국(2005). 고등교육과 HRD 중심 산학협력. 한국직업능력개발원.

정지선 외(2002). 생애에 걸친 직업교육체제 구축에 관한 연구: 고등교육기관을 중심으로. 한국직업능력개발원.

정지선 외(2006). 산학협력 중심전문대학 육성사업 결과 보고서. 한국직업능력개발원.

정태화 외(2000). 전문대학 직업교육 다양화를 통한 인적자원개발 방안 연구. 교육부.

정태화 외(2004). 평생 학습시대에 부응하는 전문대학 군위탁생 교육제도의 발전 방안. 한국전문대학교육협의회 · 한국직업능력개발원.

정태화 외(2005). 전문대학 주문식 교육제도의 성과분석과 개선방안 연구. 한국전문대학교육협의회.

주광신 외(2003). 전문대학 정체성 연구. 한국전문대학교육협의회.

최지희, 정완섭(2001). 21세기 직업전망에 따른 전문대학의 전공 개편방안. 한국직업능력개발원.

한승동 외(2005). 전문대학 3년제 학과 운영에 대한 (평가)분석 및 활성화 방안에 관한 연구 -전문대학 이공계 3년제 학과를 중심으로. 한국전문대학교육협의회.

13

성인 대상의 산업인력개발

학습개요

이 장에서는 우리나라의 성인을 대상으로 이루어지고 있는 산업인력개발에 대해서 살펴보고자 한다. 이를 위하여 성인 대상 산업인력개발의 개념 및 현황을 살펴보도록 한다. 또한 이를 기초로 우리나라 성인 대상 산업인력개발의 문제점 및 개선방안을 살펴보도록 하겠다.

학습목표

1. 우리나라 성인 대상 산업인력개발의 개념을 설명할 수 있다.
2. 우리나라 성인 대상 산업인력개발의 현황 및 문제점을 설명할 수 있다.
3. 우리나라 성인 대상 산업인력개발의 개선방안을 설명할 수 있다.

1. 성인 대상 산업인력개발의 개념

1) 성인 대상 산업인력개발의 정의

많은 미래학자들에 의하면 우리는 이미 산업의 시대에서 지식의 시대로 이동하였으며, 앞으로 지식 기반 경제가 더욱 가속화될 것이라고 한다. 지식은 가치를 창출하는 핵심적인 요소가 되고, 조직과 개인에게는 힘의 원천이 되고 있는 것이다. 즉, 모든 조직들이 점점 더 특허, 공정, 경영기술 등의 지식에 의존하게 되고, 조직 내에서 축적된 이러한 지식은 질, 속도, 혁신 및 가격에서 경쟁 우위를 확보하는데 이용하게 될 것이다. 그 결과 지식의 창조와 공유가 앞으로의 생존가능한 조직과 도태될 조직을 구별 짓는 판단기준이 될 것이다.

이처럼 사회가 지식의 시대로 접어들면서 직업기술에도 변화가 요구되고 있다. 현재 우리는 제조의 시대(the age of manufacturing)에서 정신제조의 시대(an era of mentofacturing)로 이동하고 있는데, 이것은 생산이 손으로보다는 좀 더 정신적인 면에서 이루어지는 시대를 의미한다. 그래서 사회 및 조직 구성원들에 대한 기대는 단순하고 반복적인 숙련을 가진 사람들에서 예기치 못한 일과 예외적인 상황들을 잘 다룰 줄 아는 사람으로, 기억과 사실에 의존하는 사람에서 자발적이고 창조적인 사람으로, 위험을 회피하는 사람에서 위험을 받아들이는 사람으로, 전략과 절차에 집중하는 사람에서 사람들과 협력관계를 형성하는 사람으로 변해가고 있다 (Marquardt, 2003).

지식사회로의 급격한 변화는 국민의 삶의 질 제고와 국가경쟁력 강화를 위해 국가 차원의 노력도 요구한다. 즉, 국가 차원에서는 인적자원의 사회적 효용성과 공익성을 극대화하기 위해, 신뢰 및 도덕성 등의 사회적 자본과 국민 개개인 · 조직 · 사회 및 국가의 발전에 필요한 인간의 핵심적인 역량을 개발하기 위한 제반 활동을 수행해야 한다. 예를 들어, 적합한 교육훈련을 통해 국민들이 역동적으로 변화하는 경제 속에서 필요한 기술을 획득할 수 있는 기회를 보장하며, 사회복지 안전망을 구축함으로써 구직자 및 실직자 등을 보호해야 한다.

이렇듯 지식의 시대에서는 정규교육과정을 마친 뒤, 환경의 변화에 따라 혹은 종사하게 되는 작업현장에서 담당하는 업무의 변화에 따라 새로운 역량을 개발하거나, 이미 가지고 있는 역량을 보다 나은 수준으로 개선할 필요가 있다. 또는 현재 종사하는 곳과는 다른 작업현장으로 이동하기를 원하는 사람들은 이직을 위해 요구되는 특정 역량을 개발할 필요가 있을 것이다. 이처럼 정규교육과정을 마친 뒤, 일정한 직업 및 직무를 가지고 현장에서 업무를 수행하던 사람들이 기존에 가지고 있던 역량을 더 높은 수준으로 개선하거나, 새로운 역량을 보유할 수 있도록 지속적으로 자신의 역량을 개발하는 것을 성인 대상의 산업인력개발이라 할 수 있다. 다시 말해 성인 대상의 산업인력개발이란 작업현장에 종사하거나 혹은 다른 작업현장으로 이동하기를 원하는 사람들에 대한 지속적인 역량 개발이다.

2) 성인 대상 산업인력개발의 유형

성인 대상 산업인력개발에서 공급자는 주로 국가, 기업 및 공공/민간 훈련기관이라고 할 수 있다. 그리고 성인 대상 산업인력개발의 대상자(수요자)는 재직근로자나 자영업자 등 노동시장에 진입하여 활동하고 있는 자, 구직하고자 하는 실직자, 현재 노동시장에 참여하지는 않지만 장기간의 노동시장 이탈 이후 복귀하고자 하는 자 등으로 나누어 볼 수 있다. 공급자에 따른 산업인력개발 대상자, 산업인력개발의 목적 및 산업인력개발 실천방법(유형)을 살펴보면 [그림 13-1]과 같다.

국가차원에서는 재직근로자, 자영업자, 구직자, 실직자 및 노동시장복귀 희망자를 대상으로 하며, 수행향상 및 개인개발, 전업 · 취업 · 경력전환, 재취업, 창업 등을 목적으로 사업주에 대한 지원, 재직근로자에 대한 지원, 실업자훈련 지원, 기능인력 양성훈련 지원 등을 하고 있다. 기업에서는 재직근로자를 대상으로 수행향상 및 개인개발, 조직 내 경력개발, 전직 · 이직 · 퇴직 · 경력전환 등을 목적으로 교육훈련, 평가, 직무경험, 대인관계 등을 실행하고 있다. 그리고 공공/민간 훈련기관에서는 재직근로자, 자영업자, 구직자, 실직자 및 노동시장복귀 희망자를 대상으로

공급자	대상(수요자)	산업인력개발 목적	산업인력개발 실천 방법(유형)
국가	재직근로자 자영업자 구직자 실직자 노동시장복귀 희망자	1. 수행향상 및 개인개발 2. 전업, 취업, 경력전환 3. 재취업 4. 창업	1. 사업주에 대한 지원 2. 재직근로자에 대한 지원 3. 실업자훈련 지원 4. 기능인력양성훈련 지원
기업	재직근로자	1. 수행향상 및 개인개발 2. 조직 내 경력개발 3. 전직, 이직, 퇴직, 경력전환	1. 교육훈련 2. 평가 3. 직무경험 4. 대인관계
공공/민간 훈련기관	재직근로자 자영업자 구직자 실직자 노동시장복귀 희망자	1. 수행향상 및 개인개발 2. 전업, 취업, 경력전환 3. 재취업 4. 창업	1. 교육훈련 2. 취업알선 3. 컨설팅, 카운슬링

[그림 13-1] 성인 대상 산업인력개발 공급자, 대상, 목적, 실천방법

수행향상 및 개인개발, 전업 · 취업 · 경력전환, 재취업, 창업 등을 목적으로 교육훈련, 취업알선 및 컨설팅 · 카운슬링 등을 실행하고 있다.

(1) 국가 차원의 산업인력개발 유형

세계 각국은 교육, 훈련, 과학, 고용 등의 인적자원개발 관련 국가전략 기능을 강화하고, 미래 전략계획을 수립하여 지식과 인적자원의 창조 및 활용을 위한 체계적인 정책을 추진하고 있다. 우리나라에서도 국가 차원에서 교육과학기술부와 노동부를 중심으로 국민의 삶의 질을 제고하고 국가경쟁력을 강화하기 위해 평생학습능력개발과 직업능력개발의 기회를 점차 확대하고 있다. 전 국민을 대상으로 한 평생학습능력개발 사업 지원은 교육과학기술부가 중심이 되어 이루어지며, 평생학습프로그램에 대한 평가인증체제 구축, 학습비 지원 및 학습이력의 통합 관리, 고등교육기관의 평생교육 기능 강화 지원 등이 있다. 산업인력을 대상으로 한 직업능력개발 사업 지원은 노동부가 중심이 되어 이루어지고 있으며, 근로자를 위해 직업훈련을

실시하는 사업주에 대한 지원, 스스로 직업능력을 개발하는 재직근로자에 대한 지원, 중소기업 능력개발 지원, 직업훈련을 받고자 하는 실업자에 대한 훈련 지원, 기능인력 양성훈련 지원 등이 있다. 성인 대상 산업인력개발을 중심으로 직업능력개발 사업에 대해 구체적으로 살펴보면 다음과 같다.

가. 사업주에 대한 지원

사업주가 근로자를 위해 직업훈련을 실시하는 경우, 국가는 사업주에게 재직근로자훈련에 대한 지원, 유급휴가훈련 지원, 직업능력개발훈련시설 · 장비자금 대부, 사내자격검정 지원 등을 하고 있다. 재직근로자훈련에 대한 지원은 조직에 소속된 재직근로자뿐만 아니라 채용예정자 등을 대상으로 국가(노동부장관)에서 인정한 직업훈련을 자체훈련시설에서 직접 실시하거나 훈련기관에 위탁하여 실시하는 경우 고용보험을 가입한 사업주에 대해 이루어진다. 유급휴가훈련 지원은 우선지원 대상 기업 또는 중소기업의 재직근로자를 대상으로 유급휴가를 부여하여 특정 시간 이상의 훈련을 실시한 사업주에 대해 이루어지며, 소요된 훈련비용의 일정 부분을 지원한다. 직업능력개발훈련시설 · 장비자금 대부는 직업능력개발훈련시설을 설치하거나 훈련 장비를 구입하고자 하는 사업주, 근로자 단체, 사업주단체, 훈련법인, 노동부지정 훈련시설 등을 대상으로 이루어진다. 사내자격검정 지원대상은 기업의 특성에 맞는 자격을 개발 · 운영하고 있는 사업주로서 일정한 요건을 갖추고 국가(노동부)의 인정을 받아야 한다.

나. 재직근로자에 대한 지원

근로자가 스스로 직업능력개발을 하는 경우, 국가는 개인에게 근로자 수강지원금 지원, 근로자능력개발카드제, 근로자 학자금 대부 등을 지원하고 있다. 근로자 수강지원금은 비자발적 사유로 이직하고자 하는 고용보험 피보험자에게 지원되는데, 40세 이상의 사람, 상시근로자가 300인 미만인 사업에 종사하는 사람, 근로계약기간 1년 미만인 사람, 단시간 근로자, 일용근로자, 파견 근로자, 고용보험임의가입 자영업자 등을 대상으로 한다. 근로자능력개발카드제는 고용보험 피보험자 중 근로계약기간 1년 미만인 사람, 단시간 근로자, 일용근로자, 파견 근로자 등 비정규직근로자를 대상으로 하며, 고용지원센터에서 발급받은 능력개발카드로 정부(노동부)에서 인정한 훈련과정이 개설된 훈련기관에서 근로자가 원하는 훈련을 받을 수 있는 제도이다. 근로자 학자금 대부는 고용보험 피보험자인 재직근로자로서 기능대학, 사이버대학 또는 전문대 이상의 학교에 입학하거나 재학 중인 사람을 대상으로 하며, 등록금 전액을 대부할 수 있다.

다. 중소기업 능력개발 지원

중소기업이 조직구성원의 능력향상을 도모할 경우, 국가는 중소기업직업훈련컨소시엄 지원, 중소기업 학습조직화 지원, 중소기업 핵심직무능력 향상 훈련지원 등을 수행하고 있다. 중소기업직업훈련컨소시엄 지원은 중소기업 및 우선지원 대상기업 근로자, 채용예정자 및 구직자 등을 위하여 양성훈련, 향상훈련을 실시하는 대기업, 사업주단체, 공공훈련기관, 대학 등을 대상으로 하며, 교육훈련 시설 및 장비, 사업운영에 필요한 인건비, 운영비, 훈련비 등을 지원한다. 중소기업 학습조직화 지원은 국가(노동부 및 한국산업인력공단)의 심사를 거쳐 선정된 중소기업 및 우선지원 대상기업을 대상으로 학습조직화제도 도입을 위한 제반 비용을 지원한다. 중소기업 핵심직무능력 향상 훈련지원은 국가(노동부 및 한국산업인력공단)가 선정한 핵심직무능력 향상과정을 수강한 중소기업 및 우선지원 대상기업 사업주 및 근로자를 대상으로 우수훈련기관의 최고급 과정을 무료로 제공하는 제도이다.

라. 실업자훈련 지원

실업자가 직업훈련을 받는 경우, 국가는 개인에게 전직실업자 훈련지원, 신규실업자 훈련지원, 자활직업 훈련지원, 지역실업자 훈련지원 등을 하고 있다. 전직실업자훈련 지원은 고용보험적용 사업장에서 실직한 만 15세 이상의 근로자로서 전직을 하려는 사람을 대상으로 하며, 신규실업자훈련 지원은 고용보험의 적용을 받지 않는 실업자로서 구직을 위한 직업훈련을 희망하는 사람을 대상으로 하고, 자활직업훈련 지원은 국민기초생활보장법상 수급자 중 직업훈련이 가능한 자를 대상으로 한다. 이들은 국가(노동부)가 인정한 훈련기관에서 취업 및 창업을 위해 적합한 훈련과정이라고 국가(노동부)가 승인한 훈련과정을 제공하는 제도이다. 한편, 지역실업자직업훈련 지원은 실업자, 비진학 청소년, 군전역자 및 전역예정자, 국민기초생활보장법상 수급권자, 취업보호대상자 및 농업인 등으로서 농림어업 외의 직업에 취업하고자 하는 자와 가족을 대상으로 하며, 취업 및 창업에 적합한 훈련과정으로 시·도지사가 승인한 훈련과정을 수강할 수 있는 제도이다.

(2) 기업 내 산업인력개발 유형

세계화에 따른 무한경쟁과 사회적 변화 및 기술적 진보 등의 도전에 대응하기 위해 각 조직들은 교육훈련, 평가, 직무 경험 및 대인관계의 4가지 접근법을 통해 산업인력을 개발하고 있는데, 대부분의 조직들은 이런 접근법을 혼합하여 사용하고 있다(Noe, 2005).

가. 교육훈련

교육훈련은 기업 내 조직구성원의 현재 및 미래 직무와 관련하여 역량을 개발하기 위해 고용주가 의도적이고 계획적으로 제공하는 프로그램으로 집합교육, 자기주도적 학습 프로그램, 현장교육(on the job training), e-learning 등이 포함된다.

집합교육은 성과향상과 개인성장을 위해 일정기간 동안 고용주에 의해 제공되는 조직화된 학습경험이다. 집합교육의 가장 큰 특징은 학습자들이 모여서 교육을 받는다는 것인데, 이로 인해 학습자들에게 공간적·시간적 제약을 가한다는 비판을 받고 있다. 그럼에도 불구하고 집합교육은 다양한 내용을 집중적으로 다룰 수 있으며, 강의 및 토의, 토론, 사례연구, 실습 등 다양한 교수방법을 사용할 수 있으며, 교실 내에서 교수자와 학습자 그리고 학습자 사이에 상호작용이 빠르고 깊게 발생하는 등 많은 장점으로 인해 대부분의 기업에서 지속적으로 이루어지고 있다(권대봉, 2003).

한편 기업은 조직구성원들의 교육훈련 요구를 충족시키기 위해 독서, 워크북, 통신과정, 프로그램식 교수방식 등 여러 가지 자기주도적 학습 프로그램을 활용하고 있다. 자기주도적 학습 프로그램은 집합교육의 단점인 공간적·시간적 제약을 극복할 수 있으며, 전체적인 비용에서도 집합교육에 비해 효율적이다. 또한 자기주도적 학습 활동은 조직구성원의 개발을 위해 보다 많은 권리와 책임을 개인에게 부여하는 노력의 일환으로 볼 수 있다(Goldstein & Ford, 2004).

현장교육은 작업이 이루어지고 있는 현장에서, 학습자가 경험이 많은 선배 혹은 상급자의 직무수행과정을 관찰하면서 학습하거나 혹은 실제 자신에게 부여된 일을 수행하는 가운데 학습이 이루어지는 것을 말한다. 현장학습은 비공식적이고 비구조화된 현장교육(unstructured OJT)과 계획적이고 구조화된 현장교육(structured OJT)으로 나눌 수 있는데, 효과적인 현장교육을 개발하고 실행하기 위해서는 학습에 대한 체계적이고 계획적인 접근이 반드시 필요하다.

e-learning은 인터넷이나 웹을 통하여 온라인상 컴퓨터로 교육하는 것을 의미한다. e-learning은 웹기반 학습(web-based learning), 원격 교육(distance education and training), 가상학습(virtual classroom) 등을 의미하며, CD-ROM과 상호작용적 다중매체를 활용한 컴퓨터 기반 교육훈련(Computer Based Training: CBT), 시뮬레이션 기반 교육 등도 포함한다. e-learning은 정보통신기술을 통해 학습자에게 최신의 정보와 지식을 빠르게 전달하고 또한 필요에 따라 내용을 수정 및 보완할 수 있는 특징을 지니고 있다. 이러한 e-learning은 학습자가 동료 및 교수자와 높은 수준의 상호작용을 함으로써 효과적으로 이루어질 수 있다.

나. 평가

많은 기업들은 조직구성원에 대한 평가를 통해 그들의 행동, 의사소통 형태, 기술 및 성과에 대한 정보를 수집하고 피드백을 제공한다. 평가는 조직구성원의 잠재력을 확인하고 강점과 약점을 측정하는데 사용될 뿐만 아니라 효과적인 팀 수행을 위한 의사결정 프로세스와 커뮤니케이션 유형을 확인하기 위해서도 사용된다. 기업이 평가에 활용하는 방법들과 정보의 원천은 다양한데, 조직구성원의 역량개발을 목적으로 사용되고 있는 평가로는 심리 · 성격 · 지능 검사, 평가센터(assessment center), 성과평가 등이 있다.

심리 · 성격 · 지능 검사는 응답자의 자발적인 반응을 이끌어내는 조작적 검사와 선다형의 반응적 검사로 나눌 수 있다. 조작적 검사로는 고도의 복잡한 문제를 풀 수 있는 능력을 측정하는 학습 속도 검사(speed of learning test), 지적인 유연성 등을 측정하는 주장분석(analysis of argument), 고전적인 지능검사인 Weschler 성인 지능 검사 등이 있다. 그리고 반응적 검사로는 개인의 가치관과 선호하는 활동을 측정하는 Strong-Campbell 및 Kuder의 직업흥미검사, 영향력 · 성취 · 사회성 · 협력 · 리더십 등을 측정하는 각종 성격검사, 커뮤니케이션 · 동기부여 · 팀워크 · 업무 스타일 · 리더십을 이해하는 데 유용하게 활용할 수 있는 MBTI 등이 있다.

평가센터는 다수의 평가자(assessor)들이 다양한 검사와 과제를 통해 개인이나 집단을 평가하는 절차를 말한다. 평가센터는 조직구성원들이 관리자로서 요구되는 성격적 특성, 관리기술, 대인관계 기술 및 직무와 관련된 능력을 가지고 있는지 확인하여, 우수한 산업인력의 선발 및 개발을 위해 활용된다. 평가센터에서 활용되는 과제의 유형에는 동료 간 갈등 등 관리상의 문제들에 대한 반응을 평가하는 미결함 훈련(in-basket exercises), 스트레스 면접, 비전 프레젠테이션, 직무면접, 리더 없는 집단토의, '보물찾기' 훈련('treasure hunt' exercises), 비즈니스 게임(business production game), 역할연기, 동료 코칭 및 상담 연습 등이 있다. 평가센터는 참가자의 조작적 행동을 유도할 수 있다는 장점을 갖고 있다. 과거의 유사한 상황에서 행동한 것을 보고 미래의 행동을 가장 잘 예측할 수 있다는 점에서, 평가센터는 미래의 실제 직무 성과를 예측할 수 있는 작업 상황을 제공해야 한다(Spencer & Spencer, 1993).

성과평가(performance appraisal)는 조직구성원의 성과를 측정하는 프로세스이다. 성과평가는 조직구성원의 업무 행동에 대한 평가, 리더십과 같이 성공적으로 직무를 수행하는데 요구되는 바람직한 특성에 대한 평가, 생산성과 같이 직무 수행 결과에 대한 직접적인 측정 등 다양한 방법으로 이루어진다. 그런데 이러한 평가들이 조직구성원의 역량을 개발하는데 효과적으로 사용될 수 있으려면, 조직구성원에게 성과문제 및 개선방안 등에 관한 구체적인 정보를 제공해야 한다. 그래서 최근 성과평가는 상향식 평가와 360도 피드백(360-degree feedback) 등의 방법이 시도되고 있다.

다. 직무경험

기업에서 조직구성원의 개발은 대부분 직무경험을 통해 일어난다. 직무경험이란 조직구성원들이 그들의 직무에서 직면하는 관계, 문제, 요구, 과업 등에 관한 것이다. 조직구성원의 지식, 기술 및 경험과 그들이 수행해야 할 직무에서 요구되는 기술이 불일치할 때, 그들은 성공적으로 직무를 수행하기 위해 새로운 기술을 학습하고, 새로운 방법으로 기술과 지식을 적용하며, 새로운 경험에 익숙해지기 위해 노력한다. 이러한 직무경험은 조직구성원의 학습을 촉진하는 것과 같이 긍정적인 면도 있지만 높은 수준의 스트레스를 주는 것과 같이 부정적인 면도 있다. 직무경험을 통해 조직구성원의 능력을 개발하는 방법으로는 직무확대, 직무순환, 상향식 · 수평적 · 하향식 직무 이동 등이 있다.

직무확대는 조직구성원이 현재 수행하고 있는 직무에 도전적인 과제나 새로운 책임을 더하는 것이다. 특별한 프로젝트에 참가하거나, 팀 내에서 역할을 바꾸거나, 고객에 대한 새로운 서비스 방법을 연구하는 것 등이 여기에 해당된다.

직무순환은 조직구성원에게 회사의 다양한 부서에서 직무를 수행할 수 있도록 하거나 하나의 부서에서 직무 간에 이동하는 것을 말한다. 많은 기업에서 높은 잠재력을 가진 경영 관리자를 육성하기 위해 직무순환 프로그램을 운영하고 있다. 직무순환은 조직구성원들에게 조직에 대한 전체적인 인식을 갖도록 하며, 조직 내 다양한 부서의 기능을 이해할 수 있도록 하고, 인적 네트워크를 구축하며, 문제해결과 의사결정 기술을 향상시키는 등의 역할을 한다.

그 밖에 상향식, 수평적, 하향식 직무이동도 조직구성원의 능력개발을 위해 활용된다. 수평적 이동은 조직구성원이 비슷한 책임을 가진 다른 영역에서 다른 직무를 부여받는 것을 말한다. 상향식 이동(승진)은 이전 직무에 비해 더욱 도전적이고, 책임이 있고, 권한이 있는 지위로 올라가는 것을 말한다. 하향식 이동은 책임이나 권한이 감소되는 직무로 옮겨가는 것을 말한다. 이것은 같은 수준의 다른 직위로 이동하지만 좀 더 적은 권한과 책임을 가지게 되는 경우, 일시적으로 부서 간 이동을 하는 경우, 낮은 성과를 이유로 좌천되는 경우 등이 있다.

라. 대인 관계

조직구성원들은 조직 내에서 경험이 많은 조직구성원과 상호작용함으로써 조직에 대한 지식 등을 쉽게 습득할 수 있으며, 업무수행능력도 향상시킬 수 있다. 대인 관계를 통해 조직구성원들을 개발하는 대표적인 형태로 멘토링과 코칭이 있다.

멘토링은 개인들 사이의 신뢰와 존중을 바탕으로 발전과 배움이라는 공통의 목표를 달성하여 상호 이익을 도모하려는 상호작용 관계를 말한다(Gilley, Eggland & Gilley, 2002). 일반적으로 멘토링은 조직 내의 높은 지위에 있거나 경험이 많은 사람인 멘토가 발전가능성이 있거나 경험이 부족한 사람인 멘티와 특별한 상호작용을 함으로써 경력개발 및 심리적인 지원을 제공한다. 경력개발은 멘토가 멘티에게 업무수행에 대해 코칭을 하며, 도전적인 과제를 부여하고, 타인의 눈치를 보지 않아도 되는 상황을 제공함으로써 이루어진다. 심리적인 지원은 멘토가 멘티에게 존경받는 역할모델이 되고, 조직의 긍정적인 정서를 제공하며, 조직에 대한 불만에 대해 이야기함으로써 이루어진다.

코칭은 코치와 조직구성원이 수행과업을 중심으로 달성해야 할 과업 및 목표, 책임 및 수행방법 등을 정하고, 실행하는 과정에서 지속적인 피드백을 상호 교환하며, 수행결과에 대한 평가를 공유하는 프로세스를 말한다. 코칭에서 코치는 조직구성원들과 함께 일하면서 동기를 부여하며, 수행을 돕고, 피드백을 제공하며, 다른 관점 및 의견을 제시할 수 있는 동료 혹은 상급자를 말한다. 효과적인 코칭이 이루어지기 위해서는 코치와 조직구성원이 서로 신뢰하는 관계가 전제되어야 한다. 즉, 목표달성과 지속적인 개선을 위해 함께 노력해야 할 뿐만 아니라 수행결과를 함께 공유하고 책임질 수 있는 관계를 만드는 것이 중요하다.

(3) 공공/민간 훈련기관에서의 산업인력개발 유형

산업인력개발을 위한 훈련기관은 크게 공공훈련기관과 민간훈련기관으로 구분되며, 이들 기관에서는 재직근로자와 실업자를 포함한 모든 근로자를 대상으로 취업과 직업수행능력을 향상시키기 위해 교육훈련, 취업지원, 컨설팅 및 카운슬링 등을 제공하고 있다. 취업 및 창업을 위한 교육훈련에서는 취업지원, 컨설팅 및 카운슬링 등의 서비스를 함께 제공하기도 한다.

가. 교육훈련

산업인력개발을 위한 교육훈련기관도 크게 공공훈련기관과 민간훈련기관으로 구분되는데, 기관의 유형에 따라 교육내용에서 차이가 있다(〈표 13-1〉 참고). 한국폴리텍대학, 대한상공회의소 등의 공공기관에서는 산업별 공통수요 직종, 수출전략 직종, 첨단 및 신수요 직종, 그리고 기능장 양성을 위한 직종을 중심으로 훈련을 실시하는 반면, 법무부 직업훈련시설, 장애인직업훈련원, 근로복지공단 재활훈련원 등 여타 정부기관이나 지방자치단체 기관은 설립목적에 따라 특정 훈련을 실시하고 있다. 그리고 산업대학교 및 한국방송통신대학교는 평생교육의 관점에서 재직

〈표 13-1〉 직업훈련 기관별 훈련과정

훈련시설 / 훈련과정	공공훈련기관				민간훈련기관	
	폴리텍 대학	국·공립 대학교	대한상의	기타	사업 내 훈련기관	사업주 단체, 법인, 재단, 개인
• 실업자훈련						
- 전직, 재취업훈련	○	×	○	○	×	○
- 우선선정직종훈련	×	×	○	×	×	○
- 취업훈련	○	×	○	○	×	○
- 고용촉진훈련	○	×	○	○	×	○
- 자활직업훈련	×	×	×	×	×	○
- 영세자영업자훈련	○	×	○	○	×	○
• 인력양성훈련						
- 기능사훈련	○	×	○	×	×	×
- 다기능기술자훈련	○	×	×	×	×	×
• 사업주훈련						
- 직업능력개발훈련	○	○	○	○	○	○
- 유급휴가훈련	○	×	○	○	-	○

주: 1) 국·공립 대학교에는 산업대학교 및 한국방송통신대학교 등이 있음
2) 기타 공공훈련기관에는 법무부 직업훈련시설, 장애인직업훈련원, 근로복지공단 재활훈련원 등이 있음
3) ○ : 참여, × : 미참여
출처: 김수원(2006)을 수정·보완함

근로자의 재교육 및 대학교육의 기회를 제공하고 있다.

민간훈련기관은 공공훈련에서 수용하지 못하는 직종이나 자체 수요를 반영하는 직종으로 구성되며, 공공훈련기관에 비해 시설 수가 압도적으로 많다. 민간훈련기관은 재직근로자의 역량개발을 위해 기업체에서 자체적으로 운영하는 사업 내 훈련기관 및 사내대학과 각종 고용촉진훈련 · 실업자훈련 · 위탁훈련 · 평생교육을 수행하는 사업주 단체, 대학부설 평생교육원 · 사립 산업대학교 · 원격대학 등의 학교법인 및 재단, 개인이 운영하는 훈련기관으로 나눌 수 있다.

나. 취업알선

우리나라 취업지원 기관도 공공 부문과 민간 부문으로 나눌 수 있다(〈표 13-2〉 참고). 공공 기관으로는 노동부 지방노동사무소하에 고용안정센터, 인력은행, 일일취업센터 등의 취업지원 기관을 운영하고 있으며, 각 지방자치단체 산하 시 · 군 · 구에서는 취업정보센터, 공공직업안내소, 여성회관 등을 운영하고 있다. 이외에도 한국산업인력공단에서는 해외취업 및 외국인고용지원 등을 돕고 있으며, 한국고용정보원에서는 인터넷 취업정보망인 워크넷과 외국인 고용전산망 등을 운영하고 있고, 한국장애인고용촉진공단에서는 구직을 원하는 장애인에게 개별 능력에 따른 적합한 사업체를 알선하고 있다.

민간기관으로는 경영자총협회, 중소기업협동조합중앙회, 한국건설기술인협회, 대한전문전설협회 등의 사용자 및 직능단체, 고령자취업알선센터, YWCA, 여성인력개발센터, 여성실업대책본부, 재향군인회 등의 사회단체, 헤드헌팅업체, 유료직업소개소 등의 영리단체에서 취업 지원에 관련된 각종 서비스를 제공하고 있다.

다. 컨설팅 · 카운슬링

재직근로자, 자영업자, 구직자, 실직자 및 노동시장복귀 희망자를 대상으로 한 교육훈련 및 취업지원 서비스에 비해 컨설팅 · 카운슬링 서비스는 상대적으로 적은 편이다. 공공부문에서는 고용안정센터 및 기타 기관에서 컨설팅 · 카운슬링 서비스를 제공하나 전문적인 업무로 수행하는 것이 아니라 취업알선 및 직업소개 과정에서 하나의 활동으로 이루어지고 있다. 민간 부문에서도 서치 펌(헤드헌팅) 업체와

〈표 13-2〉 국내 취업지원기관의 운영주체별 · 대상별 현황

구분		대상 구분		주요 대상자	취업알선	지원기관
		일반(general)	특수(specific)			
공공	국립	고용안정센터		전체	◎	노동부
		인력은행		전체	◎	노동부, 지자체
			일일취업센터	건설일용직	◎	노동부
	공립	취업정보센터		전체	◎	지자체
			공공직업안내소	건설일용직	◎	지자체
			여성회관	단순노무여성	○	지자체, 여성부
	공단	산업인력공단		기술 · 기능인력	◎	노동부
		산업단지공단		전체	○	중소기업청
			장애인고용촉진공단	장애인	◎	노동부
민간	사용자 · 직능단체	경영자총협회		전체, 고급인력	◎	
		중소기업협동조합중앙회		전체	○	
			한국건설기술인협회	전문기술 · 기능	○	
			대한전문전설협회	전문기술 · 기능	○	
	사회단체		고령자취업알선센터	고령자	○	서울시, 부산시
			YWCA	여성	◎	
			여성인력개발센터	여성	○	여성부, 지자체
			여성실업대책본부	여성	○	한국여성노동자회
			재향군인회	제대군인	○	
	영리단체		헤드헌팅업체	전체, 고급인력	◎	
			유료직업소개소	전체, 일용직	◎	

주: 1) ◎ : 적극 수행, ○ : 필요시 수행
　　2) 인력은행은 노동부와 지방자치단체가 공동 운영하는 형태임
출처: 서우석 외(2003)를 수정 · 보완함

직업소개소는 주로 구인처 발굴과 취업알선 및 직업소개를 주로 수행하기 때문에, 컨설팅 · 카운슬링 서비스는 거의 제공하고 있지 않다. 그런데 최근에는 각 개인의 체계적인 경력개발 기회를 제공하는 민간기관들이 나타나고 있다. 이들은 이직 및 경력 상담, 적성 · 흥미 검사, 취업정보 제공 및 취업 컨설팅 등의 서비스를 제공하고 있다(〈표 13-3〉 참고).

〈표 13-3〉 성인경력개발지원 변별력 기능 현황

구분		하는 일			
		구인처 발굴	컨설팅·카운슬링	취업알선·직업소개	서비스 대상
공공	고용안정센터 직업상담원	+	+	+	고졸·사무직·생산직
	기타공공부문 직업상담원	+	+	+	고졸·사무직·생산직
민간	서치펌(헤드헌팅) 업체 담당자	++	-	++	대졸·전문직·기술직
	경력개발 컨설턴트	-	++	++	대졸·전문직·기술직
	직업소개소 상담원	++	-	+	생산직·일용직

주: ++: 매우 그렇다 +: 그런 편이다 -: 그렇지 않다
출처: 진미석, 윤형환.(2004)를 수정함

2. 성인 대상 산업인력개발의 현황 및 문제점

성인 대상 산업인력개발의 경우, 구조화된 형태로 제공되는 형식적 교육 외에 비형식적 교육도 매우 활발하게 일어나고 있기 때문에 정확한 현황을 파악하는 것은 거의 불가능하다. 따라서 여기에서는 형식적 교육을 중심으로 공급자별로 성인 대상 산업인력개발의 현황과 문제점을 살펴보도록 한다.

1) 국가 차원의 산업인력개발의 현황 및 문제점

국가 차원의 산업인력개발사업의 대상인원 및 집행액은 매년 지속적으로 증가하고 있다. 특히 재직근로자 향상훈련의 대상인원 및 집행액이 가장 크게 증가했으며, 실업대책직업훈련도 조금씩 증가하고 있는 추세이다. 반면, 기능인력 양성훈련은 점차 감소하고 있는 추세이다. 국가 차원의 산업인력개발사업의 훈련별 인원구성비는 재직근로자 향상훈련이 94% 이상의 절대 다수를 차지하고 있으며, 실업대책직업훈련 및 기능인력 양성훈련은 각각 5%와 2% 미만에 불과하다. 그러나 훈련별 예산비중을 살펴보면, 재직근로자 향상훈련이 46.6%이며, 실업대책직업훈련이

32.2%, 기능인력 양성훈련 21.2%로 나타났다(노동부, 2008). 이는 재직근로자를 대상으로 한 향상훈련은 2~3일 미만의 단기과정이 많은 반면, 실업자 훈련은 비교적 장기과정인 4~5개월, 기능인력 양성훈련은 1년 과정이 많기 때문에 과정 참가자에 비해 운영비용이 더욱 많이 소요되기 때문이다.

국가 차원의 산업인력개발에서 나타나는 문제점으로는 산업인력개발에 대한 투자 부족, 정부주도·공급자 중심의 전달체계, 교육 및 학습기회의 불균형, 교육성과 미흡 등이 있는데(이영현, 2006a), 이에 대해 좀 더 자세히 살펴보면 다음과 같다.

첫째, 국가 차원의 산업인력개발의 문제점 중 하나는 산업인력개발에 대한 투자의 부족이다. 우리나라 근로자의 직무관련 훈련참여율은 OECD 국가 중 최하위 수준을 차지하고 있으며, 성인학습 참여율도 역시 주요 국가에 비해 크게 낮은 수준이다. 그 이유는 시간적 제약, 시스템의 부족, 학습에 대한 낮은 관심 등 여러 가지가 있지만, 주요국에 비해 예산이 적은 것도 한 몫을 하고 있는 것으로 판단된다. 산업인력개발에 대한 투자 부족은 학습 인프라의 영세성을 가져와 결국 제한적인 선택을 할 수 밖에 없다. 따라서 학습의 중요성을 실제로 담보할 수 있는 기제, 즉 양질의 학습 기회를 제공받을 수 있는 여건을 충분히 갖추는 일이 필요하다.

둘째, 현행 국가 차원의 산업인력개발은 수요자 중심의 훈련체계를 마련하려는 노력이 다각도로 진행되어 왔음에도 불구하고 아직까지 정부주도·공급자 중심의 전달체계를 가지고 있다. 이러한 정부와 공급자 중심의 산업인력개발 체계 하에서는 학습자 주도적 능력개발이 제대로 이루어지지 못한다. 현행 지원체계는 사업주 중심의 지원체계로서 근로자 주도적 능력개발을 지원하기 위한 유급휴가훈련, 근로자학자금 대부, 수강 장려금 제도 등이 있지만 실제로 지원 실적은 매우 미미한 수준에 머물러 있다. 또한 잠재적인 훈련 수요를 현실화하기 위해서는 정부의 훈련 소외계층에 대한 적극적인 수요조사 및 지원이 있어야 하지만 이에 대한 노력도 미미한 수준이다.

셋째, 현행 국가 차원의 산업인력개발은 교육 및 학습기회가 불균등하다는 것이다. 재직근로자 향상훈련 지원 현황을 보면 교육 및 학습의 기회가 기업규모별로 양극화되어 있음을 알 수 있다. 우리나라는 50인 미만의 소규모 고용보험적용사업장이 절대 다수를 차지하고 있으며 피보험자도 전체 보험자의 절반을 차지하고 있지만, 직업능력개발훈련 건수 및 지원금은 10% 남짓에 불과하다. 반면 1,000명 이상의 대규모 고용보험적용사업장은 0.1%미만이며 피보험자도 전체 보험자의 15% 남짓에 불과하지만, 직업능력개발훈련 건수 및 지원금은 전체의 절반 이상을 차지하고 있다(노동부, 2008). 고용보험을 통한 사업주 직업능력개발지원 제도는 기업 내 훈련의 효과성과 형평성 제고를 목적으로 하고 있지만 그 주된 수혜자는 대기업으로 나타나고 있는 것이다. 이는 유급휴가훈련 지원에서도 비슷하게 나타나고 있다. 이러한 대기업 근로자에 편중된 직업능력개발은 고용과 임금격차를 낳으며 대기업과 중소기업의 임금 격차뿐만 아니라 기술역량, 업무역량의 격차를 심화시켜 우리나라 산업구조의 구조적인 문제로 고착화될 가능성이 있다(이영현, 2006a).

넷째, 현행 국가 차원의 산업인력개발의 성과는 전반적으로 낮은 편인데, 비정규 근로자 및 자영업자 등 취약계층의 교육성과가 상대적으로 더 낮다. 특히 공공양성훈련과 실업자 훈련의 실질적인 취업효과가 여전히 기대에 미치지 못하고 있다. 이러한 훈련효과의 문제는 훈련생에 대한 상담, 모집 및 선발, 직업지도, 취업알선 등 전반적인 훈련관리 시스템의 비체계성에도 기인한다. 이외에도 현행 직업훈련체계는 실업자 훈련의 수급 괴리 및 부실 훈련의 문제를 안고 있다. 실업자 훈련의 경우 인력수요와 괴리된 훈련과정의 문제, 부실훈련기관의 참여로 인한 훈련부실, 취약계층 참여유인의 부족 등의 문제가 나타나고 있다.

2) 기업 내 산업인력개발의 현황 및 문제점

급속한 경영환경의 변화 속에서 인적자원이 새로운 가치창출을 위한 중요한 요소라는 인식이 점차 확대되고 있다. 그래서 기업들은 조직구성원의 성장과 발달을 위해 다양한 형태의 교육훈련 및 경력개발을 실행하고 있다. 2005년 사업체 패널조사 데이터를 분석한 이혜정, 양수경(2008)에 따르면, 전체 조사대상 사업체 중 86.2%가 교육훈련을 실시하거나 지원하고 있다. 제조업과 비제조업 사이에는 큰 차이가 없지만, 사업체의 규모가 커질수록 교육훈련을 실시하거나 지원하는 비중도

커졌고, 전담하는 부서가 있는 사업체의 비중도 커졌다. 실시하거나 지원한 교육훈련으로는 집단 사내교육훈련이 68.0%로 비중이 가장 높았으며, 훈련기관 수강료 지원 50.8%, 집단 사외교육훈련 40.2%, 인터넷을 이용한 교육훈련 31.4% 등의 순으로 나타났다. 한편 경력개발은 전체 조사대상의 14.8%만이 공식적인 프로그램을 실시하고 있었으며, 경력개발 중 실시하고 있는 활동이나 제도로는 다양한 직무경험을 위한 직무순환이 35.1%로 가장 높았으며, 사내공모제 29.8%, 직속상사에 의한 카운슬링 17.9%, 공식적인 멘토링 제도 14.1% 등의 순으로 나타났다.

기업 내 산업인력개발에서 나타나는 문제점으로는 조직의 지원 미흡, 수요자보다는 사업주 · 공급자 중심의 운영, 기업 내부 파트너십 형성 미흡 등이 있는데, 이에 대해 좀 더 자세히 살펴보면 다음과 같다.

첫째, 평생 직업능력개발에 대한 수요가 증가하고 있지만 조직의 지원이 미흡한 실정이다. 2003년 30인 이상 기업의 노동비용 대비 교육훈련비 비중은 1.47%로 1996년 2.09%보다 낮게 나타났으며, 1000인 이상의 대기업도 2003년 1.71%로 1996년 2.50%에 비해 훨씬 낮은 수준이다. 기업의 입장에서는 평생직장의 개념이 약화되고 노동이동성이 심화되면서 교육훈련 투자에 대한 수익을 되돌려 받을 수 없어 사람에 대한 투자를 꺼리고 있기 때문에(이영현, 2006b), 기업들이 학습결핍증에 걸려 지속적인 혁신을 통한 성장과 발전을 목표로 하는 학습역량이 부족한 실정이다(주용국, 이의규, 2005). 또한 중소기업의 인적자원 개발활동을 통한 산업인력 경쟁력 확보에 있어서 가장 큰 장애요인으로 조직분위기 및 조직의 지원 미흡이 압도적으로 많았다(김종관, 김진욱, 2006).

둘째, 기업 내 산업인력개발과 관련하여 내용 및 방법이 수요자 중심보다는 사업주 · 공급자 중심으로 이루어지고 있다. 교육훈련 내용 선정 방법은 사업장 규모별로 차이가 있지만, 전체적으로 부서별 관리자 및 최고경영자의 의견을 우선 반영하는 사업장이 많으며, 교육참가자의 의견은 상대적으로 크게 반영하고 있지 않다(김종관, 김진욱, 2006; 오영훈, 2006). 그리고 산업인력개발 방법에 있어서도 다양한 경력개발 방안을 활용하기 보다는 집합식 교육을 중심으로 이루어지고 있다. 또한 기업 내 교육훈련에 대한 투자가 핵심인력 및 정규 근로자에만 집중되고 있어 교육훈련의 사각지대가 발생하고 있는데, 특히 지속적으로 증가하고 있는 비정규 근로자에 대한 기업 내 산업인력개발 노력이 미흡한 실정이다.

셋째, 기업 내 산업인력개발과 관련하여 많은 기업에서 내부 파트너십이 형성되어 있지 않다. 산업인력개발을 위한 교육훈련과 경력개발 등의 각종 제도 및 정책을 계획하고 실행하는 과정에서 조직구성원, 노동조합 및 노동자 대표의 참여가 미흡하다. 2005년 사업체 패널조사 데이터를 보면, 전체 조사대상 사업체 중 32.9%만이 근로자의 능력개발 실시 · 지원시 노동조합 및 근로자 대표와 협의를 하고 있었는데, 사업체 규모가 작을수록 협의하는 비중이 낮았으며, 공공부문의 사업체(67.2%)보다는 민간부문의 사업체(32.6%)에서 협의하는 비중이 훨씬 낮았다.

3) 공공/민간 훈련기관 산업인력개발의 현황 및 문제점

평생학습 사회로의 전환 속에서 성인에 대한 직업능력개발 및 경력개발의 기회를 제공하는 것은 무척 중요하다. 특히 기업 내 산업인력개발을 보완하며, 자영업자, 구직자, 실직자, 노동복귀희망자 등 다양한 수요자의 요구에 부응할 수 있다는 점에서 공공 및 민간 훈련기관에서 이루어지는 산업인력개발은 무척 중요하다.

산업인력개발을 위한 대표적인 공공 훈련기관으로는 한국폴리텍대학, 산업대학교 및 한국방송통신대학교, 대한상공회의소 등이 있다. 한국폴리텍대학은 2008년 현재 한국폴리텍 I～IV대학과 4개의 특성화 대학으로 총 11개 대학 29개 캠퍼스를 운영하고 있으며, 2년 학위과정(다기능기술자), 6개월 · 1년 기능사 과정, 기능장 과정 외 500여개의 프로그램을 통해 산업인력양성 및 재직자 · 실업자 훈련을 수행하고 있다. 산업대학교는 산업현장에서의 전문적인 기술훈련을 위한 고등교육의 기회 확대를 위해 설립되었으며, 현재 13개 대학교가 운영되고 있다. 한국방송통신대학교는 고등교육의 기회를 확대하여 제공함으로써 국가 인재양성에 이바지한다는 취지로 설립되었다. 2007년 현재, 1개의 평생대학원과 인문과학대학, 사회과학대학, 자연과학대학, 교육과학대학 등 4개의 대학 21개 학과로 이루어져 있다. 입학정원은 59,700명이며, 재적생 272,762명, 재학생 181,622명이다. 대한상공회의소

산하 인력개발사업단은 산업인력공단으로부터 부산, 인천, 광주, 경기 등 8개 인력개발원을 이관 받아 교육훈련을 실시하고 있다. 정규과정으로는 29세 이하의 고등학교 졸업자 이상을 대상으로 21개 직종 48개 공과 설치 운영하고 있는데, 재학생 수 4,000명 규모의 2년 과정이다. 그 밖에 실업자 재취직 교육, 재직근로자 직무능력향상교육, 중소기업훈련컨소시엄을 통한 재직근로자의 직무능력향상교육, 채용예정자 교육 등을 실행하고 있다.

기업을 제외한 민간 훈련기관으로는 대표적으로 사업주 단체, 대학 부설 평생교육원, 학원 등이 있다. 사업주 단체의 산업인력개발은 사업주가 공동으로 실시하는 공동훈련의 형태로 시작되었으며, 한국기계산업진흥회 직업전문학교, 전문건설공제조합 직업전문학교, 한국전기공사협회 직업교육학교 등이 운영되고 있다. 이영현(2006b)의 연구에 따르면, 조사한 사업주 단체 중 직업능력개발 업무 투자 예산 규모가 전체 예산의 1% 이내인 곳이 79.1%로 가장 많았으며, 10% 이상인 곳은 5.3%에 불과했다. 그리고 조사한 사업주 단체 중 30%정도만이 자체훈련을 실시하고 있었다. 대학 부설 평생교육원은 2004년을 기준으로 4년제 대학, 전문대학 및 각종 대학을 합쳐 총 426개 중 353개 학교에 설치되어 있으며, 평생교육원 수는 363개, 설치과정 수는 6,756개, 교육인원은 333,351명으로 나타났다(교육인적자원부, 2004). 개설과정은 일반적으로 교양과정, 전문교육, 학점은행제과정, 독학사과정, 자격증과정 등이며, 교육대상은 주부, 직장인, 노인 등으로 구성된다. 학원은 민간훈련기관에서 가장 많은 수를 차지하고 있는데, 미용학원, 간호학원, 외국어직업학원, 컴퓨터직업학원 등 종류도 무척 다양하다.

공공 및 민간기관 산업인력개발에서 나타나는 문제점으로는 산업계와 공공·민간기관 사이, 그리고 공공·민간기관들 사이의 연계 미흡, 성인들에 대한 직업교육의 도외시, 공공 및 민간기관의 낮은 교육훈련 효과성 등이 있는데, 이에 대해 좀 더 자세히 살펴보면 다음과 같다.

첫째, 산업계와 공공·민간기관 사이, 그리고 공공·민간기관들 사이의 연계가 이루어지고 있지 못하다. 이에 산업계가 요구하는 양적·질적 측면에서의 수요를 적절하게 확인하고 그 결과를 공급기관의 교육 내용 및 제도 개선에 반영할 수 있는 체제와 제도를 운영하지 못해 산업계와 직업교육기관 간의 괴리를 개선하지 못하고 있다(정태화, 2005). 그리고 평생학습사회의 도래에도 불구하고 우리나라 공공 및 민간기관 사이의 산업인력개발 체계가 전체적으로 연계되어 있지 못하며, 다른 기관에서 실시되는 프로그램을 그대로 모방하여 개설하는 경우도 있다. 이에 따라 학습자 입장에서는 동일 내용을 반복하거나, 심화내용에 대한 접근 기회가 주어지지 않는 효율성의 문제가 발생하고 있다. 다양한 수요자가 원하는 교육을 제공하기 위해 교육의 양을 늘리는 것도 중요하지만, 평생학습사회에서는 질적인 면에서 지속적으로 발전할 수 있는 교육내용 및 방법을 제공하는 것도 무척 중요한데 아직 이러한 체계 및 제도를 운영하지 못하고 있는 실정이다.

둘째, 일부 고등교육기관에서 재직근로자 등 성인들에 대한 직업교육을 도외시하고 있다. 대학 부설 평생교육원의 교육과정은 일반교양 및 문화취미과정과 학위 및 학점취득과정이 대부분이며, 직업 및 자격 관련 전문교육과정은 상대적으로 적은 편이다. 그리고 한국방송통신대학의 교육과정은 인문사회계열 학과가 중심이 되어 운영되고 있기 때문에 교양교육 중심적 특성이 강하다. 또한 산업대학은 전신인 개방대학교 구상 당시부터 지나치게 개방성만 강조한 나머지 산업체 연계 특성이 부각되지 못하고 있으며, 산업체에 필요한 인력을 양성해 낸다는 직업교육기관으로서의 이념을 살리지 못하고 기존 4년제 대학의 모형을 모방하여 파행적으로 운영되고 있는 실정이다(최지희 외, 2008). 재직근로자 등 성인은 대학을 중심으로 한 고등교육기관을 가장 선호하며, 자격증 및 단기직업전문능력개발 과정 등 직업교육에 대한 요구가 높다는 점을 고려할 때, 일부 고등교육기관에서 직업교육을 도외시하는 것은 바람직하지 못하다고 볼 수 있다.

셋째, 공공 및 민간기관의 교육훈련 효과성이 전반적으로 낮은 편이다. 실직자, 구직자, 자영업자, 노동시장복귀 희망자 등 저소득 및 취약계층 학습자의 입장에서 질 높은 훈련을 받을 수 있는 선택권을 강화하고, 이를 통해 취업을 위한 직업능력을 제고함으로써 고용가능성을 높일 수 있어야 한다. 그러나 직업교육 수료생의 30% 남짓, 중도탈락자의 절반 이상이 직업교육의 실효성을 이유로 추후 교육훈련에 참석하지 않을 것이라고 밝히고 있다. 산업체 요구뿐만 아니라 재직근로자, 실직자, 노동시장복귀 희망자 등 다양한 성인들의 교육훈련 요구를 분석하고 이에 대한 수요자 중심의 서비스가 이루어지지 않는 한 공공 및 민간기관의 교육훈련 효과성은 낮을 수밖에 없을 것이다.

3. 성인 대상 산업인력개발의 개선방안

1) 개선방향

지식경제가 확산되고 노동시장의 구조가 변화함에 따라 고숙련 지식 노동자의 수요가 증가할 것이며, 노동의 유연화로 산업인력의 이동이 보편화될 것이다. 이러한 환경변화와 기존의 취업 후 산업인력개발의 현황 및 문제점을 고려하여 개선방향을 설정하고 이에 부합하는 개선방안이 추진되어야 할 것이다.

성인 대상 산업인력개발의 개선방향으로는 수요자 중심의 계획과 실천, 실행주체들 간의 파트너십 구축, 직업능력개발의 형평성 제고를 설정할 수 있다. 지금까지 우리나라에서 취업 후 산업인력개발은 국가 및 사업주 중심으로 계획하고 실행되었으며, 재직근로자, 노동조합, 실직자, 구직자, 노동시장복귀 희망자 등 다양한 수요자의 요구가 적극적으로 반영되지 못하고 있는 실정이며, 이로 인해 산업인력개발의 효율성과 효과성이 저해되는 것이다. 따라서 수요자 중심의 서비스를 확립하기 위해 개별 학습자가 교육훈련 내용 및 방법의 선택과 참여를 결정할 수 있도록 각종 제도적 지원을 강화할 필요가 있다.

다음으로 자발적 참여를 전제로 한 실행주체들 간의 파트너십을 구축하는 것이 필요하다. 중앙과 지방 간의 파트너십, 공공부문과 민간부문 간의 파트너십, 정부와 교육훈련기관 및 연구기관 간의 파트너십을 통해 우수하고 다양한 계획과 실행을 창출하여 교육훈련의 현장성과 타당성, 산업인력의 지속적인 발전을 도모할 필요가 있다.

마지막으로 직업능력개발의 형평성을 제고하는 것이 필요하다. 최근 세계화와 정보기술혁명 등으로 중소기업과 대기업간의 교육훈련 격차뿐만 아니라 숙련 노동자와 비숙련노동자 간의 고용 및 소득 양극화가 진전되고 있다. 이에 따라, 근로빈곤층을 감축하고 동반성장형 산업인력개발을 위해서는 중소기업 근로자, 비정규직 근로자, 저소득층 근로자, 자영업주 등 근로취약계층의 직업능력개발을 촉진하기 위하여 직업능력개발사업의 대상을 확대하고, 대상의 특성을 감안한 차별화된 접근 방안이 모색되어야 한다(이영현, 2006a).

2) 개선방안

지금까지 논의한 성인 대상 산업인력개발 활성화를 위한 개선 방향을 기초로 선행연구(오영훈, 2006; 정택수, 2005 등)에서 제시하고 있는 개선 방안을 성인 대상 산업인력개발 관련 공급주체별로 정리하면 다음과 같다.

(1) 국가 차원의 산업인력개발의 개선방안

직업능력개발훈련 정책은 급변하는 지식과 기술변화에 대응하여 근로자가 생애에 걸친 직업능력을 개발할 수 있도록 지원체계를 구축할 필요가 있다. 이를 위해서는 평생직업능력개발을 위한 기반을 조성하고 각종 인프라를 구축하여야 하는데, 여기에는 중앙 집중식에서 벗어나 지역별 또는 산업별, 개인별로 지원할 수 있는 정책이 고려되어야 한다. 이를 위한 대표적인 정책과제를 제시하면, 첫째, 근로자의 자기 주도적인 자기개발 지원을 강화해야 한다. 둘째, 산업현장의 수요를 반영한 자격제도를 운영함으로써 자격제도가 직업능력개발에 대한 신호와 선도 기능을 할 수 있도록 자격제도를 개편할 필요가 있다. 셋째, 취약계층에 대한 직업능력개발의 활성화를 유도하여 직업능력개발 사업의 사회적 통합기능을 제고하여야 한다. 구체적으로 보면 비정규직 근로자 직업능력개발에 대한 지원과 공공훈련 기관에서의 취약계층 훈련비율을 강화하는 방안이 있다. 넷째, 직업능력사업에서 중소기업을 우선적으로 고려하여 중소기업이 교육훈련에 적극적으로 참여할 수 있도록 제도적 장치를 구축해야 한다. 다섯째, 교육훈련비 지원 중심의 운영체계를 벗어나 기업이 스스로 교육훈련을 실시할 수 있는 여건을 갖출 수 있도록 지원해야 한다. 구체적으로 교육훈련과정 및 방법과 관련한 교육훈련 프로그램을 개발 · 제공하며, 교육훈련 담당자를 대상으로 다양한 연수 프로그램을 제공하는 방안 등이 있다. 여섯째, 시장기능에 의하여 작동되는 교육훈련시장을 육성하여 훈련수요에 적합한 공급이 시장에서 원활하게 이루어질 수 있도록 신뢰성 높고 공개가 가능한 훈련기관 평가정보를 확보할 수 있는 평가체계의 구축이 시급히 이루어져야 한다.

(2) 기업 내 산업인력개발의 개선방안

기업 내 산업인력개발을 위한 대표적인 개선방안은 다음과 같다.

첫째, 산업인력개발이 기업의 중요한 전략으로 등장함에 따라 기업의 경쟁력을 갖추기 위해서는 지금까지의 산업인력개발 시스템을 재검토하는 것이 필요하다. 둘째, 특정 직종이나 핵심인재에 편중된 산업인력개발은 조직구성원의 사기 및 조직문화를 저해시키기 때문에 재직근로자에 대한 교육훈련 기회의 형평성을 이루어야 한다. 셋째, 교육훈련 및 경력개발 제도를 계획하는데 있어, 경영층의 의견뿐만 아니라 조직구성원 및 노동조합 등 수요자의 의견을 적극적으로 반영해야 한다. 넷째, 정보화 · 세계화 등 시대적 추세뿐만 아니라 기업 및 조직구성원의 특성을 고려한 교육훈련 프로그램 내용 및 방법의 선정 · 개발이 필요하다. 다섯째, 정보 처리기술과 정보통신을 활용한 원격 교육훈련을 적극 활용하기 위하여 통신훈련기관, 대학 등 원격교육훈련기관과의 협력체제 및 네트워크를 구축하여야 한다. 여섯째, 교육훈련의 성과가 직접적인 인센티브와 연계될 수 있는 교육훈련 프로그램의 운영으로 교육훈련 참여를 제고해야 한다.

(3) 공공/민간 훈련기관 산업인력개발의 개선방안

효과적인 산업인력개발을 위한 공공/민간 훈련기관의 대표적인 개선방안은 다음과 같다.

첫째, 교육훈련 전달체계를 개선하여야 한다. 교육훈련 수요자에 대한 체계적인 홍보와 상담체계부터 교육훈련 및 사후관리에 이르기까지의 유기적 연계를 강화하여야 한다. 특히 실직자 및 구직자를 대상으로 한 산업인력개발의 경우 직업상담 및 취업알선, 사후관리에 각별한 관심을 가져야 한다. 둘째, 산업인력개발을 위한 교육훈련의 효과성 및 효율성을 제고하여야 한다. 이를 위해 산업계와 수요자의 요구를 분석하여 교육훈련 프로그램에 지속적으로 반영하려는 노력이 중요하다. 그리고 프로그램의 효과성 평가를 정례화하여 내실을 기해야 한다. 셋째, 체계적이고 효과적인 산업인력개발을 위한 전문성을 지닌 인력을 채용하고 개발하는 것이 중요하다. 넷째, 다른 공공 및 민간기관과의 협력적인 네트워크를 통해 다양한 교육내용 및 방법에 대한 선택권을 높여 잠재적 교육수요층을 지속적으로 흡수하려는 노력이 필요하다.

요약

이 장에서는 성인 대상의 산업인력개발에 대해서 살펴보았으며, 이를 위하여 성인 대상 산업인력개발의 개념, 현황, 문제점 및 개선방안에 대해서 살펴보았다.

지식의 시대에서는 정규교육과정을 마친 뒤, 작업현장에 종사하거나 혹은 다른 작업현장으로 이동하기를 원하는 사람들에 대한 지속적인 역량 개발이 요구되는데, 이를 성인 대상의 산업인력개발이라고 한다. 성인 대상 산업인력개발에서 공급자는 주로 국가, 기업 및 공공/민간 훈련기관이라고 할 수 있으며, 이들 공급자에 따른 산업인력개발의 대상(수요자), 산업인력개발의 목적 및 실천방법(유형)을 살펴보았다. 우선 국가 차원의 산업인력개발은 사업주에 대한 지원, 재직근로자에 대한 지원, 중소기업 능력개발 지원, 실업자훈련지원의 측면에서 살펴보았으며, 기업 내 산업인력개발 유형은 교육훈련, 평가, 직무경험, 대인관계의 측면에서 살펴보았고, 공공/민간 훈련기관에서의 산업인력개발 유형은 교육훈련, 취업알선, 컨설팅 카운슬링의 측면에서 살펴보았다.

또한 성인 대상 산업인력개발의 현황과 문제점 역시 국가 차원, 기업차원, 공공/민간 훈련기관 차원으로 구분하여 살펴보았다. 국가 차원의 산업인력개발은 대상인원 및 집행액은 지속적으로 증가하고 있으나, 기회의 불균형, 성과 미흡 등의 문제점이 있으며, 기업 내 산업인력개발은 조직차원의 중요성 인식 및 수요가 증가하고 있으나, 조직의 지원이 미흡하고, 기업내 파트너십이 형성되어 있지 않다는 문제점이 있다. 또한 공공/민간 훈련 기관 차원의 산업인력개발은 산업계와 공공 민간기관들 사이의 연계 미흡, 낮은 교육훈련 효과성 등의 문제점이 있다.

마지막으로 성인 대상 산업인력개발의 개선방향 및 개선방안을 제시하였다. 우선 국가 차원에서는 근로자 주도적 자기개발 지원, 산업현장의 수요를 반영한 자격제도 개편, 취약계층에 대한 직업능력개발 활성화 등이 제시되었고, 기업차원에서는 산업인력개발 시스템의 재검토, 수요자 의견 반영, 유관기관과의 협력체계 구축 등이 제시되었으며, 공공/민간 훈련기관 차원에서는 교육훈련 전달체계 개선, 교육훈련 효과성 및 효율성 제고 등이 제시되었다.

참고문헌

권대봉(2003). 인적자원개발의 개념 변천과 이론에 대한 종합적 고찰. 서울: 원미사.

김수원(2006). 직업훈련의 공급과 소비. 장홍근, 이영현.(편). (2006). KRIVET 연구총서 4: 직업능력개발체제의 혁신. 한국직업능력개발원.

김종관, 김진욱(2006). 중소기업의 인적자원 개발활동의 효율화 방안에 관한 연구. 인적자원관리연구, 13(4), 37-52.

노동부(2006a). 2006년 직업능력개발사업현황. 노동부.

노동부(2006b). 2006년도 노동부 업무보고. 노동부.

노동부(2008). 2008년 직업능력개발사업현황. 노동부.

서우석(2003). 여성취업전문센터건립타당성 및 운영방안연구. 경기도여성능력개발센터.

오영훈(2006). 기업의 인적자원개발 현황과 과제. 장홍근, 이영현.(편). (2006). KRIVET 연구총서 4: 직업능력개발체제의 혁신. 한국직업능력개발원.

이영현(2006a). 직업능력개발체제의 발전. 장홍근, 이영현.(편). (2006). KRIVET 연구총서 4: 직업능력개발체제의 혁신. 한국직업능력개발원.

이영현(2006b). 사업주와 직업능력개발. 장홍근, 이영현.(편). (2006). KRIVET 연구총서 4: 직업능력개발체제의 혁신. 한국직업능력개발원.

이혜정, 양수경(2008). 한국 기업의 인적자원개발(HRD) 현황: 2005년도 사업체패널 데이터를 중심으로. 노동리뷰, 2008(2), 78-88.

정지선, 김종우(2008). 재직근로자의 노동시장에서 학교로의 이행 촉진방안: 고등교육기관을 중심으로(II). 한국직업능력개발원.

정태화(2005). 직업훈련. 김장호.(편). (2005). KRIVET 연구총서 1: 한국의 인적자원 도전과 새 패러다임. 한국직업능력개발원.

주용국, 이의규(2005). 기업의 인적자원개발. KRIVET 연구총서 1: 한국의 인적자원 도전과 새 패러다임. 한국직업능력개발원.

진미석, 윤형한(2004). 성인대상 진로개발 지원인력의 양성 활용실태와 개선방안. 한국직업능력개발원.

최지희, 정지선, 박천수, 김종우(2008). 재직근로자의 노동시장에서 학교로의 이행 촉진을 위한 기업-고등교육기관의 실태분석 및 개선방안. 한국직업능력개발원.

Gilley, J. W., Eggland, S. A., & Gilley, A. M. (2002). *Principles of human resource development(2nd Ed.)*. Cambridge, Mass.: Preseus Books.

Goldstein, I. L., & Ford. J. K. (2004). *Training in organizations. (4th Ed.)*. Thomson Learning.

Marquardt, M. (2003). *Globalization and HRD*. In A. M. Gilley, J. L. Callahan, & L. L. Bierema. (Eds.), Critical Issues in HRD (pp. 69-86). Perseus Publishing.

Noe, R. A. (2005). *Employee training and development (3rd Ed.)*. New York: McGraw-Hill.

Spencer, L. M., & Spencer, S. M. (1993). *Competence at work: Models for superior performance*. John Wiley & Sons, Inc.

14

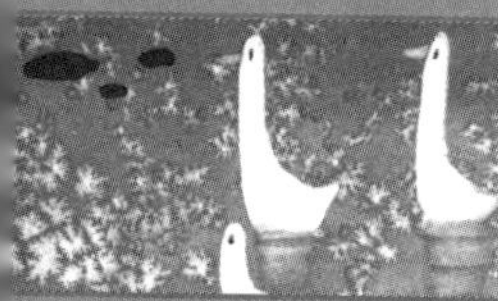

여성, 노인, 장애인 대상의 산업인력개발

학습개요

이 장에서는 노동시장에서의 취약계층인 여성, 노인, 장애인 대상의 산업인력개발에 대해 살펴보도록 하겠다. 이를 위하여 여성, 노인, 장애인 대상의 산업인력개발의 개념 및 현황에 대해 살펴보도록 한다. 또한 이를 바탕으로 여성, 노인, 장애인 대상의 산업인력개발의 문제점 및 개선방안에 대해 살펴보도록 하겠다.

학습목표

1. 여성, 노인, 장애인 대상 산업인력개발의 개념을 설명할 수 있다.
2. 여성, 노인, 장애인 대상 산업인력개발의 현황 및 문제점을 설명할 수 있다.
3. 여성, 노인, 장애인 대상 산업인력개발의 개선방안을 설명할 수 있다.

1. 여성, 노인, 장애인 대상 산업인력개발의 개념

여성, 노인, 장애인 대상의 산업인력개발은 지식기반사회로 진입함에 따라 새로운 지식, 기술의 습득 및 활용능력이 부족한 취약계층을 대상으로 산업인력으로서 갖추어야 할 능력을 개발할 수 있도록 지원하는 활동이라고 할 수 있다. 과거 산업인력개발의 목적이 생산인구 중심으로 한 인적자원개발에 있었다면 최근의 산업인력개발은 모든 사회구성원에게 노동을 통해 인간다운 생활을 영위할 권리를 보장하는 열린 제도가 되어야 할 것이다. 이런 의미에서 여성, 노인, 장애인 등 취약계층에 대한 산업인력개발은 이들의 능력개발을 통해 사회적 지위와 역할을 획득하게 하고, 사회구성원으로서 정체성을 갖게 하는 통합적 기능을 한다고 볼 수 있다.

여성의 경우 세계 인구의 절반을 차지하고 있음에도 아직까지도 직장에서의 여러 가지 불이익으로 인한 어려움을 겪고 있다. 우리나라 여성의 취업현황은 현재 50% 정도 수준으로 남성의 74% 수준에 크게 못 미치고 있으며 임금수준 또한 남성의 63% 수준이다. 또한 여성의 경우 사회 또는 직장에서의 차별과 더불어 여성으로서 사회에서 요구되는 가정에 대한 책임감은 여성으로 하여금 자신의 잠재적 능력을 발휘할 수 있는 기회를 박탈하거나 제한하도록 하는 결과를 불러오고 있는 실정이다. 이러한 의미에서 여성 대상의 산업인력개발은 그 중요성이 지속적으로 증가하고 있다고 할 수 있다.

노인에 대한 산업인력개발은 초고령 사회로 진입하고 있는 현 시점에서 이들을 산업인력으로서의 능력을 개발하고 활용하는 차원에서 매우 중요하다. 노령인구의 비율이 7%이상이 되면 고령화 사회라고 하고 14%이상이면 고령사회(aged society)라고 하는데 우리나라의 경우 2000년에 고령화 사회로 진입하였고 2005년 10월 총인구 4,829만 4천 명 중 65세 이상 인구가 차지하는 비율은 9.1%인 438 만 3천명으로 2004년 8.7%에 비해 0.4%증가하였고, 10년 전인 1995년 5.9%에 비해 3.2% 증가하였다. 통계청이 고령사회 및 초고령 사회로 진입할 것으로 추정한 2022년, 2032년보다도 훨씬 빠르게 진행될 것으로 예상된다. 또한 대부분의 노인들이 자구적 노후보장이 제대로 준비되지 못한 상태이기 때문에 빈곤노인의 수도 늘어날 것을 예상해볼 때 이들의 자활능력을 향상시켜주기 위한 산업인력개발의 중요성이 커지고 있는 실정이다.

한편, 개인의 삶의 행복과 밀접한 관련이 있는 직업은 장애인에게 있어서도 마찬가지로 중요한 요소이며 생계의 보장이라는 기초적 생활 수단으로서의 의미와 함께 장애인의 질적인 사회통합의 가능성을 여는 장으로서 작용하여 그 의미가 매우 크다. 비장애인과 장애인의 통합을 최초로 정의한 Wolfensberger의 주장에 따르면 장애인들은 경제 · 사회 · 문화적으로 가치가 절하되어가는 상황의 악순환, 즉 차별과 소외의 현장에 있으며 이 현장이 또 다시 가치의 절하를 공고화시킨다고 하였다. 현재 우리나라에서 등록된 전체 장애인 수는 2007년 기준 약 208만 명(보건복지부 장애인 통계는 5년마다 실시됨)으로 5년 동안 약 70만 명가량 증가하였으며 장애인 수의 추세는 1995년 105만 명, 2000년 145만 명, 2005년도 177만 명으로 이는 1990년 전체인구의 2.23%에서 1995년 전체인구의 2.35%, 2000년 전체인구의 3.09% 수준이다. 전체 장애인 근로자수 및 고용률을 보면 상시근로자 1인 이상 전체 사업체 295만 8천개 중 장애인을 고용하고 있는 사업체는 총 6만 4천 개로 추정되었으며 전체 사업체의 상시근로자 934만 5천 명 중 장애인 근로자는 12만 4천명, 상시근로자 대비 장애인 고용률은 1.33%로 추정된다. 이와 같이 장애 인구는 지속적으로 증가 하고 있는 반면 물가상승과 아울러 이들의 경제생활을 뒷받침 해 줄 수 있는 사회제도 및 일자리는 미비해 이에 대한 법 · 제도적 대책마련이 시급하며, 이들의 자활능력을 개발하기 위한 산업인력개발이 활성화 되어야 한다.

2. 여성, 노인, 장애인 대상 산업인력개발의 현황 및 문제점

1) 여성 대상 산업인력개발의 현황 및 문제점

(1) 현황

여성들의 교육 수준이 높아지고 그에 따른 의식의 변화, 출산의 감소, 핵가족화의 진전과 내구소비재의 보급에 따른 육아 및 가사노동의 경감, 뿐만 아니라 소비성향의 변화와 사교육비의 증가에 따른 추가수입의 욕구증대 등이 여성들이 경제활동에 참여하게 할 수 있는 환경이 조성되었고, 그에 따른 여성인력의 수요가 증대함으로서 여성의 경제활동의 참여가 촉진되었다고 할 수 있다(문성재, 2002). 하지만 아직까지도 성차별적 요소가 여성노동인력 시장을 가로막는 가장 큰 장애요인으로 손꼽히고 있는 실정이다. 이것은 2006년 현재 여성근로자의 평균 임금이 남성의 63.4% 수준인 사실만을 봐도 알 수 있으며 이외에도 비정규직 종사율 또한 2006년 현재 남성은 25.2%인데 비해 여성은 40.8%였다. 이에 우리나라는 2006년 7월 '여성인력종합계획(Dynamic Woman Korea 2010)' 을 확정하여 '여성인력 활용을 통한 선진경제로의 도약' 을 비전으로 하여 2010년까지 여성경제활동참가율을 55% 달성하고 여성 일자리 약 60만개를 확대한다는 정책을 세워 현재 시행중에 있다.

국내에서 여성에 대한 산업인력개발과 관련된 대표적인 기관으로 여성회관과 여성인력개발센터가 있다. 여성회관은 1906년 미국 감리교 선교사 Mary Knowles가 여성을 위한 계몽사업을 실시할 목적으로 원주에 설립한 '반열방' 이 우리나라 최초의 여성회관이라 할 수 있다(한국여성개발원, 1985). 이러한 여성회관은 '모자복지법(1989)' 제19조 5항의 부녀복지관 조항과 '여성발전기본법(1995)' 의 제33조의 여성의 권익 및 복지증진을 위한 여성 관련 시설로 규정과 시 · 도 조례에 두고 있다. 시 · 조례는 서울의 경우 '여성발전센터 설치조례(1996)' 이며, 그 외 지역은 '여성(문화)회관 설치 및 운영조례' 를 두고 있다. 2007년 기준 전국에 126개의 여성회관이 있었으며, 여성회관의 활동 내용으로는 ① 여성의 자질향상과 능력개발,

② 여성의 자립기반 조성, ③ 정보 및 교류의 장, ④ 사회참여 및 역할 증대, ⑤ 양성평등 의식의 확산, ⑥ 문화잠재력 개발/전통문화 계승 등이 있다. 그리고 여성회관에서 운영하는 산업인력개발 관련 프로그램은 〈표 14-1〉과 같이 구분된다.

〈표 14-1〉 여성회관에서 제공하는 산업인력개발 관련 프로그램

구분	산업인력개발 관련 프로그램
미용 관련	헤어미용, 미용사자격증, 메이크업, 생활미용, 헤어디자인, 피부관리, 머리손질, 피부메이크업, 생활미용, 자기연출, 가정헤어디자이너
요리 관련	생활요리, 제과제빵, 조리전문(자격증), 한식조리, 양식조리, 반찬전문점, 조리전문출장, 일식조리사, 폐백이바지, 가정요리, 한식조리사, 전통요리, 출장요리
의상 관련	양재(옷)수선, 생활한복, 의류리폼, 현대의상, 수의제작, 전통한복, 한국의상
꽃꽂이, 원예 관련	플라워디자인, 꽃가게 운영, 소자본 꽃집 창업
공예, 자수 관련	홈패션, 전통자수, 퀼트, 손뜨개, 매직칼라 점토, 한지공예, 스텐실, 목공예, 봉제취업반, 생활도자기, 기계자수, 수자수, 맥간공예, 생활공예, 종이접기, 귀금속공예, 표구/한지공예
컴퓨터 관련	컴퓨터(자격증), 워드자격, 컴퓨터 그래픽, 홈페이지 만들기, 실버컴활용능력자격증, 인터넷정보검색사, 엑셀파워포인트, 웹디자인, 인터넷
서비스직(간병인, 호스피스, 레크레이션)	간병인(호스피스), 간병 및 산후조리, 선물포장
디자인 관련	생활염색디자인, 포장디자인
도배 관련	도배(전문, 자격증)
건강 관련	수지침, 발(건강)관리(사), 발반사요법, 경락발관리
아동지도 관련	글짓기독서지도사, 방과후아동지도사, 독서논술지도사
기타	커튼, 텔레마케팅전문과정

자료: 정철영 외(2007). 경력단절 여성의 노동시장 진입 지원을 위한 취업설계사 도입방안 및 교육프로그램 개발: 여성 직업교육 · 훈련기관을 중심으로. 여성가족부.

여성인력개발센터의 경우 전신인 '일하는 여성의 집'은 '남녀고용평등법' 및 '보조금의 예산 및 관리에 관한법률'에 의거해 여성의 직업능력개발 및 취업알성을 통해 취업난 해소에 기여하고 여성의 능력개발과 사회적 경제적 지위 향상의 기회를 제공하기 위한 목적에서 1993년 처음 설립되었다. 이 후, 여성의 취업과 관련된 사업을 추진해 오면서 여성 인력 양성 및 활용에 크게 기여하였으며, 2007년 기준 전국에 50개의 여성인력개발센터가 설립되어 있다. 여성인력개발센터에서는 각종 산업인력개발 관련 프로그램을 제공하고 있다. 구체적인 내용으로는 미용, 요리, 의상, 꽃꽂이 · 원예, 공예 · 자수, 컴퓨터, 건강, 아동지도, 음악, 미술, 언어(외국어, 글짓기), 서비스직 관련 프로그램들이 있다(〈표 14-2〉 참고).

(2) 문제점

가. 근로여성복지기본계획의 문제점

근로여성복지 기본법의 내용을 구체적으로 살펴보면 여성노동자의 근로조건 보장에 대한 중대한 문제들을 야기 시킬 수 있는 규정들이 포함되어 있으며 정책추진과제와 추진일정도 기본이념이나 목표와 모순되는 부분이 존재한다. 예를 들어, 여성의 능력이나 역할을 '가사를 돌보면서 남는 시간을 활용하여 취업할 수 있는'이라는 전통적 가치관에 기초로 규정짓는 것과 같은 시간제근로, 탄력적 근로시간제, 파견근로, 기혼여성재고용제도 등의 법률은 여성의 단순직화, 비정규직화를 유도하여 여성의 불안정을 가속화시키고 성별역할분업의 고착화를 초래할 수 있다.

또한 선행조건 및 대안이 불충분한 상태에서 여성보호규정만을 대폭 완화 · 폐지하려는 계획 역시 여성의 취업여건이나 근로조건의 악화를 초래할 수 있으며 형식적 평등만을 가져올 뿐 남녀불평등을 오히려 심화시킬 수 있으며 모성기능에 악영향을 미칠 수 있다.

더불어 남녀고용평등과 근로여성보호에 관한 기준이 있으나 실행에 있어서 매우 소극적인 것도 문제점으로 지적될 수 있으며 기본계획을 수립하는 과정에서 당사자인 여성노동자의 의견 수렴 과정을 거치지 않음으로써 여성을 위한 것이 아닌

〈표 14-2〉 여성인력개발센터에서 제공하는 산업인력개발 관련 프로그램

구분	산업인력개발 관련 프로그램
미용 관련	피부미용관리사, 머리미용사, 직장미용, 미용창업, 네일아트, 아로마요법
요리 관련	한식조리사, 중식조리실기, 출장요리, 밑반찬창업, 가정요리, 제과제빵, 국·찌개·전골 특강, 조리보조원, 김치만들기전문가, 폐백이바지병과, 손님초대요리, 잔치음식, 단체급식, 양식조리사, 일식조리사, 복어조리사, 제빵보조원, 맞춤음식전문가, 한과, 병과, 전통떡
의상 관련	양재, 의류리폼, 생활한복, 봉제보조원, 의루수선, 아기옷만들기, 한복만들기
꽃꽂이, 원예 관련	생활꽃꽂이, 창업꽃꽂이, 조화기능사, 꽃집경영, 꽃꽂이사범, 아파트정원시공 및 관리, 성전꽃꽂이, 난화훼원예
공예, 자수 관련	전통조각보만들기, 아트플라워, 한지공예, 종이접기, 소품창업, 크리스탈공예창업, 귀금속세공, 테디베어, 스텐실, 인형제작, 손뜨게
컴퓨터 관련	컴퓨터, 워드프로세서(자격증), 컴퓨터방문지도(가정)교사, 인터넷, 홈페이지, 컴퓨터활용능력, 그래픽활용, 컴퓨터사무원, 웹마스터, 컴퓨터수리, 정보검색사, 사무자동화, 정보처리기능사, 포트폴리오, 멀티미디어
서비스직(간병인, 호스피스, 레크레이션)	간병인, 텔레마케터, 간병인가정도우미, 수화통역사, 직업상담사, 목욕사, 가사돕는이, 산후조리인, 선물포장, 일용직양성교육, 베이비시터, 레크레이션지도자, 웨딩매니저, 노인복지사, 공인중개사, 룸메이드
도배 관련	도배사, 도배보조원
음악 관련	MIDI 컴퓨터 음악, 디지털 피아노, 재즈 피아노
미술 관련	만화전문가(컴퓨터 애니메이션)
언어(외국어, 글짓기) 관련	독서·글짓기 지도사, 실용 일본어 회화, 번역사, 소설 작가 양성
건강 관련	발관리 지도사, 발관리사, 스포츠 맛사지
회계 관련	세무경리사무원, 경리회계실무, 전자상거리관리사, 전산세무회계
아동지도 관련	동화구연양성자, 방과 후 아동지도사, 영어독서지도자, 글쓰기지도자, 아동미술지도자, 텀퓨터 방과 후 아동지도사
기타	국제모유수유전문가, 아이 돌보는 이, 사무자동화, 보따리 무역창업, 근로의욕증진, 인간관계 훈련지도자, 영상제작, 전자출판사, 쥬얼리 경영, 보석감정사, 환경기사, 사회조사 분석사, 인형극 강사, 미디어 강사

자료: 정철영 외(2007). 경력단절 여성의 노동시장 진입 지원을 위한 취업설계사 도입방안 및 교육프로그램 개발: 여성 직업교육·훈련기관을 중심으로. 여성가족부.

기업의 규제완화정책과 수량적 유연성을 강화하기 위한 신 인력정책에 기초한 법률로서 운영될 수 있다는 문제점이 있다.

나. 성 고착화에 대한 문제점

남녀평등의식 교육은 태어날 때부터 가정에의 육아원, 유치원, 초 · 중 · 고에 이르기까지 교육되고 매스미디어를 통해 널리 홍보하여 전 국민 재교육이 실시되어야 한다. 이러한 활동들이 적극적으로 이루어진다고 해도 오랫동안 유지되어 온 인식이 하루에 변하기란 쉬운 일이 아니다. 어떤 직업이 한 성에 의해 다수를 차지하고 그 다수의 규범적 기대에 의해 진행 · 운영될 때 그 직업은 성 고착화되었다고 할 수 있다. 남성 혹은 여성의 직업으로 고착화된 직업을 다른 성이 수행할 때 잘못된 성 혹은 일탈자로 취급받는 현상은 여성 불평등 등의 문제와 직결되며 남성위주의 사회인 한국에서는 매우 심각하게 여성의 인권을 침해하는 결과로 이어지기도 한다.

세계화에 따른 빠른 변화의 추세에 발맞추는데 있어서 가부장적인 사고방식으로 인한 남녀차별의식은 매우 큰 걸림돌이 된다. 근본적인 변화를 위해서는 학교에서부터 남녀인식에 관한 교육내용을 제고하고 고등교육기관에서는 계열별, 학과별로 정원을 조정하고 여성인력활용을 위해 신축적으로 학과를 계획 · 운영해야 하며 이를 통해 교육, 정책에서부터 노동시장의 인력수급계획이 반영될 수 있도록 다양한 연계관계가 구축되어야 한다.

다. 전문직의 비공식성과 도제제도

전문직의 경우 비공식적 관계 및 비공식적 업무가 차지하는 비중은 적지 않다는 연구결과가 있다. 또한 전문직의 경우 전문분야의 스승-제자의 관계를 통해 계승 · 발전되어 가는 도제제도가 성행하며 이 때 대부분의 스승은 계승자로서 여자보다 남자를 선호한다. 그 이유는 여자가 결혼, 자녀 등으로 커리어에 방해받기 쉽고 경제적으로도 덜 급박할 것이라는 생각과 여성이라는 새로운 성원의 출현에 따른 그룹전체의 친밀도 및 유대감의 약화우려 등으로 조사되었다.

전문직은 강한 동질성의 특징을 갖고 있으며 밀접한 비공식적 관계를 통해서 규범이나 태도를 공유함으로써 이에 적합하지 않은 기질을 소유한 사람이나 그룹의 참여에 대해 매우 배타적이고 이에 가장 대표적인 그룹이 바로 여성이다. 여성은 전문직 내에서는 소수집단으로 대부분의 전문직, 정치참여 등은 남성에 의해 지배되기 때문에 여성의 취업 기회가 알려지고 비공식적 추천이 이루어지는 동료, 클럽, 연합회 등의 모임에서 불리하기 마련이다. 이는 곧 여성을 위한 권리를 주장한 만한 법조여성 또는 정치여성이 부재함으로 이어지고 이러한 현실은 여성인권의 발전을 저해하는 요소가 될 수 있는 것이다.

라. 결혼제도 관련 문제점

여성에게 가정과 직업의 양립문제에 따른 갈등은 가장 큰 문제이다. 특히 커리어를 추구해야 되는 결정적 시기는 임신, 출산, 자녀양육 등 여성으로서의 성 역할이 가중되는 시기와 중복되기 쉽다. 이런 상황에서, 경중이 달라질 수는 있으나 여성은 자신의 역할을 수행하는 것과 가사 일을 담당하는 것 간에 갈등을 경험하게 된다. 문헌조사 결과에 따르면, 직장에서 여성을 기피하는 이유 중 가장 큰 요인은 여성이 직장보다 가사 일을 중시하기 때문이라고 하였다.

결론적으로, 여성에게는 결혼과 임신, 출산은 여성의 경력개발이 저해하는 가장 큰 요인이며 이러한 문제의 해결은 단지 여성들만의 의지로서가 아니라 국가 전체가 이루어내야 할 숙제이다.

마. 제도 관련 문제점

여성인력에 대한 직업훈련은 상대적으로 매우 취약하다. 일반기술계 학원을 제외한 전체 직업훈련생(공공, 사업 내, 인정훈련원) 중 여성의 비중이 남성에 비해 상대적으로 낮은 편이다. 2008년 현재 노동부 직업훈련부 통계에 따르면 여성 직업훈련생의 비중은 15~18%로서 1/5수준에도 미달하고 있다. 평생교육참여율 또한 절대적 수준이 낮을 뿐 아니라 여성의 상대적 참여율도 남성에 비해 낮다. 이렇게 여성의 훈려기회가 남성에 비해 상대적으로 위축되어 있다면 공공훈련 프로그램에서라도 정책적으로 배려가 있어야 함에도 불구하고 그렇지 못한 상황으로 이 또한 여성은 전체의 30%도 채 되지 않는다. 또한 일반양성훈련과 실업대책훈련에 있어서도 전체 수료훈련생의 취업률이 상대적으로 취약한 실정인데 그 이유는 훈련 직종이 '무거운 직종' 중심으로 이뤄지고 있기 때문이다.

지식기반사회에 대비하여 직업훈련 프로그램의 설계 시, 훈련 직종의 선정에서 여성선호직종에 대한 정책적 배려가 있어야 할 것이며 이는 신지식서비스 직종의 비중이 커질 수밖에 없는 지식사회의 취업구조와 정합성을 갖는 것이기도 하다.

2) 노인 대상 산업인력개발 현황 및 문제점

(1) 현황

한국의 65세 이상 인구의 경제활동 참가율은 1993년 26.5% 이후 꾸준히 증가하여 2002년 30.7%까지 증가하였으나, 2003년에 28.7%로 감소한 이후 최근까지 증가추세가 완만하게 나타나고 있다. 2008년 9월 현재 65세 이상 인구의 경제활동 참가율은 남자 43.5%, 여자는 25, 2%로 나타났다.

〈표 14-3〉 65세 이상 인구 경제활동참가율

(단위: %)

구분	2002			2004			2006			2008. 9월 현재		
	평균	남	여	평균	남	여	평균	남	여	평균	남	여
15세 이상	62.0	75.0	49.8	62.1	75.0	49.9	61.9	74.1	50.3	61.6	73.4	50.4
65세 이상	30.7	42.8	23.0	29.8	41.4	22.2	30.5	42.0	22.7	32.6	43.5	25.2

출처: 통계청, '경제활동인구연구' 각 년도.

고령자의 인적자원개발을 위해 정부는 여러 가지 제도 또는 기관을 운영하고 있다. 대표적인 기관으로는 1981년 3월 노인취업알선센터와 고령자취업알선센터를 들 수 있다. 노인취업알선센터는 1981년 3월 노인능력은행으로 시작하여 1995년에 60개소의 '노인능력은행'이 보건복지부의 법정단체로 되어 있는 대한노인중앙회와 각 시 · 도의 연합회 및 신 · 군 · 구 지회 등에 의해 운영되다가 1996년7월부터 종래 운영해오던 노인능력은행을 '노인취업알선센터'로 확대 · 개편하여 2004

년 이후 현재까지 70개소가 운영되고 있다.

이외에도 1986년 보건복지부령에 의하여 실시한 '노인 공동장업장' 은 경로당과 노인복지시설에 작업장을 설치하고 생산업체에 생산업체 일부를 담당하게 함으로써 소득과 여가에 도움을 주는 정책으로 2002년 기준으로 545개가 설치되어 제품조립과 농산물 재배, 수공예품 제작, 봉투제작 등의 작업을 하고 있으나 수익이 낮고 일자리가 충분치 않아 현재 작업장 중 20%정도만 가동되고 있는 실정이다. 또한 노인들의 사회적 경험을 활용하여 취업욕구를 해결하고 경제활동지원 및 생산적 노후생활을 보장하기 위해 마련한 '시니어 클럽' 은 2005년에 사업을 지방으로 이양하여 노인일자리 전담기관으로 지정되었으며, 공익형, 교육 복지형, 자립 지원형 등의 유형으로 나누어 운영되고 있다. '노인대학협의회' 는 직장여성, 부녀회를 대상으로 노인들이 전통혼례, 제례 등의 예법을 가르쳐 주는 프로그램을 만들어 노인들에게 소일거리를 제공해 주고 있으며 젊은 세대에게는 전통예법과 음식을, 유아원 어린이들에게는 옛날 이야기를 들려주는 할아버지, 할머니 이야기 교실 등을 운영하고 있으나 이를 통해 노인들이 충분한 수입을 확보하기에는 턱없이 부족한 상태이다.

'고령자취업알선센터' 는 2008년 7월 현재 6개월 누적취업 알선률 90.1%에 취업률 45.4%의 실적을 보이며 활발히 운영되고 있으며 주요 취업직종은 서비스직, 생산노무직, 판매직이 주류를 이루고 있고 세부적으로는 남자의 경우, 경비원, 미화원, 주차관리원, 물품배달원, 운전직종, 매표원, 주유원 등의 단순직이 대부분이고 여성의 경우에도 마찬가지로 가사도우미, 보모, 미화원, 식당보조원 등으로 나타났으며 구인배율과 취업률은 여자노인과 약령층 노인이 더 높은 것으로 나타났다. 그러나 이 또한 구인처의 부족 및 영세성, 취업직종의 편중, 취업교육의 내실성 부족, 취업자에 대한 사후관리의 미흡, 전담인력의 부족, 고령자취업알선센터의 기능과 역할의 광범위성 등의 문제점을 가지고 있다(신동면, 양기근, 2003).

노동부는 2003년 6월 9일 '고령자우선고용직종' 을 선정하여 공공부문 70개, 민간부문 90개 직종을 고시하였다. 고용직종에는 동법 제15조, 제16조에 의거하여 고령자 55세 이상 및 준 고령자 50세 이상을 우선적으로 고용하도록 하며, 국가와

〈표 14-4〉 고령자취업알선센터 일자리 사업 유형

유형	정의	사업 종류
공익형	지방자치단체 고유 업무 영역(환경, 행정, 시설관리 등)에서 창출된 노인 적합 형 일자리로서 지역사회 발전 및 개발에 공헌하는 공익성이 강한 일자리	거리환경개선, 자연환경보호, 교통질서 및 주차계도, 지역행정 조사, 지하철 이용질서 계도, 공공시설 관리, 사회복지시설(생활시설에 한함)지원 등
교육형	특정분야의 전문지식이나 경험을 소유하였거나 전문교육을 받은 자가 교육기관 및 문화재시설 등에서 피교육자를 대상으로 강의 또는 해설을 하는 일자리	1-3세대강사파견, 노-노 교육 강사파견, 취미활동 강사파견, 체육(건강)활동 강사 파견, 문화재해설, 숲 생태 해설 등
복지형	돌봄이나 상담 등 전문기술을 습득한 건강한 노인이 사회적 취약계층을 대상으로 필요한 사회서비스를 제공하는 일자리	거동불편 요 보호자 돌봄 서비스, 사회복지(생활)시설이용자 돌봄 지원, 소외계층지원, (노인)가구주거개선, 아동청소년보호(상담 · 선도활동 등),문화 복지사업 등
자립지원형	노인들이 공동으로 일정 수준 이상의 수익이 창출되는 다양한 업종의 사업단 운영을 통해 확보되는 일자리	식품 제조 · 판매, 특산물 제조 · 판매, 공산품 제조 · 판매, 공동작업장 운영, 지하철택배, 세차 및 세탁, 지역영농사업 등
인력파견형	수요처의 요구에 의해서 일정 교육을 수료하거나 관련된 업무능력이 있는 자가 해당수요처에 파견되어 근무한 대가로 임금을 지급받을 수 있는 일자리	시험감독관, 주유원, 주례사, 경비원, 가사도우미, 미화원, 식당보조원 등

〈표 14-5〉 노인 일자리 추진실적 및 계획

(단위: 명, %)

구분	계	공익형	교육형	복지형	자립지원형
2006년	83,120 (100)	47,401 (57.0)	8,697 (10.5)	17,773 (21.4)	9,249 (11.1)
2007년	109,729 (100)	42,500 (38.7)	19,023 (17.3)	31,706 (28.9)	16,500 (15)

지방자치단체 및 정부 투자, 출연기관 등 공공기관이 이들을 우선적으로 고용하도록 하였다.

직종은 위에서 언급한 단순 직종들 이외에도 인사 관리자, 경영 컨설턴트 등 사무직 퇴직자가 전직경력을 활용할 수 있는 직종을 포함하여 70개가 선정되었고 민간부문 또한 창고관리인, 검수원 등의 단순노무직 뿐 아니라 공학기술 자문가, 창업컨설턴트 등 90개 직종이 선정되었다. 또한 고령사회에 대비하여 노인들에게 일을 통한 사회활동과 소득을 얻을 수 있는 기회를 제공하기 위해 노인일자리는 2004년 2만5천개, 2006년에 8만 개, 2007년 11만개로 확대 시행하고 있으며, 2006년 예산 1,106억 원(국비520억원, 지방비586억원), 2007년 예산 1,622억 원(국비763억원, 지방비859억원)을 들여 노인인력개발을 시행하고 있다.

현실적으로 그들의 고용 및 활용을 가로막고 있는 장애요인(사회정책 제도적 장애, 고용자들이 가지고 있는 편견 및 차별로 인한 고령자 고용의 장애, 그리고 고령노동자 자신들로부터 기인하는 장애 등)이 사회 전반에 걸쳐 작용하고 있으나, 몇몇 OECD 국가의 경우 이러한 환경 속에서 고령인구활용을 위한 전략을 수립하고 이를 시도하여 성공적으로 활용하고 있다.

현재 한국의 경우 고령인력 활용을 위한 생산적 고령화 시스템을 구축해 나가고 있으나 아직 걸음마 수준에 머물러 있으며, 또한 세계 유례없는 빠른 속도의 고령화로 인한 급변하는 환경에 적절히 대처하지 못하고 있다. 더욱이 리더십의 부재와 부서별 정책연계의 미비로 인하여 고령사회 대응을 위한 사회 경제 전반에 걸친 통합적 전략접근을 추진하지 못하고 있는 실정이다.

(2) 문제점

가. 관련 법령 문제점

노인 고용에 관한 시행령이나 시행규칙에 세부사항이 규정되어 있지만 강력히 규제제도가 없어 실현가능성이 희박하다. 노인복지법에서는 노인들의 취업활동을 지원하는 사항들이 상세히 규정되어 있음에도 불구하고 법이 제정된 지 20년이 경과한 오늘에 이르기까지 아직까지도 정부 당국에서는 동법 조항들을 이행하려는 의

지가 없다는 평가를 받고 있다. 또한 고령자고용촉진법에서는 정년을 60세 이상이 되도록 노력해야 된다고 규정하고 있으나 정년연령은 노인 평균수명과 정년 후의 경제적 사정을 고려하지 않고 있다.

나. 고령자 취업 적합 직종 개발 부족

노인복지법 제 23조와 고령자고용촉진법 16조에 의거하여 노인의 지역봉사활동기회를 넓히고 노인에게 적합한 직종의 개발과 그 보급을 위한 시책을 변화하는 사회 환경에 따라 적합 직종의 선정도 변화해야 하는데 우리의 현실은 기존의 적합 직종에만 국한되어 형식적으로만 유지되고 있다. 이러한 사양직종들은 오히려 고령자 재취업의 부정적 측면을 강조하게 될 수 있다. 또한 노인을 위한 적합 직종으로 선정된 직종의 수가 너무 적고 직종이 단순노무직이나 전문직에 치우쳐 있다. 현재까지 선정된 우리나라 고령자 적합 직종 수는 77개로 이러한 제한된 적합 직종으로는 고령자 개인이 가지고 있는 다양한 경험을 살릴 수 없으며, 이로 인해 재취업에 대한 동기가 오히려 저하될 우려가 있다.

다. 고령자에 대한 직업교육 및 직업훈련 미비

고령자고용촉진법 6조와 고용보험법 29조에는 직업능력의 개발 향상을 위해 고령자를 대상으로 직업능력개발훈련을 실시해야 하며 필요한 비용을 지원받을 수 있다고 명시되어 있으나 현재 시행되고 있는 고령자 직업교육은 고령자 교육전담기관, 학구 단위의 노인교실 등 시설 중심의 노인교육 뿐이며 이 또한 조직적으로 노인 직업훈련을 시행하는 곳은 없다. 또한 몇몇 지원프로그램이 있다고 하더라도, 거의 형식적이며 실질적인 도움이 되지 못하고 있다.

고령근로자에 대한 편견이나 잘못된 판단으로 고령자 적합 직종 자체가 제한되기도 하며 실제로 도움이 되지 못하고 있는 것이다. 우리나라 고령자 직업교육 및 직업훈련의 문제점은 첫째, 단기 위주의 양성훈련에 치우치고 있으며 훈련 내용이 기업의 필요에 부응하지 못하고 있다는 것, 둘째, 과거의 대량적이고 일반적인 훈련생 양성 정책을 유지, 셋째, 직업훈련 프로그램을 시행하기 위한 교육기관의 연계망이 없는 것 등이다.

라. 제도적 문제점

정부의 고령자 취업 업무를 담당하는 곳이 부처별로 분산되어 있다. 이는 취업 업무의 연관성을 구조적으로 저해하거나 입법 추진과정에서 부처 간의 이기주의를 조장할 수 있으며, 이중적인 감독 및 통제로 자율적인 결정과 집행을 저해할 수 있다는 문제점을 가지고 있다.

또한 노인취업알선기관에 대한 홍보부족에도 문제가 있다. 재정적 측면에서의 문제점은 우리나라의 노인복지예산이 포함된 사회복지예산 비율은 우리와 소득 수준이 비슷한 국가들의 1/3이하이며 저소득국가의 비율과 유사한 수준에 머물러 있다. 현재 노인 일자리 사업은 보건복지부에서 주관하고 재원의 상당부분(지방의 경우 50%)을 국고보조금으로 지원하고 있으며 대다수의 노인 인구 층을 형성하는 일반노인을 위한 노인복지정책은 예산의 절대부족으로 극히 초보적 수준의 정책에 머물러 있는 실정이다.

마. 일자리 사업 프로그램의 문제점

고령자 취업을 위한 프로그램의 경우 노인 취업알선 관련기관 간 연계부족으로 구직자와 구인처에 대한 정보가 공유되지 못하고 있다. 보건복지부 산하 '고령자노인취업알선센터' 의 경우, 구직자와 구인처에 대한 전산화가 이루어지지 못하고 노동부 '고용안정정보망(Work-net)' 의 경우에도 고령자에 대한 전문서비스 내용이 미흡할 뿐더러 노인취업 촉진을 위한 직업 프로그램이 다양하지 못해 노인의 능력개발과 전문 직종 취업에 한계가 있다.

고령인구들을 위한 인적자원개발을 위해서는 우선, 전체 정부개혁과 연관되는 사회 경제 전반에 걸친 포괄적 접근(comprehensive approach)이 필요하고 특정연령(65세 이상)만을 주요 대상으로 하는 것이 아니라 전 연령층 즉, 전체 노동력을 대상으로 한 고용전략개발이 요구되고 고령자들의 변화하는 상황과 노동시장의 변화에서 발생할 수 있는 불확실성에 대비하여 유연한 미래지향적 전략개발이 필요하다. 또한 지속가능한 전략적 접근과 저 출산 고령사회 대응을 위한 범사회적 대응체제 구축 등이 요구된다.

3) 장애인 대상 산업인력개발 현황 및 문제점

(1) 현황

2000년 한국보건사회연구원이 실시한 '장애인 실태조사'에 따르면 장애인 경제활동 가능인구 중 경제활동 참가율은 47.8% 수준으로, 다른 유럽 선진국에 비해 낮은 수준이며 취업률(71.6%)이 저조하고 실업률(28.4%)이 매우 높다는 특징을 보이고 있다. 특히 장애인 실업률은 2000년 6월의 전체실업률이 4.2%였다는 것과 비교할 때, 무려 6.8%에 달하는 수치로 우리 사회에서 장애인의 고용여건이 매우 열악함을 단적으로 보여주고 있다.

성별로는 남성 장애인의 경제활동 참가율은 59.37%인 반면 여성 장애인은 29.32%만 경제활동에 참가하고 있으며 취업률 또한 남자 73.18%, 여자 66.39%를 보이고 있는 것으로 조사되어 취약한 장애인 고용여건 속에서도 특히 여성 장애인의 경우 더욱 열악한 상황이라는 현실을 나타내고 있다. 장애인의 직업분포를 살펴보면 비장애인 근로자에 비해 단순노무직의 비중이 매우 큰 반면 사무직 · 기술직 등의 비중이 낮으며 전문직이나 전문직의 비중에서는 그렇게 큰 차이를 보이지 않는 것이 특징이며 자영업에 종사자 비중이 높고, 임금근로자의 경우에도 상용 및 임시직보다는 일용직의 비중이 높아 상대적으로 불안정한 취업구조를 가지고 있는 것으로 판단되고 있다.

우리나라 장애인의 경제활동 현황은 낮은 경제활동참가율 및 높은 실업률, 불안정한 취업구조, 취약한 근로조건, 장애인력 공급과 수요의 불일치 현상을 보이고 있다. 기존의 장애인 노동시장은 저임금 미숙련으로 특정 지어지는 2차 노동시장을 중심으로 형성되어 왔으나 최근 학력수준이 향상되고 직업욕구가 강한 새로운 장애인 노동력이 공급되게 됨으로써 향후 이들 계층에 대한 집중화된 고용전략 및 정책이 요구되고 있다. 장애인의 분기별 구인 · 구직 및 구인배수 추이는 다음의 [그림 14-1]과 같다.

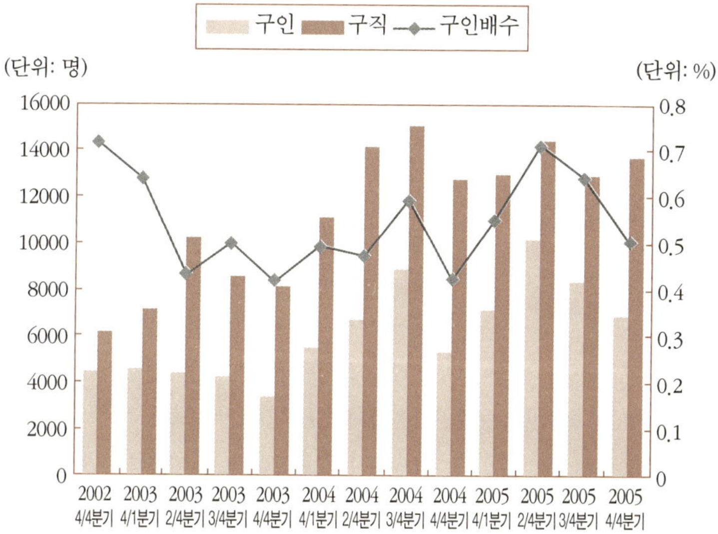

[그림 14-1] 장애인 분기별 구인 구직 및 구인배수 추이

현재 우리나라에서 이루어지고 있는 장애인 대상 산업인력개발은 평생교육 차원에서 이루어지고 있다. 이와 관련된 주요 교육내용을 살펴보면 성인기초교육, 시민성 교육, 직업교육 훈련, 학력인증 교육, 자기개발 교육 등이 있다. 성인기초교육에는 기초문해교육, 학력기준 성인기초교육, 생활기술교육 등이 있으며, 시민성 교육에는 시민의식교육, 시민역할교육, 시민참여교육 등이 있다. 직업교육훈련으로는 자격증 취득 교육훈련, 취업/창업 준비 교육훈련, 경력개발 교육훈련 등이 있으며, 학력인증 교육으로는 고등교육 방계학제, 고등교육 학력인증 교육, 중등교육 방계학제 등이 있고, 자기개발 교육으로는 건강/스포츠, 외국어 교육/IT 관련, 인문교양, 문화예술, 심성계발 등의 교육이 이루어지고 있다(〈표 14-6〉 참고).

〈표 14-6〉 장애인 대상 산업인력개발(평생교육 관점)의 주요 내용

대분류	중분류	프로그램 예시
성인 기초 교육	기초문해교육	기초문해 수준의 읽기, 쓰기, 셈하기 관련 프로그램
	학력기준 성인기초교육	초중등 학력 기준 성인기초교육 프로그램
	생활기술교육	기능문해 수준의 성인기초교육 프로그램(의사소통, 문서문해, 수리문해, 독해문해 등)
시민성 교육	시민의식교육	환경의식, 소비자의식, 성인지, 노동의식, 보건의식, 공동체의식, 국제이해교육 등
	시민역할교육	부모교육, 노년준비교육 등
	시민참여교육	자원봉사, 주민자치, 정치참여 등
직업교육 훈련	자격증 취득 교육훈련	국가공인자격 및 민간자격증 취득을 목표로 하는 프로그램
	취업/창업 준비 교육훈련	공공시설, 산업체, 민간단체 · 기관에서 취업/창업 준비를 위해 실시하는 교육훈련
	경력개발 교육훈련	공공시설, 산업체, 민간단체 · 기관에서 직무능력향상을 위해 실시하는 교육훈련
학력인증 교육	고등교육 방계학제	방송대, 원격대학 등
	고등교육 학력인증 교육	학점은행제/독학사학위/성인학습과정 등
	중등교육 방계학제	방통고, 공민학교, 검정고시 대비, 그 외 학력인정 평생교육시설의 교육 등
자기개발 교육	건강/스포츠	건강, 보건, 스포츠 관련 프로그램
	외국어 교육/IT 관련	외국어 관련 어학 교육, 정보화 능력
	인문교양	역사, 문학, 철학, 과학기술, 경제 관련 프로그램
	문화예술	문화예술 관련 프로그램
	심성계발	자아이해, 성격유형, 대인관계 등 심성계발 프로그램

자료: 최돈민 외. (2003). 평생교육 지표 개발 연구

(2) 문제점

가. 법정고용률의 수준미비

현재의 '장애인고용촉진 및 직업재활법'은 1990년 장애인고용촉진 등에 관한 법률의 명칭을 바꾼 것으로, 장애인에 대한 의무할당고용제도를 도입함으로써 본격

적으로 장애인고용정책을 전개하게 되었다. 이 법에 의하여 300명 이상의 상시종업원을 고용하는 사업체는 장애인을 의무적으로 고용하여야 할 대상 업체가 된다. 그러나 법정고용률은 일본을 제외한 다른 선진외국에 비하면, 높은 비율이라고 할 수 없으며 극히 소폭적으로 운영되고 있는 실정이다.

이는 더 높이거나 아니면 의무고용대상을 확대하는 제도개선을 하지 않는 한, 장애인의 고용촉진에는 한계를 보일 수밖에 없다. 선진외국의 사례로서 네덜란드의 장애인 할당고용제도를 살펴보면, 의무고용대상은 상시종업원 20인 이상 50인 미만의 민간 기업으로서 12인 이상의 장애인을 반드시 고용하도록 규정하고 있다. 그리고 이 의무 대상 기업은 종업원 수가 50인씩 증가할 때마다 장애인 1인씩을 추가 고용하도록 의무화하고 있다. 또한 대상 업체가 일본은 63인 이상이며 기타 선진국인 독일은 16인, 프랑스는 20인으로 우리보다 범위가 월등히 넓음을 알 수 있다.

나. 고용부담금 수준의 비실효성

장애인고용부담금제도는 성격상 형벌이 아닌 고용촉진정책의 이행을 위한 장애인의 고용에 부수적으로 따라오는 경제적 부담을 줄이려는 사회연대책임의 성격을 갖고 있는 가장 현실적인 규제제도이다. 사실상 장애인고용 의무제도를 경제적으로 보완하는 것이다. 현재 고용률을 달성하지 못한 사업주가 장애인고용에 참여할 수 있는 수단으로 사용되고 있는 고용부담금이 최저임금 이하의 수준으로, 부담기초액이 미고용장애인 1인당 월 최저임금의 100분의 60이상으로 규정되어 있어 이에 대한 타당성 여부가 문제되고 있다.

부담금제도에 있어서 그 산정기준인 최저임금의 60%도 장애인의 입장에서는 불만스러운 수준이며 반면에 부담금의 납주자인 기업의 입장에서는 취업 장애인에 대해 개별기업 나름의 임금수준을 결정하는 요인이 있으며, 부담금 산정기준을 비탄력적으로 설정하는 것도 장애인고용을 기피하는 요인이 될 수 있으므로 이러한 상관관계를 어떻게 조정할 것인가도 제도적으로 어려운 문제인 것이다.

다. 장애인의무고용규정 불이행 시 대체의무에 대한 미규정

장애인고용촉진 및 직업재활법에서는 “국가 및 지방자치단체의 장은 장애인을 소속공무원 정원의 2%이상 고용하여야한다"라는 강제의무규정을 마련하였다. 장애인 고용을 위한 지원금과 융자금이 기업의 부담금으로 유지되는 것에 대한 평가를 묻는 설문에 절대다수인 89.5%가 '대폭적인 정책적 지원'을 지지하였으며, 7.9%가 '약간의 정책적 지원'을, 2.6%가 '현재의 지원정도'를 필요한 것으로 응답하였다. 즉, 대부분의 전문가들은 국가의 책임범위가 기업의 부담금으로 유지되는 점을 우려하고 있으며, 이를 극복하기 위한 대책으로 정부의 대규모 정책적 지원이 필요한 것으로 인식하고 있다고 할 수 있다.

3. 여성, 노인, 장애인 대상 산업인력개발의 개선방안

1) 여성 대상 산업인력개발 개선방안

(1) 여성고용의 확대

우리나라의 노동시간은 오랫동안 세계 최장의 시간으로 기록되어 왔다. 우리와 비슷한 수준의 경제 발전 단계에 있는 국가들과 비교해 볼 때 우리나라 노동자의 주당 근로시간은 거의 10시간 더 많은 것으로 보고되고 있다. 고용량의 확대를 위하여 가장 현실적인 방법 중의 하나는 주당 법정 근로시간을 OECD 국가들의 수준으로 줄이는 것이다.

고용시간의 단축은 많은 여성들로 하여금 전일제로 근무할 수 있게 할 것이다. 또한 휴직 또는 휴가일의 증대를 통한 년 근로시간의 단축방안을 통해 이미 고용된 근로자가 자신의 재교육이나 자녀양육을 할 수 있도록 해야 한다. 현재 우리나라 공공부문, 특히 노동정책이나 사회복지정책관련 공무원의 수는 효과적인 서비스를 제공하기에는 크게 부족한 실정이다. 공적 서비스업은 여성에 대한 수요가 많은 것이 일반적이다. 여성의 고용기회 창출은 공공 부문의 고용 양을 대폭 증대시킴으로써, 그리고 증가한 부분의 채용 할당제를 실시함으로써 이루어질 수 있다.

(2) 고용평등 촉진

최근 기업의 노동시장 유연화 전략의 확산과 더불어 급증하고 있는 명목적, 또는 신분제적 비정규직의 고용양태와 능력주의 인사관리정책의 일환으로 도입, 실시되는 신인사제도는 모두 간접차별의 대표적인 예이다. 이러한 차별관행은 직접차별만을 규제하는 현행법제도로는 규제가 쉽지 않은 실정이다. 따라서 이에 대한 규제가 이루어지지 않는 한 여성의 저임금 노동력화와 비정규 노동력화가 빠른 속도로 진행되리라 판단된다. 이러한 간접차별을 방지하기 위해서는 ① 남녀고용평등법에서의 성차별의 판단기준을 보다 엄격히 하여 간접적 성차별을 원칙적으로 규제하도록 하고, ② 고용평등법 시행령 예시를 통해 이들이 차별임을 명확히 인지하도록 해야 한다.

(3) 직장 내 성희롱의 법적 규제와 예방 조치

직장 내 성희롱은 여성들의 평생평등노동권 확보를 위해 엄격하게 규제되어야 한다. 직장 내에서의 성희롱이 노동자의 인권과 노동권의 침해인 동시에 위법한 성차별적 행위로 규정된다면 이는 ① 성희롱을 남녀고용평등법상, 고용 상에 성차별로 규제해야 할 것이며, ② 이에 대해 사용자에게 책임을 부과하는 법적, 제도적 장치도 마련되어야 할 것이다. 미국 등 선진각국의 경우 법적으로 사용자가 성희롱에 대해 인지한 즉시, '즉각적이고 효과적인' 시정조치를 취해야 할 의무가 있으며, 이를 수행하지 않았을 경우 사용자는 법적 책임을 면하지 못하게 된다.

성희롱 가능성을 예견할 수 있는 상황에서 모든 기업과 국가 기관은 고용상의 성차별을 방지하기 위해 예방조치를 취해야 하며 성희롱이 발생하였을 경우 가해자뿐 아니라 사용자에게 책임을 부과하는 법적, 제도적 장치를 마련함으로써 성희롱 방지를 위한 교육, 훈련 등 적극적 예방조치가 마련해야 할 것이다.

(4) 차별임금의 해소

여성노동자의 이직과 노동단절을 막고 숙련의 형성과 재생산을 위해서는 저임금의 해소가 필수적이다. 지난 10여 년간 여성들의 노동시장참여 증대와 여성노동

운동의 영향으로 여성과 남성의 임금격차는 줄어오고 있는 것으로 나타났으나 국제 수준에는 크게 못 미친다.

현재 상태에서 여성의 상대적 저임금을 해소하고 노동시장 참여율을 높이는 방안은 동일노동 동일임금의 원칙을 실현하는 것이겠지만 이러한 정부의 자주점검사업은 실효성을 거두지 못하고 있다. 이 제도가 보다 효과적으로 고용차별관행을 개선하는데 기여하기 위해서는 여성의 참여가 전제되어 보다 다양하고 구체적인 차별유형을 점검할 수 있는 자율점검표를 만드는 한편 사업장내 상설적인 기구를 설치하여 자율적으로 운영하는 방법을 개발해야 한다.

(5) 모성보호의 확대와 사회적 책임 확대

현재 우리나라의 모성보호수준은 ILO기준에 훨씬 못 미치는 수준이다. 또한 모성보호비용의 사회적 분담화를 10대 과제로 선정하였지만, 그 구체적인 재원마련과 실현방안에 대해서는 아직도 제출되지 못하고 있다. 모성보호의 사회적 책임은 이론의 여지가 없다. 국가는 건강한 인적 자원의 영속적 확보와 국민의 기본권 보장과 모성보호에 대한 국가의 헌법적 의무를 이행하는 차원에서 조속한 시일 내에 구체적인 방안을 제출해야 할 것이다.

(6) 여성의 직업훈련 확대 및 직업훈련에서의 할당제 실시

직업훈련은 첫째, 여성들의 고용기회 확장, 둘째, 성별직종분리의 해소, 그리고 셋째, 여성들의 임금 수준의 향상 등의 측면에서 중요하다. 노동력 부족 문제를 최소화하기 위한 방안의 하나는 공공직업 훈련의 양과 질의 증대이다. 이 과정에서 여성고용자들의 고용기회 창출과 성별 직종 분리를 완화하기 위해서 직업훈련의 영역에서 할당제가 실시되어야 하며 특히 민간 부문에서의 성별 직종분리의 완화를 위해서도 공공 직업훈련의 여성할당제가 필요하다.

직업훈련 및 능력 개발이 효과를 가져다주기 위해 반드시 전제되어야 할 것은, 전통적 성별분업관념, 성차별 의식이 없어야 한다는 것과 훈련받은 노동력을 흡수할 수 있는 일자리가 충분히 있어야 한다는 것이다. 현재 수많은 고학력 여성의 실업은 이들의 능력이 부족해서만은 아니다. 오히려 여자의 경우 채용 시 용모와 나이, 그리고 혼인상태가 업무수행보다 더 중요하게 평가되는 의식, 관행이 문제이며 이러한 편견이 사라져야만 여성이 진정한 사회인으로서의 역할을 할 수 있을 것이다.

(7) 직장 및 가정생활 병립을 위한 지원

우리나라 여성의 경제활동 참여율은 지난 수십 년 간 지속적으로 증가해 왔다. 그러나 연령 계층별 여성 경제활동 참여율은 이전의 시기와 비교할 때 M자 형의 곡선을 보인다는 점에서 큰 변화는 보이지 않는다. 이는 우리 사회에 존재하는 여성-육아/가사, 남성-직장이라는 전통적 성별분업 구조로 인해 여성들이 양육과 가사노동 수행으로 노동 단절을 경험하기 때문이다. 출산, 양육, 가사노동 부담으로 노동시장을 떠난 대부분의 여성들은 비경제활동 인구가 된다. 따라서 현재의 인력난과 여성의 노동시장 참여를 촉진하기 위해서는 공공 탁아 서비스를 받을 수 있도록 지원해야 할 것이다.

2) 노인 대상 산업인력개발 개선방안

(1) 고령화 문제에 대한 전 국민적 관심 제고

필연적으로 도래될 고령화 사회에서 나타날 수 있는 노인문제의 심각성에 대해서 개인 스스로의 노력도 중요하지만 가정과 사회, 정부, 기업 등 전 국민이 관심을 가지고 서로 협력하여 고령화 사회에 대한 총체적인 준비체제로 들어가야 한다. 정부에서는 고령화 문제를 최우선적으로 실행하기 위한 조직과 체계를 먼저 갖추어야 하며 적극적인 홍보 캠페인을 전개하여 고령자에 대한 기존의 고정관념을 버리고 노인복지를 사회적 이슈화하여 일반국민에게 심각성에 대한 공감대를 형성해야 하며 이를 통해 기업들도 노동시장구조의 변화에 대비하여 노인인력을 활용할 수 있도록 시스템을 개편해야 한다.

(2) 노동시장 대책마련

고령화로 인한 문제는 대부분 생산 활동 인구가 감소한다는 데서 출발하기 때문에 가장 중요한 대책은, 될 수 있으면 많은 사람들이 오래도록 고용상태를 유지하도록 만드는 것이다. 이를 위해서는 근로유인을 제고하여 퇴직을 연장시키는 동시에 고용능력제고와 고용기회 창출을 병행하도록 하는 것이 필요하다. 고령화는 채용이나 인력운영에 있어서 중요한 변화를 가져오기 때문에 기업은 이에 대비한 전략적 채용과 퇴직관리가 필요하다. 이를 위해서는 연령에 따른 차별과 연공서열중심의 임금구조를 없애고 임금구조 및 고용형태의 유연화 조치가 병행되어야 한다.

(3) 고령자 취업 활성화 정책

고령자 취업은 감소하고 있는 기업의 노동력을 해결하고 변화하는 인구구조와 사회경제 환경에 대응하기 위한 시대적인 요구이다. 이를 위해서는 고령자가 풍부한 경험을 바탕으로 한 고숙련, 다기능 직업인으로서의 강점을 보유하고 있다는 사실을 최대한 홍보하여 인식변화에 힘쓰고 작업환경을 적절하게 변경하거나 역할을 효율적으로 조정함으로써 고령자가 일하기 좋은 환경을 만들 필요가 있다. 그리고 고령자의 고용을 기피하게 만드는 현행의 인사, 급여체계나 퇴직금제도 등 기업 내의 보상체계도 합리적으로 정비해야 한다(이광래, 2003).

(4) 정부 정책의 전환

정부는 고령자의 고용을 촉진하기 위한 정책방향으로 유연안정성(flexi-curity)을 주장하며, 이를 뒷받침할 수 있는 정부의 정책대안으로 우선, 임시직, 계약직, 시간제직, 일용직 등의 유연적 고용형태를 적극적으로 창출하여야 한다. 또한 유연적 일자리가 고령자들에게 직업으로서의 가치를 지닐 수 있도록 열등처우금지원칙과 근로시간비례원칙 등의 고용・사회보장 제도를 통해 이들을 보호해야 한다.

특히, 고령자를 위한 사회보장체제를 확립하기 위하여 국민연금과 공공부조제도의 개혁이 시급하게 이루어져야 하며 고령자를 고용하는 기업에 대한 정부 보조금의 지급, 고용에서의 연령차별금지 등을 추진하여야 한다. 또한 공급측면의 노동시장정책으로 고령자의 직업훈련과 취업 알선사업 또한 강화되어야 하며 이를 위해서는 먼저 고령자 직업훈련을 위한 법률을 새롭게 제정하고, 지역사회별로 직업훈련체계를 마련해야 할 것이다.

또한 고령자의 직업훈련 참여를 유인하기 위한 보조금제도를 확대하고, 단기적응훈련은 지역사회 내 고령자에 대한 일자리 공급현황을 고려하여 적합 직종을 선정하고 훈련프로그램을 개발하며, 훈련참여 인원도 단계적으로 확대할 필요가 있다. 한편, 고령자 고용알선 기관들의 기능을 강화하기 위해서 고령자 고용알선업무를 특화하며 조직의 역량을 높일 수 있는 전문 인력이 충원되어야 하며, 고령자 취업알선 기관들 간의 연계성을 확보하기 위한 정보체계의 구축이 필요하다(신동면, 양기근, 2003).

3) 장애인 대상 산업인력개발 발전방안

(1) 수요에 대응한 훈련

기업은 시장 속에서 치열한 경쟁을 통해 이윤을 추구하는 집단이다. 따라서 근로자들의 우수한 능력과 높은 생산성이 절대적으로 필요하다. 여기에 가급적이면 비용을 줄이기 위하여 인건비를 낮추려는 속성을 가지고 있다. 외국인 노동자의 채용이 늘어나는 것은 장애인 영역에 시사하는 바가 크다. 다시 말해 기업이 복지적 관점에서 장애인을 고용해줄 것을 기대하는 것은 무리이며 결국 장애인이 기업의 요구수준을 맞추어야 한다는 것이다. 이에 장애인 훈련생들이 기술의 진보로부터 낙오되지 않도록 POST 훈련 프로그램의 운영 프로그램 등이 개발, 운영되어야 한다.

(2) 지식정보형 훈련강화

훈련 과목을 선정하는데 있어 사회의 변화에 따른 노동의 변화에 주목해야 한다. 물질적 노동과 관련된 직종보다는 지식형 노동 직종을 교육과정으로 선정하는 것이 향후 취업을 용이하게 할 것이다. 즉, 디자인, 컨셉, 계획, 전략, 계약, 통찰력 등을 고안하고 판매하는 분야의 노동이나 투자분석가, 소프트웨어 엔지니어, 경영

컨설턴트 등의 직업군 등이 그것이다. 그러나 과연 학력 수준이 낮은 장애인들이 이러한 일들을 단시간에 훈련받고 해낼 수 있을까하는 회의가 제기될 수 있으므로 대상을 고려하지 않고 무조건 유망직종으로 선정할 수는 없으나 시대에 따라 증가하는 지식정보형 직종에 종사할 인력을 양성하는 것은 훈련 직종 선정의 하나의 전략이 될 것이다.

(3) 고용구조 대응성 제고

고용을 확대하기 위해서는 장애인들의 고용의 질을 높이는 게 우선되어야 한다. 근로자의 절반이 넘는 수를 비정규직 근로자가 차지하고 있는 현실을 볼 때 장애인 근로자가 비장애인에 비해 상대적으로 안정성이 낮을 가능성이 높다. 이에 훈련 방법적인 측면에서는 노동시장에 신속하게 대처하기 위해 직업 자체를 교육과정화해서 훈련하는 것이 중요하다. 이를 위해서 컨소시엄을 형성하여 수요자와 공급자가 훈련을 협력하여 실시해야 한다. 이를 통해 기업 입장에서는 훈련비용과 OJT의 부담을 최소화하고 훈련기관이나 훈련생 입장에서는 취업에 대한 부담을 덜어낼 수 있고 기업으로부터 장비나 교수인력을 지원 받아 부담을 줄일 수 있도록 해야 한다.

(4) 훈련공과 재검토와 훈련목표 수준의 차등화

훈련공과의 설치가 공단 산하 학교 전체를 놓고 재검토되어야 한다. 현재와 같이 학교 간에 중복되고 수준도 낮아서는 사업주, 장애인당사자 모두에게 환영받기 힘든 상황이다. 학교마다 기숙시설을 갖추고 있기 때문에 권역별 설치와 같은 개념은 설득력을 잃을 수 있다. 현재 절실한 개념은 선택과 집중이다. 여기에 동일 과목일 경우 훈련 목표 수준의 차이를 명확히 두어야 한다. 즉 상급과정으로의 진학 개념이 도입되어야 하며 이를 개인기록을 카드화하여 데이터베이스로 활용하며 차등성을 훈련생 인증제의 도입으로 실현해야 한다.

(5) 기술외적 프로그램 강화

훈련과 병행하여 장애인의 심리적 사회적 문제의 해결과 훈련동기 부여와 같은 기술외적 문제도 훈련의 실패를 방지하기 위해 간과할 수 없는 요소이다. 공단 내 심리상담기능을 훈련과정에 접목시키는 일 뿐 아니라 정신보건 또는 정신과적인 전문가들을 영입하거나 기관 간 협조체제를 마련하고 더불어 직업과 관련된 신체능력의 향상이 이루어져 직업유지에 필요한 항목들 간의 균형을 잡을 수 있도록 지원해야 한다. 또한 학교교육이 제대로 이루어지지 않아 수학능력이 부족한 장애인들을 위해 훈련전 과정을 설치 운영하여 훈련 전 반드시 직업능력평가를 의무화하고 이에 따라 훈련전과정의 수요를 예측해야 한다.

(6) 고용촉진을 위한 환경개선

장애인이 근무할 수 있는 환경개선을 위해 장애인고용시설자금융자, 장애인편의시설무상지원, 장애인고용장려금, 장애인고용관리비용 등에 각종 지원이 필요하다. 또한 장애인 이동권을 보장함으로써 기동성을 높이고 장애인을 위한 자립생활 프로그램을 위탁 형태로 실시하여 복지관, 이용시설, 생활시설, 민간 비영리 법인 등에서 수행할 수 있도록 함으로서 프로그램 평가 지원 도입의 시발점이 될 수 있도록 해야 한다.

(7) 효율적인 장애인 고용관리

기능적인 고용관리를 위해서는 장애인의 욕구를 인식하고 잠재적 강점과 약점을 파악한 후 효율적인 운영방식으로 계획 하에 서비스가 제공되어야 한다. 또한, 장애인이 계속적으로 작업에 몰두할 수 있도록 비공식적 지지망을 활용하여 극복하도록 도와야 하며 이 때 담당자는 관련부서의 직원과 공식적, 비공식적 관계를 유지하여 장애인 작업에 장애가 되는 요소를 찾아내 수정하고 기회가 되는 요소는 적극적으로 지원함으로서 피드백을 강화해야 한다. 또한 전문 상담자 뿐 아니라 장애인대책위원회 같은 조직을 두어 채용대상, 모집방법, 선발기준 및 방법, 직종의 확대, 적정배치, 장애인의 능력개발과 이를 위한 교육, 훈련, 및 생활지도 등을 다룰 수 있도록 해야 한다.

(8) 장애인에 대한 인식개선

장애인에 대한 인식개선을 통해 "더불어 함께 사는 사회" 를 실현해야 한다. 이를 위해서는 대 국민 홍보 및 고용에서의 인식개선이 강화되어야 하며 공공기관 및 사회단체, 기업과의 연계하여 캠페인을 강화하고 언론매체(TV, 인터넷 등)를 통한 장애인 인식개선 활동을 활발히 하며 교과서에 장애관련 내용 심화 보충하여 학교에서부터 인식변화의 노력이 시작되어야 한다. 또한 노동조합이 단체협상 등의 과정에서 장애인근로자의 권익대변기능을 강화토록 관심제고를 유도하고 여성 장애인에 대한 인식개선을 위한 법과 제도가 마련되어야 한다.

요약

이 장에서는 여성, 노인, 장애인 대상의 산업인력개발에 대해서 살펴보았으며, 이를 위하여 여성, 노인, 장애인 대상의 산업인력개발의 개념, 현황, 문제점 및 개선방안에 대해서 살펴보았다.

취약계층이란 어떤 무리에서 소외를 당하거나 불합리한 대우를 받는 계층들을 의미하는 것으로 여기에는 때로는 스스로 취약계층이라고 느끼는 않는 사람들이 포함되기도 한다. 예를 들면, 현대사회에서는 남성에 비해 상대적으로 차별을 당하는 여성들이나 사회적으로 경쟁력을 인정받지 못하는 노인들, 일상생활에서의 제약을 이유로 취업시장에서 거절당하는 장애인들을 비롯해서 외국인 노동자, 소년소녀가장 등이 여기에 포함된다.

여성 대상의 산업인력개발의 문제점으로는 근로여성복지기본계획의 문제점, 성고착화에 대한 문제점, 전문직의 비공식성과 도제제도, 결혼제도 관련 문제점 등이 지적되었으며, 노인 대상의 산업인력개발의 문제점으로는 관련법령 문제점, 고령자 취업적합직종의 부족, 고령자 대상 직업교육 및 직업훈련 미비, 일자리 사업 프로그램의 문제점 등이 지적되었다. 한편 장애인 대상 산업인력개발의 문제점으로는 법정고용률의 수준 미비, 고용부담금 수준의 비실효성, 장애인의무고용규정 불이행시 대체의무에 대한 미규정 등의 문제점이 지적되었다.

이에 따라, 여성의 산업인력개발을 위한 개선방안으로는 여성고용의 확대, 고용평등 촉진, 직장 내 성희롱의 법적 규제와 예방 조치, 차별임금의 해소, 모성보호의 확대와 사회적 책임 확대, 여성의 직업훈련 확대 및 직업훈련에서의 할당제 실시, 직장 및 가정생활 병립을 위한 지원 등이 해결해야 할 과제로 제시되었고 노인의 산업인력개발의 개선을 위해서는 고령화 문제에 대한 전 국민적 관심 제고, 노동시장 대책마련, 고령자 취업 활성화 정책, 정부 정책의 전환 등이 중요하게 다루어져야 한다고 제언하였다. 한편, 장애인의 경우는, 수요에 대응한 실천적 훈련서비스, 지식정보형 훈련강화, 고용구조 대응성 제고, 훈련공과 재검토와 훈련목표 수준의 차등화, 기술외적 프로그램 강화, 고용촉진을 위한 환경개선, 효율적인 장애인 고용관리, 장애인에 대한 인식개선 등을 개선방안으로 제시하였다.

참고문헌

강영주(2008). 노인 재취업 및 인력 활용 방안에 관한 연구. 건국대학교 미출판 석사학위 논문.

곽효문(2000). 사회복지법제론. 서울: 제일법규.

권혁남(2008). 고령인구 활용전략에 관한 국가 간 비교연구 : OECD 국가들을 중심으로. 한양대학교 미출판 석사학위 논문.

김나영(2008). 한국 여성인력 실태와 여성인력개발 기관에 관한 연구:여성회관과 여성인력개발센터를 중심으로. 이화여자대학교 대학원 석사학위 논문.

김영화, 조희금(2003). 현대사회와 여성복지. 서울: 양서원.

김홍국(2005). 여성의 경력개발 방안. 인적자원개발연구, 7(2), 1-33.

김태홍, 김노마(1999). 여성 직업훈련체제의 현황과 정책과제. 한국여성개발원.

문성재(2002). 현대여성과 법률. 서울: 법문사.

박석돈(1991). 장애인 직업능력평가 실시 방안; 장애인 직업재활 대책 WORKSHOP : 중증장애인을 중심으로. 한국장애자 재활협회.

박석돈(1994). 재활상담사 · 직업평가사의 전문능력 연구.

박옥희(2003). 장애인복지론. 서울: 학문사.

박성숙(2005). 장애인의 평생교육 실태 및 개선 방안에 관한 연구. 서강대학교 미출판 석사학위논문.

박숙자(2002). 여성 직업훈련정책의 현황 및 개선 방안. 동덕 여성연구.

박경석(2001). 장애인 노동실태 및 장애인 노동조합 필요성 인식에 관한 연구. 숭실대학교 미출판 석사학위논문.

신동면, 양기근(2003). 고령화 사회의 노인고용정책 방향에 관한 연구. 한국노년학, 23(3), 111-128.

심건길(2000). 고령화 사회의 노인인력의 활용. 한국거버넌스학회보.

안혜경, 김희년(2001). 노인보호 전문인력 양성을 위한 교육프로그램 개발에 관한 연구. 노인복지연구, 12(1), 75-111.

오길승(1995). 우리나라 직업재활체계의 문제점과 개선방향에 대한 고찰. 한신사회복지연구원.

유공순(2002). 여성인력의 개발과 활성화 방안. 사회과학논총, 24(1), 81-108.

이광래(2003). 고령화 사회가 경제에 미치는 영향과 대책. 논문집, 9, 153-164.

이계존, 장창엽, 육주혜(2004). 장애인 고용촉진 및 직업재활에 대한 한국-미국-일본-호주 비교. 한국장애인고용촉진공단 연구실.

전영평(1995). 장애인 고용촉진을 위한 행정전략의 평가. 한국행정학보, 29(1), 279-302.

전용환(2004). 좋은 사회를 위한 장애인 복지론. 서울: 학문사.

정영금(2003). 여성의 일과 삶. 서울: 시그마프레스.

정인숙, 김현진, 김형일, 정동영, 정희섭(2005). 장애인 평생교육 실태 및 개선방안 연구. 국립특수교육원.

정재환(2007). 노동시장에서의 장애인의 차별금지를 위한 연구. 대구대학교 미출판 석사학위 논문.

정진화, 최영섭(2002). 산업경쟁력 제고를 위한 인적자원개발 방안 : 산업수요중심의 인력양성시스템 구축. 산업연구원.

정철영, 김재호, 이성식(2007). 경력단절 여성의 노동시장 진입 지원을 위한 취업설계사 도입방안 및 교육프로그램 개발: 여성 직업교육 · 훈련기관을 중심으로. 여성가족부.

조은미(2007). 고령화시대에 따른 노인 인력 활용에 관한 연구. 생활문화연구, 21, 115-134.

한국장애인고용촉진공단(2002). 한국장애인고용촉진공단 10년사. 한국장애인고용촉진공단.

한국장애인고용촉진공단 통계자료실. 장애인 고용동향. 한국장애인고용촉진공단.

한국재활재단(1997). 한국장애인복지 변천사. 한국재활재단.

찾아보기

인 명

내 용

저자소개

• 이용환

서울대학교 교육대학원 졸업(교육학 석사)
미국 미네소타 주립대학교 대학원 수학(농업교육)
서울대학교 대학원 작물학 전공(농학 박사)
일본 오비히로 축산대학 연수(농업교육)
미국 아이오와 주립대학교 교환교수
서울대학교 농업생명과학대학 산업인력개발학전공 명예교수

• 정철영

서울대학교 대학원 농업교육과 졸업(교육학 석사)
미국 오하이오 주립대학교 대학원 박사과정 졸업(Ph.D.)
미국 오하이오 주립대학교 객원교수
미국 존스홉킨스대학교 객원교수
교육과학기술부 정책자문위원(현재)
한국진로교육학회장, 한국산업교육학회부회장(현재)
서울대학교 농업생명과학대학 부학장, 산업인력개발학전공 교수(현재)

• 나승일

서울대학교 대학원 농업교육과 졸업(교육학 석사)
미국 오하이오 주립대학교 대학원 박사과정 졸업(Ph.D.)
미국 오하이오 주립대학교 Human & Community Resource Development 학과 조교수
미국 Atterbury Job Corps Center 전임교수
대구교육대학교 조교수 및 학과장
미국 뉴멕시코대학교 교육리더십 및 조직학습학과 객원교수
서울대학교 농업생명과학대학 산업인력개발학전공 교수(현재)

• 김진모

서울대학교 대학원 농업교육과 졸업(교육학 석사)
서울대학교 대학원 농업교육과 졸업(교육학 박사)
(주)엘지경영개발원 인화원 과장
(주)씨에이피 컨설팅 전문위원
미국 미네소타 주립대학교 인적자원개발전공 객원연구원
서울대학교 농업생명과학대학 산업인력개발학전공 부교수(현재)

• 이 찬

미국 오하이오 주립대학교 대학원 석사과정 졸업(M.A.)
미국 오하이오 주립대학교 대학원 박사과정 졸업(Ph.D.)
미국 오하이오주립대학교 연구원
LG 전자서비스 미국법인 인사부 HRD 팀 리더
서울대학교 농업생명과학대학 산업인력개발학전공 조교수(현재)

산업인력개발론
Vocational Education & Workforce Development

2009년 2월 25일 초판 1쇄 발행
2011년 4월 5일 초판 2쇄 발행

저 자 • 이용환 · 정철영
나승일 · 김진모
이 찬

발행자 • 김 동 규
발행처 • 교육과학사

경기도 파주시 교하읍 문발리
파주출판문화정보산업단지 514-5
전화 • 031)955-6956~8 / 팩스 031)955-6037
Home-page • http://www.kyoyookbook.co.kr
E-mail • kyoyook@chol.com
등록 • 1970년 5월 18일 제2-73호

정가 23,000원
ISBN 978-89-254-0260-4